Lisa Belkin
Show Me a Hero

Lisa Belkin

SHOW ME A HERO

Eine wahre Geschichte über Macht, Verrat und Gewalt

Aus dem Amerikanischen
von Jürgen Bürger

ullstein extra

Meinen Jungs gewidmet:
Alex, Evan ***und*** **Bruce**,
die unser Haus zu einem Zuhause machen.

MIX
Papier aus verantwortungsvollen Quellen
FSC® C083411

Ullstein extra ist ein Verlag der Ullstein Buchverlage GmbH
www.ullstein-extra.de

ISBN 978-3-86493-038-6

Gesetzt aus der ITC Berkeley Oldstyle Std
Druck und Bindung: CPI books GmbH, Leck
Printed in Germany

»Show me a hero,
and I will write you a tragedy.«

F. Scott Fitzgerald

Vorwort

Die Reihenhäuser im Zentrum dieser Geschichte liegen zehn Autominuten von meinem Haus entfernt – ein kurzes Stück den Saw Mill River Parkway hinunter, dann ein paar Meilen nach Osten. Wegen der räumlichen Nähe weckte die Sache überhaupt erst mein Interesse. Doch so nah es ist, so fern ist es auch – eine aufschlussreiche, fesselnde Reise zwischen zwei Welten.

In diesem Augenblick sitze ich bei mir zu Hause und schaue hinaus in den benachbarten Wald, eine alte Angewohnheit, wenn ich schreibe. Es ist ein beruhigender, schöner Anblick, und wie so oft bei der Arbeit an diesem Buch wird mir schlagartig bewusst, welche Macht das eigene Zuhause auf unsere Urinstinkte hat. Damals, 1992, das erste Mal im Leben Hauseigentümerin und frischgebackene, beschützende Mutter, las ich einen kleinen Artikel über eine Lotterie im öffentlichen Wohnungsbau. Ich wusste damals nur wenig über die Reihenhäuser – dass ihr Bau von einem Bundesrichter angeordnet worden war, damit ärmere Minderheiten, die in Sozialbausiedlungen lebten, auf jener Seite der Stadt wohnen konnten, in der die weiße Mittelschicht lebte. Während die Stadt Yonkers sich heftig gegen diesen Erlass wehrte, lebte ich noch in Texas. Doch obwohl es fünfzehnhundert Meilen entfernt ist, erinnere ich mich an die abendlichen Berichte in den Fernsehnachrichten, an Hunderte von Leuten, im Chor rufend und schreiend, die Gesichter hassverzerrt. Nun waren die Häuser gebaut. Und sie standen bei mir in der Nähe.

Man veranstaltete in der Turnhalle an der School Street eine Lotterie, um zu entscheiden, welche Familien in die neuen Reihenhäuser ziehen dürften. Aus Neugier – teilweise aus Angst um meine ganze Habe, die ich investiert hatte, teilweise weil ich als Reporterin eine gute Geschichte witterte – ging ich hin. Am Kopfende der Halle stand eine altertümliche Bingotrommel, gefüllt mit den Namen der Hoffnungsvollen. Ich saß inmitten einer elektrisierten Menge, die zusah, wie die schicksalhafte Trommel sich drehte.

An jenem Abend lernte ich Alma Febles kennen, eine charmante junge Mutter, genauso alt wie ich, und eine der Frauen, deren Geschichten dieses Buch füllen. Ich war gerührt, als sie erzählte, dass sie sich ein eigenes Schlafzimmer wünschte, einen Ort für ihre Kinder, einen Hafen, einen Zufluchtsort, ein Zuhause. Ihre Sehnsucht – eine Sehnsucht, die an diesem Abend in der Turnhalle förmlich greifbar war – war mir wohlvertraut, denn sie spiegelte meine eigene wider. Ich hatte eine ganz besondere Vollkommenheit verspürt, als wir unser Haus bezogen. Überall, wo ich hinschaute, sah ich nicht nur Gegenwart, sondern auch Zukunft: in der Einfahrt, wo mein Sohn, immer noch ein Säugling, einmal Fahrrad fahren würde. Das sonnige Stück Rasen im Garten, wo mein Mann unseren Gemüsegarten anlegen würde. Die Terrasse, auf der wir grillen würden, der Keller, in dem wir Spielzeugeisenbahnen zusammenbauen würden, die nahegelegenen Wälder – diese schützenden, willkommenen Wälder –, in denen wir lange Spaziergänge machen würden.

Gerührt von Almas Träumen stellte ich fest, wie ich ihr heftig die Daumen drückte. Als die Bingotrommel sich leerte und ihr Name noch nicht aufgerufen worden war, machte ich mir mit ihr Sorgen. Doch noch während ich das tat, wurde ich mir der verfahrenen Unreinheit meiner Anteilnahme bewusst. Ich glaubte an das Recht dieser Frau auf ein eigenes Zuhause. Doch was, wenn die Bulldozer dafür ein Grundstück in dem angrenzenden Wald neben meinem Haus planierten?

Diesen gedanklichen Konflikt nahm ich an jenem Abend mit nach Hause. Ich habe ihn während der fünf Jahre, in denen ich recherchiert und geschrieben habe, mit mir herumgetragen. Während dieser Jahre habe ich Freunden und Bekannten das Siedlungsexperiment unzählige Male beschrieben. Fast jeder Zuhörer stellte dieselbe Frage: Hat es funktioniert?

Es ist, wie ich erfahren habe, eine sehr direkte Frage, die jedoch trügerisch ist, da jeder Fragende etwas anderes damit verbindet. Hat es funktioniert? Ist das Viertel den Bach runter gegangen? Hat sich das Leben der neuen Bewohner auf der Ostseite der Stadt verbessert? Sind die Immobilienwerte gefallen? Ist die Kriminalitätsrate gestiegen? Haben die Alteingesessenen gelernt, die Zugezogenen zu akzeptieren? Haben sie sich miteinander angefreundet? Hat der Richter irgendwann begriffen, dass er eine falsche Entscheidung getroffen hat? Hat die Stadt irgendwann begriffen, dass er das Richtige getan hat? Waren die Ergebnisse zehn Jahre und 42 Millionen Dollar wert? Hat Yonkers Modellcharakter für den Rest des Landes? Oder ist es ein Beispiel für gute Absichten, die schiefgelaufen sind? Hat es funktioniert?

Angesichts dieses Spektrums an Fragen musste ich mir die Kernfrage zunächst selbst beantworten: Was meinte ich selbst mit »Hat es funktioniert?«? Wohin schaute ich bei der Entscheidung, ob dieses groß angelegte Experiment ein Fehlschlag oder ein Erfolg war? Ein Luxus des Journalismus ist die Distanz – die Fähigkeit zu beobachten, aufzuzeichnen und zu beurteilen, und dann weiterzuziehen. Doch das Gefühl von Zuhause, das mich überhaupt erst zu dieser Lotterie geführt hatte, schränkte diese Freiheit gleichzeitig ein, und ich fragte mich, wie mein Fazit aussehen würde, wenn ich nicht weggehen könnte.

Mit der Zeit bin ich dazu übergegangen, die Frage als eine anzusehen, die aus zwei gegensätzlichen, aber miteinander verwobenen Strängen besteht: Hat es für die Zugezogenen funktioniert? Und hat es für die funktioniert, die bereits dort wohnten?

»Es geht nur um das Zuhause-Gefühl«, habe ich geantwortet, »ob die Zugezogenen das Gefühl haben, wirklich angekommen zu sein. Und ob die Alteingesessenen die Vollkommenheit ihres Heims nicht verloren haben. Dann hat es funktioniert.«

Das war der Maßstab, der mich bei meinem Bericht geleitet hat, ein Maßstab, an den ich oft denke, wenn ich aus meinem Fenster schaue, hinaus zu den Bäumen. Hat es funktioniert? Hat es Alma einen Ort gegeben, an dem sie ihre Träume verwirklichen konnte? Und das, ohne die Träume der anderen zu zertrampeln, die genauso innig sind und bereits Wurzeln geschlagen hatten? Hat es den Zugezogenen die Chance gegeben, ihre Vergangenheit hinter sich zu lassen, während es gleichzeitig den Nachbarn erlaubte, an ihrer eigenen festzuhalten? Hat es ein paar Glücklichen einen Ort der Sicherheit in dieser Welt geschenkt? Und hat es das getan – ist es möglich, das zu tun –, ohne den Schutz und die Isolation durch die Wälder zu zerstören?

Westchester, New York, September 1998

Prolog, 1992

Die Rohrbombe war so klein, wie Rohrbomben nur sein können, doch man hörte die Explosion noch einige Blocks weiter – ein scharfer Knall, als reihenweise fabrikneue Fliesen zu einem Haufen rasierklingenscharfer Scherben zusammenfielen. Nachbarn, die gerade eingeschlummert waren, fuhren aus ihrem Schlaf hoch. Familienmitglieder, die dabei waren, sich bettfertig zu machen, schauten sich zuerst fragend an, dann mit der Gewissheit, dass sie die Antwort kannten. »Ich vermute, jemand hat versucht, die neue Siedlung in die Luft zu jagen«, sagte ein Mann witzelnd zu seiner Frau. Doch es war kein Witz. Genau das hatte jemand versucht.

Jeder hörte den Knall, doch nur einer rief die Polizei. Die Zentrale entschied, dass es ein Problem mit einem Trafo war, also schwiegen die Sirenen und es gab keine nächtliche Suche. Am nächsten Morgen kamen die Bauarbeiter bei der ausgedehnten Baustelle an, die einmal der überwucherte Sportplatz einer stillgelegten Schule gewesen war und auf der nun die fast fertigen achtundvierzig creme- und zitronenfarbigen Reihenhäuser standen. Angesichts des Schadens riefen auch sie die Polizei, die das Gelände zügig mit schwarz-gelbem Band absperrte und die beschädigten Häuser nach Hinweisen absuchten.

Schon bald erschien das FBI und das Federal Marshal's Office. Das Bureau of Alcohol, Tobacco and Firearms. Das Bombenentschärfungs-Kommando von Westchester County. Der Leiter der Municipal Housing Authority, des städtischen Amts für Wohnungswesen von Yonkers. Diverse Politiker, die kamen, verkündeten: »Wir haben es ja gleich gesagt.« Die Baustellenstraßen waren noch nicht asphaltiert, weswegen jeder eintreffende Beamte durch tiefen, roten Matsch waten musste, der den Plänen des Architekten zufolge einmal ein winziger Vorgarten werden sollte. Sie standen im Dreck vor Hausnummer 120, erleichtert darüber, dass das Reihenhaus immer noch stand.

Die Rohrbombe war auf dem äußeren Fenstersims eines Badezimmers im Erdgeschoss platziert worden, das erst vor wenigen Tagen verfugt worden war. Das Fenster war herausgeschleudert worden, die Fensterbank verbrannt und kaputt, die Fliesen auf dem Boden und den Wänden zerschmettert, und eine Spiegeltür des Medizinschrankes war aus den Angeln gehoben. Noch dreißig Meter entfernt fand man Teile der Bombe. Doch am beängstigendsten waren nicht die verursachten Schäden, sondern die potentiellen. Keine anderthalb Meter neben der Bombe befand sich eine offene Gasleitung. Sie war nicht in Betrieb. Doch das hatte der Bombenleger nicht wissen können.

Die Menge wuchs, wie immer in Yonkers. Einige der Schaulustigen waren Hausbesitzer aus der Nachbarschaft, die die Explosion gehört hatten. Andere waren nur neugierig, angezogen von den blitzenden Blaulichtern. Sie waren von Anfang an gegen diese Gebäude gewesen – hatten nicht Teil dieses richterlich aufgezwungenen sozialgeschichtlichen Experiments werden wollen. Ein paar waren froh über die Bombe und machten auch keinen Hehl daraus. Vielleicht würde es das erreichen, was ihre jahrelangen Proteste nicht erreicht hatten, und das Wohnungsprojekt würde im wahrsten Sinne des Wortes zu Staub zerfallen. Doch die Hoffnung wurde schnell von Angst ausgelöscht. Jeder Impuls der Häme wurde von der schonungslosen Realität der Bombe eingedämmt, die nur ein paar Blocks von ihrem Heim in die Luft gegangen war.

Irgendwann machten die Arbeiter Mittagspause. Doch alle anderen blieben den Großteil des Tages. Die Behörden suchten. Die Politiker redeten. Und die Nachbarn standen hinter dem extra hohen Sicherheitszaun und starrten.

Teil Eins

DIE EXPLOSION

—

1988 – 1991

1988

Der jüngste Bürgermeister Amerikas

Nicholas Wasicsko hatte schon immer Bürgermeister von Yonkers werden wollen. Aufgewachsen in einem Zweifamilienhaus auf der Westseite – der falschen Seite – des Saw Mill River Parkway, war er keiner von denen, die die Flucht auf die Ostseite im Auge hatten. Stattdessen schaute er noch weiter Richtung Westen, zum historischen Kirchturm des Rathauses. Intelligent, forsch und selbstbewusst, ließ Nick die anderen Mittelschicht-Kids seines Viertels weiterträumen. Er selbst hatte Pläne.

Sein Bruder und er hatten beide bei einem Meter siebzig aufgehört zu wachsen, was sie allerdings nicht davon abhielt, ihre Jugendjahre auf dem Basketballplatz eines nahegelegenen Schulhofes zu verbringen. Während eines spontanen Spiels erwähnte Nick nebenbei, dass er eines Tages Chef der Stadt sein würde. Im Anschluss daran wurde er monatelang auf dem Basketballfeld »The Mayor«, der Bürgermeister, genannt. Über die Zeit nutzte sich der Witz ab und geriet irgendwann in Vergessenheit – bei allen außer Nick.

Er erkannte schon früh sein Talent, stets dafür zu sorgen, dass alles nach seiner Nase lief – ohne genau zu wissen, wie er das anstellte. Im Alter von zehn überredete er die anderen Zeitungsjungen in seiner Nachbarschaft, ihm ihre Routen zu überlassen, und als er die Kontrolle über einen großen Teil des Territoriums erlangt hatte, heuerte er noch jüngere Jungs an, um die Zeitungen auszuliefern, und steckte die Differenz ein. Im Alter von dreizehn hatte er sein eigenes Scheckkonto, doch da er noch minderjährig war, musste es von seiner Mutter, einer schulischen Hilfskraft, und seinem Vater, einem Fabrikarbeiter, mitunterzeichnet werden.

Er finanzierte sich vier Jahre am Manhattan College mit Jobs in einer *Carvel*-Fabrik in der Nähe des Flusses. Zu Anfang fuhr er einen Kühllaster, doch schon bald hatte er sich die Leiter hoch geredet, saß in einem Stuhl und sagte übers Mikrofon anderen Arbeitern, was sie in welchen Lastwagen laden sollten. Er sparte auf das Jurastudium an der New York University, indem er als Polizist im Westchester County arbeitete. Die bösen Jungs zu bekämpfen, brachte nicht so viel ein, wie Eiscreme zu verladen, und er musste ein Darlehen über mehrere Zehntausend Dollar aufnehmen, um die Differenz auszugleichen, doch sein Bild in Uniform vor einem Streifenwagen, argumentierte er, wäre seiner politischen Karriere mit Sicherheit hilfreich.

Diese Karriere nahm 1985 volle Fahrt auf, als er einen Sitz im Stadtrat mit der bewusst vage gehaltenen Wahlkampagne »Don't get mad, get a new councilman« – »Nicht die Haare raufen, sondern einen neuen Mann in den Rat wählen« gewann. Er war sechsundzwanzig Jahre alt und hatte ein Milchbubigesicht, das er mit einem Schnauzbart zu kaschieren versuchte. Trotzdem sah er um Jahre jünger aus, als er wirklich war. Als er gewählt wurde, war er noch nicht mit dem Jurastudium fertig und wohnte noch immer bei seiner Mutter, was zu dem Image eines Jugendlichen beitrug, der ins Rathaus einzieht.

Als Ratsmitglied tat er nicht viel, schaute und hörte in erster Linie zu, lernte und plante. Dann, zwei Jahre später, nur fünf Tage nachdem er das New-York-State-Staatsexamen geschafft hatte, stand er auf der Fußgängerbrücke über dem Saw Mill und verkündete, dass er sich nicht wieder in den Rat wählen lassen wolle. Er kandidierte stattdessen für das Amt des Bürgermeisters.

Oberflächlich betrachtet, war es keine rationale Entscheidung – weniger die Kandidatur eines Achtundzwanzigjährigen, sondern eher die eines zehnjährigen Jungen, der schon immer Bürgermeister hatte werden wollen. Einerseits hatte das Amt des Bürgermeisters 1987 eher symbolische Funktion – eine erstklassige Plattform, um seine Meinung kundzutun, ohne echten, administrativen Einfluss, ein heißer Stuhl, dem genauso viel Beachtung geschenkt wie ihm Schuld zugewiesen wurde. Es war der City Manager, der der Leute einstellte und entließ, der den Haushalt aufstellte und die Schecks unterzeichnete. Trotz seiner scheinbar führenden Position war der Bürgermeister streng genommen nur einer von vielen im Stadtrat. Er hatte eine Stimme, wie jeder andere auch, doch er durfte den Hammer halten.

Mit 35.914 Dollar im Jahr hielt man es für einen Halbtagsjob, der normalerweise von einem der etablierteren Männer übernommen wurde, geschäftlich erfolgreich, die es auf ein prestigeträchtiges Sahnehäubchen ihrer Karriere abgesehen hatten. Nicks Gegner, Angelo Martinelli, war ein Republikaner und genau so ein Mann – ein millionenschwerer Verleger, der den Posten des Bürgermeisters in den vergangenen vierzehn Jahren zwölf Jahre lang innegehabt hatte. Als Nick ankündigte, dass er den historisch gewachsenen Kandidaten und all dessen Geld herausfordern würde, nahm ihn keiner ernst. Obwohl Martinelli Republikaner war, kam er wunderbar mit dem fest verwurzelten Parteiführer der Demokraten aus, so dass selbst Nicks eigene Partei nicht wirklich hinter seiner Kandidatur stand. Beide, Nick und Martinelli, hatten ähnliche Wahlergebnisse, mit einer Ausnahme – einer sehr wichtigen Ausnahme –, deren Bedeutung den beiden erst im späteren Verlauf der Wahlkampagne klarwurde.

Zuerst versuchte Nick das Rennen als Referendum zwischen Jugend versus Alter darzustellen. Doch man konnte den neunundfünfzigjährigen Martinelli nicht gerade als Greis bezeichnen, und der Versuch ging in die Hose. Dann versuchte Nick Martinelli als explosiv und streitsüchtig darzustellen, doch in Yonkers werden solche Eigenschaften nicht notwendigerweise negativ gesehen, also funktionierte auch das nicht. Schon bald begann das Lokalblatt von Nicks »naivem Enthusiasmus« zu sprechen. Er war ein Kandidat, der dringend ein Thema brauchte.

Der Sommer kam, und Nick hatte 5.170 Dollar an Spenden eingenommen. Martinelli 67.388 Dollar. Die Organisation des Wasicsko-Wahlkampfes war so schlank, dass sie fast unsichtbar war, und bestand aus Nick, seinem Bruder Michael und Jim Surdoval, einem jungen Politik-Berater, der Nick beim erstem Rennen um den Sitz im Rat unterstützt hatte. Die Truppe bestand nur aus Generälen ohne Soldaten. Sie erledigten alles selbst.

»Sollte der Kandidat nicht eigentlich *anderen* Leuten sagen, dass sie diesen Kram erledigen sollen?«, fragte Michael eines Nachts um zwei Uhr, als sie in einem rund um die Uhr geöffneten Copyshop Kaffee tranken, wo sie Tausende von Flyern kopierten und falteten.

»*Wir* sind das Volk«, sagte Nick und schlug mit einem Flyer »*Wasicsko for Mayor*« nach seinem Bruder.

Die Tage waren genauso einsam. Jeder im Rathaus dachte, dass Nicks politische Karriere bald vorüber sei, also hielten sie sich auf Abstand und er hatte oft das Gefühl, niemand im ganzen Gebäude würde mit ihm reden. Die einzige Person, die durchgängig freundlich zu ihm war, war eine der Sekretärinnen, Nay Noe, eine junge Frau aus Ecuador mit einem philippinischen Namen. Mit ihren zwanzig Jahren war Nay eine der wenigen im Rathaus, die noch jünger waren als Nick, und sie fühlte sich dort nicht richtig wohl. Politik interessierte sie wenig, sie war in diesem Job gelandet, weil sie damals noch jeden Sonntag in die St. Peters Church ging. Als Harry Oxman, der stellvertretende Bürgermeister, Father Duffell fragte, ob er eine zweisprachige Sekretärin kennen würde, schlug der Priester Nay vor.

Sie hatte die Stelle als Sekretärin des Stadtrates kurz nach dem Beginn von Nicks Bürgermeister-Kandidatur angetreten, und zuerst empfand sie seine Abschottung als Arroganz. Mit der Zeit jedoch begann er, ihr leidzutun. Sie sah, wie hart er in seiner trostlosen Bürozelle arbeitete, wie er alle Anrufe seiner Wähler beantwortete und – im Gegensatz zu einigen *anderen* Mitgliedern des Stadtrates – seine sämtlichen Briefe selbst schrieb, anstatt dies von den Sekretärinnen zu erwarten. Trotz ihres scheinbar arglosen Gesichts und der unschuldigen braunen Augen nahm Nay alles genau wahr und wusste, was Nick nur vermutete – dass er bei Konferenzen außen vor gelassen wurde und er gezielt nichts über Ereignisse erfuhr, die seinem Wahlkampf hilfreich sein könnten. Sie fing an, ihn als »einsamen Cowboy, der allein in der letzten Reihe sitzt« zu sehen. Vielleicht, entschied sie, interessierte sie Politik letztendlich doch.

Eines Abend, als alle wachsamen Augen das Rathaus verlassen hatten, ging Nay in Nicks Büro und sagte: »Meine Eltern haben ein Haus an der Pier Street. Möchten Sie ein Wahlplakat an unserem Haus befestigen?«

Einige Tage später schickte er Michael mit einem Plakat vorbei. Bei ihrem nächsten Besuch in seinem Büro war sie mutiger und fragte: »Brauchen Sie Hilfe bei Ihrem Wahlkampf?«

Sie verbrachten einen Teil des Abends vor dem *Shoprite* an der Riverdale Avenue, wo Nay zusah, wie Nick Fremden die Hände schüttelte. Sie war verzaubert von seinem Enthusiasmus, wenn er auf Kunden zuging und ihnen manchmal sogar ihre Einkäufe zum Wagen trug, wenn das bedeutete, dass sie einige Minuten seinen Ideen zuhörten. Schon bald waren es nicht mehr Michael, Nick und Jim, sondern Michael, Nick, Jim und Nay.

Das Quartett arbeitete hart und deckte jeden Teil der Stadt ab. Nick bestand sogar darauf, in die Sozialbausiedlungen zu gehen, trotz der Tatsache, dass die Wählerbeteiligung dort viel niedriger war als in anderen Teilen der Stadt. Nay kam manchmal mit und übersetzte für die spanischen Bewohner. Häufiger jedoch ging Nick allein. Seine einzige Begleitung war seine Entschlossenheit – und ein Revolver Kaliber .38, den er stets an sein Fußgelenk geschnallt trug, eine alte Angewohnheit aus seiner Zeit als Cop.

Doch es war nicht seine harte Arbeit, die mitten im Sommer eine Kehrtwende im Wahlkampf zur Folge hatte. Es war Judge Leonard B. Sand, dem der Geduldsfaden riss.

—

Die Klage vor dem Bundesgericht, Aktenzeichen 80 CIV 6761: *Die Vereinigten Staaten von Amerika und das Regionalbüro der National Association for the Advancement of Colored People, et al., GEGEN The Yonkers Board of Education, die City of Yonkers und die*

Yonkers Community Development Agency, war 1980 eingereicht worden, als Nick Wasicsko noch Eiscreme-Lieferwagen fuhr und aufs College ging. Obwohl es bald sein Leben zerschmettern und seine Stadt neu definieren sollte, schenkte er dem Fall damals wenig Beachtung. Genauso wenig wie die meisten anderen Leute in einflussreichen Stellungen in Yonkers. Sie waren sich sicher, dass man sich mit diesem Problem – wie mit den vielen anderen irritierenden Problemen – nie auseinandersetzen müsste, sondern dass die verschwänden, wenn man sie ignorierte.

Über die Zeit begann *U.S. vs. Yonkers* für alles zu stehen: Rasse. Klassenunterschiede. Nachbarschaft. Den amerikanischen Traum. Doch damals wurde es als »nur ein weiterer Versuch« gewertet, die Rassentrennung aufzuheben, wenngleich mit einem speziellen Dreh. Ausgehend 1980 vom Justizministerium, dem sich kurz darauf das NAACP anschloss, wurde Yonkers beschuldigt, dass in der Stadt die Hautfarbe für die Wohnlage und die Qualität der Schulbildung ausschlaggebend sei, ein Vorwurf, der in den späten 1970ern vermehrt und mit unterschiedlichem Ausgang erhoben wurde. Dieser Fall jedoch hörte an diesem Punkt nicht auf. Die Klägerpartei stellte die bisher nie da gewesene Behauptung auf, dass der Grund für die Rassentrennung an den Schulen in Yonkers die nach Rassen getrennten Wohnsiedlungen seien. Die Kinder von Schwarzen und Lateinamerikanern würden die gleichen Schulen nur besuchen, weil ihre Familien gezwungen wären, in bestimmten Gegenden zu leben – und mit jeder juristischen Verfügung, etwas an den Schulen zu verändern, hätte man auch die Bevölkerungsanteile in den Wohnvierteln verändern müssen.

Das Losverfahren, das die Fälle an die Bundesgerichte verteilte, gab diesen Fall an Judge Leonard B. Sand weiter, der Experte für Steuerrecht gewesen war, bevor Präsident Jimmy Carter ihn zum Richter ernannt hatte. Ein zurückhaltender, elfenhafter Mann mit silbernem Haar und den buschigen Augenbrauen eines Zauberers. Er hätte keinen größeren Kontrast zu der lärmenden und emotionalen Stadt darstellen können, deren Zukunft er nun formen sollte. Sand hatte in die mächtige Familie Sulzberger eingeheiratet, denen die *New York Times* gehörte. Als langjähriger Partner der erfolgreichen Rechtsanwaltskanzlei *Robinson, Silverman, Pearce, Aronson, Sand and Berman* war er selbst ein reicher Mann. Geld jedoch spielte in seiner Welt eine weit geringere Rolle als Ideen und Gedanken. Sand war ein intellektueller Richter, ein Kopfmensch, der in Argumenten schwelgte. Wenn er nicht bei Gerichtsverhandlungen den Vorsitz führte, stapfte er in seinen ausgetretenen Lederslippern durchs Büro und redete mit seinen Sachbearbeitern über Rechtsangelegenheiten wie andere über Börsenkurse, Soap Operas oder Sport. »Also, folgendes Rätsel …«, pflegte er zu sagen und stellte eher Fragen, als dass er seine Meinung sagte, wälzte Gedanken in seinem Hirn umher, spielte mit Worten, entzückt über dieses mentale Training – das Gesetz als akribisch geplantes Puzzle.

Um dieses Puzzle, dieses Rätsel zu lösen, nahm sich Sand des Falles Yonkers persönlich und auf Bitten beider Seiten ohne eine Jury an. Die Gerichtsverhandlung dauerte fast zwei Jahre, von 1983 bis 1984: 93 Tage, 84 Zeugen, 140 eidesstattliche Aussagen, Tausende von Beweisstücken. Am Ende war klar, dass die Schulen der Stadt nach Rassen getrennt waren: bei dreiundzwanzig der vierunddreißig öffentlichen Schulen lag der Anteil entweder der Minderheiten oder der Weißen bei über 80 Prozent. Ebenfalls außer Frage stand, dass im Wohnungswesen Rassentrennung herrschte: im südwestlichen Quadranten, in dem der öffentliche Wohnungsbau 97,7 Prozent ausmachte, wohnten auch 80,7 Prozent der Minderheiten der Stadt.

Es war jedoch nicht Sands Aufgabe zu entscheiden, ob es in Yonkers Rassentrennung gab, sondern *warum* dem so war. Wie es dazu kam, dass in dieser Stadt mit einer Fläche von über fünfzig Quadratkilometern und 188.000 Einwohnern – einer Stadt kaum größer als Little Rock oder Dayton – die gesamte Minderheiten-Bevölkerung auf rund drei Quadratkilometern lebte. Warum der Saw Mill River Parkway, die gewundene, schattige Straße, die den Osten vom Westen trennte, zu einer Art Barriere geworden war – die weiße Arbeiterklasse im Osten und die Schwarzen, Latinos und Mittellosen im Westen. Wenn dies reiner Zufall war, dann gäbe es nichts Falsches, was wieder geradegebogen, kein Schaden, der ungeschehen gemacht werden müsste. Doch wenn es Absicht war, ein Ergebnis bewusster Entscheidungen seitens der Stadt, dann könnte Yonkers zu dramatischen, schwerwiegenden, historisch einmaligen Wiedergutmachungen gezwungen werden.

Sand entschied, dass es kein Zufall war. Yonkers sah so aus, entschied er, weil seine Politiker, die die lautstarken Ostseiten-Wähler vertraten, es genau so wollten. Seine Entscheidung führte er in einer 657-seitigen Urteilsbegründung aus, die längste, die er jemals geschrieben hatte; sie wog anderthalb Kilo, enthielt 166 Fußnoten, fünf Stadtpläne und fünf Anhänge. Als im November 1985 das Paket mit den erforderlichen Duplikaten für das Gericht angeliefert wurde, war es zu schwer, um es anzuheben, und musste in einem Einkaufswagen von Raum zu Raum gerollt werden.

Der Großteil des Gewichts resultierte aus der chronologischen Beschreibung eines in Sands Augen seit vierzig Jahren bestehenden Musters: Für den sozialen Wohnungsbau wurden potentielle Grundstücke auf der weißen Ostseite vorgeschlagen. Daraufhin erschienen aufgebrachte Bewohner zuhauf auf den Sitzungen des Stadtrates – 500, 700 und teilweise sogar 1000 Menschen. Die Ratsmitglieder ordneten eine erneute Suche nach Baugrundstücken an, und irgendwann wurden die Wohnungen auf der Südwestseite gebaut, wo hauptsächlich Minderheiten wohnten.

In Sands Augen war es noch nicht einmal eine knappe Entscheidung. Es gäbe, so schrieb er in dem subtilen, aber unnachgiebigen Ton eines Richters, keine »Basis für einen Zweifel daran, dass die Stadtfunktionäre sich darüber bewusst waren, dass sie einen klaren Kurs der Rassentrennung fuhren … Es ist, gelinde gesagt, äußerst unwahrscheinlich, dass ein Muster subventionierten Wohnraumes, das den überwältigenden weißen Charakter von Ost-Yonkers erhält, aus Gründen geschieht, die mit den verschiedenen Rassen nichts zu tun hätten.« Dies gesagt, befahl er den Einwohnern von Yonkers, ihre Landkarte neu zu zeichnen, das Puzzle wieder neu zusammenzusetzen und ihr Selbstbild zu überarbeiten. Er ordnete an, einen Teil der in Armut lebenden Minderheitenbevölkerung aus der Minderheitengegend heraus in Sozialbauten umzusiedeln, die nur für sie gebaut würden, und zwar in den Bezirken der weißen Mittelschicht von Yonkers.

Als Sand zum ersten Mal diese Maßnahmen anordnete, war Nick gerade ein brandneues Mitglied des Stadtrates und die meiste Zeit nur Beobachter der Schlagzeilen und des Händeringens der Beteiligten. Der Stadtrat stimmte ab, gegen die Entscheidung in der nächsten Instanz Berufung einzulegen. Nick stimmte dafür. Martinelli stimmte dagegen. Danach wurde das Problem über einen langen Zeitraum als gelöst betrachtet – es würde früher oder später in den Mühlen des Rechtssystems verschwinden wie schon so viele Probleme vorher. Es gab noch letzte Ausbrüche der Empörung vonseiten der Bürger (»Wir haben noch nie jemanden diskriminiert!«) und der Abwehrhaltung (»Warum wirft uns der Richter eine Entscheidung vor, die vor vierzig Jahren gefällt wurde?«), doch so gut wie keine Selbstreflexion (»Hat unsere Politik Schaden verursacht?«) sowie wenig Besorgnis, dass die neuen Häuser jemals gebaut würden. Aus Sicht der Ratsmitglieder und Wähler hatte Sands Entscheidung nichts mit *ihrem* Yonkers zu tun.

Grund dafür war, dass die überwältigende Mehrheit trotz all der schwerwiegenden Beweise und Einblicke eine Sache übersah. Die zentrale Tatsache. Die der Schlüssel zu allen anderen war: Dass Yonkers nämlich nur wie eine Stadt *aussieht*. Doch sie *handelt* wie achtunddreißig separate Städte, oder bestenfalls wie eine lockere Konföderation von Bezirken, ein jeder singulär, selbstorganisiert und stolz. Dunwoodie, Seminary Heights, Wakefield Park, Kimball – die Heimatbezirke der Sekretärinnen, Busfahrer, Lehrer, Polizisten. Lawrence Park West, Sunnyside Park, Beech Hill – einige der Häuser sind Villen, in deren Nähe sogar Rehe gesichtet wurden. Runyon Heights – das einzige schwarze Mittelschicht-Viertel der Stadt. Fleetwood – voller Genossen und junger

Fachkräfte. Locust Hill – seit vielen Jahren das ungarische Viertel. Byrn Mawr, Woodstock Park – meist schottisch und irisch. Park Hill – Italiener. The Hollows – Slowaken, Russen, Polen und Ungarn.

Sand erkannte das, doch er verstand es nicht – nicht auf die intuitive, organische, halsstarrige Weise wie die Leute von Yonkers. Er sah die Cliquenbildung als die übliche Art zu leben an, bis die Leute merkten, wie sie besser lebten. Geboren 1928, verbrachte Sand die ersten sechs Jahre in der Bronx, in einer Wohnung so nahe am Yankee-Stadion, dass er von seinem Bett aus das Krachen des Schlägers gegen den Ball hören konnte. In seiner Nachbarschaft wohnte die jüdische Arbeiterklasse. Drüben in der Fordham Road war fast jeder katholisch. Richtung Osten war ein Abschnitt, der Brooke Avenue genannt wurde, und die irischen Kids, die dort lebten, waren »die Brookies«, erinnerte er sich, und »manchmal kamen sie rüber und wir kloppten uns«.

Nach dem Schulabschluss ging er auf die New York University School of Commerce, die damals im Grunde eine Handelsschule war, und verließ sie mit einem Abschluss in Buchhaltung. Wäre es eine ideale Welt gewesen und hätte er das Gefühl gehabt, eine Wahl zu haben, hätte er einen anderen Weg eingeschlagen. »Ich wäre sehr gern auf die Columbia gegangen«, sagte er, ein Ort, der in seinen Augen für die lyrische Welt der Literatur und Worte stand, anstatt sich in die eher praktische Welt der Bilanzen und Zahlen zu begeben. Doch es war auch eine Zeit der Quoten und des Antisemitismus, also machte sich der jüdische Junge aus der Bronx noch nicht einmal die Mühe, sich zu bewerben. Dass sein Leben sich wunderbar entwickelte – der NYU folgte die juristische Fakultät von Harvard und die Partnerschaft in einer angesehenen Kanzlei –, sollte nicht darüber hinwegtäuschen, dass es auch anders hätte kommen können.

Also befahl er Yonkers, es besser zu machen. Seine Wohnviertel, seine Enklaven, seine sicheren, ethnischen Nischen zu öffnen. Außenseiter hineinzulassen und ihnen eine Chance zu geben, ihr Leben zu verändern. Nach der idealen Welt zu streben, in der niemand sich zurückgesetzt fühlt, bevor er überhaupt die Möglichkeit hat, es zu versuchen. Er sah in seiner Entscheidung keinen »juristischen Aktivismus«, obwohl die Meinungen da auseinandergingen. Auch sich selbst hielt er nicht für einen Aktivisten, obwohl andere auch diesbezüglich anderer Meinung waren. Nein, sagte er, er hatte nicht mit einer Schlussfolgerung begonnen und sich dann von dort aus zu einer Rechtfertigung dieses Ergebnisses zurückgearbeitet. Er hatte mit den Fakten begonnen und war diesen Fakten zu dem einzigen Ziel gefolgt, das er vernünftigerweise erreichen konnte. Dort angekommen, empfand er es als eine runde Sache. Es war die logische, rationale und richtige Entscheidung.

Die Bürger von Yonkers sahen das jedoch vollkommen anders. Ihre abgetrennten Bezirke, die Sand als Einschränkungen wahrnahm, sahen sie als Stärke. Sie sahen ihre Barrieren und Grenzen weniger als Maßnahmen, andere auszugrenzen, sondern eher als eine Form, sich selbst zu definieren, eine Zugehörigkeit zu besitzen, einen Ort, an dem sie verwurzelt waren, die Sicherheit, wer sie waren und wo sie standen. Diejenigen, denen diese Trennung Sicherheit gab, waren nicht der Ansicht, dass sie Rassisten seien. Sie seien es vielleicht einmal gewesen, und einiges von dem, was sie gesagt hatten, könnte man vielleicht so interpretieren, doch sie bestanden darauf, dass es keine Frage von Schwarz oder Weiß sei. Sie bräuchten keine Nachhilfestunde in Diskriminierung, sagten sie, denn wenn man Italiener, Ire oder Pole war, wäre die Kindheit voller Geschichten von Großeltern gewesen, die wegen ihres Akzents und ihrer Namen weder Arbeit finden konnten noch respektiert wurden. Und aus der Bronx bräuchten sie auch keinen Unterricht. Viele von ihnen hätten auch in Ballwurfnähe des Yankee-Stadions gelebt – noch gar nicht so lange her, wie es bei Sand der Fall war –, und als der Stadtteil zum Wahrzeichen des menschlichen Verfalls wurde, seien sie nach Yonkers geflüchtet. Hier ginge es nicht um Rassen, sagten sie. Es ginge um ihren Stolz, die Barrieren überwunden zu haben, die dieses Land allen Neuankömmlingen vor die Nase setzte, und über das Leben, das sie sich aufgebaut hätten – bescheiden vielleicht, aber ihr eigenes. In erster Linie ging es um ihre Angst, dass jemand versuchen würde, es ihnen wegzunehmen.

—

1987, als Nick Wasicsko entschied, für das Amt des Bürgermeisters zu kandidieren, war Yonkers in Sachen Neubausiedlungen genauso weit wie noch vor zwei Jahren, als sie angeordnet worden waren. Der Richter übte sich in Geduld und erlaubte der Stadt, die Einzelheiten der Pläne auszuarbeiten: Wie viele neue Wohneinheiten, wo und zu welchem Zeitpunkt sie gebaut werden würden. Doch nachdem unzählige richterliche Deadlines gesetzt und verstrichen waren, gestattete Sand stattdessen dem Justizministerium und dem NAACP, die Details auszuarbeiten. Mit ihrem Einverständnis ordnete er an, dass Yonkers auf der Ostseite zweihundert Sozialwohnungen für einkommensschwache Bevölkerungsgruppen schaffen müsse und achthundert subventionierte Wohneinheiten für mittlere Einkommensgruppen. Er versuchte, immer noch geduldig zu sein, und forderte die Stadt auf, ihm eine Liste von ausgewiesenen Baugrundstücken zur Verfügung zu stellen. Weitere Fristen wurden ignoriert. In Yonkers ging man offenbar davon aus, dass diese Hinhaltetaktik auf ewig funktionieren würde.

Doch kurz bevor Nick mit seinem Wahlkampf begann, entschied Sand, diese Annahme zu erschüttern. Er setzte fest, dass ein externer Berater die Auswahl treffen sollte, da es der Stadtverwaltung offensichtlich zu schwer fiele, passende Grundstücke zu finden. Der Stadtrat führte eine landesweite Suche durch, was eine Weile dauerte, und interviewte dann diverse Kandidaten, was noch länger dauerte. Am Valentinstag, nur Stunden vor der Deadline des Richters, und zu Sands großer Überraschung, wurde der geforderte Berater tatsächlich ausgewählt.

»Sie haben mich mit der Erwartung angeheuert«, sagte Oscar Newman Jahre später über seinen Vertrag von 160 Dollar die Stunde, »dass ich scheitern würde.«

Newman witzelt immer noch, dass er den Job bekommen hätte, weil er mit seinem markanten Backenbart dem Richter Robert Bork in nennenswerter Weise ähnelte, dessen konservative Ansichten nicht so wirkten, als würde er richterlich angeordnete Sozialbauten gutheißen. Sehr wahrscheinlich hatten die Ratsmitglieder nicht weiter gesehen als bis zu dem zweiten Foto auf dem Einband seines Buches *Defensible Space*, ein Foto, das ein Sozialbauprojekt in St. Louis zeigt, das wortwörtlich in die Luft gesprengt worden war. Die Politiker, die ihn interviewten, glaubten hinterher, dass er die Pläne des Richters, mit denen der ihre Wohnviertel beschmutzen wollte, genauso in die Luft jagen würde.

Wenn es das war, was sie erwartet hatten, so wurden sie überrascht. In *Defensible Space* geht es darum, Architektur einzusetzen, um menschliche Verhaltensmuster zu verändern, und Yonkers war eine Chance für Newman, diese Theorie in einer sehr öffentlichen und breit angelegten Studie zu überprüfen. Als ein Mann mit enormem Weitblick, beachtlicher Präsenz und immensem Ego kamen einem bei Newman Fragen wie diese in den Sinn: Wenn man glaubt, man sei brillant, und man ist es tatsächlich, ist das dann Überheblichkeit oder der klare Blick auf die Wahrheit? In vielerlei Hinsicht Sand vollkommen unähnlich, wurde Newman bald zum engsten Berater des Richters. Sie waren keine Freunde, denn keiner von beiden war der kumpelhafte Typ, doch Sand bewunderte die rohe Kraft von Newmans Ideen, und Newman, obwohl er den Richter für viel zu zurückhaltend hielt, erkannte die Macht der Richterbank und sah in Sands ursprünglicher Entscheidung ein Material, mit dem er arbeiten konnte.

Als es Frühjahr wurde, hatte der Richter Newmans zentrale Philosophie zu seiner eigenen gemacht. Die großen Wohnungsbauprojekte, die für die Ostseite geplant waren, waren schon aufgrund ihres Designs zum Scheitern verurteilt, argumentierte Newman, und wären ein Desaster für beide Seiten, die Bewohner der Sozialbauten und ihre umliegende Gemeinde. Die Zukunft des öffentlichen Wohnungsbaus läge in einem Modell, glaubte er, das er »verstreute Baugrundstücke« nannte – Einheiten von kleinen Häusergruppen, die sich in die Gemeinde einfügen würden. Es würde keine Gemeinschaftsräume, wie gemeinsame Flure oder Eingänge, geben. Jeder einzelne Quadratmeter, drinnen und draußen, würde privat sein und bestimmten Mietern zugeordnet, was bedeutete, dass jeder Mieter sich verantwortlich fühlte und stolz auf das war, was ihm gehörte. Zu Anfang gefiel diese Änderung des Plans den Stadträten, doch nicht notwendigerweise deshalb, weil sie der zugrundeliegenden Theorie zustimmten. Es würde länger dauern, mehrere Baugrundstücke zu finden (Newmans Plan sah acht vor) als ein oder zwei, was der Stadt mehr Zeit gäbe, die Sache auf die lange Bank zu schieben.

Newman machte die Grundstücke jedoch innerhalb von wenigen Tagen ausfindig. Er mietete auf Kosten der Stadt einen Helikopter samt Piloten, flog im Tiefflug über Yonkers und erstellte eine Karte freier Grundstücke. Er fand sechsundzwanzig Parzellen auf insgesamt über sechzehn Hektar Land. Es war reiner Zufall, sagte er, dass eine dieser Parzellen direkt neben dem Haus eines besonders sturen Ratsmitglieds lag, und ein anderes auf der gegenüberliegenden Straßenseite eines weiteren. Der Stadtrat engagierte auf Kosten der Stadt, für weitaus mehr Geld, ein Team von Rechtsanwälten, das Gesetzeslücken aufspürte und die Bebauung der meisten Grundstücke verhinderte. Newman konsultierte erneut seine Stadtkarte und stellte eine Liste weiterer Baugrundstücke auf. Die Rechtsanwälte suchten wieder in ihren Gesetzestexten und lehnten auch diese Grundstücke ab.

Ab Juli berichtete Newman nicht mehr an den Stadtrat, sondern arbeitete direkt für den Richter. Was als dreimonatiger Vertrag über 55.000 Dollar begann, wurde zu einem zeitlich unbegrenzten Auftrag und einer anwachsenden Rechnung, die von Yonkers beglichen werden musste. In seinem Büro in Great Neck, Long Island, installierte Newman eine separate Telefonleitung; Sand war der Einzige, der die Nummer hatte. In einer öffentlichen Sitzung verkündete Sand, eine »Standleitung« zu Newman zu haben, und Newman nutzte diese Leitung. Einmal rief er Sand mitten aus einer Besprechung mit dem Stadtrat an, um diesem mitzuteilen, dass die Abgeordneten seine Fragen nicht so beantworten würden, wie er das gerne hätte.

Mit Newman an seiner Seite wurde Sands Ton rauer. So war es zum Beispiel Newmans Vorschlag, dass der Richter eine einstweilige Verfügung gegen den Bau von vier privaten Gewerbegebieten erließ, die der Stadt jedes Jahr geschätzte zwölf Millionen an Steuern hätten einbringen sollen. Wenn solch eine Knappheit an Bauland herrschte, tadelte Sand, was sollte dann das Gerede darüber, ein Einkaufszentrum zu bauen? Oder einen Büropark? Die Stadt solle, bitte sehr, zuerst ihren staatlichen Verpflichtungen nachkommen.

Obendrein drohte Sand Yonkers erneut Bußgelder an, diesmal allerdings genauer spezifiziert. Die Bußgelder begännen mit 100 Dollar und verdoppelten sich jeden Tag, warnte er. Bei dieser Rate wäre das gesamte Budget der Stadt von 337 Millionen Dollar innerhalb von zweiundzwanzig Tagen ausradiert.

—

In dieser eskalierenden Debatte fand Nick Wasicsko sein neues Thema – obwohl er eine Weile brauchte, um das festzustellen. Der Slogan seines Wahlkampfes war eine Variation aus seinem vorherigen Wahlkampf, »Nicht die Haare raufen, sondern einen neuen Bürgermeister wählen«. Jim Surdoval ließ den Slogan auf einige Hundert Gartenschilder drucken, und zu seinem Erstaunen schnappten sich die Bewohner der Ostseite die Schilder, um sie in ihren Vorgärten aufzustellen. Als die Schilder aus waren, fingen die Leute an, sich selbst welche zu malen. Nick war nicht mehr nur ein Kandidat. Er wurde zu einem Anliegen.

Infolgedessen verbrachte er mehr und mehr Zeit mit dem Wahlkampf auf der Ostseite und erinnerte alle an das einzige Wahlversprechen, das ihn von Martinelli unterschied: dafür zu stimmen, gegen Sands Urteil Revision einzulegen. Martinelli glaubte, dass die Sozialbauten unausweichlich waren; Nick glaubte, dass die Stadt und die Wähler eine »zweite Meinung« verdienten.

Als es Herbst wurde und der Aufruhr um die Bebauung zunahm, wurde es immer einfacher für Nick Wasicsko, sich Gehör zu verschaffen. An den letzten Wahlkampftagen kamen ihm die Reden leichter über die Lippen. Er war entspannter, denn er hatte mehr Übung. Außerdem war es hilfreich, dass ihm sein Publikum wirklich zuhörte. Er reiste von einer Veranstaltung zur nächsten, unterstrich seinen Glauben an das Recht, Berufung einzulegen, doch sagte nie wirklich, was er tun würde, sollte die Berufung scheitern. Er wusste, dass er den Gegnern des sozialen Wohnungsbaus den Eindruck vermittelte, auf ihrer Seite zu stehen und ihren Kampf bis zum Tod weiterzuführen. Aber eigentlich wusste er gar nicht, was er tun würde. Er fand, er gäbe einen guten Bürgermeister ab. Er wollte Bürgermeister werden, und das Wohnungsbauprojekt half ihm dabei. Über den Rest würde er sich später Gedanken machen.

Am 3. November 1987 schlug Nicholas Wasicsko Angelo Martinelli mit 22.083 Stimmen zu 20.617.

»Ich habe nicht eine Minute geglaubt, dass ich verlieren könnte«, log er nach der Auszählung gegenüber den Reportern.

Sehr spät am Wahlabend fuhr Martinelli quer durch die Stadt, um Wasicsko zu treffen und das Rennen persönlich zu beenden. Er schüttelte Nick die Hand und sagte: »Die Wähler haben mir eine riesige Last von den Schultern genommen und sie auf Ihre gelegt.«

Öffentliche Umfragen zeigten, dass man Nick wegen seines Standpunktes in Sachen Wohnungsbau gewählt hatte. Und er war nicht der Einzige, der deshalb gewählt worden war. Von jenen Amtsinhabern, deren Ansichten in dieser Frage für moderat gehalten wurden, wurden vier von fünf abgewählt. Obwohl die Bezirke dazu angehalten worden waren, die Repräsentation von Minderheiten zu fördern, war jedes gewählte Mitglied des Rates weiß.

Laut Wählerumfragen hatte Nick nicht deswegen gewonnen, wer er war, sondern wer er nicht war. Er war nicht Angelo Martinelli. Er wusste, dass er nur deswegen gewonnen hatte, doch es war ihm egal, genauso wie es ihm egal war, dass er 20.000 Dollar

Schulden aus seinem Studium hatte und einen neuen Job, der ihm nach Abzug der Steuern im Jahr weniger als das einbrachte. Alles, was für ihn zählte, war, dass er mit achtundzwanzig Jahren der jüngste Bürgermeister des Landes war. Er war jetzt nicht nur auf dem Basketballfeld der »Mayor«, sondern auch außerhalb. In ein paar Jahren könnte er den Titel vielleicht in Kongressabgeordneter tauschen, oder in Senator. In der Ferne konnte er schon die Gouverneursvilla und das Weiße Haus sehen.

—

Das Erste, was Nick nach seiner Wahl tat, war Nay zum Mittagessen einzuladen. Sie waren wie zwei alberne Kinder, jung und kichernd, als sie das Restaurant Louis in Süd-Yonkers betraten, wo sie einer Gruppe Gratulanten in die Arme liefen. Alle Anwesenden wollten Nick die Hand schütteln und ihm auf die Schulter klopfen, als er mit Nay zu seinem relativ abgeschiedenen Tisch in der Ecke ging.

Als die Kellnerin gekommen und wieder gegangen war, blickte Nick über den Tisch hinweg Nay an und bedankte sich. »Ich weiß deine Unterstützung und alles, was du getan hast, sehr zu schätzen«, sagte er. Er fingerte an seinem Schnauzbart herum, wie so oft, wenn er nervös war. Das hörte sich nicht annähernd so locker an, wie er es in seinem Kopf durchgespielt hatte. »Komm und arbeite für mich«, platzte er plötzlich heraus. »Du bist die Einzige, der ich vertrauen kann.«

Eine Woche später nahm sie den Job an. Es war nicht das erste Mal, und würde nicht das letzte Mal sein, dass ihr politischer Instinkt besser war als seiner. Sie verstand genug davon, wie es im Stadtrat lief, um zu wissen, dass sie Harry Oxman, dem Mann, der sie ursprünglich eingestellt hatte, eine Erklärung schuldig war. Als sie dies tat, wurde die Unterhaltung ziemlich hässlich und Oxman warf ihr vor, hinter Nick her zu sein, um ihre eigene Karriere zu fördern. »Das ist es nicht«, antwortete sie. »Ich habe ihm geholfen, weil er mir leidtat. Ich dachte, er würde verlieren.«

Nays Kündigungsschreiben an Oxman wurde am 31. Dezember 1987 wirksam, doch tatsächlich fing sie schon lange vorher an, für Nick zu arbeiten. Er gab ihr die Aufgaben, die, wie er sagte, »Spaß machten«, einschließlich der Planung seines Amtsantritts und der anschließenden Party. Nick wollte es anders machen, er wollte eine Veranstaltung, die Jugend und Energie ausstrahlte, also mietete er ein großes Boot – statt der traditionellen Gala in einem Festsaal –, auf dem man sich am Buffet bedienen und tanzen konnte. Jeden Tag las er vergnügt die wachsende Liste der Gäste, die 150 Dollar pro Person gezahlt hatten, um bei seiner Fete dabei zu sein – Leute, die ihn zu Beginn seines Wahlkampfes nicht kannten, oder so taten, als würden sie ihn nicht kennen. Nach seinem Sieg war es in seinem Büro im Rathaus keineswegs still und einsam, er stolperte förmlich von einer Aufgabe zur nächsten: Anstellung eines neuen City Managers, Verschicken von Pressemitteilungen, die einen »neuen Start« versprachen, voller »frischer Ideen«. Er schmierte den anderen Ratsmitgliedern Honig ums Maul und verbündete sich nicht zwangsläufig mit seinen demokratischen Parteigenossen, sondern bildete eine Koalition aus Demokraten, Republikanern und Konservativen, die gegen die Sozialbauten waren.

—

Am 28. Dezember erreichte Nick ein Anruf, der alles änderte. Nay hatte ihn ausfindig gemacht und die Rechtsanwälte direkt zu ihm durchgestellt. Es war vier Tage vor Nicks Vereidigung als Bürgermeister, und das *United States Court of Appeals for the Second Circuit* hatte Nicks Schicksal besiegelt. Es ging um die Revision, auf die Nick seinen Wahlkampf aufgebaut hatte und gegen die Martinelli gestimmt hatte. Sie hatte ein höheres Gericht davon überzeugen sollen, dass Judge Sand seine Grenzen überschritten hätte, und dass die Häuser nicht gebaut werden sollten.

Stattdessen hatte das dreiköpfige Bundesgericht in einer 163 Seiten langen Stellungnahme die Argumente der Stadt einhellig zurückgewiesen. Die Anordnungen von Judge Sand, schrieben sie, lägen »vollkommen innerhalb seines Ermessensspielraums« und die Forderung der Stadt, diese Anordnung rückgängig zu machen, sei »absolut unbegründet«.

Einige Mitglieder des Rates reagierten auf diese Neuigkeit schnell und trotzig. »Wir gehen bis zum Supreme Court«, sagte Nicks grobschlächtiger Parteigenosse Henry »Hank« Spallone, ein früherer Cop aus New York City, der keiner verbalen Auseinandersetzung aus dem Weg ging, dessen politische Ansichten von den Lokalzeitungen als »mittelalterlich« bezeichnet wurden und der mit fast 80 Prozent der Stimmen gewählt worden war.

»Die ganze Sache ist eine Farce«, sagte Charles Cola, ebenfalls ein Demokrat, der seinen Sitz – ganz im Sinne der üblichen, surrealen Politik Yonkers' – gegen eine Frau verteidigt hatte, die noch bis einen Monat vor der Wahl seine Sekretärin gewesen war.

Die Ratsmitglieder warteten darauf, dass Nick sich ihrer Empörung anschloss, doch der junge, frisch gewählte Bürgermeister war unerwartet still.

»Es ist zu früh, um schon zu sagen, ob die Stadt Berufung einlegen wird«, war alles, was er bereit war zu sagen.

Wahrscheinlich tat er gut daran, seine spontane Reaktion für sich zu behalten, die an ein eigensinniges Kind erinnerte. »Ich kann nicht glauben, was für ein mieses Timing die haben«, beschwerte er sich bei Nay. »Das wird allem einen Dämpfer verpassen, und ich komme nicht mal dazu, ein bisschen Spaß zu haben.«

Es dauerte jedoch nicht lange, und er fühlte sich nicht mehr betrogen, sondern überfordert. Er war achtundzwanzig Jahre alt. Er war noch nie für seine eigene Miete verantwortlich gewesen oder seine eigene Telefonrechnung, und nun war er verantwortlich für das hier.

Er dachte kurz daran, sich der Empörung anzuschließen. Politisch gesehen, wäre es das Naheliegendste. Leg beim Obersten Gerichtshof Berufung ein, dachte er. War das Gericht nicht dazu da? Er war gewählt worden, weil er glaubte, dass die Stadt das

Recht dazu hatte, Berufung einzulegen. Warum sollte man da bei einem Mal aufhören? Warum nicht es ganz bis zum Ende durchziehen?

Doch seit dem Tag seiner Wahl zum Bürgermeister hatte ihn das kostspielige Team von Rechtsanwälten, das für die Stadt arbeitete, gewarnt, dass das Second Circuit Court den erfolgten Antrag auf Revision ablehnen würde, und diese Anwälte hatten recht behalten. Jetzt sagten sie ihm, dass es keinen verfassungsrechtlichen Grund für eine Berufung beim Obersten Gerichtshof gäbe. Nick vermutete, dass sie auch in dieser Hinsicht recht hätten. Ein weiteres Mal Berufung einzulegen, würde teuer werden, und die Stadt hatte bereits Millionen dafür ausgegeben, die Sache anzufechten. Wenn sie es täten, riskierten sie außerdem, dass Sand noch wütender wurde. Der Richter würde es als eine verzweifelte Hinhaltetaktik ansehen, was es wahrscheinlich auch wäre, und würde ihnen die angedrohten Bußgelder aufdrücken. Der Schwur, Berufung einzulegen, würde seine momentane Popularität zwar erhöhen. Doch sollte er den Ruin der Stadt riskieren, die zu vertreten er gerade gewählt worden war?

Nur wenige Menschen mussten je in so kurzer Zeit erwachsen werden. In seiner Antrittsrede fünf Tage später erläuterte Nick seine Entscheidung. Yonkers, sagte er, würde der Integrations-Anweisung nachkommen, da »das Gesetz das Gesetz ist«, dem zu beugen der einzige Weg wäre, den ruinösen Strafen zu entgehen. Er sagte nicht, dass er die Entscheidung für richtig hielt, denn das tat er nicht. Er fand es unfair, Hausbesitzer von heute für die diskriminierenden Entscheidungen der politischen Führung vor Jahrzehnten zu bestrafen. Aber unfair oder nicht, der Richter hatte die Macht, ihnen solche Bußgelder aufzuerlegen.

Die Anrufe begannen bereits kurz nach Ende seiner Rede. Sie waren gehässig und brutal, ein kleiner Vorgeschmack auf das, was noch kommen sollte. Nay nahm eine Nachricht nach der anderen entgegen und notierte alles bis auf die Obszönitäten.

»Sagen Sie dem Bürgermeister, er soll sich zum Teufel scheren.« »Sagen Sie dem Bürgermeister, er soll nach Harlem ziehen.«

»Wir hätten es besser wissen müssen, anstatt diesem Kind zu vertrauen.«

»Sagen Sie dem Bürgermeister, er ist ein Verräter.« »Ein Lügner.« »Ein Idiot.« »Sagen Sie dem Bürgermeister, er soll zurücktreten.« »Sagen Sie dem Bürgermeister, dass wir ihn wegen Amtsvergehen anklagen werden.«

Nick las all die Nachrichten, antwortete auf keine, und fragte sich, ob er das Richtige getan hatte. Und doch, je höher der rosafarbene Zettelstapel der »Notizen in Abwesenheit« wuchs, umso besser wurde seine Laune. Er hatte Martinelli geschlagen, also würde er auch damit fertig werden. Sein ganzes Leben lang hatte er Leute dazu gebracht, die Dinge so zu sehen wie er. Er musste daran glauben, dass er es auch diesmal schaffte, wo es am wichtigsten war.

Eine Stadt wie keine andere

Städte haben ihre Eigenarten, Verschrobenheiten und Marotten, so charakteristisch und fundamental wie die Menschen, die darin leben. Über Gleichförmigkeit zu lamentieren, die Fast-Food-Ketten und Einkaufszentren mit sich gebracht haben, heißt, das größere Ganze aus den Augen zu verlieren – dass nämlich trotz der Fast-Food-Restaurants und Einkaufszentren es etwas Wesentliches gibt, etwas, das nicht ausradiert werden kann. Der Stolz von Los Angeles, trendy zu sein. Der aufdringliche Chauvinismus von Dallas. Die kratzbürstige Freundlichkeit von Minneapolis. Bereits am Flughafen fühlt sich Las Vegas anders an als Chicago. Selbst mit verbundenen Augen wüsste man wahrscheinlich an irgendeiner Straßenecke, ob man in San Antonio ist oder Salt Lake City.

Kein anderer Ort fühlt sich an wie Yonkers, ungehobelt und schartig, eine Brücke der Arbeiterklasse zwischen den Türmen von Manhattan im Süden und den verhätschelten Hügeln des restlichen Westchester County im Norden. Sein Flussufer, zugestopft mit Lagerhäusern und Fabriken, starrt über den Hudson auf die majestätischen Palisades, die außerhalb der Reichweite neckisch aufragten. Die Yonkers Raceway, eine riesige, aber verwahrloste Trabrennbahn, die immer kurz davor steht, dichtzumachen, ist das erste Wahrzeichen, was der Besucher sieht, der sich über den New York State Thruway nähert. Es ist eine treffende Begrüßung.

Obwohl Yonkers Großstadtmaße besitzt, wird getratscht wie in einem Dorf. Nach den Trabrennen ist die Politik hier der beliebteste Sport, und da er nach Yonkers-Regeln gespielt wird, ähnelt er Hahnenkämpfen. Die Debatten im Rat waren dafür bekannt, in Angriffe gegen die Ehefrau des Gegenspielers abzudriften. Während früherer Wahlkämpfe gab es Anklagen wegen illegaler Abhörmethoden und Wahlbetrugs. Mehr als ein Amtsinhaber hat im Laufe seiner Karriere drei Mal die Partei gewechselt. In Summe ergibt dies eine nostalgische Aufmüpfigkeit, den Charakter einer Stadt, die einmal anders gewesen war, was ebenfalls sehr treffend ist. In einer Ära, an die sich keiner der noch Lebenden tatsächlich erinnert, aber nach der sich jeder zurückzusehnen scheint, war Yonkers eine großartige Stadt gewesen.

Ihre Geschichte begann mit einem Stamm amerikanischer Ureinwohner, die ihr Land einem holländischen Adeligen, Adrien Van der Donck 1646 »verkauft« hatten. Sein Titel lautete Jonge Heer, oder Lord. Irgendwann waren die Ländereien des Jonge Heers als Yonkeers bekannt, und dann als Yonkers.

Mit der Eisenbahn wuchs die Stadt. Die ersten Gleise folgten den Wasserstraßen, und da Yonkers von drei Seiten vom Hudson, dem Saw Mill und den Bronx Rivers eingegrenzt wurde (zwei davon sind inzwischen nur noch Rinnsale), hatte die Stadt im späten 18. Jahrhundert zwanzig Bahnhöfe. Um die Jahrhundertwende war es das industrielle Zentrum von Westchester County und zählte 1912 insgesamt 129 Fabriken. Die *Warring Hat Company*, die größte in den Vereinigten Staaten, produzierte täglich achtzehntausend Hüte. Bei der *Otis Elevator Company* waren siebentausend Menschen angestellt, jeder Dritte der Stadt. Ein weiteres Drittel arbeitete in den *Alexander Smith Carpet Mills*, der größten

Teppichfabrik der Welt, mit knapp 265.000 Quadratmetern Nutzfläche. Selbst Nikolaus II., Russlands letzter Zar, besaß einen Teppich aus Yonkers.

Wellen von Immigranten bevölkerten diese Fabriken und hinterließen ihre Spuren. Engländer, Schotten, Polen, Slaven, Ukrainer, Italiener – welche Gruppe auch immer gerade ihr Heimatland in großer Zahl verließ. Alle fingen ganz unten an, in den Fabriken, an den Hochöfen und den Raffinerien, dann arbeitete sich jede Gruppe hoch, zu den Fertigungslinien und in die Büros der Abteilungsleiter. Mit ihrem Aufstieg kam gleichzeitig der Auszug, aus der Stadt hinaus Richtung Osten, wo, angetrieben vom Zeitalter des Automobils, Felder in Wohnviertel umgewandelt wurden.

Wenn sie die weiten Flächen östlich des Saw Mill Rivers erreicht hatten, blieben die Gruppen unter sich, bildeten Enklaven, die sich weniger wie Amerika anfühlten, sondern mehr wie das Land ihrer Heimat.

Aus dieser bewussten Abgrenzung entstand das System des Bezirkswahlrechts, was dazu beitrug, dass alles so blieb, wie es war. Die meiste Zeit (bis zu dem Jahr, in dem Nick Wasicsko gewählt wurde) bestand der Stadtrat von Yonkers aus zwölf Mitgliedern, die eher wie eine Konföderation arbeiteten statt eine Union. Es gab damals eine Regel – allerdings keine offizielle, aber dennoch in Stein gemeißelt –, dass jedes Ratsmitglied das letzte Wort bei Anträgen hatte, die seinen eigenen Wahlbezirk betrafen. De facto war es ein Veto. Wenn das Ratsmitglied des Bezirks nein sagte, zweifelte man diese Meinung nicht an, und kein anderes Mitglied des Rates würde für ein Wohnungsbauprojekt in diesem Bezirk stimmen. Und wenn die Wähler nein sagten, sagte auch das Ratsmitglied nein, es sei denn, er wollte nicht wiedergewählt werden.

Einige Schwarze schafften es über den Saw Mill hinweg in das einzige schwarze Mittelschicht-Viertel von Yonkers, nach Runyon Heights. Seine Existenz ist nicht etwa ein Beispiel dafür, dass Schwarze auf der Ostseite willkommen waren, sondern gerade dafür, dass sie es nicht waren. Heute, Jahrzehnte später, kennen die meisten Schwarzen und Latinos, aber nur wenige Weiße der Stadt die Geschichte von Runyon Heights, und diese wenigen Weißen sind meistens Immobilienmakler. Judge Sand kannte die Geschichte auch. Er zitierte sie auf den ersten Seiten seiner Urteilsbegründung, in der er Yonkers der jahrelangen Diskriminierung für schuldig erklärte.

Während des Baubooms in den 1920ern tätigte ein Bauunternehmer, wie die Geschichte zeigt, einen schlechten Kauf – Land, das für Ranch-Style-Häuser mit ihren großflächigen, ebenen Gärten zu felsig und zu hügelig war. Um seine Investition zu retten, kündigte er an, einen jüdischen Friedhof zu errichten – ein Plan, bei dem die Eigentümer der anliegenden Grundstücke in Panik gerieten. Alteinwohner des Bezirks erzählten zwei Versionen von dem, was als Nächstes passierte. Einige erinnerten sich, dass der Bauunternehmer über die Versuche ihn aufzuhalten so verärgert war, dass er das Land an Schwarze verkaufte. Andere sagten, der Bauunternehmer hätte den Gegnern die Wahl gelassen und es sei die Nachbarschaft gewesen, die entschieden hätte, es sei »besser, neben lebenden Negern zu wohnen als neben toten Juden«.

Wie auch immer, Runyon Heights wurde gebaut – ein zweieinhalb Quadratkilometer großes Quadrat voller zweistöckiger Häuser, jedes auf einem Grundstück von tausend Quadratmetern, und jedes zum Preis von 5.000 Dollar. Die stillen, gewundenen Straßen von Runyon Heights sahen genauso aus wie die von Homefield, dem komplett weißen Viertel nördlich davon, doch den Leuten von Homefield blieb diese Ähnlichkeit offensichtlich verborgen. Vielleicht erkannten sie sie auch und hatten Angst davor. Aus welchem Grund auch immer, wurden in den 1930ern am Ende der Moultrie Avenue in Homefield Hecken gepflanzt, um den Verkehr zwischen den beiden Vierteln zu unterbinden. Eine Weile später wurden aus den Hecken Steinmauern.

Schließlich zogen die Bewohner von Homefield einen anderthalb Meter breiten Grenzstreifen an der nördlichen Grenze von Runyon Heights. Auf diesem Streifen war das Bauen verboten. Keine Straße durfte diesen Streifen passieren. Das Ergebnis ist, dass selbst heute noch jede Nord-Süd-Straße in Runyon Heights in einer Sackgasse endet. Im Frühjahr, wenn die Bäume auf dem Grenzstreifen in vollen Blättern stehen, vermitteln sie den trügerischen Eindruck, hinter ihnen würde sich meilenweit ein Wald erstrecken. Doch im Winter, wenn die Zweige kahl sind, kann man die Häuser Homefields auf der anderen Seite deutlich erkennen.

Jene, die es bis in die Sackgassen von Runyon Heights geschafft hatten, waren die Ausnahme. Nur wenige Minderheiten überquerten den Saw Mill, weil man sie nicht wollte und weil sie es sich nicht leisten konnten. Bis zum Zweiten Weltkrieg stellte *Alexander Smith Carpet Mills* keine schwarzen Arbeiter ein. *Otis Elevator* schon, aber nur in den drückend heißen, dreckigen Fabriken, in denen es keine Hoffnung auf Beförderungen gab. Während der 1930er machte ein Witz die Runde, wann immer Farbige in Yonkers zusammenkamen. Ein Freund fragte: »Wie geht's, wie steht's?« Und die Antwort war stets dieselbe: »Die Weißen sind immer noch in Führung.«

So blieben die Minderheiten also auf der Westseite und richteten sich dort ein, wo frühere Generationen von Einwanderern schnellstens weggezogen waren, in Irving, Cottage und Wood Place. In die Morgan, Garden und School Street. Sie lebten dort, wo sie auch arbeiteten, in Werkswohnungen hinter den Fabriken und Hüttenwerken, in Wohnungen nur mit fließend kaltem Wasser entlang der Eisenbahnlinien und dem Flussufer. Die Ostseite wurde immer mehr »Mittelschicht« und »weiß«, die Westseite immer mehr »Minderheit« und »arm«.

Yonkers war natürlich nicht der einzige Ort des Landes mit Slums und einer wachsenden Kluft zwischen Schwarzen und Weißen. In regelmäßigen Abständen redete die Regierung davon, die Zustände in den landesweiten Slums verbessern zu wollen, doch es geschah nichts – bis 1929 der Aktienmarkt zusammenbrach. Im Kielwasser der Weltwirtschaftskrise entstand die Idee des sozialen Wohnungsbaus. Den Armen zu helfen, war nur ein Nebeneffekt des Programms, dessen wirkliches Ziel es war, Arbeit im Bauwesen zu schaffen und die Wirtschaft buchstäblich wieder aufzubauen. Mehr als ein Jahrzehnt später, im Nachklang des Zweiten Weltkrieges, wurde der soziale Wohnungsbau ausgeweitet, diesmal als ein Weg, um die heimkehrenden Veteranen unterzubringen.

Der Bauboom stellte Yonkers vor ein Dilemma. Die Stadt wollte – und brauchte – einerseits unbedingt das Geld, das für die Infrastruktur des wachsenden sozialen Wohnungsbaus zur Verfügung gestellt wurde, wollte jedoch andererseits eigentlich keinen sozialen Wohnungsbau. Also packte die Stadt die Sache mit der üblichen Yonkers-Methode an. Man beantragte Geldmittel, bekam sie auch bewilligt, doch dann folgte die große Herausforderung, einen geeigneten Bauplatz zu finden. Gleichgültig auf welches Viertel auch immer die Wahl des Planungsausschusses für die Sozialbauten fiel, sofort setzte dort eine Welle von Protesten und Petitionen ein. Dies passierte auch in anderen Städten, aber in den meisten bewirkten die gegenseitigen Kontrollmechanismen der Politik, dass manche Wohngegenden trotz höchst lautstarker Versuche, es zu verhindern, gelegentlich eben doch sozialen Wohnungsbau bekamen. Nicht so in Yonkers. Nicht an einem Ort mit einem feudalen Lehnswesen, wo die Auffassung vorherrschte, dass das Ratsmitglied des jeweiligen Bezirks das letzte Wort hatte.

Über vierzig Jahre lang entstand daher in der Folge eine riesige Sozialbausiedlung nach der anderen auf der Westseite, dem einzigen Teil der Stadt, der keinen Widerstand leistete. Mulford Gardens: siebzehn Gebäude mit 550 Wohnungen, bezugsfertig im Oktober 1940. Cottage Place Gardens: dreizehn Gebäude mit 256 Wohnungen, eingeweiht 1948. Die William A. Schlobohm Houses: 415 Wohnungen in acht Wohnblocks, fertiggestellt 1953. Calgano Homes, besser bekannt als School Street, hatte 278 Wohneinheiten, die 1964 fertiggestellt wurden. Im Jahr 1988 lag keine der siebenundzwanzig öffentlich geförderten Wohnsiedlungen für Familien in einem der vorwiegend weißen Wohngebiete im Osten beziehungsweise Nordosten der Stadt. Alles in allem lagen 6.644 oder 97,7 Prozent der insgesamt 6.800 Einheiten des öffentlichen Wohnungsbaus im Südwesten der Stadt.

Zu dieser Schieflage auf der Landkarte kam es aber nicht etwa, weil niemand es bemerkte, sondern vielmehr weil diejenigen, denen es auffiel und die sich dazu äußerten, sofort überstimmt wurden. Mitglieder des städtischen Planungsausschusses warnten zum Beispiel regelmäßig, dass die Konzentration so vieler armer und mittelloser Menschen an einem Ort den Tod des Handels im Südwesten von Yonkers bedeute. Anstatt jedoch die Warnung zu beherzigen, stimmte der Rat mehrheitlich dafür, die Innenstadt zu opfern. Als der Planungsausschuss Einwände gegen das Baugrundstück School Street erhob, da es sich genau im Weg einer geplanten Verbindungsstraße zwischen Autobahn und dem ums Überleben kämpfenden Geschäftsviertel befand, beschloss der Stadtrat, die Anschlussrampe zu opfern.

Und als der Kongress schließlich verfügte, dass öffentliche Mittel nicht auf eine Weise verwendet werden durften, durch die ein Wohnghetto erschaffen würde, entschied der Stadtrat tatsächlich, auf die Mittel zu verzichten. Nach 1964 wurden in Yonkers keine öffentlich geförderten Wohnungen für Familien mehr gebaut, denn ab diesem Zeitpunkt begann das Bauministerium der Vereinigten Staaten, das *Departement of Housing and Urban Development* oder kurz HUD, genau darauf zu achten, an welchen Orten diese Baumaßnahmen realisiert wurden.

Selbstverständlich ist Yonkers nicht die einzige Stadt, die ihren öffentlich geförderten Wohnungsbau an wenigen Orten konzentrierte. Andere machten genau das Gleiche. Im selben Jahr, als das Justizministerium die Ermittlungen gegen Yonkers aufnahm, schaute man ebenfalls nach Chicago, nach Lima in Ohio, Marshall in Texas, Charleston in South Carolina und Rochester im Staat New York. All diese Städte standen potentiell im Visier für den ersten einer vermutlich ganzen Reihe wegweisender Gerichtsverfahren, die Rassentrennung in den Schulen mit öffentlichem Wohnungsbau in Verbindung brachten. Jede einzelne dieser Städte hätte als Präzedenzfall ausgewählt werden können, aber die Wahl fiel allein auf Yonkers, und zwar weniger wegen dem, *was* die Stadt machte, als vielmehr *wie* sie es machte.

»Richtig in Schwierigkeiten geritten haben die sich, weil sie einfach nicht ihren Mund halten konnten«, sagt Oscar Newman. Andere Städte hätten sich für ihr Handeln in der Vergangenheit entschuldigt. Manche bauten zum Beweis ihrer Reue eine Handvoll Wohneinheiten für einkommensschwache Bevölkerungsgruppen in Mittelschichtsgegenden. Sobald dies geschehen war, zog das Justizministerium ab. Yonkers jedoch vertrat von Anfang an aggressiv seinen Standpunkt. In eidesstattlichen Aussagen betonten Vertreter der Stadt mehrfach, dass der Sozialwohnungsbau absichtlich in einen abgelegenen Winkel von Yonkers gelegt worden sei, weil das eben die ärmste Ecke der Stadt sei und folglich gehörte er auch genau dorthin.

Und so war es die Stadt Yonkers und nicht Rochester oder Chicago, die vor einem Bundesgericht erfolgreich wegen Diskriminierung verklagt wurde. Und es war Nicholas Wasicsko, der schon immer Bürgermeister von Yonkers werden wollte, der das Vermächtnis dieses Gerichtsverfahrens übernahm und dadurch mehr über die Stadt – und über sich selbst – erfahren sollte, als er eigentlich wissen wollte.

—

Anfang 1988 sah es einige Wochen lang so aus, als könnte Nick tatsächlich das Unmögliche gelingen: eine uralte Tradition ins Wanken zu bringen, Yonkers zu zähmen und den Stadtrat zu vereinen, um einem Bebauungsplan für Sozialwohnungen zuzustimmen. Mithilfe der Rechtsanwaltskanzlei der Stadt, *Skadden, Arps, Meagher and Flom*, und dem neuen City Manager Neil DeLuca überzeugte er fast jeden im Rat davon, dass das Befolgen der richterlichen Anordnung der einzige Weg sei, noch ein wenig Kontrolle über das Endergebnis zu behalten. Er erreichte dies, indem er das tat, was er schon immer am besten konnte – reden, umgarnen und diskutieren.

Bei zwei Ratsmitgliedern – Harry Oxman und Charles Cola – brauchte es nur wenig Überredungskunst, Nick hatte ihre Stimmen fast von Anfang an in der Tasche. Oxman, ein vornehmer, ruhiger Mann, war das einzige Ratsmitglied, das die Anordnung des Richters voll befürwortete. Und Cola, der persönlich gegen den Plan war, repräsentierte den Bezirk, in dem die ganzen Sozialbauten standen, also war es seine politische Pflicht, dafür zu sein.

Zwei weitere Stadträte bearbeitete Nick nur wenig. Hank Spallone hatte in der South Bronx gelebt und aus erster Hand miterlebt, wie Wohnviertel sich verändern konnten. Und er war Detective bei der Polizei gewesen, also hatte er auch miterlebt, was mit den Wohnvierteln passiert war, nachdem sie sich verändert hatten. Wäre Hank Schauspieler gewesen, hätte er mit seiner Fähigkeit, ein finsteres Gesicht aufzusetzen und laut herumzubrüllen, einen guten Schlägertyp abgegeben – den schikanösen Cop, den tyrannischen Vater, den skrupellosen Politiker, die Rollen, die immer von Robert Mitchum oder Lee J. Cobb gespielt wurden. Er war gewählt worden, weil er geschworen hatte, dass er sogar ins Gefängnis gehen würde – sollte dies notwendig sein –, um das Sozialbauprojekt zu stoppen. Nick versuchte noch nicht einmal, seine Meinung zu ändern.

Und Edward Fagan – er war Nick ein Rätsel, also machte er sich gar nicht erst die Mühe, ihn umzupolen. Alle Beziehungen im Rat basierten auf Geschäftlichem, nicht auf Freundschaft, doch Fagan, drahtig und skeptisch, lang und dünn wie eine Vogelscheuche, schien ihm aus dem Weg zu gehen und Amt und Privatleben strikt voneinander zu trennen.

Nick sortierte aus und richtete seine Aufmerksamkeit auf die beiden verbleibenden Kollegen Nicholas Longo und Peter Chema. Longo, mit seinem glatten, schwarzen Haar und der gewählten Ausdrucksweise, war möglicherweise der schlaueste Politiker in Yonkers. In der »richtigen Welt« war er leitender Angestellter des Countys – genauer, Planungsdirektor im *Departement of Environmental Facilities* –, was bedeutete, dass er, eingerechnet seiner sechzehn Jahre im Rat, überall in der Regierung vernetzt war. Nicholas Longo unter Druck zu setzen, war, als spielte man mit

Quecksilber – er war glänzend, aber gefährlich, und man spürte seinen Einfluss in jedem Spalt und jedem Ritz. Longos letzter Wahlkampf war hässlich gewesen, er hatte ihn gewonnen, indem er mit voller Kraft gegen den sozialen Wohnungsbau wetterte. Eine seiner effektivsten Waffen war eine Werbesendung im Kabelkanal gewesen, in der zwischen bunte Szenen fröhlicher Vorstadtsiedlungen Schwarz-Weiß-Aufnahmen eines trostlosen Stadt-Ghettos gestreut waren.

Auch Peter Chema war ein Veteran in der Politiklandschaft von Yonkers, einer Welt, die ihm quasi in die Wiege gelegt worden war. Chemas Vater hatte einen Sitz im Rat gegen den direkten Nachbarn der Familie gewonnen, als Peter noch ein Kind war. Ein Jahrzehnt später, als der ältere Chema noch während seiner Amtszeit an Krebs gestorben war, wurde sein freier Platz durch eben diesen Nachbarn wiederbesetzt. Als es an seine Wiederwahl ging, ließ Mrs Chema sich als Gegenkandidatin aufstellen. Sie gewann, entschied dann jedoch, dass die Aufgabe zu anstrengend sei, und trat nach einem Monat zurück, woraufhin derselbe Nachbar erneut ernannt wurde. Peter wurde erwachsen, machte einen Abschluss als Bauingenieur sowie einen schwarzen Gürtel in Kung-Fu und eröffnete dann einen Reifenhandel, bevor er sich 1979 das erste Mal für den Stadtrat bewarb. Sein Gegner war derselbe Nachbar, der jedoch irgendwann aufgab und nach Florida zog. Mit siebenunddreißig Jahren war Chema acht Jahre jünger als Longo und nicht so selbstbewusst. Seine Kleidung war immer perfekt gebügelt und das Haar perfekt frisiert, doch er wirkte immer irgendwie überrascht.

Während seiner ersten drei Wochen im Amt versuchte Nick, diese beiden alten Hasen politisch auszutricksen. Die zweihundert Wohneinheiten für niedrige Einkommensgruppen würden »so oder so« gebaut, erzählte er ihnen beim Mittagessen, am Telefon, in ihrem Wohnzimmer, spätabends, und morgens als Erstes. Vor vielen Jahren, erinnerte er sie, hatte Yonkers öffentliche Gelder angenommen, um genau diese Anzahl an Sozialwohnungen auf der Ostseite zu bauen, doch obwohl man das Geld behalten hätte, wären die Wohnungen nie gebaut worden. Judge Sand sähe die Wohneinheiten als Rückzahlung an, und man würde ihn nicht dazu bewegen können, in diesem Punkt einen Kompromiss einzugehen. Wäre es dann nicht besser, wenn man ein Mitspracherecht hätte, wo diese unvermeidbaren Wohneinheiten einmal gebaut würden?

Am 20. Januar 1988 wurde all das Reden zu einer fieberhaften Diskussion. Die jährliche Beantragung von Fördergeldern aus dem bundesstaatlichen Topf für Stadtentwicklung war an jenem Tag fällig, und was als routinemäßiger Abstimmungsprozess begann, wurde zu einem Showdown in Sachen öffentlicher Wohnungsbau. Um sich für die 10 Millionen Dollar zu qualifizieren, musste Yonkers einen sogenannten *Housing Assistance Plan*, kurz HAP genannt, vorlegen, der die Wohnungsbaupläne der Stadt für das kommende Jahr umriss. Der HAP der Stadt, der vor Monaten von den Angestellten der Abteilung aufgestellt war, enthielt die Aussage, dass zweihundert Wohneinheiten für Bevölkerungsgruppen mit niedrigen Einkommen auf der Ostseite der Stadt gebaut werden sollten. Wenn der Rat dem HAP zustimmte, sagte Sand mit grimmigem Blick unter seinen dichten, weißen Augenbrauen, würde er darin die Zusicherung einer Kooperationsbereitschaft sehen. Wenn nicht, würde er die im Sommer 1987 angedrohten Bußgelder erheben, Strafen, die mit einhundert Dollar pro Tag anfingen und sich so lange jeden Tag verdoppelten, bis Yonkers das Geld ausging.

So stimmten die Ratsmitglieder im letzten Augenblick für das, was der Richter angeordnet und worum Nick sie gebeten hatte. Mit 5 zu 1 Stimmen wurde der von Nicholas Longo und Nicholas Wasicsko unterstützte Plan beschlossen. Harry Oxman war abwesend. Die einzige Nein-Stimme kam von Spallone, der mit Zornesröte im Gesicht aus der Sitzung stürmte. »Ich lasse mich nicht von irgendeinem Richter einschüchtern!«, brüllte er. »Wir werden nicht klein beigeben. Wenn man ins Gefängnis gehen muss, um Amerika zu beweisen, dass jeder Grundrechte hat, dann, sage ich euch, bin ich bereit, dafür ins Gefängnis zu gehen!«

Abgesehen von Spallones Theatralik war Nick sehr zufrieden mit dem Ergebnis. Er musste ein »Wahnsinns-Politiker« sein, fand er, dass er es geschafft hatte, diese Kuh vom Eis zu holen, doch inzwischen hatte er genug über seinen neuen Job gelernt, um zu wissen, dass er diesen Gedanken besser für sich behielt.

Judge Sand war weniger zufrieden, er kannte Yonkers gut genug, um vorsichtig zu sein. Obwohl er das Abstimmungsergebnis des Rates lobte, forderte er mehr. Absichtserklärungen seien gut, sagte er, doch nun müssten die Details geklärt werden. Er gab dem Rat eine Woche, um ein verbindliches »Anerkenntnis« festzulegen – eine Liste von Baugrundstücken, auf denen die Sozialbauten entstehen würden – und darüber abzustimmen.

Die fünf, die widerwillig mit *Ja* gestimmt hatten, hielten zu diesem Zweck Sitzungen ab, zu denen sie Spallone gezielt nicht einluden. Die Liste, die sie zusammenstellten, enthielt sieben Grundstücke, wobei 108 der 200 Wohneinheiten in Spallones Bezirk entstehen sollten. Sechs der sieben Grundstücke hatten auf Oscar Newmans ursprünglicher Liste gestanden, doch das siebte war eine Überraschung: ein abgeschiedenes Stück Land, das Teil des St. Joseph's Seminary war und zu jenem Zeitpunkt eine gute Wahl zu sein schien.

Am Abend, bevor die Liste Judge Sand unterbreitet wurde, nahm Nick in einem Broadway Diner ein spätes und unbehagliches Abendessen mit Nicholas Longo und Peter Chema ein. Zuerst unterhielt er sich nur mit Longo, den Nick inzwischen um sein politisches Geschick beneidete. Chema saß dabei, sagte nichts und wirkte unruhig und bleich. Nick befürchtete, dass Chema seine Meinung ändern und seine Zustimmung zur Liste der Grundstücke zurückziehen und damit das Versprechen zunichtemachen könnte, das sie dem Richter vor einer Woche gegeben hatten. Longo befürchtete, dass Chema – der mit dem schwarzen Gürtel – sich jeden Moment übergeben könnte. Sie verbrachten den Rest des Abends damit, ihren unsicheren Kollegen daran zu erinnern, dass »wir zusammenhalten müssen. Wir müssen es so aussehen lassen, als stünde Spallone mit seiner Meinung ganz alleine da.«

Sie baten Chema um die Zusage, sich mit ihnen hinter das Anerkenntnis zu stellen, doch sie bekamen keine. Keiner von ihnen rührte groß sein Essen an.

Am 26. Januar 1988 erschienen die Ratsmitglieder mit ihren Rechtsanwälten vor Gericht und präsentierten Judge Sand die Liste. Wieder lobte er den Rat und unterstrich, wie wichtig es sei, dass die Stadt diese Entscheidung gefällt habe und nicht das Gericht. »Ein Gericht kann Mauersteine und Mörtel verordnen«, sagte er, »doch nur die Bürger von Yonkers können ein Umfeld erschaffen, das zu einer guten, nachbarschaftlichen Beziehung führt.«

Er segnete die Liste ab und hatte dann noch eine Bitte. Er wollte, dass die Stadt ihre Pläne aufgab, bei einem höheren Gericht Berufung einzulegen. Die Abstimmung, die sie an jenem Abend vornehmen würden, um die Liste der Baugrundstücke zu beschließen, sagte er, wäre wertlos, wenn sie mit der Hoffnung durchgeführt würde, dass ein höheres Gericht möglicherweise das Anerkenntnisurteil für null und nichtig erklärte. Das wäre, als gäbe man sich das Jawort, in dem Wissen, dass man am nächsten Samstagabend eine Verabredung mit jemand anderem hätte. Diese Abstimmung, warnte er, müsste die letzte gewesen sein. All diejenigen, die den Grundstücken zugestimmt hatten, müssten die Absicht haben, dort auch zu bauen. Die Rechtsanwälte der Stadt willigten ein, auf das Berufungsrecht zu verzichten.

—

Da mehr Menschen erwartet wurden, als im Rathaus Platz hatten, fand die Versammlung, in der über Sands Liste abgestimmt wurde, in der Turnhalle einer Highschool auf der Ostseite statt. Als Nick und die anderen in der Saunders Highschool eintrafen, konnten sie den Lärm der Menge schon hören, bevor sie das Gebäude betraten. Drinnen herrschte Tumult. Neunhundert Menschen hatten die Metalldetektoren am Eingang passiert, und vier registrierte Handfeuerwaffen waren konfisziert worden. Fünf Dutzend Polizisten säumten die Wände der Sporthalle. Henry

Spallone war bereits am Mikrofon und peitschte die Menge auf. Ein Mann im Publikum trug ein T-Shirt des Ku-Klux-Klans.

Wir sind nur eine Haaresbreite von einem Aufstand entfernt, dachte Longo.

Mehr als sechzig Leute hatten sich im Vorfeld für den öffentlichen Teil des Rederechts angemeldet. Mehr als fünf Stunden lang marschierten sie zum Mikrofon, um zu schreien, zu flehen und zu drohen. Mehr als fünf Stunden saßen die Ratsmitglieder mit versteinerten Mienen da und hörten sich alles an. Mehr als fünf Stunden lang warf Nick Peter Chema besorgte Blicke zu, aus Angst, dass es eine Überraschung gäbe, wenn sie letztendlich zur Wahl übergingen.

»Setzt eure Ämter heute Abend aufs Spiel!«, rief Rabbi Bernhard Rosenberg vom Midchester Jewish Center mit rotem Gesicht und geballten Fäusten. »Habt Eier in der Hose und lasst euch nicht unterkriegen. Oder baut sie in *euren* Bezirk!«

Die elfjährige Judy Guldner, in deren Viertel sechzig der zweihundert Einheiten gebaut werden sollten, stand bleich, aber gefasst hinter dem Rednerpult und beugte sich zu den Mikrofonen der fünfzehn Radio- und Fernsehstationen vor. »Wo bleiben unsere Rechte? Meine Eltern haben hart für unser Haus gearbeitet. Ich will in unserem Viertel keine Leute ohne Moral haben, und die Drogen nehmen. Eigentlich wollte ich immer Politikerin werden, aber nachdem ich Sie gesehen habe, würde ich mich dafür schämen.«

Nur eine Person äußerte sich positiv zu dem Plan – Laurie Recht, eine vierunddreißigjährige weiße Sekretärin aus Süd-Yonkers. Mit ihren eins fünfundvierzig war sie vor der Menge kaum zu sehen, und noch schlechter hörte man sie, als sie ihre kurze Stellungnahme vorlas. »Wohnbauten in kleinen Gruppen für einkommensschwache Menschen führen nicht notgedrungen zu einem Anstieg der Kriminalität«, sagte sie. »In jeder Rasse gibt es Gute und Schlechte. Es ist wichtig zu erkennen, dass man nicht eine Gruppe für alle sozialen und gesellschaftlichen Probleme verantwortlich machen kann.« Als sie ihre Rede beendet hatte, war das Gebrüll so laut und die Gesichter der Leute so beängstigend, dass sie von der Polizei aus dem Saal eskortiert werden musste. Als sie ging, rief ein Mann: »Schickt sie nach Harlem!«

Um 01.00 Uhr nachts, nachdem die Liste der Redner sich erschöpft hatte, war es für die Ratsmitglieder an der Zeit zu sprechen. Nick fasste sich kurz. »In Amerika regiert die Mehrheit«, sagte er, »aber sie kann sich nicht gegen die Gesetze wenden.«

Peter Chema sagte gar nichts.

Der letzte auf der Liste war Hank Spallone. »Der Richter kann mir den Buckel runterrutschen!«, donnerte er. »Ich habe euch Treue geschworen, und ich werde euch auch treu bleiben. Das hier ist ein Verrat der übelsten Sorte!«

Bei diesen Worten versuchte die Menge die Bühne zu stürmen, Hunderte von Leuten schoben sich gleichzeitig Richtung Podium. Nick konnte spüren, wie der Boden unter seinen Füßen vibrierte, und sah die Anspannung in den Gesichtern der Beamten, als sie ihre Arme verhakten, um die Protestierenden zurückzuhalten.

Um 01.30 Uhr morgens nahm der Wahlleiter die Stimmen an. Technisch gesehen war es eine Wahl der Liste der Baugrundstücke, doch die Erschöpfung und Anspannung in den einsilbigen Antworten der Ratsmitglieder machten klar, dass es viel mehr war als das.

»Mr Wasicsko?« Ja.

»Mr Spallone?« Nein.

»Mr Longo?« Ja.

»Mr Oxman?« Ja.

»Mr Chema?« Schweigen.

»Mr Chema?«

Nick sah zu, wie Peter Chema eine Faust ballte, und dann seinen Daumen nach unten bewegte.

»Mr Cola?« Ja.

»Mr Fagan?« Ja.

Das Anerkenntnisurteil war mit 5 zu 2 Stimmen angenommen worden. Die Schlacht war vorbei.

Doch der Krieg hatte gerade erst begonnen.

Mary Dorman schließt sich dem Kampf an

Mary Dorman saß in der ersten Reihe des Rathaussaales, tappte mit ihren Turnschuhen auf den blau und goldenen Teppich, rutschte voller Erwartung auf dem blauen Samtkissen umher und wartete auf den Beginn des neuesten, angekündigten Aufruhrs. Eine hagere, grauhaarige Frau, deren Jeans- und Khaki-Kleidung verkündete, dass sie nichts für Ausschweifungen übrighatte, mit den rauen Händen eines Menschen, der harte Arbeit schätzte. Mary blickte sich langsam im Saal um und nahm jedes Detail in sich auf.

Über ihr befand sich eine kunstvoll geschmiedete Glaskuppel mit dem bunten Wappen von Yonkers. An einer Seite war ein Wandgemälde, auf dem der Jonge Heer höchstpersönlich das Land für seine gleichnamige Stadt kaufte, und an der anderen Wand das Relief eines riesigen Adlers mit goldenen Flügeln. Zusammengenommen hätte dieses Ensemble einen eindrucksvollen Saal ergeben können, doch es erinnerte lediglich an einen Ort, der irgendwann einmal eindrucksvoll gewesen war. Das Buntglas war zwar wunderschön, doch an vielen Stellen gerissen, die Wandgemälde zwar gekonnt gemalt, doch Dreck und viele Jahre hatten sie verblassen lassen, und obwohl der Adler einen dramatischen, sogar ergreifenden Effekt hatte, bröselte der ihn umgebende Putz durch einen Wasserschaden von den Wänden.

All diese Dinge fielen Mary auf, während sie den Steg ihrer beigefarbenen Brille, mit der sie aussah wie eine Eule, wieder die Nase hochschob. Doch als sie sich umschaute, blieben ihr die Veränderungen einer Stadt, deren Schicksal sich gerade wandelte, genauso verborgen, wie die starken Veränderungen bei sich selbst. Dass sie überhaupt in diesem Saal saß, kam durch ihre eigene Verwandlung von einer ruhigen, bebrillten Lady zu einer lauten, entschiedenen Kämpferin für eine Sache. Bis vor vier Wochen war sie noch nie bei einer politischen Versammlung gewesen, und nun begrüßte sie Dutzende von Leuten warmherzig mit Namen. Bis letzten Monat war sie noch nie im Rathaus gewesen, und hier saß sie nun, bereits völlig unbeeindruckt von ihrer Umgebung, auf ihrem Stammplatz – erste Reihe, rechte Seite –, den sie inzwischen für sich beanspruchte.

Bis zu dem Beinahe-Aufstand in der Sporthalle von Saunders hatte der Sozialbau-Streit Mary nicht gekümmert. Ein paar Tage nach der Versammlung las sie eine Notiz in der Lokalpresse über ein Treffen des 12th Ward Republican Club im Ortsverband des VFW. Nicholas Longo sollte dort eine Rede halten. Aus einer Laune heraus ging sie hin. Es war nichts, was sie normalerweise tat, denn sie war bis zu diesem Zeitpunkt nicht gerade ein geselliger Typ gewesen. Abgesehen von ihrem Bowling-Verein und ihren Kirchen-Sonntagen in der St. John the Baptist bestand ihre Welt aus ihrem Ehemann Buddy, einem Ingenieur bei AT&T, ihrer erwachsenen Tochter Maureen und ihrem Job als Tierarzthelferin bei ihrem Schwager.

Vor zwanzig Jahren, als sie und Buddy aus der noch nicht gefährlichen Bronx in das vergleichsweise großflächige Yonkers gezogen waren, hatten sie eine Wohnung über genau dieser Veterinärklinik, in der sie jetzt arbeitete. Es war die »Sprungbrett-Wohnung« der Familie Dorman, ein mietfreies Apartment für Familienmitglieder, die darauf sparten, sich ein eigenes Haus zu kaufen. Maureen, damals noch ein Teenager, bekam das einzige Schlafzimmer, und Mary und Buddy schliefen im Wohnzimmer auf einer Ausziehcouch. Sie versuchten, nicht zu viel Zeit damit zu verschwenden, sich über den Platzmangel zu beklagen. Für sie war das Sofabett einfach ein Platz, an dem man schlief, während man für etwas anderes arbeitete.

Wann immer sie darüber redeten umzuziehen, sagte Mary: »Wenn ich kein Backsteinhaus in der St. Johns Avenue haben kann, will ich überhaupt kein Haus haben.« Für sie war die St. Johns eine der hübschesten Straßen der Stadt, eine gewundene Allee, die von ordentlichen, bescheidenen Häusern im georgianischen und im Cape-Cod-Cottage-Stil gesäumt wurde und die mit der St. John the Baptist Church als Tusch an der Spitze endete. Doch obwohl sie oft über ihr Traumhaus sprach, suchte sie eigentlich nie danach.

Dann, an einem verschneiten Tag 1978, sah sie einen Aushang in einem örtlichen Drugstore, auf dem ein eingeschossiges Backsteinhaus mit drei Zimmern in ihrer Traumstraße angeboten wurde. »Warum schauen Sie es sich nicht einfach mal an«, sagte der Apotheker. Für Buddy und sie war es Liebe auf den ersten Blick, doch der Kaufpreis von 58.000 Dollar war mehr, als Buddy zu zahlen bereit war. Als Mary hörte, dass ein anderer Käufer bereits den geforderten Preis geboten hatte, kehrte sie geknickt in ihre Wohnung zurück, die ihr plötzlich sehr beengt vorkam.

Wenige Tage später meldete sich der Besitzer des kleinen Hauses. Der andere Käufer hatte darüber geredet, den Bogen über der Küchentür abzureißen. Ob Mary und Buddy gewillt wären, 53.000 Dollar zu zahlen? Sie bekamen das Haus, weil sie es so liebten, wie es war. Und sie schwor, es nie zu verändern.

Nun lagen zwei der sieben Baugrundstücke auf der Liste in fußläufiger Entfernung dieses Hauses, und es zog sie zu dem Treffen beim Ortsverband des VFW, weil sie ihr Wort halten wollte – das Haus zu beschützen, die Nachbarschaft und ihren Traum. Für Richter Sand ging es bei der Schlacht um Yonkers darum, was recht und richtig war. Für Nick Wasicsko ging es um das, was realistisch war. Für Mary Dorman ging es um ihr Zuhause.

Bei diesem Treffen, und all den anderen, die folgten, schloss sie sich einer Gruppe an, die sich die *Save Yonkers Federation* nannte, eine Koalition von dreißig Nachbarschaftsvereinen aus der ganzen Stadt. Die Wortführer behaupteten, sie hätten hunderttausend Mitglieder, und Mary glaubte ihnen, nachdem sie gesehen hatte, wie schnell sie praktisch ohne Vorlauf eine wütende Menge Demonstranten mobilisieren konnten, die reichlich Druck machte. *Save Yonkers* war ein eigenartiger Beweis dafür, dass Judge Sand, ohne es zu beabsichtigen, zumindest Teile der Stadt vereint hatte.

Sie fühlte sich auch zu der Gruppe hingezogen, weil sie voll hinter Hank Spallone stand. Es gab eine Menge Politiker, fand sie, die eine Menge redeten, doch Spallone war der Einzige, der anscheinend wirklich etwas zu sagen hatte.

Schon bald wurden Marys Tage von *Save Yonkers* bestimmt. Sie besuchte Treffen, manchmal sogar nächtliche – beim Ortsverband des VFW, in der *Grinton I. Will Library*, im *Lincoln Park Yewish Center* und in der St. John the Baptist Church – wo sie Reden lauschte, die an die Konvertierten gerichtet waren, von Leuten, die vor dem Streit Fremde waren, sich nun jedoch als gute Freunde bezeichneten.

Ihr erstes Treffen auf feindlichem Territorium – im Rathaus – fand zwei Wochen nach der Veranstaltung in Saunders statt, am zweiten Dienstag im Februar. Es war eine regulär angesetzte Ratssitzung, obwohl sie nichts Reguläres an sich hatte, und sie erschien um 17.00 Uhr, drei Stunden vor offiziellem Sitzungsbeginn und eine Stunde vor dem Teil des öffentlichen Rederechts. Sie war früh dort, weil sie fest entschlossen war, eine der achtzig Menschen zu sein, die tatsächlich im Rathaussaal saßen, und nicht zu den Hunderten zu gehören, die draußen standen und in Sprechchören protestierten. Als sie neben ihren neuen Kameraden wartend auf ihrem Stuhl saß, der schon bald ihr Stammplatz werden sollte, reichte ihr jemand eine kleine amerikanische Fahne, ein Symbol für das Recht, vor dem Supreme Court Berufung einzulegen. »Berufung! Berufung! Berufung!« Das war in den letzten Wochen zu ihrer Parole geworden, da der Rat dieses Recht verwirkt hatte, indem er dem Anerkenntnisurteil zugestimmt hatte. Es spielte keine Rolle, dass es in dem Fall nur wenige Punkte gab, die in Bezug auf die Grundrechte strittig waren, oder dass der Oberste Gerichtshof jedes Jahr nur in drei bis fünf Prozent der Fälle zu einer Anhörung bereit war. »Berufung! Berufung! Berufung!«, riefen sie und verlangten nach ihren Grundrechten, um das Unmögliche zu versuchen.

Mary Dorman brüllte gemeinsam mit ihnen. Sie wedelte mit ihrer Fahne, sie buhte, sie schloss die Augen und stimmte in ein tonloses Summen ein, um alle Ratsmitglieder außer Peter Chema und Hank Spallone, die beide gegen das Anerkenntnisurteil gestimmt hatten, zu übertönen. Als Nick Wasicsko zu sprechen versuchte, bewarf ihn jemand aus den hinteren Reihen mit rosafarbenen Einmalwindeln. Mary kicherte. »Geh zurück nach Hause zu Mama!«, rief sie. Ihre Fäuste waren geballt, die Venen traten hervor, und ihr Zorn war roh, weißglühend und eigenartig befreiend. Vierundfünfzig Jahre lang war sie eine höfliche Frau gewesen, von dem Typ, der »Entschuldigung« sagt, wenn er gegen Möbel lief, weswegen sie überrascht darüber war, wie leicht sie in den Rhythmus des Ungehorsams verfiel. Es war berauschend, so ganz und gar zu glauben. Dies war nicht das erste Mal, dass Mary so wütend war, doch es war das erste Mal, dass sie diesen Ärger Fremden gegenüber zeigte. »Ich wusste gar nicht, dass ich mich nach außen so geben könnte«, sagte sie und meinte außerhalb des intimen Kreises der Familie. »Man ist schon mal sauer auf sein Kind oder seinen Mann, aber nach außen behält man doch die Kontrolle.«

An diesem ersten Abend war sie nur kurz eingeschüchtert, als eine Gruppe von Protestierenden auf ihre Stühle stieg, mit ineinander verhakten Armen, und trotzig den dreißig Polizisten und ihren angeleinten Hunden entgegenblickte. Die Demonstranten wussten, dass die meisten Polizisten selbst Hausbesitzer in Yonkers waren, und die Beamten wussten, dass sie es wussten. Mary blieb unten auf dem Boden stehen, gebannt von dem Drama, und sah zu, wie die Polizisten sich den Gesetzesbrechern näherten, die gleichzeitig ihre Familienmitglieder und Nachbarn waren. Im nächsten Moment war es vorbei, als mehrere Dutzend Demonstranten fest am Ellenbogen oder Handgelenk gepackt und aus dem Gebäude geführt wurden. Als sie gingen, riefen sie im Chor: »Berufung! Berufung! Berufung!«

Kurz darauf vertagte der Bürgermeister die Sitzung und beließ viele unerledigte Punkte auf der Agenda. Als Mary nach draußen kam, feierte man gerade eine Art Party, beleuchtet von laufenden Kameras, die von der Aussicht eines bevorstehenden Krawalls angelockt worden waren. Im gleißenden Licht der Scheinwerfer wurden diejenigen, die man hinausgeworfen hatte, abgeklatscht und umarmt. Sie waren Helden. Mary freute sich schon auf die nächste Sitzung. Es gab immer noch Grenzen dessen, was sie für diese Sache tun würde, doch als sie auf den Stufen des Rathauses stand und ihren neuen Freunden auf die Schultern klopfte, war ihr bewusst, dass es deutlich weniger Grenzen waren als früher.

Die folgenden beiden Wochen gingen schnell vorüber, angefüllt mit Treffen, Telefonaten und Plänen. Jetzt, am vierten Dienstag des Monats, war sie wieder zurück im Rathaussaal. Sie saß an ihrem Platz, hielt ihr Fähnchen und wartete auf den Beginn der Sitzung. Doch am meisten wartete sie darauf, dass die befreiende Wut wieder einsetzte.

—

Während Mary vorne im Saal saß und sich darauf vorbereitete, in den Sprechchor einzustimmen, saß Nick hinten in seinem Büro und bereitete sich darauf vor, sich der Situation zu stellen. Er wusste, dass er den Demonstranten nicht gestatten durfte, die Angelegenheiten der Stadt zu stören, doch man musste zugeben – und würde es kaum verbergen können –, dass genau das der Fall war. Außer einem waren alle Eingänge während der letzten Monate geschlossen worden, und der Metalldetektor, der zuvor auf Tagesbasis gemietet worden war, gehörte nun der Stadt.

Trotz der Vorsichtsmaßnahmen gab es Bombendrohungen, die letzte erst am selben Nachmittag. Der Anruf ging um 15.15 Uhr bei der Polizei ein. Ein anonymer Mann warnte vor einer Bombe im Rathaus, die in zwanzig Minuten in die Luft gehen sollte. Um 14.05 wurde alles für einen schlechten Scherz erklärt, doch zu dem Zeitpunkt waren die meisten Mitarbeiter zur Sicherheit bereits nach Hause gegangen.

Es gab auch Morddrohungen, Briefe, die abgestempelt waren, aber nicht frankiert, die über die Postabteilung eintrafen und an die fünf adressiert waren, die mit Ja gestimmt hatten. Laurie Recht, die Sekretärin, deren kurze Rede in Saunders die Menge so aufgebracht hatte, erhielt Drohungen der ganz anderen Sorte.

»Du bist tot, Fotze«, zischte ein Anrufer.

»Ich fühle mich aber sehr lebendig«, antwortete sie und knallte den Hörer auf.

Es gab auch indirekte Drohungen in Form von Patronen. Die drei weißen Umschläge, die auf der Herrentoilette des Rathauses zurückgelassen wurden, waren identisch, doch auf jedem stand handschriftlich der Name eines anderen Ratsmitglieds – Nicholas Longo, Charles Cola und Ed Fagan. In jedem lag eine Patrone einer Winchester Kaliber .22.

Ab dem Zeitpunkt, als der geliehene Metalldetektor in das Eigentum der Stadt überging, wurden aus den gelegentlichen Polizeieskorten für die fünf Stadträte und Laurie Recht Dauereinsätze. Wenn Nay Nick zu Hause besuchte – sie waren inzwischen ein Paar, hielten sich aber bewusst bedeckt –, wurde sie von bewaffneten Wachen durchsucht, bevor man ihr erlaubte einzutreten. Wenn sie früh am nächsten Morgen wieder ging, musste sie erneut an den Wachen vorbei.

Wenn es schon nicht möglich war, den Einfluss der Demonstranten auf die Stadtregierung zu verleugnen, so war Nick zumindest fest entschlossen, die Proteste nicht in sein Privatleben hineinzulassen. Zu Hause stand er vor dem Spiegel und studierte einen passiven Gesichtsausdruck ein, damit er die Demonstranten besser ignorieren konnte. Er übte einen ruhigen, festen Tonfall, einen, der nicht schwankte, wenn die Lautstärke im Saal unerträglich wurde und ihm Pampers und Beleidigungen an den Kopf geworfen wurden.

Die Minuten bevor es acht Uhr wurde verbrachte er damit, sich zu sammeln und ein Pokerface aufzusetzen. Dann holte er tief und unruhig Luft und ging durch die Tür seines Büros in den bis zum Bersten gefüllten Rathaussaal. Es war nur eine Routinesitzung der Ratsmitglieder, erinnerte er sich. Zieh es durch und dann geh wieder.

Sowie der Bürgermeister erschien, sprang Mary mit dem Rest der Menge auf die Füße und schloss sich dem Pfeifen und den Buhrufen an. Als Nick die Hand ans Herz hob, um die Flagge zu grüßen, wedelte Mary über dem Kopf mit ihrer eigenen Mini-Fahne und rief mit den anderen: »Berufung! Berufung! Berufung!« Er zuckte mit keiner Wimper, stellte Mary fest. Obwohl sie nicht hörte, wie er den *Pledge of Allegiance* – den Fahneneid – rezitierte, konnte sie ihm jedes Wort von den Lippen ablesen.

Der Augenblick der Stille war alles andere als still. »Du kannst uns nicht ruhigstellen!«, brüllte die Menge. »Wir werden uns Gehör verschaffen!« Als es Zeit für den geschäftlichen Teil wurde – eine Liste von zwanzig Beschlüssen, von denen keiner etwas mit den Sozialbauten zu tun hatte –, war der Lärm, der vom Publikum kam, so groß, dass der Protokollant seinen Sitz verlassen und zu jedem Ratsmitglied gehen musste, um das Abstimmungsergebnis zu verstehen und zu notieren.

Die Sitzung sollte mit einer Zeremonie beendet werden, bei der Feuerwehrleute und Polizisten für ihren Mut im Einsatz geehrt wurden, doch auch sie ging im Lärm der Menge unter.

Für einen Augenblick verlor Nick seine kühle Beherrschung. »Diese Männer haben ihr Leben für die Stadt Yonkers riskiert!«, brüllte er ins Mikrofon. Doch die Buhrufe wurden nur noch lauter.

Zu sehen, wie der junge Bürgermeister die Fassung verlor, fühlte sich für Mary wie ein Sieg an, sie lehnte sich über das Geländer, das die Öffentlichkeit von dem Rat trennte. »Wasicsko, du bist krank! Du bist ein Widerling!«, brüllte sie.

»Würden die Beamten bitte diese Frau entfernen!«, donnerte Wasicsko zurück. Einen Augenblick später wurde Mary von zwei Beamten aus dem Gebäude geführt.

In Nicks Gesicht hatte Mary etwas gesehen, von dem sie dachte, dass es Bedauern sei, und aus einer Laune heraus rief sie ihn am nächsten Morgen an. Sie hatte eigentlich erwartet, eine Nachricht hinterlassen zu müssen, doch stattdessen ging er persönlich ans Telefon. Genauso wie damals als Ratsmitglied ging er als Bürgermeister immer selbst ans Telefon, wenn es ihm möglich war. Nay hatte versucht, ihn davon abzuhalten, doch er bestand darauf. Niemand sollte ihm vorwerfen, unnahbar zu sein oder sich abzuschotten.

»Ich rufe nur an, um Ihnen zu sagen, dass es nicht richtig von Ihnen ist, die Sozialbauten zu unterstützen«, sagte Mary.

»Gesetz ist Gesetz«, antwortete er.

»Finden Sie, man kann Yonkers Rassismus vorwerfen?«, fragte Mary.

»Ich finde, dass man Yonkers unfair behandelt«, sagte er. »Aber der Richter hat es angeordnet, das Berufungsgericht hat es bestätigt, und Gesetz ist nun mal Gesetz.«

»Warum können Sie nicht sagen, dass Sie es falsch finden. Die Leute es zumindest wissen lassen?«

»Weil Führungskräfte so etwas nicht tun sollten. Und von mir wird erwartet, dass ich eine Führungsperson bin.«

Es war nicht die Antwort, die Mary erwartet hatte, und einen Augenblick lang schwieg sie.

»Sie haben mich bei der letzten Sitzung rausgeworfen«, sagte sie schließlich.

Nick hörte etwas in ihrer Stimme, das er für Anteilnahme hielt.

»Wer von ihnen waren Sie?«, fragte er.

»Ich bin schon älter, graues Haar, Brille. Ich sitze immer in der ersten Reihe, rechts.«

»Sie sind das?«, fragte er. »Ich verspreche, dass ich Sie nie wieder rauswerfen lasse.«

Alma Febles kämpft sich durch die Nacht

Die acht roten Backsteinhäuser der Sozialbausiedlung Schlobohm stehen in Sichtweite von Yonkers' Rathaus. Mary Dorman ging jedes Mal auf dem Weg zum Rathaussaal an den geduckten achtstöckigen Gebäuden vorbei, doch hineingegangen war sie noch nie. Dafür zu kämpfen, »diese Leute« aus ihrem Viertel raus zu halten, wurde zu ihrem erklärten Ziel, doch ihr war nie in den Sinn gekommen, den Umweg über den Häuserblock nördlich der Yonkers Avenue zu machen, um sich »diese Leute« selbst anzusehen.

Alma Febles konnte das Rathaus von ihrem Schlafzimmerfenster aus sehen. Wann immer eine Ratssitzung stattfand, brannten lange die Lichter, was bedeutete, dass sie im Februar 1988 häufig an waren, doch Alma fiel es nie auf. Sie schenkte den Demonstranten genauso wenig Beachtung, wie die Demonstranten ihr schenkten. Nur ein paar Blocks entfernt, war es wie ein anderes Leben, ein fremdes Land, eine andere Welt. Sie sah keinen Zusammenhang zwischen dem, was im Rathaus passierte, und ihrem Alltag, einem Leben, das gerade um sie herum zusammenbrach.

Während die Lichter brannten, während Mary im Chor brüllte, während Nick sich plagte, weinte Alma Febles. Sie hatte jede Nacht geweint, seit sie aus Santo Domingo zurückgekehrt war – die ganzen Wochen, seit sie ihre Kinder in Santo Domingo zurückgelassen hatte –, die Tränen rannen so unaufhörlich, dass sie sich manchmal nicht mehr die Mühe machte, sie wegzuwischen, oder sie überhaupt nicht mehr bemerkte.

Wenn das Schicksal sie in ein anderes Leben gesetzt hätte, wäre Alma Febles eine wunderhübsche Frau gewesen, mit ihrem schwarzen Haar, das in perfekten Wellen ihr karamellfarbenes Gesicht umrahmte und ihre ausdrucksvollen, anziehenden braunen Augen unterstrich. Doch das Leben, das ihr beschert war, hatte all den Glanz in ihren Augen ausgelöscht und sie rot und verquollen zurückgelassen. Seit sie zurückgekehrt war, hatte sie kaum gegessen und die Nahrung durch zwei bis drei Packungen Zigaretten ersetzt. Sie vermied es zu schlafen, denn wenn sie es schaffte einzuschlafen, würde sie träumen: von Frankie, der sich verirrte, Virgilio, der von einem Auto überfahren wurde, und von Leyda, die erkrankte. Beim Aufwachen würde sie wieder Magenschmerzen haben und einen sauren Geschmack im Mund.

Eines Nachts riss sie in einem tränenreichen Wutanfall alle Fotos von den Wänden, weil sie den Vorwurf nicht mehr ertragen konnte, den sie in ihren Kameralächeln zu sehen meinte. In einer anderen Nacht begann sie, wie besessen die Kleidung ihrer Kinder in Kisten zu stopfen und diese dann unter das Bett zu schieben, als könne sie damit auch ihre Einsamkeit und Schuldgefühle wegpacken. Der Anfall von Aktivität beruhigte sie für eine Weile, doch dann kamen die Tränen wieder hoch und sie tigerte bis zum Morgengrauen durch die leere, erdrückende Wohnung.

Während der sieben Jahre, die sie nun dort lebte, hatte Alma das Apartment 151 im Schlobohm-Komplex selten »Zuhause« genannt. Sie nannte es »die Wohnung«, so wie in »ich gehe zurück in die Wohnung«, aber nie »ich gehe nach Hause«.

Und zwar deswegen, weil die Dreizimmerwohnung mit ihren schlammgrünen Wänden und der launischen Badezimmertür kein Zuhause war, zumindest nicht für Alma Cordero Reyes Febles, einunddreißig Jahre alt und immer noch eine Träumerin, die immer noch sicher war, dass sie irgendwann an einem Ort leben würde, an dem sie Frieden fände. Alma jagte einer Erinnerung nach, versuchte die Tage ihrer Kindheit in Santo Domingo, der Hauptstadt der Dominikanischen Republik, zurückzuholen. Ihre Mutter besaß damals ein bescheidenes Haus, das sie von dem Geld des Familienbetriebes gekauft hatte, der Berufskleidung für Verkaufspersonal herstellte. Alma, die in einer Familie von zwei Brüdern und sechs Schwestern fast die Jüngste war, konnte sorglos durch die Straßen schlendern. In dem unsichtbaren Kokon der Nachbarschaft fühlte sie sich sicher, zumindest in ihrer Erinnerung.

Obwohl Alma das Leben auf der Karibikinsel liebte, entschied ihre Mutter, dass ihre Kinder es besser haben sollten, und die Familie emigrierte nach und nach in die Vereinigten Staaten. Almas Tante Mela lebte zu diesem Zeitpunkt bereits in New York City und holte zuerst Almas älteste Schwester Rosario zu sich. Dann kam Dulce, die Zweitälteste. Weil Rosario und Dulce in den Vereinigten Staaten waren, wurde es Almas Mutter und der jüngsten Schwester erlaubt einzuwandern. Alma blieb in Santo Domingo, während ihre Mutter arbeitete, um den Rest ihrer Kinder, eines nach dem anderen, in die Staaten zu holen. Als Almas Mutter ging, war sie acht. Als ihre Mutter sie zu sich holte, war sie vierzehn.

Das Leben in Yonkers war ganz anders als das Leben in Santo Domingo. Alma konnte kein Englisch, und obwohl sie zu Hause eine gute Schülerin gewesen war, versagte sie in der riesigen Highschool der Stadt kläglich. Sie hasste den Winter. Sie hasste es, eine Dreizimmerwohnung mit ihrer Mutter, drei Schwestern, zwei Brüdern und einer Cousine zu teilen. Ihr Lebensziel, irgendwo zu wohnen, wo sie ein eigenes Zimmer hätte, sollte ihr die nächsten sechsundzwanzig Jahre lang verwehrt bleiben.

Heimweh zog sie häufig zurück auf die Insel, und als sie sechzehn war, lernte sie dort Virgilio Reyes kennen. Sie kamen aus demselben Viertel und hatten gemeinsame Freunde. Als sie neunzehn war, heirateten sie in Santo Domingo. Zwei Jahre später wurde Virgilio geboren. Wie Almas Mutter zog es Almas neuen Ehemann in die Vereinigten Staaten, also zog die junge Familie trotz Almas besseren Wissens 1979 zurück nach Yonkers. Zuerst wohnten sie in der obersten Etage eines fünfstöckigen Hauses ohne Aufzug. Mit Virgilios Job in einer örtlichen Fabrik konnten sie sich die 212 Dollar Miete gerade so eben leisten. In der Wohnung war es die ganze Zeit eiskalt, so dass Alma den Herd anstellen und die Ofentür öffnen musste, bevor sie ihr Baby baden konnte.

Irgendwann zog die Familie in die Ashburton 188, in eine Erdgeschosswohnung mit kleinem Garten für 260 Dollar. Zwanzig Tage nach ihrem Einzug wurde Leyda geboren. Obwohl sich Almas Lebensumstände etwas verbesserten, verschlechterte sich ihre Ehe gewaltig. »An dem Punkt haben wir angefangen, uns zu hassen«, sagt Alma. Sie und die Kinder teilten sich ein Schlafzimmer, während Virgilio senior im »Babyzimmer« schlief. In der Annahme, dass sie bald für sich selbst sorgen müsste, begann Alma, auf einen Abschluss in Sonderschulpädagogik an einem örtlichen College hinzuarbeiten. 1981, als Leyda ein Jahr alt war, ließen Alma und ihr Mann sich scheiden.

In diesem Jahr nahm Alma die Kinder Weihnachten mit nach Santo Domingo. Als sie im neuen Jahr nach Yonkers zurückkehrte, stellte sie fest, dass ein Feuer im Boiler in der Ashburton 188 alles zerstört hatte, was sie besaß. Daraufhin zog sie in die Schlobohm-Siedlung, ihren Träumen so fern wie nie.

Um in das Gebäude zu gelangen, musste sie durch Innenhöfe gehen, die Angst und Verzweiflung ausstrahlten. Dann musste sie die nicht abschließbare Haustür aufziehen, deren milchiges Plexiglas von den scharfen Reinigungsmitteln, die im Kampf gegen die Graffiti scheinbar immer unterlagen, opak geworden war. Um zum Fahrstuhl zu kommen, musste sie quasi auf Zehenspitzen durch den dunklen Hausflur steigen, in dem sich der Müll häufte – alte Matratzen, Bierdosen, der Unrat der vielen kaputten Leben. Überall mischte sich der Gestank von Abfall mit dem von Urin und dem Geruch von Desinfektionsmittel, das es nicht schaffte, die anderen Gerüche zu tilgen.

Apartment 151, drei Zimmer, kein Ausblick, sollte nur eine Übergangslösung sein, doch drei Jahre später, als sie wieder nach Santo Domingo reiste, wo sie José M. Febles kennenlernte, wohnte sie immer noch dort. Nach wenigen Monaten heirateten sie, und im selben Jahr wurde Frankie geboren. Als er fünf Monate alt war, waren sie bereits wieder geschieden. Nun musste sie drei Kinder ernähren, und Alma schmiss die Schule und nahm einen Job als Verkäuferin in einem Möbelhaus in Yonkers an.

Ein paar Jahre lang schaffte sie es, Virgilio, Leyda und Frankie von der Außenwelt abzuschirmen. Sie durften die Wohnung nicht ohne ihre Mutter verlassen, und auch mit ihr verließen sie sie selten, denn Alma befürchtete, dass der kleine, schlecht ausgestattete Spielplatz in Schlobohm eigentlich Gang-Territorium war. Sie beim Einkaufen zu begleiten, kam auch nicht in Frage. Wenn sie sie mit in den Supermarkt nahm, baten sie um Dinge, die sie sich nicht leisten konnten, und alle gingen traurig nach Hause. Stattdessen hockten sie in ihrer engen Wohnung, schauten Fernsehen oder spielten mit ihren Cousins, die auch in Schlobohm wohnten und die Einzigen waren, denen Alma ausreichend vertraute, um sie in ihre Wohnung zu lassen.

Als Virgilio und Leyda ins Schulalter kamen, brachte Alma sie jeden Morgen zur Bushaltestelle, bevor sie zur Arbeit ging. Frankie verbrachte den Tag bei ihrer Cousine Miriam, und wenn die Schule zu Ende war, holte Miriam die älteren Kinder von der Bushaltestelle ab und nahm sie mit zu sich nach Hause, wo sie die Tür sorgfältig hinter sich abschloss.

Doch selbst noch so viele Schlösser konnten sie nicht komplett abschirmen, und als Virgilio neun wurde, Leyda acht und Frankie vier, hatten sie mehr gesehen, als Kinder in ihrem Alter sehen sollten.

Leyda: »Einmal haben sich die Fahrstuhltüren geöffnet und drinnen haben sie gerade mit Drogen gedealt, und sie haben versucht, mich hineinzuzerren, haben es aber nicht geschafft.«

Virgilio: »Jedes Wochenende fallen Schüsse. Ich habe selbst nie gesehen, wie jemand erschossen wurde, aber manchmal habe ich davon gehört. Einmal sind die Kids über den Zaun gesprungen und haben ein Auto zerlegt.«

Frankie: »Meine Tante und ich haben gesehen, wie zwei Typen an eine Tür geklopft haben. Niemand hat aufgemacht. Dann sind sie rein, und wir haben einen Schrei gehört. Was danach passiert ist, weiß ich nicht.«

Es gab nicht diesen einen Moment, in dem Alma entschied, zurück nach Santo Domingo zu ziehen. Es war das langsame Zermürben ihrer Seele und die wachsende Erkenntnis, dass ihre Übergangslösung den Kindern nach und nach ihre Kindheit raubte. Zurück auf der Insel, mietete sie ein pfirsichfarbenes Haus in der Calle J-1, der Straße, in der sie aufgewachsen war und in die ihre Mutter regelmäßig zurückkehrte. Wenn Alma im großen Vorgarten stand, konnte sie die Straße hinunter das Fenster ihrer Mutter sehen und ihr zuwinken. Obwohl das Haus drei Schlafzimmer hatte, besaß Alma immer noch kein eigenes Zimmer. Sie und Leyda teilten sich ein Zimmer, Virgilio und Frankie teilten sich das zweite, und das dritte war für das Hausmädchen, das, wie auf der Insel üblich, bei ihnen wohnte. Die Frau passte auf die Kinder auf, während Alma von sieben Uhr morgens bis abends um sieben als Hilfslehrerin arbeitete.

Virgilio und Leyda liebten die Freiheit der Insel und verbrachten ihre Kindheit so, wie Alma ihre verbracht hatte. Von 8:00 Uhr bis mittags gingen sie in die Schule, und dann spielten sie glücklich in der armen, aber sicheren Nachbarschaft. Auch Frankie liebte seine Freiheit – allerdings ein wenig zu sehr. Sein Hang zur Wildheit war stärker ausgeprägt als der seiner Geschwister, und sein Lieblingsspiel war, sich vor seiner besorgten Familie zu verstecken. Stundenlang suchten sie ihn und riefen »Frankie, Frankie«, nur um dann nach Hause zu kommen und ihn unter dem Bett zu finden. Kurz darauf fand Alma eine Schule, die Frankie morgens aufnahm, und eine, zu der er nachmittags ging.

Weil die Kinder dort sicherer waren, brauchte Alma ein Jahr, um sich einzugestehen, dass sie nicht genug verdiente, um sich das Leben zu leisten, das sie sich aufbauen wollte. Ihr Gehalt betrug weniger als 2.000 Pesos pro Monat, was zu jener Zeit ungefähr 300 Dollar entsprach. Die Miete für das Haus betrug 350 Pesos, der Strom 40 Pesos, das Hausmädchen bekam 100 Pesos. Die höchsten monatlichen Kosten verursachten die Nahrungsmittel. Jede Woche ließ sie ungefähr 500 Pesos beim Lebensmittelhändler, was bedeutete, dass sie jeden Monat etwas mehr ausgab, als sie nach Hause brachte.

Einer der Gründe für die hohen Rechnungen waren die Kosten der importierten Lebensmittel, denn ein großes Außenhandelsdefizit hatte den Peso gegenüber dem Dollar stark geschwächt. Diese Tatsache war gleichzeitig ihr Verderb wie vielleicht auch die Lösung. Mit amerikanischen Dollar kam man 1988 in Santo Domingo weit, und wenn sie zurück nach Schlobohm ginge und wieder im Möbelhaus arbeitete, würden die 1.200 Dollar, die sie jeden Monat verdiente, für Wohnen, Kleidung und Lebensmittel ihrer Kinder zu Hause auf der Insel reichen.

Mehrere Monate widersetzte Alma sich dem Offensichtlichen. Sie nahm es ihrer Mutter immer noch übel, sie mit acht Jahren alleingelassen zu haben. Und sie erinnerte sich sehr genau an die Szenen sechs Jahre später, als sie in Yonkers wiedervereint waren und Alma vorgab, ihre Mutter nicht zu lieben, um sie für die Narben zu bestrafen, die die Trennung bei ihr hinterlassen hatte. Doch sie selbst plante, nur ein paar Monate zu bleiben, keine Jahre, sagte sie sich. Sie könnte genug Geld sparen, um sich ein Polster zu schaffen, argumentierte sie, und das Geld brächte ihren Kindern mehr als ihre Anwesenheit. Sie war nicht die erste Frau, die ihre eigene Mutter besser verstand, nachdem sie selbst Mutter geworden war.

An einem Februartag 1988, als in Santo Domingo eine tropische Brise wehte und es in Yonkers unter null Grad war, bestieg Alma einen American-Airlines-Flug für 550 Dollar und weinte während des gesamten dreistündigen Fluges. Sie kehrte in die Wohnung zurück, aus der sie vor einem Jahr geflohen war und die sie an einen Cousin untervermietet hatte, weil sie ganz daran geglaubt hatte, dass ihre Flucht für immer gewesen wäre. Sie verbrachte die Tage bei der Arbeit und die Nächte weinend. Als ihre erste monatliche Telefonrechnung eintraf, schaltete sie ihr Telefon ab, da sie Hunderte von Dollar mit abendlichen Anrufen ins pfirsichfarbene Haus in der Calle J-1 verschwendet hatte.

Das Telefon entfernt zu haben, hielt sie jedoch nicht davon ab anzurufen, es machte die Anrufe nur riskanter. Sie schlief, träumte und erwachte plötzlich voller Angst. Meistens rannte sie dann zu einem Münzfernsprecher in den gefährlichen Straßen von Schlobohm. Es war das Einzige, für das sie sich mitten in der Nacht nach draußen traute.

Norma O'Neals schwarzer Spitzenschleier

In dem verdunkelten Apartment auf der gegenüberliegenden Straßenseite von Schlobohm dämmerte es langsam, doch Norma O'Neal befand sich noch im Halbschlaf. Sie lag auf der Couch im Wohnzimmer ihrer Patientin, die Augen immer noch geschlossen, und spürte die Uhrzeit, ohne nachzusehen. Es war eine ruhige Nacht gewesen, eine typische Nacht in ihrem Job als häusliche Krankenpflegerin. Sie war wie immer um acht Uhr abends gekommen, nachdem die Tagespflege die ältere Patientin gebadet, gefüttert und ins Bett gebracht hatte. Normas einzige wirkliche Pflicht bestand darin, der Dame ihre abendlichen Medikamente zu verabreichen – zwei Pillen, die bereits abgezählt in einer kleinen Dose lagen – und dann der Dame ins Badezimmer zu helfen und in der Nähe zu sein, wenn sie nachts aufwachen sollte.

Die meisten Nächte passierte das nicht, und obwohl Norma nie tief schlief, wenn sie Dienst hatte, schlief sie auch in ihrem eigenen Bett in Schlobohm selten tief, weswegen es zu diesem Zeitpunkt ihres Lebens der perfekte Job war. Sie hatte ihre eigene Liste von Leiden – Diabetes und Bluthochdruck, von denen viele mittellose Schwarze geplagt wurden – und die sie als einen Teil ihres Lebens ansah. Obwohl keines der Gesundheitsprobleme wirklich ernst war, waren sie in Kombination lähmend genug, um andere Jobs unmöglich zu machen. Norma war siebenundvierzig, sah jedoch wesentlich älter aus. Sie war klein, gedrungen, unumstößlich stoisch, mit großen Tränensäcken unter den graubraunen Augen und viel mehr Silber als Schwarz in ihrem Haar. Ihre Stimme war so brüchig und rasselnd, dass sie sich immer anhörte, als würde sie lachen, was trotz ihrer Beschwerden auch meistens der Fall war. Sie wusste, dass sie nicht als Tagespflegerin arbeiten konnte, doch durch dieses Arrangement konnte sie ihre Rechnungen bezahlen und es gab ihr das Gefühl, nach einem langen Arbeitsleben immer noch nützlich zu sein.

Der Radiowecker ging an und bestätigte Norma, dass es 6.00 Uhr morgens war. Wie immer war es auf einen lokalen Sender eingestellt, hier gab es die nützlichsten Wetterberichte. Norma war es egal, wie der Wind am Times Square wehte. Sie wollte wissen, was in der Nähe ihres Zuhauses in Gettys Square los war. Vor dem Wetterbericht kamen die Nachrichten, und der Mann am Mikrofon erzählte etwas über eine tumultartige Sitzung am Vorabend im Rathaus. Norma hatte die Kontroverse ein wenig verfolgt und wusste, dass »die Weißen« den Bau neuer Sozialwohnungen auf der anderen Seite der Stadt stoppen wollten. Das war für Norma nichts Neues. Was sie anging, versuchten die Weißen sowieso ständig, die Schwarzen von irgendetwas abzuhalten.

Sie schlug die Augen auf und wollte das Radio ausschalten, als sie merkte, dass etwas ganz und gar nicht stimmte. Das Zimmer, in dem es eigentlich hell sein sollte, war immer noch dunkel. Die grauen und blauen Strahlen des frühen Morgens kamen nicht wie üblich durchs Fenster, und sie konnte überhaupt nichts sehen. Langsam stand sie auf, tastete sich vor bis zum Lichtschalter an der Wand und legte ihn um. Panik stieg in ihr auf, als sie feststellte, dass es kein Problem mit dem Licht, sondern das ihrer Augen war. Sie drehte den Kopf nach links und rechts, blinzelte, öffnete dann die Augenlider weit, doch was immer sie tat – das Zimmer blieb wie von einem dichten, schwarzen Schleier verhüllt. Sie legte die Fäuste an die Schläfen, ihre Art, sich zu beruhigen. Weil sie Angst hatte, es vor ihrer Patientin zuzugeben, oder vielleicht auch vor sich selbst, tat sie so, als ginge es ihr gut, und vertraute auf ihren Tastsinn und ihr Erinnerungsvermögen, um der alten Dame ihre morgendlichen Medikamente zu geben.

Als die Tagespflege zwei Stunden später eintraf, nahm Norma den Fahrstuhl ins Erdgeschoss und wartete dann an der Straßenecke, bis sie keine Autos hörte. Sie hielt die Luft an, überquerte die Straße, griff nach dem Zaun auf der anderen Straßenseite und hielt sich daran fest, eine Hand nach der anderen, bis sie zu ihrem Gebäude am Ende der Einfahrt kam. Sie ging nach oben und verbrachte vier Tage im Bett.

Die verschwommene Sicht blieb, obwohl sie etwas klarer wurde. Sie sah immer noch einen schwarzen Schleier, doch er war nun lockerer gewebt. Irgendwann beichtete Norma alles ihrer Patientin, die sie trotzdem bat zu bleiben. Es war schwer, jemanden zu finden, der sich nachts in die Nähe von Schlobohm traute, das wusste auch Norma nur zu gut. Die meisten Pizzaläden belieferten das Viertel nicht. Taxis sagten, sie kämen, tauchten dann aber nie auf. Der alten Dame waren in den vergangenen Monaten viele Nachtpflegerinnen zugeteilt worden, doch nur Norma war wie versprochen erschienen.

Also brachte Normas Neffe, der in einem anderen Gebäude in Schlobohm lebte, sie nun jeden Abend zur Wohnung ihrer Patientin. Er ersetzte ihre Augen, wenn sie die Medikamente aufteilte, ging dann und ließ die beiden kränkelnden Frauen für die Nacht allein zurück.

Hatte sie vorher schon schlecht geschlafen, schlief Norma nun fast gar nicht mehr. Sie lag mit geschlossenen Augen auf der Couch, lauschte mit gespitzten Ohren auf die schlafende alte

Dame nebenan und ließ ihren Geist zurück in ihre eigene Vergangenheit streifen. Je mehr sie die Sicht auf die Gegenwart verlor, desto klarer erschien die Vergangenheit vor ihren Augen. Sie konnte Stunden damit zubringen, in ihrem Inneren auf die Erinnerungen zu starren, die lebendig waren und deutlich. Sie sah die burgunderroten Samtvorhänge im Fünfzimmer-Haus ihrer Eltern unten in North Carolina, und die erinnerten Farben waren so satt, dass sie kurz vor sich in die Luft griff, wie um den weichen Stoff zu spüren. In ihrer Erinnerung gab es auch Weiß – weiße Tagesdecken auf den Betten, aus Chantillyspitze mit Blumen darauf, weiße Bettlaken und weiße Windeln, von Hand gewaschen und auf die Wäscheleine gehängt.

Sie war damals Norma Frances Smeets, die älteste der sieben Kinder eines Handwerkers und Hausmeisters. Alle nannten sie Frances. Ihre Familie war arm, doch es schien immer genug Essen für alle zu geben. Ihr Garten versorgte sie mit Brechbohnen und Tomaten, und auf den angrenzenden Feldern gab es Blaubeeren und Brombeeren, die Normas Erinnerungen mit einem Kaleidoskop aus Grün und Orange und einem Lila füllten, bei dem ihr das Wasser im Mund zusammenlief. Und Ostern gab es Körbe mit nicht weniger als vier Dutzend pastellfarbenen Eiern. Normas neues Kleid war immer pink. Janice, die Zweiälteste, wählte immer Gelb. Zu Weihnachten war immer irgendwie genug Geld da, um den Mädchen eine neue Puppe zu schenken und einen Spielzeug-Kipplaster für jeden Jungen.

Ihre späteren Erinnerungen waren dunkler, jedoch genauso klar und deutlich. Ihre Mutter starb an einem Herzinfarkt, als Norma dreizehn war und ihre kleinste Schwester noch keine zwei. Dann, nach der Highschool, schickte ihr Vater sie fort. Es gäbe in North Carolina keine Zukunft, sagte er ihr. Einer jungen schwarzen Frau bliebe hier nichts anderes, als auf den Feldern zu arbeiten oder als Tagelöhnerin die Häuser der Weißen zu putzen und auf ihre Kinder aufzupassen. Er schickte sie in eine Kleinstadt in Pennsylvania, an die sich Norma in Grau- und Brauntönen erinnerte – das rußige Grau von schmutzigem Schnee nach einem Sturm und das schlammige Braun der Pilze, die sie in einer Fabrik in Dosen packte. Es gab dort Familie – eine Tante, zwei Onkel und drei Cousins –, und ihr Vater hoffte, dass sie besser auf sie aufpassen könnten, als er es vermochte.

Sie konnten es nicht. Sie lebte erst etwas über ein Jahr in Pennsylvania, als sie schwanger wurde. Der Vater ihres Babys war zwölf Jahre älter als sie, ein Freund der Familie, ein Mann, den sie vorher kaum kannte und mit dem sie hinterher kaum sprach. Sie war ein Teenager, der noch nie mit einem Erwachsenen über Sex gesprochen hatte. Als Dwayne im Winter 1962 geboren wurde, gab sein Vater Norma dreizehn Dollar.

Sie erklärte, dass die Mutterschaft sie unabhängig gemacht hätte, verließ Pennsylvania und zog nach Yonkers zu einer anderen Tante. Die Tante passte nachts auf Dwayne auf und brachte ihn tagsüber zu einem Babysitter, während Norma als Haushaltshilfe bei einer Familie wohnte und ihn nur am Wochenende sah. Wie sie so auf der Couch in Schlobohm lag, konnte sie immer noch die fünf frischen Zehn-Dollar-Noten spüren, die die Lady ihr all die Jahre jeden Freitag in die Hand gedrückt hatte. Sie erinnerte sich, wie sie sie fest in der Hand hielt, während sie mit dem Bus nach Hause fuhr, wo sie zwei der fünf Banknoten an Dwaynes Babysitter abgeben musste.

Irgendwie schaffte Norma es, etwas Geld zu sparen, und zog in ihre eigene Wohnung in der 159-163 Duropa Street, Nummer 4D. Es war sauber, aber klein, mit einem Schlafzimmer, Wohnzimmer, Bad und Küche. Doch am wichtigsten: Es war sicher. »Einer der sichersten Orte auf dieser Seite der Stadt«, sagte sie. Besucher mussten klingeln und warten, bis sie per Summer hineingelassen wurden. Den Ton dieser Klingel hatte sie geliebt – das scharfe, schrille Surren der Sicherheit. Und es gab noch eine andere Sicherheit in Form einer Frau nebenan, die den ganzen Tag auf Dwayne aufpasste, kostenlos.

Mit der Zeit verkuppelte Normas neue Freundin sie mit Jimmy O'Neal, den Norma auf Anhieb unsympathisch fand. Ein Rowdy, einer von der Sorte, die im Kino immer lauter lachten als alle anderen. Jimmy hatte einen guten Job in einer Kleiderfabrik im Südwesten von Yonkers. Er gewann Normas Herz mit seiner Zuneigung zu Dwayne, und im Mai 1966 heirateten die beiden.

Sie wohnten überall im Südwesten von Yonkers. Wie Alma, suchte auch Norma nach der Geborgenheit eines Zuhauses, wie sie es in ihrer Jugend gehabt hatte, und noch Jahre später erinnerte sie sich an die Türknöpfe an den Schränken und die Bodenfliesen eines jeden Apartments. Zuerst die Wohnung in der Cronton Terrace für 50 Dollar, die nur kaltes Wasser hatte und wo zwei Familien sich ein Badezimmer auf dem Flur teilten, und wo, wie bei Alma, der Backofen die einzige Wärmequelle war. Sie blieben nur sechs Monate, da es für Bruce, damals noch ein Baby, zu kalt war. Dann die hübsche Wohnung auf der Pollrock Street, in einem Vierfamilien-Haus, mit zwei Schlafzimmern und einem wunderhübschen blauen Badezimmer. Doch nach zwei schönen Jahren wurden Normas beide jüngsten Schwestern – mit vierzehn und fünfzehn sehr frühreif – von ihrem Vater aus Chimmney Rock Richtung Norden geschickt. Also zog die erweiterte Familie in die düstere Wohnung auf der Ashburton, bei der die Heizkosten in der Miete enthalten waren, die Vermieterin die Heizung jedoch selten aufdrehte. Nach sieben Monaten zogen sie um in das Siedlungsprojekt Mulford Gardens.

An Mulford Gardens hatte sie glückliche Erinnerungen – ockerfarben und rosa wie die Sonnenuntergänge über den roten Backsteingebäuden in den Sommernächten. Damals, 1970, waren Sozialwohnungen ein Ziel, das man erreichen wollte, eine Verbesserung des beengten Wohnraums, den Leute wie Norma sich leisten konnten. An warmen Tagen konnten die Kinder bis zehn oder elf Uhr abends draußen spielen, Hunderte von Kindern rannten herum und lachten, während ihre Eltern auf den Bänken in der Nähe saßen und aufpassten. Während Normas Jahre in Mulford wurde Tasha geboren, und Norma ließ ihre Söhne oft unten beim Spielen, während sie das Baby mit hineinnahm, es badete und ins Bett brachte. Dann sammelte sie die Jungs ein, brachte auch sie ins Bett und verbrachte noch etliche Stunden draußen, unterhielt sich mit den Nachbarn, ohne sich Sorgen um ihre Kinder machen zu müssen, die oben schliefen.

Jimmy versorgte sie gut, und das Leben schlug eine gute und vorhersehbare Route ein. Wenn Norma Arbeit hatte, entweder als Haushälterin oder in der Fabrik, weigerte sie sich, an Freitag- und Samstagabenden zu kochen, also aß die ganze Familie irgendwo auswärts, etwa im White Castle auf der Fordham Road. Die Kinder bekamen vier der winzigen Hamburger mit Zwiebeln, und Norma und Jimmy aßen jeder acht Stück. Es gab Fritten und Milchshakes für alle. Norma, die, während sie mit Tasha schwanger war, Diabetes bekommen hatte, versuchte, die Milchshakes wegzulassen.

Weil Jimmy gegenüber den Kindern so großzügig war, ignorierte Norma die anderen Frauen in seinem Leben einfach. Sie wusste aus der Zeit, in der sie sich kennengelernt hatten, dass alle seine männlichen Freunde untreu waren, und Norma redete sich ein, dass dies seine Art war, vor seinen Freunden das Gesicht zu wahren. Der Schmerz, den es ihr zufügte, war die Konfrontation nicht wert.

Dann, 1974, als Tasha ein Jahr alt war, verlor Jimmy seinen Job und kündigte an, zurück nach North Carolina zu gehen, um Arbeit zu finden. Wenn er sich eingerichtet hätte, würde er seine Familie nachholen. Zuerst rief er regelmäßig an, dann weniger oft und irgendwann gar nicht mehr. Als er drei Monate fort war, ließ Norma das Schloss an der Tür austauschen. Jahrelang schickte er jedem Kind zu Weihnachten und zum Schulbeginn einhundert Dollar, doch irgendwann stellte er das ein, wahrscheinlich weil es seiner Freundin nicht gefiel, vermutete Norma. Sie telefonierten gelegentlich miteinander und sahen sich, wenn Jimmy ein bis zwei Mal im Jahr kam, um die Kinder zu besuchen. Sie schafften es jedoch nie, sich scheiden zu lassen.

In den Jahren nachdem Jimmy gegangen war, lebte Norma immer wieder mal von der Sozialhilfe und nahm unzählige Jobs an, die kaum genug abwarfen, um den Babysitter zu bezahlen. Einer von Jimmys Brüdern arbeitete als Metzger und kam regelmäßig mit einer Tüte Fleisch und ein paar dringend benötigten Dollar vorbei. Jimmys anderer Bruder hatte Töchter, die älter waren als Tasha und Norma ihre abgelegten Kleider gaben. Wenn sie keinen Vollzeitjob hatte, arbeitete Norma schwarz als Babysitter, zuerst in Mulford, dann in Schlobohm, wohin sie zog, als Tasha zweieinhalb war. Irgendwann fand sie einen festen, gut bezahlten Job als häusliche Krankenpflegerin. Sie ließ ihre jüngeren Kinder in der Obhut ihres Ältesten und verbrachte dann die Nächte bei ihren betagten Patienten.

Dort war es auch, wo ihre Welt plötzlich schwarz wurde und wo sie in den folgenden Wochen und Monaten blieb, weil sie nicht wusste, was sie sonst tun sollte. Die Ärzte, die sie mit Medicaid bezahlte, sagten, dass ihr Sehnerv durch die vielen Jahre Diabetes Schaden genommen hätte. Sie unterzogen sie einer Laserbehandlung, die ein wenig half, doch sagten ihr dann, es gäbe keine Heilung.

Ihre anfängliche Panik wich einer Resignation. Sie beschwerte sich nicht, weil sie festgestellt hatte, dass Leute, die herummeckerten, »nervig« waren und nie etwas auf die Beine gestellt bekamen. Also sammelte sie glückliche Momente, von denen sie ihren Kindern erzählte, wenn sie anriefen – ihre Art, ihnen und sich selbst zu beweisen, dass es ihr gutging. Und die meiste Zeit *ging* es ihr gut. Es war ein weiteres Hindernis, das das Leben ihr in den Weg geworfen hatte. Sie müsste nur einen Weg finden, es zu überwinden.

Der Krieg

Aufgestauter Ärger explodiert. Entfesselte Wut breitet sich aus und multipliziert sich. Jeden Tag wurde die Wut in Yonkers größer – mehr Demonstranten bei allen offiziellen und inoffiziellen Sitzungen, mehr Patronen in der Post, mehr Windeln, Kondome und winzige Fähnchen. Als 1988 die Wochen ins Land gingen und aus Winter Frühling wurde, blähte der Ärger sich auf. Er ging über den Stadtrat und über Yonkers hinaus und geriet außer Kontrolle.

Im Februar erreichte er Washington. Um 7.30 Uhr morgens

bestiegen fünfhundert Demonstranten zehn gemietete Busse und fuhren in einer Karawane zum Kapitol, wo sie Schilder hochhielten, auf denen sie baten: »Präsident Reagan, helfen Sie Yonkers, N.Y.« Mary Dorman war Teil der Menge, stand vom Wind zerzaust, aber entschieden in ihren Jeans und Turnschuhen dazwischen, die rissigen Hände in die Taschen ihrer weißen Skijacke gestopft. Eine kleine Gruppe von Koalitionsführern vereinbarten ein Treffen mit dem Senator ihres Bundesstaates, Daniel Patrick Moynihan, und Mary, ermutigt durch ihre neue Leidenschaft für eine Sache, zog es mit in das Senatsgebäude. Sie und ein paar weitere blinde Passagiere kamen bis zur Tür des Senators, wurden jedoch gebeten, draußen zu warten, während drinnen die Gespräche stattfanden. Der Senat beeindruckte Mary genauso wenig wie der Stadtrat. Moynihan erklärte ihnen klipp und klar, dass er ihnen in ihrem Kampf gegen den Richter nicht zur Seite stehen würde.

Im April hatte der Zorn die katholische Kirche erfasst. Mary und ihre Landsleute hatten angefangen der katholischen Kirche die Schuld an dem Anerkenntnisurteil zu geben, da das Urteil nur deshalb zustande gekommen sei, weil das Land vom St. Joseph's Seminary zur Verfügung gestellt worden war. Was das Erzbistum New Yorks als eine Geste des Wohlwollens ansah, empfanden die Demonstranten von Yonkers als einen Akt des Verrats, und als Kardinal John J. O'Connor zufällig aus irgendeinem anderen Grund, der nichts mit den Sozialbauten zu tun hatte, zu Besuch im St. Joseph's war, traf er auf fünfzig Demonstranten, die Schilder hochhielten, auf denen unter anderem Botschaften wie »Katholische Amerikaner, stoppt alle Spenden an die Kirche!« standen. Als sein Wagen durch das Tor und dann die lange Einfahrt hinauf fuhr, riefen die Demonstranten: »Unterstützen Sie die Menschen, die die Kirche unterstützen!« In den kommenden Wochen ließen überall in Yonkers die Gemeindemitglieder trotzig ihre Geldbörsen verschlossen, als die Kollekte herumgereicht wurde.

Im Juni erreichte der Zorn die Haustür des Richters. Diesmal waren es zweihundert Demonstranten. Ihr Ziel war, ihm zu zeigen, dass sie wussten, wo er wohnte. Und sie wollten der Welt zeigen, wie gut er lebte. Nach einer von Hand gezeichneten, fotokopierten Landkarte fuhren sie Richtung Norden, nach Pound Ridge, einer wohlhabenden Ecke von Westchester, in der man die meisten Häuser von der Straße aus nicht sehen kann, und in der die Einfahrten fast fünfhundert Meter auseinanderliegen. Sie standen zwei Stunden lang vor seinem Zaun und winkten mit ihren flatternden amerikanischen Fahnen und trugen Transparente, auf denen sie den jüdischen Sand mit Adolf Hitler verglichen. Sie pfiffen, riefen »Integriert Pound Ridge!« durch Megafone und störten die Nachbarn mit Rufen wie: »Keine Gerechtigkeit, keine Ruhe!« Die Fahrzeuge, die sie von Yonkers hingebracht hatten, reihten sich über einen Kilometer lang an der gewundenen Straße. An die Bäume und Briefkästen entlang der Straße klebten sie Schilder, auf denen stand: »Auf diesem Grundstück entstehen Sozialbauten, dank Judge Sand.«

Als der Kreis der Wut größer wurde, fing das ganze Land an, ihm Aufmerksamkeit zu schenken. Auf Nicks Schreibtisch traf Post ein, die an »Stadtrat, Yonkers« oder »Yonkers, New York« gerichtet war.

Ein Brief aus Arcadia, Kalifornien, beschrieb Sands Anordnung mit den Worten: »Nichts als Müll. Diese Bundesrichter tun alles was sie können, um unsere Leben zu übernehmen. Anstatt sich mit der Kriminalität auf den Straßen zu beschäftigen, sind sie mehr daran interessiert, die Gesellschaft nach ihren Vorstellungen zu verformen.«

Ein Farmer aus Mountain View, Missouri, schrieb, dass die Bundesrichter das Land »direkt ins Verderben führten«. Richter wie Sand wären »nur ein Haufen Diktatoren, die nicht eher glücklich sind, bis sie unsere Leben ruiniert haben«, fuhr er fort. »Der Stadtrat von Yonkers hat fair abgestimmt, und Judge Sand sollte sich um seine eigenen Angelegenheiten kümmern.«

Aus Long Beach, Kalifornien: »Wir brauchen ein paar schöne Orte in diesem Land, an denen wir leben können, und unsere Richter müssen ersetzt werden, wenn sie solche irren Standpunkte haben wie Judge Sand.«

Aus Memphis, Tennessee: »Sozialer Wohnungsbau ist falsch, und ich würde ihn in meiner Nachbarschaft nicht ohne Kampf zulassen.«

—

Nicks Tage wurden zu einer Spirale von immer weniger Schlaf und immer mehr Wodka. Am Ende war er der Erste, der nachgab. Es war die einzige praktikable Möglichkeit, entschied er und glaubte immer noch, dass er diesen Tiger bändigen könnte, wenn er einen geeigneten, politischen Weg dafür fände. Schließlich war er es gewesen, der den Rat in die Sache hineingeritten hatte. Damals im Wahlkampf war es nur Mittel zum Zweck gewesen und er hatte weder das Ausmaß der Wut erkannt, noch wie tief sie saß. Wie falsch seine Einschätzung damals auch gewesen sein mochte, er hatte es unter Kontrolle gehabt und musste einen Weg finden, sie zurückzuerlangen. Wenn eine symbolische Revision beim Supreme Court den Wahnsinn beruhigte, dann würde er zum Supreme Court gehen. Eines Abends, am Ende einer besonders erschöpfenden Ratssitzung, als einhundertvierzig Leute auf der Redeliste standen und weitere zweihundert draußen in Sprechchören brüllten, verkündete er ruhig, dass die Stadt Sand bitten würde, ihnen ihr Recht auf eine Revision beim Supreme Court zurückzugeben.

In einer schriftlichen Stellungnahme an den Richter gab Nick sich selbst die Schuld, die Ängste der Bewohner »zutiefst unterschätzt« zu haben. »Es sind sehr ängstliche Menschen, die in den richterlichen Anordnungen … einen herzlosen Staat sehen … der den einzigen wirklichen Vermögenswert zerstört … den [viele] dieser Menschen sich erarbeiten konnten. Jeder Versuch, sich einig zu werden und Frieden zu schließen, ist in einem solchen Umfeld zum Scheitern verurteilt.« In der Hoffnung, die pragmatische Seite des Richters anzusprechen, fügte er hinzu: »Wenn sich der Aufstand nicht beruhigt, wird die Feindseligkeit zukünftige Bewohner des öffentlichen Wohnungsbaus abschrecken und die

Chancen auf ein friedliches Miteinander zwischen den Rassen – das Ziel des Ganzen – zunichtemachen.«

Sand lehnte die Anfrage ab. Er machte sich Sorgen um den jungen Bürgermeister, der anscheinend versuchte, seine Sache richtig zu machen, obwohl ihn der Druck der Menge mürbegemacht hatte. »Der Revision stattzugeben«, schrieb Sand ihm zurück, »würde die Uneinsichtigkeit belohnen, die Gewaltandrohungen belohnen und die Zustände belohnen, die die Stadtverwaltung von Yonkers leider dazu veranlasst zu sagen: ›Hilf uns, Gericht, wir können nicht regieren.‹« Eine Revision, schrieb er, würde die Proteste nicht verhindern und das Wohnungsproblem nicht lösen. »Ich glaube kaum, dass sie einfach ihre Zelte abbrechen und weggehen, wenn Revision eingelegt würde und der Supreme Court sagt: abgelehnt.«

Der Stadtrat hörte sich Sands Antwort an und entschied dann, trotzdem am Obersten Gerichtshof Berufung einzulegen. Sie wussten, dass sie damit die Strafen riskierten, und sie wussten, dass das hohe Gericht ihnen wahrscheinlich nicht helfen würde, doch das hielt sie nicht davon ab, die Papiere einzureichen. Nick, gleichermaßen erleichtert und besorgt, schenkte sich an dem Abend, an dem die Berufung eingelegt wurde, einen extra Wodka ein. Als Nicholas Longo von einem Reporter gefragt wurde, warum man den Weg einer aussichtslosen Revision gehe, fasste er Nick Wasicskos Gefühle zusammen: »Warum fragen Sie nicht all die Leute, die in den Straßen für Randale sorgen?«

Die Nächste, die einknickte, war die katholische Kirche. In einer ganzseitigen Anzeige im *Herald Statesman* sagte Kardinal O'Connor, man habe ihn in die Irre geführt. Man hätte ihm nicht alle Daten genannt, bevor er gestattet hatte, das Grundstück des Priesterseminars in die Baupläne mit aufzunehmen. Als er seine Zustimmung gegeben hätte, sagte er, wusste er nicht, dass 108 Einheiten, also mehr als die Hälfte des Ganzen, in einer einzelnen katholischen Gemeinde stehen sollten – auf den gut zweieinhalb Quadratkilometern um die Kirche St. John the Baptist. O'Connor sagte in dem Artikel, dass er »zutiefst verwirrt über die

Konzentration« sei und befürchte, dass ein solcher Plan nicht funktionierte.

Die Kirche drohte, das Grundstück des Seminars zurückzuziehen. Sand ordnete an, das Grundstück zu beschlagnahmen und zu enteignen. Das Erzbistum legte beim New York State Supreme Court Berufung ein und klagte, dass der Enteignungsprozess mit dem Kirchengesetz nicht vereinbar sei, das die Zustimmung des Vatikans für jeden Transfer von Grundstücken verlangte. Was als ein Tauziehen zwischen Stadt und Richter begann, wuchs sich zu einer Rempelei zwischen Kirche und Staat aus.

Nick, ein Katholik, der es mit der Religion nicht so genau nahm, aber immer noch Katholik war, machte dieser Streit persönlich betroffen. Doch der Effekt, den die Pattsituation auf Nicholas Longo hatte, der so zögerlich für das Anerkenntnisurteil gestimmt hatte und dies nun bedauerte, machte ihm noch größere Sorgen. Longo, der das Gebrülle, die Drohungen und die Patronen in der Post genauso leid war wie er. Longo, der für das Anerkenntnisurteil gestimmt hatte, weil es dem Rat theoretisch Kontrolle verlieh, nur um jetzt festzustellen, dass sie dazu verdonnert wurden, Land von der Kirche zu enteignen.

»Als Katholik«, sagte Longo, »kann ich nicht mit gutem Gewissen gegen die katholische Kirche vorgehen. Eine feindliche Übernahme war nie unsere Absicht, nie, nie, nie.«

Nick vermutete, dass die anderen eher daran interessiert waren, ihre Sitze im Rat zu behalten, als ihre Seelen zu retten, und dass der Eintritt des Kardinals in den Konflikt für sie kein Grund war abzuspringen, sondern eine Ausrede. Das glaubte er umso mehr, als Sand anbot, auf das Kirchengrundstück zu verzichten, wenn dafür Ersatz gefunden würde. Statt erleichtert zu sein, war Longo empört.

»Keine Grundstücke mehr«, sagte er. »Das war's. Es reicht. Sand ist anti-katholisch, anti-christlich und muss von der Richterbank entfernt werden.«

Von da an war die Machtprobe zwischen Richter und Stadt unausweichlich. Die nächsten Wochen stellten eine Kaskade von Ereignissen dar, und jedes entfernte die Stadt weiter und weiter von einem Kompromiss. Am 13. Juni verkündete der Supreme Court, es würde den Fall Yonkers noch nicht einmal anhören. In der darauffolgenden Nacht stimmte der Stadtrat für ein Moratorium bezüglich der Sozialbauten und lehnte es offiziell ab, mit dem Richter zusammenzuarbeiten. Sand antwortete unmittelbar darauf und wies den Rat an, abzustimmen und die Unterstützung des Anerkenntnisurteils zu bestätigen. Wie befohlen stimmten sie ab, und das Ergebnis lautete 5 zu 2 *gegen* die Sozialbauten. Obendrein stimmten die Ratsmitglieder darüber ab, die Enteignung des Erzbistums auf Eis zu legen. Dieser von Hank Spallone lautstark eingeleitete Entschluss bezeichnete Sand als »Philosophenkönig«, der »vorsätzlich die Zerstörung der katholischen Kirche« betriebe.

»Wenn Judge Sand mich wegen Missachtung des Gerichts einbuchten will, dann soll er doch«, sagte Spallone. »Das hier ist nichts anderes als das, was in Nazi-Deutschland passiert ist.« Dann verglich er wieder Sand mit Hitler und sagte, dass beide es auf den Besitz der Kirche abgesehen hatten. »Vielleicht«, sagte Spallone, »hat Sand vergessen, was ein Hakenkreuz bedeutet.«

Die Granate lag jetzt in Sands Gerichtssaal.

—

Michael Sussman, der Rechtsanwalt des NAACP, hoffte, dies würde reichen, um den Richter dazu zu bewegen, was er bislang vermieden hatte – die geballte Macht seines Amtes zu nutzen und dem Stadtrat die Kontrolle über das Sozialbauprojekt zu entziehen. Das war es, was andere Richter in anderen ausweglosen Situationen getan hatten. In Alabama zum Beispiel, in den frühen 1980ern, übernahm ein US- Bezirksrichter die Kontrolle über die Nervenkliniken des Bundesstaates, nachdem Patienten geklagt und eine bessere Behandlung verlangt hatten. Zuerst gab er der Klinikleitung drei Monate, um einen Vorschlag für eine Verbesserung der Zustände zu erarbeiten. Neun Monate später, als es immer noch keinen Plan gab, entwickelte er seinen eigenen, bis hin zu Details wie die Qualifikation des Krankenhauspersonals, bezuschusste Kleidung für Patienten und die Geldsummen, die für Nahrungsmittel ausgegeben werden sollten.

In einem ähnlichen Fall wartete ein Bundesrichter drei Jahre lang und übernahm dann die Kontrolle über das Gefängnissystem von Arkansas, das der Misshandlung durch verdrecktes Bettzeug, unzureichende Kleidung und ungezügelter Brutalität von sogenannten Ehren-Häftlingen gegen andere Insassen für schuldig befunden worden war. Und in Boston entzog der U.S. District Judge W. Arthur Garrity Jr. dem gewählten *Boston School Committee* die Kontrolle über die Schulen der Stadt, nachdem er 1974 herausfand, dass die Stadt innerhalb ihres Schulsystems Schwarze diskriminierte und in schlechteren Schulen unterrichtete. Elf Jahre lang behielt er diese Kontrolle und gab in dieser Zeit über vierhundert Verfügungen heraus, die Themen wie Busbeförderung, Budgets und Lehrpläne betrafen. 1985 gab er die Kontrolle schließlich ab, als die Stadt ihren ersten schwarzen School Superintendant anstellte.

Sand dachte ernsthaft darüber nach, den gleichen Weg einzuschlagen. Er bat sogar einen seiner Referendare, eine entsprechende Anordnung aufzusetzen, die einer Kommission die Leitung des Bauprojekts übertrug. Doch am Ende unterzeichnete er diese Anordnung nicht. Zum Teil weil er mit der anderen Klägerpartei, dem Justizministerium, einer Meinung war, die argumentierte, eine Kommission würde »die Stadt quasi vom Haken lassen« und ihnen erlauben, die richterliche Anordnung sozusagen »ungestraft zu verhöhnen«. Es waren jedoch nicht die Argumente in der öffentlichen Sitzung, die Sand überzeugten, auf die Kommission zu verzichten, sondern vielmehr die Diskussionen mit seinen Mitarbeiten in seinem Büro. Um wirkungsvoll zu arbeiten, schlussfolgerte er, müsse man der Kommission uneingeschränkte Handlungsvollmacht über alles geben, vom lokalen Bauplanungsrecht über Bau- und Feuerschutzinspektionen bis zu den Ausschreibungen, wer den Asphalt für die neuen Straßen in den Neubaugebieten liefert, sowie die darauf folgenden Kaufverträge. Es würde die Selbstverwaltung von Yonkers regelrecht verschlingen.

Von Anfang an hatte Sand daran geglaubt, dass es nur einen einzigen Weg gäbe, wie das Sozialbauprojekt gelingen könnte: Es müsse *von* der Stadt kommen, anstatt dass man es der Stadt *aufzwang*. Der Punkt dieser Übung war nicht, argumentierte er, Yonkers zu bestrafen, sondern es zu verändern, oder, genauer gesagt, Yonkers dazu zu bringen, sich selbst zu verändern. Es war nicht seine Absicht, Gebäude zu errichten und dann den Sieg zu erklären, sondern diese Gebäude zu einem Zuhause von Menschen zu machen, und diese Menschen zu einem Teil einer vielfältigen, aber geeinten Gemeinschaft.

»Vielfältig, ja«, kommentierte Architekt Oscar Newman später. »Aber ›geeint‹ ist eine ganz andere Geschichte.«

Newman hielt Letzteres für unerreichbar. Mehr als das, er glaubte, dass der Idealismus hinter diesem Ziel die größte Schwäche des Richters war. »In ihm mischen sich Naivität und Hoffnung«, sagte er mit einem frustrierten Seufzer. »Er wünscht sich zu sehr, die Stadt ins Licht zu führen. Dass sie erkennen, gesündigt zu haben, und dass dieser Weg sie wirklich heilen könnte, wenn sie das Licht sähen.«

Am Ende entschied Sand, der Stadt ein Bußgeld aufzubrummen, anstatt sie zu demontieren. Wie Nick dachte er, er nähme den praktikablen Weg. Er war überzeugt, dass Strafen, saftige Strafen, wirken würden. Als Student der Rechtsgeschichte wusste er, dass in jedem zweiten Fall, in dem für die Blockierung einer bundesstaatlich angeordneten Aufhebung der Rassentrennung Sanktionen verhängt worden waren, die Machtprobe innerhalb weniger Stunden nach Inkrafttreten der Strafen verpuffte. Manchmal genügte schon allein eine entsprechende Androhung, um einen Sinneswandel herbeizuführen.

1964 zum Beispiel machte Alabamas Gouverneur George Wallace einen Rückzieher, als er wegen Missachtung des Gerichts zur Kasse gebeten wurde, und öffnete das Schulsystem von Macon County wieder, das er geschlossen hatte, um dessen Integration zu verhindern. 1970 gab Floridas Gouverneur Claude Kirk angesichts einer Strafe von 10.000 Dollar pro Tag klein bei und setzte das *Manatee County School Board* wieder ins Amt ein, das er zuvor aufgelöst hatte, um eine gerichtlich angeordnete Desegregation zu verhindern.

In Boston belangte Judge Garrity 1974 drei Mitglieder des *Boston School Committee* wegen Missachtung des Gerichts, da sie sich weigerten, den stadtweiten Plan zur Aufhebung der Rassentrennung in den Schulen zu genehmigen. Er sagte, er würde über die Mitglieder eine Geldbuße verhängen, wenn sie nicht innerhalb weniger Wochen dem Plan zustimmten. Sie taten es, und die Androhung der Geldbuße wurde fallengelassen. Und 1981 wurden der Schatzmeister des *Cleveland School Board* und sein sechsundzwanzig Jahre alter Präsident wegen Missachtung des Gerichts belangt und sogar zwanzig Minuten ins Gefängnis gesteckt, weil sie sich weigerten, externe Berater für die Umsetzung der Desegregation zu bezahlen, wie es vom Richter angeordnet worden war. Sie wurden auf Kaution freigelassen, und die externen Berater wurden schon zeitnah beauftragt.

Also verkündete Judge Leonard B. Sand mit einem äußerlichen Grollen, aber innerlichem Optimismus, was er mit Yonkers machen würde: Wenn der Stadtrat bis zum 1. August das Anerkenntnisurteil nicht bestätigte, würde er jedem renitenten Stadtrat eine persönliche Geldbuße in Höhe von 500 Dollar pro Tag auferlegen – es wäre das erste Mal, dass ein individueller Abgeordneter in einem Bundesverfahren wegen Aufhebung der Rassentrennung mit einer Geldbuße belangt würde. Um seinem Standpunkt noch mehr Nachdruck zu verleihen, fügte er die Androhung einer Haftstrafe für die Stadträte hinzu, falls sie nach zehn Tagen weiterhin das Gericht missachteten. Zusätzlich würde das seit langem angedrohte Ordnungsgeld gegen die Stadt verhängt, und zwar beginnend mit 100 Dollar für den ersten Tag und an jedem weiteren Tag eine Verdoppelung des jeweiligen Betrages. Das Geld wäre nicht erstattungsfähig. Es würde eines vom Kongress verabschiedeten Gesetzes bedürfen, um auch nur einen einzigen Cent zurückzuerhalten.

An Tag 1 würde Yonkers 100 $ schulden. Am zweiten Tag 200 $, in Summe also bereits 300 $. Nach einer Woche, an Tag 7 läge das

Bußgeld bei 6.400 $, also Gesamtschulden von 12.700 $. An Tag 14 würden die 1-Million-Marke überschritten, und zwar mit genau 1.638.400 $, bei einer bis dahin aufgelaufenen Gesamtsumme von 3.276.700 $. An Tag 22 läge das Tagesbußgeld bei 209.715.200 $, in Summe 419.430.300 $, was bereits den gesamten Haushalt der Stadt Yonkers in Höhe von 355 Millionen Dollar deutlich überstieg. Tag 29 hatte das Bußgeld einen Betrag von 53.687.091.100 $ erreicht, das war mehr als das Außenhandelsdefizit von Amerika gegenüber Japan. Am Ende des Monats fielen 107 Milliarden Dollar an, mehr als das Bruttosozialprodukt von Finnland.

Wenige Stunden vor Ablauf der Frist um Mitternacht des 1. August 1988 trat der Rat erneut zusammen. Nicks Monate im Amt hatten ihn bereits gelehrt, das Schlimmste zu erwarten, und als er an jenem Abend zum Rathaus fuhr, fragte er sich, wieso er sich überhaupt die Mühe machte hinzufahren. Hank Spallone, Peter Chema und Nicholas Longo hatten öffentlich unmissverständlich klar zum Ausdruck gebracht, dass sie mit nein stimmen würden. Nick und Harry Oxman wollten mit ja stimmen. Charles Cola hatte einige Male gesagt, dass er sich wegen der Konsequenzen durch die angedrohten Bußgelder für die Bewertung der städtischen Schuldverschreibungen Sorgen mache, doch ansonsten war auch er strikt gegen das Wohnungsbauprojekt, und Nick erwartete von Cola kein Wunder. Lediglich der stets mysteriöse Ed Fagan hatte nicht gesagt, wie er abstimmen würde.

Das bedeutete, selbst mit sehr viel Optimismus käme man nur auf drei Stimmen für die Regelkonformität und vier Stimmen dagegen. Nick hatte kürzlich per Post eine weitere Morddrohung erhalten, gekritzelt auf eine Einladung, die er zu einer politischen Wohltätigkeitsveranstaltung verschickt hatte, die gleichzeitig als Feier seines neunundzwanzigsten Geburtstages diente. »Dies ist dein letzter Geburtstag« war anstelle der Rückantwort quer über die Karte geschmiert worden. Dazu lag eine kleinkalibrige Patrone im Umschlag. Es war heiß draußen, als er zum Rathaus fuhr und über die Patrone nachdachte. Trotz der Klimaanlage schwitzte er. Er wollte wieder nach Hause.

Bevor er die Demonstranten sah, hörte er sie singen. Es waren Hunderte, mehr als auf den Treppen und dem Bürgersteig Platz hatten, andere standen in der Mitte der Nepperhan Avenue, wo sie von dreißig Polizisten zurückgehalten wurden, während die Autos an beiden Seiten an ihnen vorbeirauschten. Untergehakt sangen sie *We Shall Overcome*, und dann *God Bless America*. Als Spallones Wagen vorbeifuhr, sangen sie *Happy Birthday*, denn auch er hatte kürzlich Geburtstag gehabt.

Selbst im Rathaus in der dritten Etage konnte Nick den Gesang noch hören. In den Rathaussaal passten nur achtzig Leute, was nach den Ausschreitungen in der Saunders Highschool, bei der neunhundert Menschen anwesend gewesen waren, sehr erleichternd war. Doch auf ihre eigene klaustrophobische Art fühlte sich auch diese kleine Menschenmenge beängstigend an. Hier saßen die Zuhörer fast Nase an Nase mit den Ratsmitgliedern, nur von einer knapp zwei Meter hohen Barriere aus Jupiterlampen und Fernsehkameras getrennt. Die Luft war stickig und wurde noch unangenehmer, als Nick sich gezwungen sah, wegen der lauten Rufe von draußen die Fenster zu schließen. Michael Sussman, der Anwalt des NAACP, war von der Polizei ausgeschlossen worden, weil man Sorge hatte, dass seine Anwesenheit zu gewalttätigen Ausschreitungen führen könnte. Auch Laurie Recht wurde gebeten zu gehen, nachdem eine Drängelei entstand, als sie sich setzen wollte.

Zuerst kamen die Reden. Bekannte Gesichter sagten dieselben Dinge wie üblich. Doch diesmal spürte man Großspurigkeit, wo sonst nur Verzweiflung gewesen war. Diesmal glaubten sie, sie würden gewinnen.

Als es zur Wahl der Bestätigung des Anerkenntnisurteils kam, stimmte Nick für ja, genau wie Harry Oxman. Zu Nicks Erstaunen schloss sich Charles Cola ihrer Wahl an. Nicholas Longo stimmte mit nein, erleichtert darüber, dass mit diesem einen Wort die Buhrufe und die Patronen in der Post endlich aufhören würden. Peter Chema tat das Gleiche und lächelte, als seine Stimme mit Hurra-Rufen von der Menge begrüßt wurde.

Es herrschte Gleichstand, drei dafür und drei dagegen. Selbst die abgebrühten Zeitungsreporter hielten die Luft an.

Die letzte Stimme kam von Ed Fagan, dessen Entscheidung während der Wochen vor dieser Sitzung ein Rätsel geblieben war. Er hatte gesagt, er wolle seine Optionen abwägen, doch Nick vermutete, dass er schwieg, weil er genau auf einen solchen Höhepunkt gewartet hatte. Der Beamte rief Fagans Namen auf, und er machte eine dramatische Pause. Eine Sekunde. Zwei Sekunden. Weitere. Dann lehnte er seinen langen Körper Richtung Mikrofon, starrte ins Scheinwerferlicht und gab ein betontes »Nein« von sich.

Das einzelne Wort knallte mit der Kraft einer Startschusspistole durch die Menge. Das Publikum drehte durch, spendete Fagan stehende Ovationen und tanzte durch die engen Gänge. Wie ein Blitz verbreitete sich die Nachricht aus dem Rathaussaal hinaus die Treppe hinunter und auf die Straße: Der Rat hatte sich dem Richter widersetzt. Selbst durch die geschlossenen Fenster des Rathauses konnte man die Freudenschreie hören. Drinnen schrien Menschen. Draußen schrien Menschen. Schon bald hörte es sich für Nick so an, als würde die ganze Stadt schreien.

Alma kehrt wieder heim

An jenem ohrenbetäubenden Augustabend war Alma Febles weit entfernt von all dem. Sie war zu Hause bei ihren Kindern in Santo Domingo und verbrachte dort ihre kostbare Ferienzeit, nachdem sie endlose Monate von Montag bis Samstag in Yonkers gearbeitet hatte. Sie hätte nur zu gern auch am Sonntag gearbeitet – alles, nur damit sie nicht in der Wohnung zu sein brauchte –, doch an Sonntagen war das Möbelhaus geschlossen.

Sie hatte für den Besuch auf der Insel nur wenig Kleidung dabei. Stattdessen waren ihre Koffer vollgestopft mit dem Geschmack von Zuhause, nach dem ihre Kinder sich sehnten, und sie brachte den ersten Abend damit zu, die Regale mit Cornflakes-Schachteln, Thunfischdosen, verschiedenen Suppen, Spaghettisaucen und Salatdressings zu füllen. Die Zigarettenkartons – sie war inzwischen bei drei oder vier Schachteln pro Tag – versteckte sie vor ihnen. Sie verbarg auch andere Dinge. Was Virgilio, Leyda und Frankie am meisten vermissten, wusste sie, war nicht in ihrem Koffer. Irgendwann würde sie ihnen sagen müssen, dass sie nicht bleiben könne.

Als sie damals im Februar ihre Familie das erste Mal verließ, hatte Alma sich vorgenommen, im August für immer nach Santo Domingo zurückzukehren. Sechs oder sieben Monate, hatte sie kalkuliert, würden ihr genug Zeit geben, um eine bescheidene Summe zu sparen, die sie brauchten, um gemeinsam auf der Insel leben zu können. Doch sie hatte sich verkalkuliert, in erster Linie wegen der Telefonanrufe. Das Abschalten des Telefons in ihrer Schlobohm-Wohnung hatte ihr Bedürfnis, mit ihren Kindern zu reden, nicht eingedämmt, genauso wenig wie ihre Angst vor dem Münzfernsprecher an der Ecke. Es wurde zu ihrer Routine, in dem pfirsichfarbenen Haus anzurufen und R-Gespräche zu führen, manchmal zwei bis drei Mal am Tag. Wenn sie nicht da waren, wenn sie anrief, versuchte sie es später wieder. War nur Virgilio zu Hause, rief sie später noch einmal an, bis sie auch mit Leyda und Frankie gesprochen hatte.

Alma wusste, dass ihre Kinder sie vermissten. Virgilio, still und verschlossen wie sein Vater, hörte für mehrere Wochen auf, ihr zu schreiben. Als sie ihn fragte, warum keine Briefe mehr von ihm kämen, sagte er: »Ich war wütend, als ich wieder dran war, und ich wusste nicht, was ich schreiben sollte.« Frankie, wild und impulsiv wie *sein* Vater, versuchte ein, zwei Mal von zu Hause wegzulaufen, um sie zu suchen. Und Leyda, die ihrer Mutter mit ihrem schimmernden Haar und den großen Augen am meisten ähnelte, war diejenige, die sie am meisten vermisste. Wenn das kleine Mädchen traurig war, schloss sie die Augen und stellte sich Alma vor, in Schlobohm, die auch traurig war. »Ich wusste, dass du dich genauso fühlst wie ich mich«, erzählte Leyda ihr. »Manchmal habe ich geweint und mir gewünscht, dass du mich auch sehen könntest, und dass du kommen würdest. Aber du bist nicht gekommen.«

Leyda kämpfte mit ihrer Verzweiflung, indem sie versuchte, so wie ihre Mutter zu werden, und verhielt sich besonders fürsorglich gegenüber ihrem kleinen Bruder. Wenn das Hausmädchen etwas kochte, das Frankie nicht mochte, stampfte Leyda durch die Küche und schrie: »Lass ihn in Ruhe! Wenn er nicht essen will, dann zwing ihn nicht dazu.«

Oft wurden die Streitereien handgreiflich, und wenn das Hausmädchen Leyda schlug, schlug Leyda normalerweise zurück. Der Vorfall kam unweigerlich Alma zu Ohren, die über die Entfernung versuchte, ihre Tochter zu beruhigen. Doch das Mädchen war untröstlich.

»Warum kommst du nicht her und schlägst mich selbst, wenn du meine Mutter bist?«, weinte sie ins Telefon.

Bei ihrer Ankunft waren die Kinder so glücklich, sie zu sehen, dass Alma es nicht ertragen konnte, ihnen direkt von der Planänderung zu erzählen. Sie richtete sich ein, als würde sie bleiben. Sie fragten nie, warum sie nicht mehr Sachen aus Schlobohm mitgebracht hatte.

Die Tage nahmen eine träge Routine an, denn ihr Santo Domingo war nicht das vor Aktivitäten übersprudelnde Santo Domingo, das die Touristen sahen. Auf ihrem Stück der Insel gab es weder Schnorcheln noch Parasailing, auch keine Diskos oder Casinos. Das einzige Mal, an dem diese beiden Welten sich kreuzten, waren die stets wiederkehrenden Momente, wenn der Strom in ihrem Viertel abgeschaltet wurde, weil in den Ferienorten der Verbrauch in die Höhe schoss.

Jeden Morgen servierte Alma ihren Kindern gebutterte Brötchen und warmen Kakao. Sie war mit heißem Kakao zum Frühstück aufgewachsen, und es tröstete sie, ihn nun ihren Kindern zu geben, selbst in der Hitze. Abends kochte sie Spaghetti mit Fleischklößchen, eines ihrer Lieblingsessen in Yonkers. Während der sonnigen Stunden zwischen dem Kakao und den Nudeln putzte Alma das Haus, machte die Wäsche und ging den Häuserblock hinunter, um mit ihrer Mutter und alten Freunden zu tratschen.

Nach all ihren Jahren im Norden genoss Alma die Freundschaft der Menschen, die sie ihr Leben lang kannten. In Schlobohm hatte sie sich keine Freunde gestattet, und die einzigen Frauen, mit denen sie sprach, waren ihre Schwester Dulce, ihre Cousine Miriam und ihre eigene Mutter (die jetzt, wo ihre Kinder längst erwachsen waren, es vorzog, den größten Teil ihrer Zeit in Santo Domingo zu verbringen). Alma hatte die Verbundenheit durch echte Freundschaft ganz vergessen. Auf der Insel ließ sie Menschen in ihr Haus, etwas, was sie im Norden in den Sozialbauten nie tun würde. Doch noch wichtiger: Sie ließ sie in ihr Leben, saß stundenlang mit ihnen zusammen, trank Kaffee und unterhielt sich, tauschte Tratsch aus und Ratschläge.

Von diesen Menschen erfuhr Alma mehr über das Leben ihrer Kinder während der Monate, in denen sie fort war. Darüber, wie das Hausmädchen Frankie im Haus einsperrte, um ihn davon abzuhalten, über den Zaun zu klettern und wegzulaufen. Wie Leyda auch nach Eintreten der Dunkelheit noch draußen war und wie alle Kinder auf ein Dach geklettert waren, um Mangos von einem hohen Baum zu pflücken, und wie sie sich in Nachbars Garten gestohlen hatten, um wilde Erdbeeren zu klauen.

Dass ihre Kinder mit der Gefahr flirteten, brach Alma das Herz angesichts ihrer unvermeidlichen Nachricht. Eines Abends, beim Abendessen, erzählte sie es ihnen. Frankie rannte vom Tisch weg und versteckte sich unter dem Bett. Virgilio stocherte schweigend in seinem Essen. Leyda schaute entsetzt und sagte: »Ich verstehe. Du *glaubst*, es sei der beste Weg, um auf uns aufzupassen.«

Während der langen Busfahrt zum Flughafen und dem noch längeren Warten auf das Flugzeug weinten die Kinder. Als Almas Flug über den Lautsprecher angekündigt wurde, stand sie auf und wollte jedem Kind einen Abschiedskuss geben. Frankie sank zu Boden, umklammerte ihre Beine und schrie. Leyda schlang ihre Arme um den Hals ihrer Mutter und schluchzte. Als sie auf der Gangway stand, sah Alma mit einem letzten Blick auf ihre Kinder, wie ihre Mutter sie davon abhielt, auf das Flugzeug loszustürmen.

Doreen James saß im Obdachlosen-Motel auf der erstaunlich festen Matratze und wippte. Sie war eine große, dicke, fleischige Frau, die durch ihre kürzlich zurückliegende Schwangerschaft noch runder wirkte, und sie hielt Jaron, ihr Neugeborenes, in ihren üppigen Armen, kuschelte ihn an ihre Brust und versuchte, ihn vom Schreien abzuhalten. Sie wippte schwabbelig, aber rhythmisch und änderte ihr Tempo auch nicht, als das Schreien lauter wurde.

Manche junge Frauen, die das erste Mal mit einem Säugling allein sind, würden hektisch werden, doch Doreen war nicht der hektische Typ, und sie reagierte hierauf so, wie sie auf die meisten Unannehmlichkeiten ihres Lebens reagierte – sie seufzte noch tiefer und bewegte sich noch langsamer. Hoch und runter, hoch und runter auf dem großen Motel-Bett. »Sei jetzt still«, sagte sie, ohne Wut und noch nicht einmal mit Betonung. »Still, still«, wiederholte sie und klopfte ihm mit den dunkelbraunen Händen leicht auf den Rücken.

Während sie wippte, schaute sie verärgert auf den Topf mit Wasser, der gegenüber träge auf der Herdplatte blubberte. Das widerspenstige Ding weigerte sich zu kochen. Bis das Wasser gekocht hatte und wieder abgekühlt war, konnte sie es nicht unter das Milchpulver rühren. Und ohne das Milchpulver konnte sie Jaron nicht ruhigstellen. Ihr Elternhaus zu verlassen, mit seiner voll ausgestatteten Küche und zwei Paar zusätzlichen helfenden Händen, schien damals eine gute Idee zu sein, eine längst überfällige Unabhängigkeitserklärung. Aber hier, in dem staatlich geförderten Motel, mit nur einer eingeschmuggelten Herdplatte, kamen ihr Zweifel.

Als sie sich entschied auszuziehen, war ihr klar, dass sie sich nur eine Sozialwohnung leisten könnte, und diese Vorstellung störte sie nicht. Doreen war 1965 in Yonkers geboren worden und hatte ihre Kindheit in den Sozialbauten der School Street verbracht. Damals war es anders, erinnerte sie sich: »Keine Drogen, keine Hunde, und die ganze Hehlerei gab es auch nicht.« Ihr Vater und einige andere Männer wechselten sich ab und patrouillierten nachts über die Flure. Zu ihrer Zeit in den Sozialbauten war die gefährlichste Freizeitbeschäftigung das Mitfahren auf den Fahrstuhldächern.

Doreen war das fünfte Kind einer Familie mit vier Mädchen und zwei Jungs, und in ihrer Erinnerung standen Sozialwohnungen für Sicherheit und Gemeinschaftsgefühl. Alma Febles wollte aus Schlobohm raus, Doreen James wollte hinein, oder dachte das zumindest.

Da sie ihr Leben in und um Sozialwohnungen herum verbracht hatte, wusste sie, wie alles lief, und ihr war klar, dass es zwei Möglichkeiten gab, an die Wohnung heranzukommen, die sie wollte: die normale Warteliste und die Notfall-Liste. Der erste Weg konnte Jahre dauern, doch Doreen musste ihr Leben schneller umkrempeln. Also ging sie zum *Yonkers Department of Social Services* und wurde als Notfall vorstellig – die einundzwanzigjährige junge Mutter eines Neugeborenen, die obdachlos war. Ihre Großmutter half ihr bei dem Plan, schrieb an Doreens Sozialarbeiter und erklärte, dass in ihrer Wohnung nicht genug Platz für zwei weitere Leute sei. Der Sozialarbeiter fand für Doreen und Jaron sofort ein Zimmer in einem Motel für Obdachlose im nördlichen Westchester County, eine Übergangslösung, bis eine Wohnung frei würde.

Was Doreen nie erwähnte, war, dass im Hause ihrer Eltern ein ganzes Zimmer zu ihrer Verfügung stand, ein Zimmer, von dem ihre Eltern sagten, dass es ihr Zuhause sein könnte, wann immer sie wollte. Und sie vergaß auch zu erwähnen, dass ihre Eltern den gesamten Plan für äußerst zweifelhaft hielten. Pearl und Walter James hatten dafür gekämpft, ihre Kinder aus den Sozialbauten herauszuholen, und sie konnten nicht begreifen, warum ihre jüngste Tochter um jeden Preis zurückwollte. Doreen war zehn Jahre alt gewesen, als ihr Vater auf der Driving Range eines Golfplatzes in New Jersey den Job eines Platzwarts annahm und mit seiner Familie stolz ins Essex County zog. Doreen, damals von den Enttäuschungen des Lebens noch nicht träge und unglücklich, war fern der School Street aufgeblüht. Nach der Schule lief sie jeden Tag in den Garten und spielte Seilhüpfen oder fuhr bis zum Abend auf dem Fahrrad herum. Sie verbrachte nicht viel Zeit damit, sich um die Zukunft zu sorgen, doch wenn sie darüber nachdachte, sah sie sich als Sozialarbeiterin den ganzen Tag »anderen Leuten helfen«, dann »nach Hause kommen zu einem Ehemann, einem Sohn und einer Tochter, einem schönen Haus mit einer Doppelgarage, er arbeitet, ich arbeite, und die Kinder kommen in der Schule gut klar«.

Trotz ihres Umzuges brach die Familie James ihre Kontakte nach Yonkers nicht vollständig ab. Sheila, die Älteste, war fast zwanzig, als ihre Eltern entschieden umzuziehen, und sie blieb. Doreen fuhr oft zu ihr, und nach Doreens Highschool-Abschluss wurden die Besuche häufiger. Sie versuchte es eine Weile in den sozialen Berufen, besuchte die Schule, um Arzthelferin zu werden, stellte jedoch fest, dass sie eine unüberwindbare Angst vor Spritzen hatte, also brach sie die Lehre nach drei Monaten ab. Als Nächstes versuchte sie es als häusliche Pflegekraft, und die Arbeit machte ihr Spaß, bis einer ihrer Patienten starb. Danach arbeitete sie monatelang als Verkäuferin in einem Stoffladen, wo Nadeln nur zum Nähen benutzt wurden.

Während eines ihrer Besuche bei Sheila lernte sie Joe Bailey kennen. Er war der Bruder einer gemeinsamen Freundin und ein Beispiel dafür, wie die Sozialsiedlungen sich verändert hatten. Joe verkaufte an der Ecke School Street Drogen, meistens Kokain. Doreen war sein Job egal, denn er konsumierte sie selten selbst. »Er ist nett zu mir, er ist ein guter Zuhörer«, erklärte sie für gewöhnlich auf ihre träge, lakonische Art. Dann zuckte sie mit den Schultern.

Ein Jahr nachdem das Paar sich kennengelernt hatte, beschlossen sie zu heiraten. Einen Termin legten sie nie fest, aber sie suchten einen Diamantring mit einem Solitär aus, den sie zurücklegen ließen. Als Doreen kurz darauf erfuhr, dass sie schwanger war, reagierte Joe begeistert. Doreen allerdings weniger. »Das war jetzt aber noch nicht Teil meines Traumes«, versuchte sie Joe zu erklären.

Als sie im siebten Monat war, ging sie zu einer Vorsorgeuntersuchung ins Krankenhaus. Das Wartezimmer war voll, unbequem, und sie hasste die Untersuchungen dort. Sie ging nur hin, weil Joe darauf bestand. Er litt seit Jahren unter Asthma und predigte – seine Erwerbsquelle mal beiseitegelassen – immer von der Notwendigkeit einer gesunden Lebensweise. Also ging Doreen an jenem Morgen zu ihrem Termin in die Klinik, zwängte sich mit ihrer wachsenden Leibesfülle auf einen kleinen Plastikstuhl und wartete auf ihre Ärztin. Als ihr Name schließlich aufgerufen wurde, kam jedoch nicht die Ärztin, sondern Joes Vater quer durch den Raum auf sie zu. Sein Gesicht war von der Schwere der Nachricht zusammengefallen. Joe war tot. Asthma. Ganz plötzlich. Doreen klammerte sich so fest an den dünnen Stuhl, dass seine Kanten verbogen. Sie versuchte, nicht ohnmächtig zu werden. Schluchzend lag sie in den Armen ihres zukünftigen Schwiegervaters, der ihr beklommen auf den Rücken klopfte und warnte: »Bekomm jetzt aber nicht direkt dein Baby.«

Noch am selben Abend floh sie nach New Jersey. »Mommy und Daddy waren wie immer die Rettung«, sagte sie. Der Juwelier wollte ihr das Geld für den Ring nicht wiedergeben, also tauschte sie ihn um in ein goldenes Kreuz für ihr Baby, ein letztes Geschenk seines Vaters.

Im Frühsommer 1988 wurde Jaron geboren. Zuerst vergrub sie sich in dem Kokon ihres Zuhauses, wo sie Kind sein konnte, während sie sich um ihr Kind kümmerte. Dann eines Nachts träumte sie davon, dass Jaron seine Großeltern »Mommy« und »Daddy« nannte. Trotz aller Einwände ihrer Eltern bewarb sie sich um eine eigene Wohnung.

Das Motel in Yorktown Heights, ihr Zwischenstopp auf dem Weg in ihr neues Leben, war schöner, als sie erwartet hatte. Das Zimmer hatte zwei Doppelbetten, einen passenden Schreibtisch, Nachttische und Kommode und ein glänzendes Badezimmer, komplett weiß gefliest. So schön es auch war, fühlte sich Doreen in dem stillen, ländlichen Städtchen, das fast eine Stunde nördlich von Yonkers lag, gefangen.

Sie verbrachte ihre Tage damit zu versuchen, mit nur einer Herdplatte ihr Baby zu füttern, und nachts machte sie sich wegen der Geräusche Sorgen, die von draußen kamen. Jemand hatte ihr erzählt, dass es in den Wäldern Mitglieder des Ku-Klux-Klans gäbe, und nach einigen schlaflosen Nächten reiste sie ab. Sie musste *sagen*, sie sei obdachlos, argumentierte sie, aber sie brauchte ja nicht so zu *leben*. Sie konnte bei ihren Eltern in New Jersey wohnen, bis ihr Name ganz oben auf der Notfall-Warteliste stand.

Im grellen Rampenlicht

Der Blick der Welt ist eine launische, berauschende Angelegenheit. Als die Fernsehkameras ihre Aufmerksamkeit auf Yonkers richteten, vergrößerten und elektrisierten sie die Ereignisse, veränderten die Körpersprache der Kombattanten und schärften den Ton ihrer Worte.

Nick bemerkte diese umformende Kraft das erste Mal am Abend des 1. August 1988, an jenem Abend, an dem der Stadtrat votierte, sich über den Richter hinwegzusetzen und den Bußgeldern ins Auge zu sehen. Vor diesem Abend hatte es ein gewisses Interesse der Medien gegeben, hauptsächlich von lokalen Tageszeitungen und Fernsehstationen. An besagtem Abend jedoch, als die Stadt sich für Missachtung entschied, befanden sich fünfzig Reporter im Raum, um die Abstimmung zu verfolgen, unter ihnen auch einer von der *Jerusalem Post*. Jetzt machte Yonkers international Schlagzeilen.

Am folgenden Morgen des 2. August wurden die Stadtverordneten in Judge Sands Gerichtssaal geladen, um ihnen die Bußgelder offiziell aufzuerlegen. Wieder war die Presse anwesend, was das Drama verstärkte. Mitten in der Sitzung verließ Hank Spallone den Raum, angelockt vom Ruf der Medien. Wenig später fand ein U.S. Marshal den unerlaubt aus dem Sitzungssaal verschwundenen Stadtrat in einer Telefonzelle in der Nähe, von wo aus er bei einer Live-Zuschaltung munter mit dem Radio-Talkshowmoderator Barry Gray plauderte.

Von diesem Augenblick an schienen Reporter einfach überall zu sein. Nach der Sitzung am 2. August drängten sie sich in Gruppen auf den Stufen des Bundesgebäudes, und jedes Ratsmitglied musste durch ein Spalier aus Mikrophonen und grellen Blitzlichtern laufen. Spallone flitzte mit hoch über den Kopf erhobenen Händen vorbei wie ein Boxer, der gerade einen Titelkampf gewonnen hatte. Fagan und Longo, die zwei, die ihr Abstimmungsverhalten geändert hatten, wurden vor laufenden Kameras bejubelt und gefeiert. Nick versuchte Fragen zu beantworten, während einhundert Leute Sprechchöre gegen ihn anstimmten.

»Die hatten jetzt ihren Augenblick des Ruhms, falls sie darauf aus gewesen sind«, sagte er über die aufmüpfigen Ratsmitglieder.

Ein Reporter wollte wissen, ob es seiner Meinung nach immer noch Leute gäbe, die darüber nachdenken würden, nach Yonkers zu ziehen.

»Falls sie das tun, haben sie ein Brett vorm Kopf«, meldete sich eine Stimme hinter dem Bürgermeister. Einer der Demonstranten hatte es durch das Knäuel von Journalisten geschafft. Er stand nun wenige Zentimeter hinter Nick und überragte ihn deutlich.

»Geh mir aus den Augen«, sagte Nick leise, sich der Kameras nur zu bewusst.

»Leck mich«, erwiderte der Demonstrant live vor einigen privaten Kabelsendern. Die Pressevertreter wichen in Erwartung einer Schlägerei zurück, während Nick und der Demonstrant sich wütend anfunkelten, bis schließlich ein Polizeibeamter herüberkam und den Demonstranten aus dem Blickfeld der Kameras drängte.

Während der gesamten einstündigen Fahrt vom Gerichtsgebäude nach Hause gab Nicholas Longo über Autotelefon einem Radiosender in Denver ein Interview. Seine ruhige und prägnante Botschaft lautete: »Wenn es uns passieren kann, dann kann's auch euch passieren.«

Als Hank Spallone in seinem Büro eintraf, erwarteten ihn bereits dreißig Nachrichten auf dem Anrufbeantworter. Er fing oben an und arbeitete sich nach unten durch: Channel 2, Channel 4, Channel 11, die McNeil/Lehrer Newshour, die New York Times, Newsday, das Time Magazine, der San Francisco Chronicle, Good Morning America, Good Day, New York.

»Eins muss ich Judge Sands wirklich lassen«, sagte er, wobei er einen spöttisch-abschätzigen zusätzlichen Buchstaben an den Namen des Richters hängte, »mehr kostenlose Publicity hätte er uns nicht geben können.«

Für diesen ersten Nachmittag waren keine Besprechungen angesetzt, um einen Kompromiss zu finden, das Bußgeld auszusetzen. Stattdessen gab es Termine mit CBS, NBC und ABC. Nick ließ zwei Termine in Washington D.C. vereinbaren – mit den New Yorker Senatoren Alphonse D'Amato und Patrick Moynihan –, sagte aber beide ab. Nay aß an diesem Nachmittag erst um drei Uhr zu Mittag, und Nick kam überhaupt nicht zum Essen. Nick wusste, dass jeder Reporter, der ihn anrief, ebenfalls Hank anrief. Hank wusste, dass jeder, der ihn zitierte, ebenfalls Nick zitieren würde. Am nächsten Morgen würden ihre Aussagen dann unter einer gemeinsamen Schlagzeile erscheinen, ihre Gesichter im gleichen Bildblock, Aussage – Gegenaussage, ein vor den Augen der ganzen Nation geführtes Streitgespräch zwischen zwei Männern, die bereits seit Monaten praktisch nicht mehr miteinander redeten.

Die Ratsmitglieder waren nicht als Einzige dem verführerischen Sog des Rampenlichts ausgesetzt. Im Verlauf der folgenden Tage und Wochen wurde die ganze Stadt zur Kulisse für die Kameras, ein einziges großes Studio für eine Fortsetzungsserie, die vor weltweitem Publikum lief. Wo auch immer die aufmüpfigen Ratsherren aufkreuzten, guckten die Leute zweimal hin, wollten ihnen auf den Rücken klopfen, sie ihren Enkeln vorstellen – »Junior, das ist der Mann, den du im Fernsehen gesehen hast.« Nicholas Longo aß eines Abends kurz nach der Negativabstimmung außer Haus Spaghetti, als eine Frau von einem Tisch in der Nähe herüberkam, um sich bei ihm für seinen Widerstand zu bedanken. Dann übergab sie ihm einen Scheck in Höhe von eintausend Dollar, damit er das gerichtlich angeordnete Bußgeld zahlen könnte.

Über Monate, von der Versammlung in der Saunders im Januar bis zur entscheidenden Kraftprobe am 1. August im Rathaus, hatten die Demonstranten lediglich für den Stadtrat posiert. Jetzt posierten sie für die Kameras. In der zweiten Augustwoche ging Hank Spallone mit seiner Kodak Instamatic rüber zur Schlobohm-Siedlung, wo er Fotos von abblätterndem Anstrich, überquellenden Mülltonnen und zerbrochenen Scheiben machte und die Schnappschüsse anschließend auf ein riesiges Kartonstück klebte. Mary Dorman kam an diesem Abend in den landesweiten Nachrichten, wie sie die Collage vor dem Rathaus in die Höhe hielt. Kurz danach kamen Verantwortliche der CBS-Sendung *48 Hours* in die Stadt, und Mary Dorman schaffte es aus ihrer Küche ins Hauptabendprogramm. An einem Morgen brüllte sie Phil Donahue an, an einem Nachmittag Morton Downey Jr.

Mary begrüßte die Kameras, spürte sie auf, buhlte um sie, doch nach jedem Zusammentreffen war sie ein wenig überwältigt und angeschlagen. Sie wollte der Welt zeigen, was sie dachte, doch das Kameraobjektiv kann wie ein halbdurchlässiger Spiegel sein, und was Mary oft darin sah, war das, was die Welt über sie dachte. Bis die Kameras kamen, hatte sie angenommen, dass jeder an das glaubte, woran sie glaubte. Es war eine naheliegende Vermutung, denn fast 70 Prozent der Einwohner von Yonkers glaubten, die Stadt solle sich dem Richter widersetzen.

Doch dann fielen die Journalisten ein, und sie stammten nicht aus Yonkers. Während dieser frühen Augusttage standen sie vor ihren Mikrophonen und benutzten häufig das Wort *Rassismus*. Sie verglichen Yonkers mit Städten wie Selma und Montgomery, und sie verglichen diesen Kampf mit dem um die Aufhebung der Rassentrennung an der Central Highschool in Little Rock.

Mary sah sich selbst nicht als Rassistin. Für sie ging es bei diesem Kampf nicht um Rassentrennung, sondern allein ums Prinzip, und dieselbe Naivität, die ihr diese Überzeugung ermöglichte, machte es ihr ebenfalls möglich zu glauben, alle Reporter von ihrer Sichtweise der Dinge zu überzeugen.

An einem drückend heißen Nachmittag auf dem Höhepunkt

des Medienirrsinns saß eine Journalistin des *Boston Globe* mehrere Stunden mit Mary und Buddy in deren Küche, wo sie gegen das Getöse einer altersschwachen Klimaanlage anreden mussten. Die Frau (»Ein nettes schwarzes Mädchen«, sagte Mary) stellte eine Menge Fragen über die Ost-West-Trennung zwischen den Rassen in Yonkers. Mary, ihre rauen Hände auf der Resopalplatte vor sich gefaltet, versuchte zu erklären, dass es durchaus schwarze Familien auf der Ostseite gab. Diese wohnten auch nicht in Sozialwohnungen oder Mietskasernen, sondern in hübschen Mittelschichthäusern. Diese Haushalte befänden sich auf ihrer Seite des Saw Mill, sagte sie. Dann brachte sie die Journalistin nach Runyon Heights, der Enklave der schwarzen Mittelschicht, die vor all diesen Jahren sehr effektiv von der umliegenden Nachbarschaft abgeschottet worden war.

Mary war früher schon ein paar Mal dort gewesen, um Mitglieder ihres Bowling-Vereins abzusetzen, daher meinte sie, sich auszukennen. Doch sie verlor ziemlich schnell die Orientierung, und es gelang ihr nicht, das Haus von jemandem zu finden, den sie kannte. Dennoch hielt sie diesen Besuch für einen vollen Erfolg.

»Ich denke, ich habe ihr geholfen zu verstehen«, sagte sie zu Buddy, »dass es nicht nur Weiße sind, die es vorziehen, unter ihresgleichen zu leben. Wenn Schwarze innerhalb der Stadt umziehen«, sagte sie, »bleiben sie auch unter sich.«

Die Journalistin schrieb ihren Artikel, erwähnte darin jedoch Runyon Heights mit keiner Silbe. »Mary Dorman ist weiß und lebt an einer freundlichen, von Bäumen gesäumten Straße auf der Ostseite der Stadt«, begann die Titelstory. »Ihre Meinung zur Aufhebung der Rassentrennung im Wohnungsbau, die sie an einem Tag letzter Woche in der klimatisierten guten Stube ihres bescheidenen Backsteinhauses äußerte, lautet wie folgt: ›Ich finde nicht, dass man Leute mit einer Lebensweise nehmen und mitten an einen Ort mit einer völlig anderen Lebensweise verpflanzen sollte. Man muss damit rechnen, dass sie uns das übelnehmen.‹«

Eine andere Frau, so der Artikel weiter, »ist schwarz und wohnt an einer verkehrsreichen, baumlosen Straße auf der Westseite der

Stadt. Ihre Meinung zur Aufhebung der Rassentrennung im Wohnungsbau, geäußert in einem feuchtheißen Korridor vor ihrer Wohnung, lautet wie folgt: ›Ich finde, alle Menschen sollten einmütig und gleich zusammenleben.‹«

Das Emergency Financial Control Board und das Oberste Bundesgericht

Nick Wasicsko stand auf der Zuhörerseite der hüfthohen Abtrennung, die an normaleren Tagen den Stadtrat vom öffentlichen Publikum trennte. Von dort hinten wirkte der Raum völlig anders auf ihn, düsterer und imposanter, auch wenn in den Ecken der Putz abbröckelte. Es erinnerte eher an ein Zentrum des Rechts und der Regierung und weniger an den Ort, an den er zufällig jeden Tag zur Arbeit ging. Dort stand er, spielte mit einer Hand an seinem Schnauzbart, eine Hüfte gegen das Geländer gedrückt, und versuchte zu wirken, als fühle er sich in der Rolle des Außenseiters wohl.

Es war Mittwoch, der 9. August, der achte Tag der Missachtung des Gerichts. Die Stadt hatte 12.700 Dollar an Bußgeldern gezahlt (weitere 12.700 Dollar würden um 16 Uhr 30 an diesem Nachmittag fällig werden), und jeder einzelne Stadtrat hatte 3.500 Dollar gezahlt. Später an diesem Tag, in der Eröffnungsszene dessen, was sich zu einem juristischen Drama in mehreren Akten auswachsen sollte, würde das *Second U.S. Circuit Court of Appeals* die Bußgelder bis zur Entscheidung über die Berufung aussetzen. Dieser Stopp war jedoch lediglich ein Aufschub des Unvermeidlichen und beendete nicht das Geschehen im vorderen Teil des Rathaussaals.

Dort, auf dem Platz mit einem Schild, auf dem »Nicholas Wasicsko, Bürgermeister« geschrieben stand, saß eine Frau, die ganz offensichtlich nicht Nicholas Wasicsko war. Sie legte ihre Stifte und Blöcke wie jemand zurecht, der es gewohnt war, das Kommando zu führen. Auch auf den übrigen Plätzen der Stadträte saßen Leute, deren Namen nicht auf den Namensschildern vor ihnen standen. Sie waren dort, um die Aufsicht und Verwaltung des städtischen Haushalts zu übernehmen.

Allgemeiner gesprochen waren sie dort, weil das Spiel mit dem Untergang, das der Stadtrat mit Judge Sand spielte, nicht das erste Mal war, dass Yonkers mit Pleite und Liquidation geflirtet hatte. Die Stadt war schon mehr als einmal haarscharf an der Katastrophe vorbeigeschlittert und hatte es immer geschafft, in allerletzter Minute einen Retter zu finden, der sie vor ihrer eigenen Dummheit bewahrte. Während des Winters 1976 war Yonkers streng genommen für ein Wochenende zahlungsunfähig gewesen, weil es über Jahre das Haushaltsdefizit einfach immer wieder ins nächste Jahr übertragen hatte, bis schließlich die Verschuldung eine Höhe von 83 Millionen Dollar erreichte. Damals hatte Gouverneur Hugh Carey eingegriffen und hatte der Stadt aus der Klemme geholfen. Im Frühjahr 1984 verkündete der Schulausschuss von Yonkers, dass man alle Schulen bereits im April und nicht erst im Juni schließen würde, weil der Stadtrat nicht die erforderlichen Mittel zur Verfügung stellen könnte, um das Schuljahr ordnungsgemäß zu beenden. Die Schulen blieben offen, als Gouverneur Mario M. Cuomo einen finanziellen Rettungsschirm zur Verfügung stellte und der Stadtrat zustimmte, die Kommunalsteuern zu erhöhen.

Für die Rettungsaktionen von 1976 und 1984 gab es jedoch Auflagen. Auf Ersuchen der Stadt selbst richtete das Parlament des Bundesstaates für Yonkers ein sogenanntes Emergency Financial Control Board ein, der befugt war, den Haushalt der Stadt im Auge zu behalten und nötigenfalls einzuschreiten, um eine weitere Krise zu verhindern. Das Kontrollgremium war berechtigt, noch die kleinsten geplanten Ausgaben der Stadt zu genehmigen oder zu untersagen, und über Jahre hatte es sämtliche Haushaltsentscheidungen geprüft, mitberaten und überwacht. Jetzt, am Tag 8, waren die Mitglieder dieser Aufsichtsbehörde nach Yonkers gekommen, um zum ersten Mal ihrer Autorität in vollem Umfang Geltung zu verschaffen.

Es war nicht die Lösung, die Nick sich gewünscht hatte. Er und

Neil DeLuca hatten Gouverneur Cuomo gebeten – hatten ihn angefleht –, Yonkers vor sich selbst zu retten, wie andere Gouverneure es in der Vergangenheit bereits getan hatten. Neil war mit seinen Appellen besonders hartnäckig. Er hatte seinen Job als Leiter des Jugendamtes von Yonkers aufgegeben, weil im Staatsdienst kein Geld zu verdienen war. Nick hatte seine ganze Überredungskunst einsetzen müssen, um Neil zur Rückkehr zu bewegen und diesen Job als Interims-City-Manager zu übernehmen, den Posten desjenigen, der das Tagesgeschäft der Stadtverwaltung von Yonkers leitete.

Neil ging gelegentlich mit Nick einen trinken, und die beiden sahen einander so ähnlich, dass man sie für Brüder halten könnte. Doch obwohl sie gleich aussahen, konnten sie nicht unterschiedlicher sein, was ihr Temperament betraf. Mit seiner ruhelosen Ernsthaftigkeit hatte Neil die Ausstrahlung eines Boxers, der darauf brannte, dass der Kampf endlich begann. Nick hingegen war eher wie der Manager dieses Boxers, der in der Ecke des Rings Strategien entwarf und kühl den Gegner taxierte. Neil nahm den Job unter zwei Bedingungen an: erstens, es würde nur für ein paar Monate sein, und zweitens, wichtiger noch, er würde sich aus dem Streit um den Wohnungsbau heraushalten. Das war vor acht langen Monaten gewesen, während deren Neil rund um die Uhr am Wohnungsbauprojekt gearbeitet hatte.

Am ersten Tag der Missachtungskrise forderte Neil Cuomo öffentlich auf, aufmüpfige Stadträte des Amtes zu entheben, »um Yonkers vor der Insolvenz und weiterer landesweiter Beschämung zu bewahren«. Am selben Tag rief Nick den Gouverneur an und bat ihn, persönlich nach Yonkers zu kommen, um die rebellischen vier »zur Vernunft zu bringen«. Dass er während des Gesprächs mit dem Gouverneur weder eingeschüchtert noch begeistert klang, war ein Maß dafür, wie abgestumpft und erschöpft der junge Bürgermeister geworden war, seit er im Januar das Amt übernommen hatte. Cuomo erteilte beiden Männern eine Abfuhr.

Am Tag 3 warnte Neil davor, dass die Stadt in zwei Wochen die Hälfte der städtischen Angestellten entlassen müsste. Erneut bat er Cuomo einzugreifen, und wieder sagte der Gouverneur nein. Es war die gleiche Antwort, die Cuomo auch in den kommenden Tagen und Wochen immer wieder geben würde, auch wenn die Gründe für diese Antwort häufig wechselten. Zuerst sagte Cuomo, er werde die Stadträte nicht entlassen, solange die Entscheidung im Berufungsverfahren vor dem Second Circuit ausstand. (»Lassen wir denen doch ihren großen Tag vor Gericht.«) Dann sagte er, er werde gern helfen, allerdings nur, wenn Sand das Anerkenntnisurteil so abändere, dass der soziale Wohnungsbau über ganz Yonkers verteilt würde. (»Wir werden gern mitmachen, wenn er sich nur entschließt, seine Verfügung zu modifizieren.«) Später ließ er durchblicken, es sei Neil DeLucas Job, die Stadträte zu feuern. (»DeLuca könnte es ohne Beschuldigung und ohne Anhörung mit sofortiger Wirkung tun.«) – Was für Neil keinen Sinn ergab, der doch von den Stadträten überhaupt erst eingestellt worden war. »Wenn ich versuchen würde, die zu entlassen, feuern die mich doch vorher selbst«, sagte er. »Und den Teufel werde ich tun, das zuzulassen.«

Jede einzelne von Cuomos Äußerungen machte Nick klarer, dass sich dieser Gouverneur so weit wie nur möglich von dem Schlamassel in Yonkers fernhalten wollte. Er vermittelte dies nicht durch das, was er tat, sondern vielmehr durch das, was er nicht tat. Ein Telefonanruf hier, eine Pressekonferenz da, aber kein einziger Besuch in Yonkers während dieser ersten Wochen der Pattsituation. Es war alles in allem erheblich weniger, als was der fesselndste Redner des Landes, bekannt als Verteidiger der Armen und Entrechteten, hätte tun können, wenn er nur gewollt hätte.

Cuomos Problem war, dass diese Schlacht seine beiden traditionellen Wählerschichten gegeneinander positioniert hatte. Wenn er gesagt hätte, was manche von ihm erwarteten, dass Rassismus, unter welchem sauberen Mäntelchen auch immer er daherkommen mochte, immer noch Rassismus ist und immer noch verachtenswert ist, dann hätte er ebenfalls gesagt, dass anständige Arbeiter, die meisten Immigranten wie seine eigenen Eltern, schuften und sparen könnten, und am Ende all ihre Arbeit doch nichts wert wäre. Und wenn er das genaue Gegenteil gesagt hätte, dass nämlich gute, anständige, fleißige Menschen ein Recht hätten, ihre Träume zu beschützen, dann hätte er ebenfalls sagen müssen, dass andere gute, anständige und fleißige Menschen, die zufälligerweise schwarz waren oder zufälligerweise eine geringere Schulausbildung besaßen oder zufälligerweise in einem Kreislauf von Diskriminierung und Armut feststeckten, kein Recht auf eigene Träume besaßen.

Angesichts dieser Alternativen sagte er beides. Er hielt sich weit genug von Yonkers fern, um genau diesen Luxus zu besitzen, ein Luxus, den Nick Wasicsko und Neil DeLuca nicht genossen. Sie verstanden nicht, warum Cuomo an einem Tag die Stadträte ermahnte, das »Rechtsstaatsprinzip« müsse auch in Yonkers obsiegen, und warum er am nächsten Tag Judge Sand anrief und davor warnte, dass der Plan in seiner aktuellen Form abträglich sei für die Immobilienwerte. Was sie jedoch sehr wohl verstanden, war, dass der Gouverneur ihnen nicht aus der Klemme helfen würde. Sie hatten darum gebeten, gerettet zu werden, und als Antwort hatte Cuomo Staatssekretärin Gail S. Shaffer geschickt, die Vorsitzende des Emergency Financial Control Board. Eine knallharte Frau, die es gewohnt war, oben in Albany mit harten Bandagen zu spielen. Alles an Gail Shaffer – angefangen von ihren blutroten Fingernägeln bis zu ihrem perfekt frisierten brünetten Haar – dokumentierte, dass sie alles im Griff hatte. Sie saß jetzt auf Nicks Platz, wirkte streng und tatkräftig, während Nick in der Rolle des Beobachters außen vor stand.

Er hatte erwartet, dass die Mitglieder der Aufsichtsbehörde die Stadt übernehmen würden, nicht jedoch damit, dass sie auch seinen Platz einnahmen. Es gab doch andere Plätze, auf denen sie sitzen konnten. Am Morgen dieser Besprechung war für diese Eindringlinge ein langer Tisch in der Mitte des Raumes aufgestellt worden, auf der Innenseite des Hufeisens, das von den Tischen der Ratsmitglieder geformt wurde. Aber Gail Shaffer kannte Yonkers, hatte die Stadt während der Jahre, die sie bereits in diesem

Gremium saß, kennengelernt. Sie wusste, dass sie von Anfang an eine klare unmissverständliche Botschaft senden musste.

Worin die Stadt eine spitzfindige Unabhängigkeit sah und Sand eine diskriminierende Verbohrtheit, war für Gail Shaffer schlicht und einfach Unreife. Die Politik in Yonkers ähnelt einem Vorschulklassenzimmer, dachte sie, und wenn sie sich auf ihre Reisen dorthin vorbereitete, sagte sie immer zu ihren Mitarbeitern: »Ich werde einen Anfängerkurs im Töpfchen gehen abhalten.« Wie kleine Kinder waren die Politiker in Yonkers nicht in der Lage, Verantwortung für ihr eigenes Handeln zu übernehmen. »Was sie in Yonkers immer wieder machen: Sie gehen gegen jede höhere Grundsatzentscheidung vor, die auch nur den geringsten politischen Effekt hat«, sagte sie, und schon allein die Tatsache, dass ihr Job als »Babysitter« in dem Aufsichtsgremium existierte, wäre ein Beweis für ihr kindisches Benehmen. Ihr Ziel war die Auflösung der Aufsichtsbehörde, um Yonkers an den Punkt zu treiben, an dem die Stadt reif genug wäre, sich wie »ein normaler Ort« zu verhalten, einer, der »das eigene Schicksal selbst in die Hand nehmen und diese Entscheidungen selbst treffen kann«, sagte sie.

Was jedoch ganz offensichtlich im August 1988 nicht passieren würde. Also ging Shaffer diese erste Besprechung an wie eine Erzieherin im Kindergarten. Sie wollte keine Zweifel daran aufkommen lassen, wer hier das Sagen hatte. Der Sitzverteilung kommt in Behördenräumen eine symbolische Bedeutung zu, es konstatiert eine optische Hackordnung, weshalb Shaffer und die übrigen Mitglieder des Aufsichtsgremiums die Stühle an dem provisorisch aufgestellten Tisch ignorierten und sich am Kopfende des Hufeisens niederließen.

Am Ende der Besprechung hatte das Gremium dem City Manager und dem Stadtrat nahezu die komplette Handlungshoheit in Haushaltsfragen abgenommen. Die Stadt durfte weiterhin den Angestellten Gehälter und Löhne überweisen, Zahlungen aufgrund von Gerichtsurteilen tätigen und zuvor genehmigte Rechnungen und Bürgschaften begleichen, aber nichts sonst. Sämtliche anderen Ausgaben, jeder einzelne Betrag über 100 Dollar, würde persönlich von Gail Shaffer genehmigt werden müssen. Einen neuen Mitarbeiter einstellen, das Gehalt eines derzeitigen Angestellten erhöhen, Überstunden genehmigen, Verträge aushandeln (die Feuerwehrleute hatten damals keinen Arbeitsvertrag), selbst der Einkauf von Briefmarken in größeren Mengen – für all dies würde von nun an eine schriftliche Genehmigung erforderlich sein. Yonkers war wie ein Heranwachsender ohne eigenes Taschengeld. Ein Teenager unter Hausarrest. Eine Stadt, der nicht mehr zugetraut wurde, sich selbst zu regieren.

Das Abstimmungsergebnis war 5 zu 1 für die Auflagen. Ein Mitglied war nicht anwesend, und Neil DeLuca, kraft seines Amtes Mitglied des Gremiums, war die einzige Gegenstimme. Statt der Stadt jegliche finanzielle Kontrolle zu entreißen, argumentierte er, solle das Gremium doch lieber Mario Cuomo bitten zu intervenieren. Dieser Vorschlag wurde nicht mal zur Abstimmung gebracht.

—

Wenn der Gouverneur nicht zu Hilfe kam, blieben immer noch die Gerichte. »Berufung, Berufung, Berufung«, hatten die Demonstranten bei unzähligen Kundgebungen gebrüllt, und am 17. August 1988, mehr als zwei Wochen nach Beginn der Krise, bekamen Dutzende Anwälte die Chance, genau das zu tun. Anwälte der Stadt und Anwälte der Ratsmitglieder füllten den Sitzungssaal des *U.S. Court of Appeals for the Second Circuit* und erläuterten, warum ihre Mandanten in keinster Weise für die aktuelle Situation verantwortlich wären.

Wie Schulkameraden, die bei Prügeleien erwischt wurden, wie die Kinder, für die Gail Shaffer sie hielt, standen sie vor dem aus drei Richtern bestehenden Gremium und zeigten empört mit den Fingern auf den anderen. »Sie« haben angefangen, sagte die Stadt über die Stadträte. Nein, »sie« hat angefangen, sagten die Stadträte über die Stadt. Folgerichtig argumentierten beide Seiten, dass lediglich die andere bestraft werden sollte.

Michael Skulnick, der die Stadt Yonkers vertrat, sagte dem Gericht, es sei der Wunsch seines Mandanten, sich den Anordnungen von Judge Sand zu fügen, er vermöge »jedoch nicht, die Anordnungen zu befolgen«. Die Befolgung setze ein Mehrheitsvotum des Stadtrats voraus, argumentierte er, allerdings sehe die Stadt sich außer Stande, die Mitglieder des Stadtrates zu einer Meinungsänderung zu bewegen. Der Stadt unter diesen Umständen ein Bußgeld aufzuerlegen, fuhr er fort, wäre dasselbe wie einer Geisel vorzuwerfen, sie hätte doch fliehen können. So gerne die Stadt diese unschöne Lage beenden würde, sagte er, sei sie dazu nicht in der Lage, und sie über Geldstrafen in den Bankrott zu treiben, werde daran auch nichts ändern.

»Sie sprechen über die Stadträte, als wären sie Abgesandte eines fremden Landes«, sagte Judge John O. Newman.

Skulnick stimmte zu, dass sie das wären. »Ich hege ernste Zweifel daran, ob sie im besten Interesse von Yonkers handeln«, sagte er, »wenn sie bereit sind in Kauf zu nehmen, dass die Stadt in Konkurs geht.«

Dann erhob sich Hank Spallones Anwalt Anthony J. Mercorella und hielt dagegen, dass gegen die Stadt und nicht gegen die Ratsmitglieder Geldbußen verhängt werden müssten. »Wenn die Stadt versäumt hat zu handeln, dann bestrafen Sie die Stadt«, sagte er.

Die Richter schüttelten den Kopf. »*Sie* sagen uns, die Stadt solle etwas tun, und die Stadt sagt uns, *Sie* sollten etwas tun«, sagte Judge Roger Miner, wobei er sich große Mühe gab, seine Verärgerung zu verbergen.

Bei den gereizten Wortgefechten war es leicht, die Tatsache aus den Augen zu verlieren, dass die Verhandlung mehr war als eine Gelegenheit für erwachsene Männer, sich wie Teenager aufzuführen. Jenseits der gegenseitigen Schuldzuweisungen und Beschimpfungen warf diese Missachtung eines Gerichtes durch Yonkers bedeutende philosophische und juristische Fragen auf, berührte den Wesenskern des Staates und die Macht der Gerichte.

Um beispielsweise über die Berufung zu entscheiden, würden die Richter exakt klären müssen, wer die Stadt Yonkers war. »Die Stadt« vermöge nicht, den Auflagen zu entsprechen, hatte Skulnick vorgetragen. »Die Stadt« sei dem Stadtrat ausgeliefert. Doch wer ist »die Stadt«? Ist es eine Ansammlung von Bürokraten und gewählten Funktionsträgern, Leuten wie Nick Wasicsko und Neil DeLuca? Skulnicks Argumentation legte dies nahe.

Aber Judge Sands Verfügung, eigentlich nahezu alle seine Handlungen, basierten auf einem Verständnis von Stadt, das mehr umfasste. Wenn Sand Bußgelder gegen »die Stadt« verhängte, dann verhängte er sie gegen ihre Bürger, gegen diejenigen, die sich bei Ratssitzungen in den Saal drängten und auf den Straßen marschierten und verdeutlichten, wie ihre Volksvertreter abstimmen sollten. Handlungen haben Konsequenzen, sagte er ihnen. Ihr demonstriert auf eigene Gefahr.

Eine gleichermaßen komplexe, durch den Fall aufgeworfene Frage berührte das Recht eines Ratsmitglieds, bei Abstimmungen seinem Gewissen zu folgen. Es war klar, dass Judge Sand das Recht besaß, den Wohnungsbau in Yonkers anzuordnen. Genau das gleiche Berufungsgericht hatte unmittelbar vor Nicks Amtsantritt dieses Recht bestätigt. Ebenfalls klar war, dass er die Befugnis besaß, den Stadtrat zu ignorieren und das Wohnungsbauprojekt selbst zu realisieren. Aber er hatte sich entschieden, diese Befugnis nicht auszuüben; stattdessen hatte er es vorgezogen, dem Stadtrat die Möglichkeit zu geben, sich an dem Prozess zu beteiligen. Die vor diesem Gericht zu verhandelnde Frage lautete: Wie viel Zwang konnte er ausüben, um für genau diese Beteiligung zu sorgen? Es war eine einfache, unkomplizierte Frage, allerdings auch eine ohne Präzedenz: Besitzt ein Richter das Recht, einem gewählten Volksvertreter vorzuschreiben, wie er abzustimmen hat?

»Noch niemals zuvor hat ein Bundesgericht einem Stadtrat oder einem bundesstaatlichen oder kommunalen Abgeordneten befohlen, wie in einem rechtsverbindlichen Verfahren abzustimmen wäre«, argumentierte Mercorella im Namen von Hank Spallone. »Ein Abgeordneter muss ausschließlich gegenüber seinen eigenen Wählern Rechenschaft ablegen und niemandem sonst. Hier haben wir es mit einem Versuch zu tun, die Integrität der repräsentativen Demokratie auszuhöhlen.«

Michael Sussman, der für die NAACP sprach, erwiderte, dass Sand niemandem wirklich vorschrieb, wie er abzustimmen habe. Er verlange einfach nur die Zusicherung, dass die Stadt etwas umsetzen würde – nämlich das Anerkenntnisurteil –, dem die Stadträte bereits zugestimmt hätten. Die Stadt hätte eine Übereinkunft getroffen, und jetzt versuchte sie, genau diese Übereinkunft zu brechen. Sand, argumentierte Sussman, müsse den Stadtrat nun zwingen, zu seinem Wort zu stehen.

»Besitzt er« – womit Hank Spallone gemeint war – »ein Recht, dieses Anerkenntnisurteil zu ignorieren?«, fragte Judge Miner Mercorella, nachdem beide Seiten ihre Argumente vorgetragen hatten.

»In seiner Eigenschaft als Ratsmitglied, ja«, antwortete der Anwalt.

Miner hob frustriert die Hände. »Ich kann nicht glauben, dass hier auch nur einer dieser Leute sein Wort hält.«

Am Ende bestätigte das Bundesberufungsgericht die Bußgelder gegen die Ratsmitglieder – eine Bekräftigung von Sands Recht, die Bußgelder überhaupt zur Anwendung gebracht zu haben. Gleichzeitig bemaßen die Richter die gegen die Stadt verhängten Bußgelder. Mit der Feststellung, dass durch die von Sands bestimmte Berechnungsformel »eine unangemessene Höhe« erreicht werden könnte, wurde das Ordnungsgeld auf ein Maximum von 1 Million Dollar pro Tag gedeckelt, was bedeutete, dass die Stadt erst an Tag 79 und nicht schon am Tag 20 in Konkurs gehen würde. In dem Wissen, dass beide Seiten gegen diese Entscheidung bei der letzten noch verbleibenden Instanz des amerikanischen Gerichtswesens Berufung einlegen würden, verlängerten die Richter die Aussetzung der Zahlung der Bußgelder, bis der Supreme Court Gelegenheit hätte, zu einem Urteil zu gelangen.

Die Berufung an den Supreme Court wurde binnen Stunden eingereicht, und das Urteil wurde um 23.55 Uhr am Abend des 1. September verkündet. In diesem Urteil wiesen die Richter des Obersten Gerichtshofs einstimmig den Antrag der Stadt zurück, die Zahlung der Ordnungsstrafe weiter aufzuschieben. Obwohl dies rein formal keine Abweisung des weiter gefassten Standpunkts der Stadt darstellte – dass nämlich die Bußgelder an sich verfassungswidrig waren –, lief dies in der Praxis auf das Gleiche hinaus wie eine Abweisung, denn zu dem Zeitpunkt, an dem das Gericht schließlich alle Argumente gegen die Bußgelder hören würde (irgendwann im Herbst, wenn solche Verhandlungen normalerweise terminiert wurden), würde die Stadt längst bankrott sein.

Die Entscheidung überraschte Nick. Er hatte nie daran geglaubt, dass die Bußgelder für verfassungswidrig eingestuft würden, aber er hatte gehofft und angenommen, dass der Supreme Court die Aussetzung bis in den Oktober verlängern würde, was ihm einen ganzen Monat Spielraum gewährt hätte. Stattdessen war morgen Tag 9 der Bußgelder, und ein Kurier würde einen auf das Finanzministerium ausgestellten Scheck über 25.600 Dollar in Judge Sands Gerichtssaal abliefern. Am nächsten Tag würde der Scheck auf 51.200 Dollar lauten. Am Tag danach auf 102.400 Dollar. Und wieder einen Tag weiter auf 204.800 Dollar.

Wenn der erste Teil der Entscheidung des Supreme Court Nick überraschte, so machte es ihn buchstäblich sprachlos, was die Richter als Nächstes vortrugen. Nach dem Spruch, dass die Ordnungsstrafe Yonkers wiederauferlegt werden sollte, machten die Richter eine komplette Kehrtwende und stellten die Stadträte davon frei – man gewährte ihnen die Aussetzung, die man der Stadt als Ganzem versagt hatte. Die Ratsmitglieder waren befreit, während die Stadt weiterzahlte. Die Kasse in Nicks Kopf klingelte weiter. An Tag 13 würde die Stadt dem Gericht 409.600 Dollar schulden. An Tag 14 waren es 819.200 Dollar. An Tag 15 1 Million. An Tag 16 1 Million. An Tag 17 1 Million.

Die ersten Anrufe von Reportern erfolgten, man wollte seine Stellungnahme dazu. Alles, was er herausbrachte, war: »Ich hatte eigentlich gehofft, es wäre genau andersherum ausgegangen.«

Die Entscheidung bekümmerte auch Judge Sand. Richter sagen üblicherweise (zumindest in der Öffentlichkeit), dass sie es nicht als persönliche Ohrfeige verstünden, wenn ihr Urteil in einem Berufungsverfahren aufgehoben wird, und dass es ihnen niemals in den Sinn käme, über Siege und Niederlagen Buch zu führen, und sei es nur gedanklich. Genauso üblich ist es, dass niemand ihnen dies glaubt. Bevor Richter Richter wurden, waren sie Anwälte, und die Wettbewerbsfähigkeit, die sie zu ihrem Beruf brachte, verdunstet nicht einfach so mit dem Anlegen einer schwarzen Robe. Zusätzlich zu berücksichtigen ist die Tatsache, dass Bundesrichter auf Lebenszeit ernannt werden, was bedeutet, dass sie kaum Beförderungen oder Leistungsboni zu erwarten haben, nichts von den Dingen, die ehrgeizigen Menschen sagen, wo sie stehen. Die Häufigkeit von in Berufungsverfahren aufgehobenen Urteilen ist oft genug der einzige Maßstab, wie gut oder schlecht sie sich schlagen.

Sands Unmut über die Entscheidung des Supreme Court jedoch war nur zum Teil auf Eitelkeit zurückzuführen. Viel mehr bekümmerte es ihn, dass die Richter den Teil seiner Auflagen aufgehoben hatten, der nach Sands Meinung am ehesten Wirkung zeigen würde.

»Hätte der Supreme Court nicht einen Aufschub angeordnet, wäre die Angelegenheit innerhalb der nächsten zwei Tage erledigt gewesen«, sollte er später sagen, als die Ereignisse des Jahres 1988 bereits weit zurücklagen. Konfrontiert mit der harten Wirklichkeit, jeden Tag eine Ordnungsstrafe von 500 Dollar zahlen zu müssen, sagte er, er sei überzeugt gewesen, dass mindestens ein Stadtrat sein Abstimmverhalten geändert hätte.

Die Reaktion von Nicholas Longo war eine völlig andere. Um zwei Uhr morgens von einem Reporter aus dem Schlaf gerissen und nach seiner Meinung zur Entscheidung des Supreme Court befragt, entsprach seine Antwort – etwa bezüglich der Rechte von Abgeordneten, so abzustimmen, wie sie es für angezeigt hielten – nicht dem, was er wirklich dachte. Das Gericht, das zumindest theoretisch über kleinkarierte Politik erhaben war, hatte eine Entscheidung erlassen, die Longo als ein brillantes politisches Bravourstück erkannte.

Indem es die Strafen gegen die Stadträte, nicht aber gegen die Stadt aufhob, erreichten die Richter gleichzeitig zweierlei. Sie nahmen den Ratsmitgliedern die Angst, sie könnten, wenn sie ihr Abstimmverhalten änderten, so dastehen, als wollten sie bloß ihre eigene Brieftasche schonen. Gleichzeitig raubte ihnen die Entscheidung den Mantel des Märtyrertums.

So wie Judge Sand alles eingefädelt hatte, würden die Stadträte leiden, solange die Stadt litt, wodurch sie wie selbstlose Krieger für eine höhere Macht dastanden. So wie der Supreme Court es abgeändert hatte, litt die Stadt weiter, und die Stadträte waren der Grund, warum dies so war. Jetzt war es viel wahrscheinlicher, dass sie wie sture Straßensperren wirkten, die stoisch zuschauten, wie die Stadt in den Bankrott schlitterte, während ihre eigenen Girokonten sicher waren.

»Teufel auch!«, dachte Longo mit einer Mischung aus Furcht und Bewunderung.

Sein Bauch argwöhnte, dass dies der Anfang vom Ende war.

Norma wartet

Es war bald Mittag in Schlobohm, und auch wenn die Septembersonne draußen leuchtend hoch am Himmel stand, war Norma O'Neals Wohnung grau und dunkel. Schon bevor sie ihr Augenlicht verloren hatte, war es Norma so vorgekommen, als machten die Sonnenstrahlen auf den Außenfensterbänken Schlobohms halt, als wagten sie es nicht, in die Häuser einzudringen. Nachdem die Schatten nun zu einem festen Teil ihrer Tage geworden waren, war der Mangel an Sonnenlicht noch eklatanter.

Auf der anderen Seite des Wohnzimmers, vor dem grellen Hintergrund des Fensters, konnte sie die Silhouette ihres ältesten Sohnes Dwayne ausmachen. Weil er so kräftig und muskulös war, und seine Haut so dunkel, war Dwayne der einzige von Normas drei Kindern, den sie immer noch auf Sicht erkennen konnte. Sie verwechselte immer Bruce, den Mittleren, der eine schmalere Statur und hellere Hautfarbe hatte, mit einem Fremden. »Für mich sieht Bruce wie ein kleiner Latino-Junge aus«, sagte sie, und da das Verhältnis zwischen Schwarzen und Latinos in Schlobohm eher angespannt war, führte das immer zu beängstigenden Momenten. Eines Abends stieg sie zu Bruce in den Aufzug, erkannte ihn jedoch nicht. Als er ihr dann zu ihrer Wohnungstür folgte, schlug sie ihn mit ihrer Handtasche. Nicht anders mit Tasha, der Jüngsten, die sich ihrer Mutter immer zu erkennen geben musste, wenn sie sich an einem öffentlichen Ort begegneten.

Das Traurigste daran, die Sehkraft zu verlieren, stellte Norma gerade fest, war der Verlust der Gesichter ihrer Kinder. Das vermisste sie mehr als ihre hart erkämpfte Unabhängigkeit, die sie, wie sie höchst ungern einräumte, ebenfalls allmählich verlor. Sie hatte noch einige Monate weitergearbeitet, nachdem ihr Augenlicht trüb wurde, dann aber schließlich mitten im Sommer aufgehört, als die Medikation ihrer Patientin komplizierter wurde. Ihre eigenen Einkäufe erledigte sie immer noch selbst, aber inzwischen dauerte ein Besuch im Supermarkt den ganzen Nachmittag. »Verzeihen Sie, Miss«, sagte sie dann zu einem vorbeigehenden Fremden. »Ich habe meine Brille nicht dabei – könnten Sie mir bitte den Preis sagen?« Dann hielt sie jemand anderen an und fragte: »Könnten Sie mir bitte sagen, welche Marke das ist?« Stolz und Pragmatismus hielten sie davon ab, jemandem mehr als eine Frage zu stellen.

Als sie einmal eine neue Jeans benötigte, borgte sie sich den sechsjährigen Sohn einer guten Freundin aus und ging mit ihm in einen Laden. »Eugene, such bitte mal für mich die Größe zwei-null. Das ist eine Zahl mit einer Zwei vorne und dahinter einer Null. Zwei-null«, sagte sie mit schwungvoll-zittriger Stimme.

Eugene fand eine.

»Okay. Ich möchte, dass du mir jetzt den Preis vorliest. Steht da eins-neun-neun-neun?«

»Nein«, antwortete Eugene, »da steht zwei-null-neun-neun.«

Norma gab Eugene so lange Anweisungen, bis er eine Jeans der Größe 20 zum reduzierten Preis von 19,99 Dollar fand, der höchste Preis, den sie zu zahlen bereit war. Als Nächstes suchten sie eine Bluse, Größe vier-zwei.

Wenn sie von diesen Einkaufstouren zurückkehrte, erzählte sie ihren Kindern immer davon, wobei sie die Geschichten mit jedem neuen Erzählen aufpolierte, bis sie schließlich zu lustigen Abenteuern wurden. Ihre Botschaft: »Ich weiß mir zu helfen und komme alleine klar.« Aber wieder daheim in ihrer Wohnung, wurden aus kleinen Dingen schnell große Dinge, und sie ließen sich nicht mit einer ausgelassenen Geschichte aus der Welt schaffen. Sie verbrannte sich beim Kochen. Sie verknöpfte sich beim Anziehen. Beim morgendlichen Duschen fühlte sie sich unbeholfen, und das machte sie nervös.

Mit der Zeit erkannte sie, dass sie jemanden brauchte, der für sie tat, was sie viele Jahre lang für andere getan hatte. Ihre Kinder waren erleichtert und halfen beim Ausfüllen der erforderlichen Medicaid-Formulare, doch Norma wusste, eine Hilfe zu finden würde erheblich komplizierter sein als jedes Formular. Sie wusste aus eigener Erfahrung, wie schwer es war, in Schlobohm eine Hauspflegerin zu finden.

Nachdem Norma sich nun auf der anderen Seite dieser Realität befand, war Dwayne während seiner Mittagspause gekommen, um auf die häusliche Krankenpflegerin zu warten, von der Norma wusste, dass sie nie auftauchen würde. Er saß fast drei Stunden am Fenster, hoffte, ihr das Gegenteil beweisen zu können, aber er sah keine einzige Frau Building Two betreten, die auch nur entfernt so aussah, als wäre sie von der Agentur geschickt worden. Da er sich nicht noch länger freinehmen konnte, rief er schließlich selbst in der Agentur an, wo man ihm sagte, die Pflegerin, die für Norma vorgesehen gewesen sei, wäre tatsächlich an diesem Tag in Schlobohm gewesen. Als sie in den Fahrstuhl stieg, hätte jemand versucht, sie auszurauben, also war sie geflüchtet. Zumindest war es das, was sie ihrem Chef erzählt hatte.

Dwayne wiederholte Norma diese Geschichte, die daraufhin langsam den Kopf schüttelte und sagte: »Lügner.« Sie war nicht wütend, und mit Sicherheit nicht überrascht. Eigentlich empfand sie überhaupt nichts.

Sobald jemand in der Verwaltung von Yonkers mehr als einhundert Dollar ausgeben wollte, musste die Genehmigung des Emergency Financial Control Board eingeholt werden. Infolgedessen war Gail Shaffers Schreibtisch mit Papierstapeln übersät, und sie verbrachte einen großen Teil jedes Arbeitstages mit Ablehnungen.

Nein zu neuen Müllbeuteln für das Essen-auf-Rädern-Programm, zu Briefmarken für das Wahlamt, zu Wartungsmaterialien für die Fotokopierer der Kfz-Zulassungsstelle. Nein zur Beseitigung von Schlaglöchern, nein zur Nachrüstung von Hydranten, dem Neuanstrich der Wände des Gerichts für Verkehrsangelegenheiten, dem Materialankauf zur Absperrung unbebauter Grundstücke.

Nein zum *Department of Parks, Recreation and Conservation*, die 325 Dollar haben wollten, um einen Bus mieten zu können, mit dem vierzig ältere Mitbürger zum Mittagessen ins Restaurant *Platz Brau House* gefahren werden sollten. Nein der gleichen Behörde wegen der 3.000 Dollar zur Finanzierung des dreizehnten alljährlichen *American Heritage Festival* im Trevor Park. Und wieder nein zu einem Konzert der Buster Long Big Band im Coyne Park, das die Verwaltung 1.325 Dollar gekostet hätte.

Jedes Nein wurde mit einem Aufschrei der Empörung quittiert.

»Für die Einwohner von Yonkers, die sich auf Konzerte in ihren Vierteln freuen, ist das Konzert eine unerlässliche kommunale Dienstleistung«, jammerte ein Sprecher der Stadt.

»Das Festival leistet einen erheblichen Beitrag für unser Gemeinwesen, es ist wunderbar«, jammerte einer der Organisatoren.

»Hier geht es nicht darum, Geld zu sparen, hier wird uns Geld aus der Tasche gezogen«, murrte der Leiter des Grünflächenamts.

»Ich glaube nicht, dass eine Busfahrt für ältere Mitbürger, die 325 Dollar kostet, Yonkers in den Bankrott treiben wird«, motzte der Anführer einer Anti-Wohnungsbau-Gruppe.

Shaffer war erschrocken über das Ausmaß der Verleugnung. »Was zum Teufel ist hier los?«, fragte sie laut und trommelte mit ihren lackierten Fingernägeln ungeduldig auf ihrem Schreibtisch.

»Gibt es denn in dieser Stadt keinen einzigen Menschen, der den Ernst der Situation versteht? Hört eigentlich niemand in diesem Ort zu?«

Obwohl jedes einzelne Nein für sich genommen das sich abzeichnende Problem der Stadt nicht verschlimmern würde, wusste sie, dass alle zusammen erheblich mehr waren als nur Kleingeld. Wie Sand vorhergesehen und beabsichtigt hatte, war das alles ein flüchtiger Blick auf die durchaus mögliche Zukunft der Stadt. Jede einzelne Ablehnung hätte den Menschen von Yonkers einen Vorgeschmack auf das geben müssen, was passieren würde, wenn die Ordnungsstrafen den gesamten Haushalt verschluckten und die Verwaltung, die sie jahrelang angeprangert hatten, mit einem Mal nicht mehr da war.

Aber das empörte Gejammer ließ sie ernsthaft daran zweifeln, ob diese Botschaft überhaupt bei den Leuten ankam. Yonkers, so fürchtete sie, war wie ein Millionär, der, auch nachdem der Markt völlig zusammengebrochen war, immer noch Limousinen mietete, weil »die ja wirklich nicht so viel mehr kosten als ein Taxi«, obwohl die Wirklichkeit so aussah, dass Yonkers sich nicht mal mehr die Taxen leisten konnte.

»Es ist Zeit, den Bus zu nehmen«, sagte Shaffer. »Wenn das Geld knapp wird, dann wird das Geld knapp.«

Als Judge Sand am 2. September die Erlaubnis des Supreme Court erhielt, die Ordnungsstrafen wieder zu aktivieren, wurde die Insolvenz wahrscheinlicher. Was wie ein ausgesprochen abwegiges Szenario erschienen war, bekam jetzt allmählich schicksalhafte Züge. Nachdem die Bußgelder wieder den Haushalt verschlangen, wurden die Sparmaßnahmen des Aufsichtsgremiums empfindlicher. Die Visionen dessen, was noch bevorstand, wurden unheilverkündender. Das begleitende Geschrei wurde lauter und lauter.

In der Hoffnung, verdeutlichen zu können, dass für Yonkers nun eine neue Phase begonnen hatte, zwang Gail Shaffer tatsächlich einige städtische Angestellte, den Bus zu nehmen. Ein Memo des Kontrollgremiums ordnete an, dass nahezu alle achtundsechzig leitenden Angestellten und Beamte ihre stadteigenen Plymouths,

Fords, Dodges, Chevrolets und Pontiacs abzuliefern hätten, also alle Fahrzeuge mit der Prägung »NY Official« auf dem Nummernschild. Nick Wasicsko und Neil DeLuca gehörten neben den Chefs von Polizei und Feuerwehr zu den wenigen, die ihre Fahrzeuge behalten durften. Die sechs Mitglieder des Stadtrates gehörten jedenfalls nicht dazu, und sie nahmen es überhaupt nicht gut auf.

»Was kommt als Nächstes?«, fragte Peter Chema. »Nehmen sie uns die Beine ab?«

Ein Fahrzeugpool wurde für diejenigen eingerichtet, die Autos benötigten, um ihrer Arbeit nachgehen zu können. Wenig überraschend lag die Definition von »Bedarf« bei Angestellten und Aufsichtsgremium Welten voneinander entfernt. Am ersten Tag gingen dreißig Anforderungen von Fahrzeugen aus dem Fuhrpark ein. Nur ein Antrag wurde bewilligt, wodurch es dem Chef der städtischen Verwaltung möglich war, an einer Besprechung im Büro des *Board of Elections* in White Plains teilzunehmen.

Alle anderen mussten sich nach einem anderen Reisemittel umsehen oder einfach bleiben, wo sie waren. Es wurde zunehmend schwerer, die Realität zu ignorieren. Das *Plumbing Bureau* verlor seine drei Fahrzeuge, und kurz nach 18.00 Uhr an diesem Tag platzte eine Wasserleitung bei der *Bowling Green Storage and Van Company*, was zur Folge hatte, dass eine Million Gallonen Wasser zehn Meter hoch in die Luft spritzten. Die zuständigen Beamten benötigten zwei Stunden, bis sie dort waren.

Das *Bureau of Housing and Building*, das acht seiner zwölf Fahrzeuge verlor, sagte sämtliche routinemäßig durchgeführten Inspektionen ab, da die Inspektoren nicht zu ihren Terminen kommen konnten. Nur noch Notfall-Einsätze wie Begehungen nach Bränden oder einstürzenden Decken wurden durchgeführt.

»Uns so die Wagen wegzunehmen ist das Gleiche, wie Polizisten die Schusswaffen abzunehmen«, warnte der Chef des Amtes. »Wenn ein Fahrstuhl kaputtgeht und wir nicht dorthin kommen, werden ältere Mitbürger das Treppenhaus benutzen müssen, und glauben Sie mir, das ist die Hauptursache für Herzattacken.«

Die Sicherheit der Stadt war nicht das einzige Problem, das

durch die Anordnung des Aufsichtsgremiums entstand. Da war außerdem die Frage der Sicherheit der Fahrzeuge. Nachdem sie abgeliefert worden waren, wurden sie auf städtischen Grundstücken abgestellt, die mit fünf Meter hohen Zäunen gekrönt von Stacheldraht eingefasst waren. Zwischen Mitternacht und Tagesanbruch jedoch waren die Grundstücke nicht bewacht, weil schlicht und einfach kein Geld für die Überstunden von Wachpersonal da war. Vandalismus und Diebstahl schienen unausweichlich.

Eine Lösung bot sich fast von selbst an, als dem Police Department der Sprit ausging. Das Kontrollgremium hatte es abgelehnt, einen größeren Lieferauftrag von Treibstoff für die nächsten paar Monate freizugeben, und stattdessen gesagt, bis zum Ende der aktuellen Krise sollte der Sprit in wöchentlichen Kontingenten erworben werden. Bezirk 3, das für die Westseite der Stadt zuständige Revier, hatte eine leere Zapfsäule und borgte sich den Treibstoff bei zwei anderen Revieren, die ebenfalls knapp an Sprit waren. Das Kontrollgremium genehmigte den Dringlichkeitsantrag des Reviers in Höhe von 2.189 Dollar, um 3.127 Gallonen Benzin kaufen zu können, aber der Kraftstofflieferant, kopfscheu durch alles, was in Yonkers passierte, lehnte die Lieferung ab.

In seiner Verzweiflung handelte das Revier eine Übereinkunft aus, die es ihm erlaubte, die Zapfsäulen des *Department of Public Works* zu benutzen (deren Tanks voll waren, weil die Fahrzeuge des Amtes auf Eis gelegt worden waren). Im Gegenzug erklärten sich Beamte des Reviers bereit, die Fahrzeuge zu bewachen, die von städtischen Mitarbeitern abgeliefert worden waren.

—

Mit zunehmenden Kürzungen nahm auch die Höhe der Ordnungsstrafen zu. »Was sind schon 200.000 Dollar?«, fragte die Lokalzeitung am Morgen des Labor Day, dem 5. September, Tag 11 der Missachtungs-Krise. An Tag 12 würden 192.000 Dollar persönlich in Judge Sands Büro abgeliefert werden, Zimmer 626 im Federal Courthouse am Foley Square in Manhattan. Wenn der

Betrag abgeliefert war, würde die Stadt bereits die Gesamtsumme von 204.700 Dollar gezahlt haben, was dem *Herald Statesman* Anlass war, ein bisschen zu rechnen.

Wie viel sind 200.000 Dollar? Etwas mehr als 1 Dollar pro Person, genug für jeden Einwohner von Yonkers, sich ein Päckchen Zigaretten für 1,35 Dollar, eine Gallone Benzin für 1,21 Dollar, ein Liter Milch zu 73 Cents oder ein Pfund frische Tomaten zu 89 Cents zu kaufen. Wie viel sind 200.000 Dollar? Im Jahr 1988 waren in Yonkers fünfundsechzig Hausbesitzer nötig, um diesen Betrag an Grundsteuer zu zahlen. Eine Familie mit diesem Sparguthaben konnte dafür in der Gegend um die Kimball Avenue ein Zweifamilienhaus erwerben.

Mit diesem Betrag konnte das Gehalt von zehn Mitarbeitern im *Department of Public Works Animal Shelter* gezahlt werden. Es war der Etat des städtischen *Plumbing Bureau*, das Rohrleitungen kontrollierte und Genehmigungen für solche erteilte, und es entsprach der Gehaltsabrechnung des sechsköpfigen *Public Works Bureau*, das technische Genehmigungen erteilte. Es reichte für die jährlichen Betriebskosten von Nick Wasicskos Büro, einschließlich seines Gehalts, das von Nay und das seiner vier weiteren Angestellten.

200.000 Dollar entsprachen dem Kleidergeld der 401 uniformierten städtischen Feuerwehrmänner. Der Kraftstoffkosten für die mit Diesel betriebenen Fahrzeuge des *Department of Public Works*. Dem Etatposten für das Erneuerungs- und Erweiterungsprogramm des städtischen Abwassersystems. Dem jährlichen Budget der Division of Youth Services.

Wie viel sind 200.000 Dollar? Viel Geld. Aber innerhalb eines Tages, wenn die tägliche Ordnungsstrafe eine Höhe von 409.600 Dollar erreichte, würde es wie ein Klacks erscheinen. Dann, zwei weitere Tage später, wenn man bei 1 Million Dollar pro Tag angekommen war, würde man voller Wehmut an diese 200.000 Dollar zurückdenken. Eine Million Dollar pro Tag entsprachen in etwa 30 bis 40 Dollar für jeden Einwohner von Yonkers. Es war, als würde jeder in der Stadt jeden Tag ein Parkknöllchen erhalten.

In zwei Monaten, wenn die Gesamthöhe der Ordnungsstrafe 66 Millionen Dollar erreichte, würden die gesamten Geldmittel der Stadt aufgebraucht sein.

All dieses Geld, mit dem so viele andere Dinge getan werden könnten, wurde in einem nicht gekennzeichneten Umschlag von einem anonymen Kurier fortgeschickt.

Und nicht ein Cent davon war rückerstattungsfähig.

—

Als die Gesamtsumme 200.000 Dollar überschritt, begannen die Ratsmitglieder zu reden. Nicht vor den Kameras, nicht vor der brüllenden Menge, sondern untereinander, und das zum ersten Mal seit sehr langer Zeit.

Es lag nicht nur am Druck der steigenden Strafen, der all diese normalerweise wortgewaltigen Männer eher betreten und zögernd eine Unterhaltung beginnen ließ. Es war ebenfalls der Tatsache geschuldet, dass Judge Sand ihnen etwas gegeben hatte, worüber sie reden konnten. Einen Tag nach der Entscheidung des obersten Gerichts hatte Sand eine kurze öffentliche Sitzung in seinem Gerichtssaal abgehalten, wo er offiziell die Uhr wieder in Gang setzte, mit deren Ticken der Stadthaushalt dahinschmolz. Er hatte diese Besprechung schnell vertagt und versammelte die Hauptpersonen zu einer zweiten, privaten Besprechung in seinem Büro.

Die Stadträte »haben immer noch eine Verantwortung den von ihnen vertretenen Bürgern gegenüber«, sagte er, wobei er noch kleiner als gewöhnlich aussah, da er jetzt nicht auf der erhöhten Richterbank saß. »Es dürfte Klarheit darüber herrschen, dass der erste Schritt, der getan werden muss, in der Befolgung und Einhaltung der Gesetze besteht.«

Wenn es die Einhaltung von Recht und Gesetz erleichtern würde, sagte er, werde er etwas zulassen, was er bereits viele Male erwogen und wieder verworfen hätte – den vom Gericht ernannten Ausschuss, der dem Stadtrat den Großteil aller mit Wohnungsbau verbundenen Angelegenheiten abnehmen würde. Er ging nicht so weit, dass er die Aufsicht anordnete. Die Stadträte würden immer noch einen Teil der Verantwortung selbst wahrnehmen müssen, die er ihnen beizubringen versuchte, indem sie für die Befürwortung des Ausschusses stimmten und sich seiner Zuständigkeit unterwarfen.

Also würden sie reden müssen. Aber sie waren außer Übung. Die Männer, die für die Zukunft von Yonkers verantwortlich waren, waren noch nie eine eingeschworene Gruppe gewesen und bewegten sich in unterschiedlichen gesellschaftlichen Umlaufbahnen. Lediglich Neil DeLuca und Nicholas Longo waren echte Freunde (sie spielten einmal wöchentlich miteinander Racquetball). Nick Wasicsko und Neil pflegten einen freundlichen Umgang (kennengelernt hatten sie sich, weil sie lange vor Nay mit derselben Frau befreundet gewesen waren). Alle anderen verband nur das Getue und das Protokoll der Politik. Zunächst einmal waren in Yonkers die grundlegenden Regeln des höflichen Miteinanders ein wenig ausgefranst; als sie dann am dringendsten benötigt wurden, hatten sie sich praktisch aufgelöst. »Verräter.« »Lügner.« »Populist.« »Peinlichkeit.« Das waren nur einige der Worte, die sich die trotzigen Ratsmitglieder in den letzten Wochen gegenseitig um die Ohren gehauen hatten. Selbst wer auf der gleichen Seite stand, redete kaum mit den Kollegen.

Diese persönliche Feindschaft reichte neun Monate zurück, bis zur Abstimmung über das Anerkenntnisurteil im Januar. Hank Spallone war immer noch sauer auf Longo und Fagan, dass sie dem Plan zunächst zugestimmt hatten. Longo und Fagan wiederum hatten es Chema nicht verziehen, dass er in letzter Minute gekniffen hatte.

»Sein Wort taugt nichts«, sagte Fagan über Chema.

In jüngerer Zeit hatte Fagan angefangen, Longo zu beschuldigen, »ein Komplott zu schmieden«, um ihn zu zwingen, sein Abstimmverhalten zu ändern, jedoch mit Rückgriff auf Methoden, die er nie genau benannte. »Er weiß schon, was ich damit meine«, war alles, was man ihm dazu entlocken konnte.

Longo hingegen war da schon erheblich präziser, was seine Meinung über Fagan betraf.

»Der lebt doch auf einem anderen Planeten«, sagte er. »Reife ist jetzt wirklich was anderes.«

Auf die Frage, ob er dennoch mit seinem Ratskollegen sprechen würde, erwiderte Longo: »Für zweihundert Dollar die Stunde ... vielleicht.«

Auf der Gegenseite herrschte eine vergleichbare Kühle. Nicks Verhältnis zu Harry Oxman und Charles Cola war seit seinem Amtsantritt eher frostig, nachdem er sie zugunsten seiner kurzlebigen Koalition zurückgewiesen hatte. Bei weitem der komplizierteste Kleinkrieg jedoch fand zwischen Nick Wasicsko und Neil DeLuca statt. Theoretisch wollten die beiden Männer, die einander so ähnlich sahen, genau das Gleiche – ein bestätigendes Votum für das Ende der Ordnungsgelder. Aber Nick konnte an der Tatsache nicht vorbeisehen, dass Neil weiterhin einen herzlichen Umgang mit Nicholas Longo führte, was Nick wiederum als Verrat im Interesse der Politik ansah.

»Er will meinen Job«, sagte Nick zu Nay in der Gewissheit, dass der City Manager beabsichtigte, selbst für das Amt des Bürgermeisters zu kandidieren.

Neil wiederum war sauer über Nicks Unvermögen zu verstehen, dass es bei der Politik darum ging, Beziehungen zu pflegen, und nicht, sie zu kappen. Der junge, überforderte Bürgermeister hatte so lange allein gestanden, glaubte Neil, dass er sich schlicht weigerte zu erkennen, wenn jemand, nämlich Neil, an seiner Seite stand.

Es war schwer, miteinander zu reden, doch Sand ließ ihnen keine andere Möglichkeit, also taten es die meisten auch. Neil und Nick schafften es, lange genug höflich zueinander zu sein, um sich auf eine Strategie zu verständigen – sie würden Hank Spallone und Ed Fagan ignorieren und sich stattdessen darauf konzentrieren, Peter Chema und Nicholas Longo umzustimmen. Sie nahmen Chema ins Visier, weil er den Südwesten von Yonkers repräsentierte, wo keines der vorgeschlagenen Häuser gebaut werden sollte. Er war das Ratsmitglied, das seine Meinung mit den geringsten negativen politischen Auswirkungen ändern konnte. Und Longo nahmen sie ins Visier, weil sie annahmen, dass Chema nicht den Mumm haben würde, als Einziger sein Votum zu ändern.

Am Nachmittag des Labor Day sperrten sich die Ratsmitglieder quasi ins Rathaus ein. Sie begannen ihre Gespräche gegen ein Uhr mittags in Neil DeLucas Konferenzraum im ersten Stock, dann teilten sie sich in kleinere Gruppen auf. Die nächsten paar Stunden kamen diese Zweier- und Dreiergrüppchen zusammen, trennten sich und kamen wieder zusammen – es war eine Art Cocktailparty in der Hölle.

Einmal zogen sich Longo und Chema mit Wasicsko und Cola zu einer besonders erbitterten Unterhaltung auf die Herrentoilette zurück. Ed Fagan kam dazu. Man bat ihn, wieder zu gehen.

»Die kamen mir vor wie ein Haufen Highschool-Kids«, sagte er schmollend, als er wieder auf den Flur zurückkehrte. »Alle haben rumgestanden, geraucht und gequatscht. Das Einzige, was gefehlt hat, waren die Graffiti und dass sie wegen des schönen Echos in den Kabinen a capella Schubbi-duh-uaaaa gesungen haben.«

Wie die Stadträte von Raum zu Raum und von Gruppe zu Gruppe gingen, redeten sie über mehr als nur den vom Richter vorgeschlagenen Ausschuss. Die vier, die mit Nein gestimmt hatten, konzentrierten sich darauf, welche Korrekturen an dem Bebauungsplan vorgenommen werden könnten, um die anderen umzustimmen. Sie sprachen von einer Verringerung der Einheiten, diese über eine größere Fläche zu verteilen, überhaupt keine Sozialwohnungen zu bauen, sondern stattdessen Geld in die Hand zu nehmen, um den bereits vorhandenen öffentlichen Wohnungsbau zu modernisieren.

Die drei, die mit Ja gestimmt hatten, konzentrierten sich darauf, das Gespräch wieder in die Realität zurückzuholen. Der Richter scheint überhaupt nicht dazu aufgelegt zu sein, irgendwelche Korrekturen am ursprünglichen Plan auch nur in Erwägung zu ziehen, warnten sie, bis der Stadtrat das Anerkenntnisurteil nochmals bekräftigte. Jede Nachverhandlung wär ausgeschlossen, bis jemand sein Votum änderte. Gegen drei Uhr verließen Spallone und Fagan das Gebäude mit den Worten, solange Sand den Plan nicht änderte, würden sie ihre Meinung nicht ändern.

Die Verbleibenden redeten noch mehrere Stunden weiter, dann ließen sie sich Pizza kommen und kamen zusammen, um sich Spallone und Fagan in den Sechs-Uhr-Nachrichten anzusehen.

»Ich bleibe bei meinem Standpunkt«, sahen sie Fagan sagen, als er aus dem Gebäude marschierte.

»Das Einzige, was Judge Sand hergegeben hat, war Eis im Winter«, sahen sie Spallone sagen, der kurz danach kam. »Kein Deal.«

Um 20.30 Uhr waren die Besprechungen schließlich beendet, und die erschöpften Stadträte waren an der Reihe, sich den Medien zu stellen.

»Es gibt keine Lösung für das Problem«, sagte Longo.

»Unmöglich zu sagen, wie es ausgehen wird«, sagte Chema.

»Der Knackpunkt«, sagte Wasicsko mit einem kurzen Seitenblick zu seinen ausgepowerten Gegenspielern, »besteht darin, dass sie ihren Wählern zeigen wollen, mit ihrem Trotz und offenen Ungehorsam etwas erreicht zu haben. Ich denke, es wird dem Gericht widerstreben, ihnen diesen Anschein von Sieg zu gewähren.«

—

Als sie eine gewisse Dynamik spürten, legte das Emergency Financial Control Board noch ein wenig nach. Am Mittwoch, den 7. September, als die Ordnungsstrafe die Höhe von 409.600 Dollar erreichte, kündigte Gail Shaffer drastische Entlassungen für den folgenden Samstag an, wenn die Strafe eine Million Dollar erreichen würde. Es war nicht weniger als der erste Schritt der Demontage der selbständigen Verwaltung von Yonkers. Am Samstag würden 447 Leute ihre Jobs verlieren – fast ein Viertel der kommunalen Belegschaft.

Shaffer machte diese Ankündigung trotz ihres Verdachts, dass sie nicht wirklich das Recht dazu hatte. Das Gremium war aufgestellt worden, um die Geschäfte der Kommune zu beaufsichtigen, nicht um sie selbst durchzuführen, aber Shaffers Geduld mit denjenigen, die solche semantische Haarspalterei betrieben, war am Ende. Der gesetzliche Rahmen, vor dessen Hintergrund dieses Gremium eingerichtet worden war, konnte unmöglich eine Situation vorhergesehen haben, in der Yonkers im Begriff stand, kommunalen Harakiri zu begehen, überlegte sie, also konnten die Vorschriften auch großzügig ausgelegt werden. »Wir bewegen uns hier auf unbekanntem Terrain«, sagte sie ihren Mitarbeitern, als sie erläuterte, sie sollten »im Rahmen der Gesetze, aber kreativ bis an die Grenze des Zulässigen gehen«.

Als die Geldstrafe gegen die Stadt einige Tage zuvor wieder aktiviert wurde, hatte Shaffer Neil DeLuca um einen »Plan für den Tag des Jüngsten Gerichts« gebeten – eine Tag um Tag spezifizierte Aufstellung, wer genau entlassen werden und welche kommunalen Dienstleistungen eingestellt würden, während der Schuldenberg weiter wuchs. Einige Tage später, nämlich am Dienstag, den 6. September, hatte er ihr den Plan geliefert, als sie jedoch den Plan las, gelangte sie zu dem Entschluss, dass das Gremium tun musste, wozu die Stadt nicht im Stande war.

DeLucas Ziel war es, so viele Jobs wie möglich für so lange wie nur möglich zu retten. Er hätte in der ersten Woche 40 Leute entlassen und 200 in der Woche darauf – eine Einsparung von 8,6 Millionen Dollar. Nach seinem Szenario würde der Stadt in zwei Monaten das Geld ausgehen und sämtliche Dienstleistungen würden eingestellt.

Shaffers Ziel war es, die Stadt funktionsfähig zu halten, wenn auch nur auf einem absoluten Minimalniveau, und das so lange wie möglich. Ihr Plan sah 600 Entlassungen in den gleichen beiden Wochen vor, und weitere 109 bis 439 Stellen sollten wöchentlich bis zum 5. November abgebaut werden. Zu diesem Zeitpunkt wären die einzig verbliebenen städtischen Angestellten die Polizeibeamten und Feuerwehrmänner, die zu einem aufs Minimum reduzierten Schutz erforderlich waren. Das Geld, um sie bezahlen zu können, würde einen Monat länger reichen als unter Neils Plan – bis zum Jahresende nämlich.

Doch hinter Shaffers Vorgehensweise steckte mehr als nur Einsparungen. Drastische, unmittelbare Entlassungen, so hoffte sie, würden die politische Gleichung des »rückgratlosen« Stadtrats verändern und sie zwingen, ihr Votum schneller zu korrigieren, als dies sukzessive, angedrohte Entlassungen könnten.

Beide Pläne wurden dem Aufsichtsgremium zur Abstimmung vorgelegt, aber DeLucas Vorschlag hatte nie eine echte Chance, und er war das einzige Mitglied des Gremiums, das gegen Shaffers drastischeren Fahrplan stimmte. Während er die Abstimmung verfolgte, war Nick fassungslos angesichts des Kürzungsplans, der systematisch jeden Winkel des Lebens in Yonkers aufzehren würde. Falls der Stadtrat der Frist des Aufsichtsgremiums nicht nachkommen sollte – Samstag, 10. September –, würden alle Bibliotheken sofort schließen, was der Stadt 3,6 Millionen Dollar einsparte. Das Grünflächenamt würde an diesem Tag ebenfalls schließen (4,15 Millionen Dollar), zusammen mit der Grundstücksverwaltung (50.000 Dollar). Alle Stellen im Stadtplanungsamt würden bis auf den Amtsleiter und einen Angestellten gestrichen (200.000 Dollar Einsparung). Die Personalabteilung würde nahezu komplett beseitigt (500.000 Dollar) und auch das *Civil Service Department* (150.000 Dollar). Die Büros der *Fiscal Services*, Management und Informationstechnik würden um ein Drittel verringert (2,2 Millionen Dollar). Damit blieben Neil nur noch er selbst und eine Sekretärin. Das *Community Services Bureau* würde drastisch verkleinert (350.000 Dollar), und dem *Department of Public Works* würde nur noch ein Bruchteil des normalen Personalstamms bleiben, um Aufgaben wie Straßenreinigung, Müllabfuhr und Stellenbesetzung des Tierheims zu gewährleisten (5,4 Millionen Dollar). Einige Straßenlaternen würden ausgehen, da dieser Haushaltsposten um ein Drittel (470.000 Dollar) gekürzt wurde. Das Büropersonal des Stadtrats würde seinen Job behalten dürfen, allerdings würde sein Gehalt um ein Viertel gekürzt. Jeder entlassene Angestellte würde dazu seine Versorgungsleistungen verlieren, was eine Einsparung von weiteren 3,7 Millionen Dollar brächte.

Von da an würde es nur noch schlimmer werden. Während der zweiten Woche des Plans für den Tag des Jüngsten Gerichts würden weitere Straßenlaternen ausgehen und viele Mitarbeiter in Nicks Büro entlassen. In der dritten Woche würden die Kürzungen bei Polizei und Feuerwehr beginnen.

Es gebe nur eine einzige Möglichkeit, dies alles zu verhindern, erinnerte Shaffer die Stadt. Die Stadträte wüssten, was sie zu tun hatten.

»Die Stadt Yonkers muss sich den Realitäten mit aller Entschlossenheit stellen«, sagte sie. »Die Zeit der gegenseitigen Schuldzuweisungen ist vorbei. Es ist auch keine Zeit mehr für Ausflüchte. Wir müssen Yonkers vor sich selbst schützen.«

—

Die Resultate des zusätzlichen Drucks waren vierundzwanzig Stunden später zu sehen, am Donnerstagabend, den 8. September, bei der nächsten Sitzung des Stadtrats. Nick saß auf seinem Platz – den er vorübergehend von Gail Shaffer zurückverlangt hatte – und verfolgte das Chaos.

Zunächst schien alles den für Yonkers gewohnten Gang zu gehen: der Sitzungssaal war bis auf den letzten Platz voll, die Polizei bemühte sich, Ordnung zu halten, die Hitze war erdrückend und die Grundstimmung gereizt. Als er jedoch die Versammlung zur Ordnung rief und Mitglieder der Öffentlichkeit ans Mikrophon traten, um zu sprechen, hörte Nick, dass etwas anders war als sonst.

Statt den Stadtrat anzubrüllen, brüllten die Leute sich gegenseitig an.

»Ich hab die Schnauze voll von diesen Idioten, die angeblich meine Interessen vertreten«, brüllte Martha Darcy, eine Bibliothekarin, deren Job in der kommenden Woche gestrichen werden sollte. Sie zeigte nicht auf den vorderen Teil des Saals, sondern auf die Zuschauerplätze im hinteren Teil. Nicht auf jene, die sich fügen wollten, sondern auf jene, die dagegen demonstriert hatten.

Einer nach dem anderen ergriffen besorgte städtische Mitarbeiter das Wort.

»Ich habe Frau und zwei Kinder. Wie soll ich sie ernähren, wenn ich meine Arbeit verliere?«, fragte Russell Deutchen, der für die Technik in der Bibliothek zuständig war.

»Sechzehn Jahre bei der Stadt gehen gerade den Bach runter«, sagte Mary Rudasill, eine alleinerziehende Mutter, die im städtischen *Office of Human Rights* arbeitete.

»Ich bin auch Steuerzahler«, sagte Gloria Graham, ihre Vorgesetzte. »Bringt den Schlamassel endlich in Ordnung.«

Eine große Zahl von Leuten sprach sich auch gegen den öffentlichen Wohnungsbau aus, versuchte die Menge auf ihre Sicht der Dinge einzuschwören, dass nämlich die Entlassungen ein großmütiges Opfer wären, das manche im Namen einer größeren Sache erbringen müssten. Arbeitslosengeld und Lebensmittelgutscheine würden helfen, die Rechnungen zu bezahlen, sagten sie, und wenn der Richter nachgibt und die Bußgelder aussetzt, dann könnten die Angestellten ausnahmslos wiedereingestellt werden.

Nick ließ sie eine Weile rumbrüllen, dann handelte er, um die Sitzung zu beenden. Er wurde langsam klüger. Der Richter hatte angeordnet, dass der Stadtrat einmal wöchentlich zusammenkam, bis einer sein Votum änderte, und eine Zeitlang hatte Nick die einzelnen Stadträte immer wieder entsprechend gefragt, bis er begriff, dass er ihnen damit nur ein Forum für Unruhe stiftende Ansprachen bot. In jüngster Zeit hatte er gelernt, lediglich zu fragen: »Beabsichtigt heute einer der Stadträte, sein Votum zu ändern?« Ohne eine Abstimmung auf der Tagesordnung hatte kein Stadtrat das parlamentarische Recht zu sprechen, da offiziell nichts auf dem Tisch lag, worüber sie hätten sprechen können.

Er stellte seine Frage, erhielt keine Antwort und unterbrach dann die Sitzung »auf unbestimmte Zeit«. Er vertagte sie nicht, da die Regularien es vorsahen, dass der neue Termin zwölf Stunden im Voraus angekündigt werden musste, bevor eine neue Ratssitzung einberufen werden konnte, und so viel Zeit hatte Yonkers nicht.

Trotz allem, was bedrohlich über seiner Stadt schwebte – trotz seiner Erschöpfung und trotz der Tatsache, dass eine Lösung nicht in Sicht war –, verließ Nick den Saal mit einem Gefühl, das beinahe Hoffnung war. Er hatte schon immer gewusst, dass sie dort draußen waren, die Deutchens und die Rudasills und die Grahams. Er hatte oft in diesen Sitzungen gesessen und sich gefragt, wo sie waren.

Als er schließlich zu Hause ankam, war er beinahe schon optimistisch. Das war die beste Sitzung gewesen, die er seit Monaten erlebt hatte.

—

Am Freitag, den 9. September 1988, Tag 15, erreichten die Bußgelder eine Höhe von 1 Million Dollar, und die Entlassungen begannen. Schwarze Trauerfahnen wurden an allen drei Bibliotheken gehisst, deren Schließung für zwölf Uhr mittags angeordnet war. Bei der Verkündung der Schließungen warnte ein Mitglied des Beirats der Bibliothek: »Das Ausbluten der kommunalen Dienstleistungen hat begonnen.«

In der Grinton I. Will Library auf der Ostseite der Stadt weigerte sich eine Gruppe älterer Mitbürger, das Gebäude zu verlassen. Sie hatten im Erdgeschoss des Seniorentreffs Bingo gespielt, als das Gebäude offiziell schloss, und sie beschlossen daraufhin spontan, wenn ihre Stadträte aufmüpfig sein konnten, dann könnten sie ihre Unterstützung für diese Stadträte demonstrieren und ebenfalls aufsässig sein.

»Wenn die mich hier raushaben wollen, dann werden sie mich raustragen müssen, wie sie diese Kids in den Sechzigern rausgetragen haben«, sagte ein Siebzigjähriger.

Das Bingo-Spiel ging weiter, und die Gewinner witzelten, dass sie zusammenlegen und Judge Sand eine Grabstelle kaufen würden. Während sie spielten, wurden sie immer wieder von entlassenen städtischen Angestellten unterbrochen, die sich verabschieden und sie ermutigen wollten. Ein Mitarbeiter, der sieben Jahren im Bibliothekswesen gearbeitet hatte, schickte ihnen Sandwiches.

»Wenn die Cops euch einlochen, will ich, dass ihr mit vollem Bauch geht«, sagte er.

Die Polizei kam allerdings, um 17.30, und die Senioren begannen zu singen: »Die Stadt liegt in Scherben, wir bleiben oder sterben!«

Der Anführer der Gruppe, der sechsundsechzigjährige Harry Preis, schlurfte zu den drei Beamten hinüber, wobei er mit seinem Gehstock herumwedelte.

»Was, wenn wir sagen würden, wir gehen hier nicht weg?«, fragte er.

»Oh, wir haben Tränengas, das wir kommen lassen könnten«, sagte Lieutenant George Kovalik augenzwinkernd. »Jeder, der heute ins Gefängnis wandert, bekommt Cornflakes. Ohne Milch.«

»Würden Sie uns bitte hier hinausbegleiten?«, fragte Preis.

Kovalik nahm seinen Arm.

»Guter Mann, Harry«, brüllten die Leute.

Um 18.00 Uhr war die Bibliothek dunkel und geräumt.

—

Während die Bingo-Spieler Sprechchöre skandierten, redeten die Stadträte. Mit Erreichen der Eine-Million-pro-Tag-Marke hatte, wie Peter Chema sich ausdrückte, »die Eiseskälte der Realität« eingesetzt. Endlich war der Augenblick gekommen, an dem Yonkers über sein Schicksal entscheiden musste: Aufhebung der Rassentrennung im öffentlichen Wohnungsbau oder Auflösung der kommunalen Selbständigkeit.

Sie wussten, dass sie nicht im Rathaus reden konnten. Dort gab es zu viele Augen und zu viele Kameras. Es war, als würde man nackt in einem gläsernen Raum reden. Paul Pickelle, einer der zahlreichen Anwälte der Stadt, bot sein Tudor-Haus im nahegelegenen Scarsdale an – Presse und Demonstranten käme niemals in den Sinn, dorthin zu kommen.

Michael Sussman, der Rechtsanwalt des NAACP, traf am Freitag um 8 Uhr morgens als Erster ein. Er und Pickelle, Kontrahenten seit vielen Jahren, zogen ihre Jacken aus und warfen ein paar Körbe in Pickelles Garten.

»Ich hatte mir überlegt, mit Ihnen um den geplanten Wohnungsbau zu spielen«, witzelte Pickelle. »Aber jetzt sehe ich, wie gut Sie sind.«

Neil DeLuca traf um 9 Uhr ein, mit ihm Michael Skulnick, der Anwalt, der die Stadt im Fall des Wohnungsbaus vertrat, sowie die Anwälte von Nicholas Longo und Peter Chema. All diese Männer hatten sich über die Woche zu geheimen Gesprächen getroffen, bei streng geheimen Abendessen, die von DeLuca in Restaurants in Nachbarstädten eingefädelt worden waren. Jetzt, bei Kaffee und Donuts in Pickelles Küche, verfeinerten sie die Kompromisse, die im Verlauf dieser Abendessen gefunden worden waren. Man einigte sich darauf, Judge Sand den folgenden Vorschlag zu unterbreiten: Die 200 Stadthäuser würden zu 100 Stadthäusern umdefiniert und zusätzlich 100 weitere Einheiten über Wohngegenden mit gemischten Einkommen verteilt. Das Baugelände des umstrittenen Priesterseminars würde komplett gestrichen, und es sollte eine gemeinnützige Gesellschaft gegründet werden, die alles beaufsichtigte.

Nach den zweistündigen Gesprächen riefen die Anwälte Longo und Chema an, die den Morgen zu Hause verbracht hatten und auf Nachricht warteten. Dann zogen sie sich zu Sandwiches und Kaffee in den Garten der Pickelles zurück. Was sie jedoch vergaßen, war, Nick Wasicsko auf den neuesten Stand zu bringen, der unterdessen im Rathaus die Stellung hielt. Als er von dem außerhalb stattfindenden Treffen erfuhr, war er stinksauer. Er hatte für Mittag eine Sitzung des Stadtrats anberaumt, weil der Stadtrat die 819.200 Dollar freigeben musste, die an Ordnungsstrafe für diesen Tag zu zahlen waren. Aber DeLuca, Pickelle, Chema und Longo waren nirgends zu finden.

Nick hatte bereits die ganze Woche unter Magenschmerzen gelitten, stechende Attacken so heftig, dass er immer wieder vorübergehend nicht sprechen konnte. Da er keine Zeit für eine richtige Untersuchung hatte, rief er seinen Arzt an, der ihm telefonisch etwas gegen Magengeschwüre verschrieb, doch das brachte bestenfalls eine geringfügige Linderung. Er musste sich immer wieder aus der Sitzung entschuldigen, damit er in sein Büro laufen und sich dort unbemerkt vor Schmerzen krümmen konnte.

»Vier der Schlüsselfiguren sind nicht hier, und ich weiß nicht, warum, und die landesweite Presse hängt mir knapp acht Meter entfernt auf der Pelle«, schäumte er Nay gegenüber. Der Mittag kam und ging. Nick schluckte mehr Pillen gegen die Schmerzen. Dann kehrte er in den Saal zurück und unterbrach die Sitzung »bis auf weiteres«.

Um 15.30 Uhr traf Michael Sussman ein, um ihn ins Bild zu setzen. Chema und Longo kamen kurz darauf. Die Zahlung wurde genehmigt, und ein Scheck wurde zum Foley Square geschickt. Nick unterbrach die Sitzung erneut, sicherte sich so das Recht, sie mit einem »zweistündigen Vorlauf« fortzusetzen.

Um 15.30 Uhr kamen die Anwälte erneut in Pickelles Haus zusammen. Diesmal brachten sie Peter Chema und Nicholas Longo mit. Sie setzten sich ins Wohnzimmer, das morgens noch picobello gewesen war, nun jedoch übersät mit Limo-Dosen, Bierflaschen und Snacks. Um 16.20 Uhr war der Deal perfekt. Die beiden Stadträte hatten der Reduzierung auf 100 Stadthäuser zugestimmt, die von Anwälten aller beteiligten Parteien früher am Tag ausgearbeitet worden war. Nach monatelangem Stillstand schien es beinahe ganz einfach.

Sie hätten wissen müssen, dass in Yonkers nichts so einfach ist. Um 16.30 Uhr führten die Anwälte eine Telefonkonferenz mit Judge Sand, der sich auf einem juristischen Kongress in Pennsylvania befand. Oscar Newman schaltete sich aus seinem Büro auf Long Island zu, und Brian Heffernan als Vertreter des Justizministeriums war aus Washington D.C. in der Leitung.

Michael Sussman begann damit, dass die Stadt und die NAACP auf Treu und Glauben verhandelt hätten. Die vorgeschlagenen Änderungen könnten »den Plan im Ergebnis verbessern, ihn für die Allgemeinheit akzeptabler machen«.

Michael Skulnick sprach als Nächster und erläuterte dem Richter die Einzelheiten des Kompromisses. Sand unterbrach ihn. Er war wütend. Er hatte einen Anruf erwartet, der die Befolgung seiner Anordnungen zusicherte, und stattdessen hörte er nichts anderes als eine ganze Reihe von Änderungsvorschlägen. Nur weil die NAACP und das Justizministerium zustimmten, musste er nicht auch automatisch zustimmen. Dafür war es zu spät.

»Das Gericht wird keinerlei Nennungen von Änderungen auch nur in Erwägung ziehen«, sagte er, »bis der Stadtrat mehrheitlich beschließt, die Auflagen zu erfüllen.«

Skulnick war klug genug, an diesem Punkt das Thema zu wechseln. In Anbetracht der jüngsten Fortschritte, fragte er, könnte der Richter da wohl erwägen, die Zahlungen der Ordnungsstrafe auszusetzen?

Sand verneinte, das werde er nicht in Betracht ziehen.

Würde der Richter denn in Erwägung ziehen, die Schecks nicht an das U.S. Treasury weiterzuleiten? Würde er denn stattdessen in Erwägung ziehen, die Gelder auf einem Treuhandkonto zu hinterlegen – von dem aus sie letzten Endes rückerstattet werden könnten?

Nein, auch das werde er keinesfalls in Erwägung ziehen.

Ob es dem Stadtrat denn erlaubt sei, eine Absichtserklärung zu beschließen, in der zugesichert würde, den Plan umzusetzen, wenn die Korrekturen ausgearbeitet worden seien?

Nein, sagte Sand.

Die Telefonkonferenz war sieben Minuten nach ihrem Beginn zu Ende. Die Botschaft des Richters war eindeutig. Zuerst Befolgung seiner Weisung, dann verhandeln.

»Der Richter war nicht in der Stimmung, neue Pläne zu hören«, sagte Pickelle zu Longo und Chema, die den Raum hatten verlassen müssen und in einem Korridor in der Nähe auf und ab gingen, während die Anwälte die Konferenzschaltung durchführten. »Er hat von Anfang an klargestellt, dass das Gesetz befolgt werden müsse, bevor über einen anderen Plan auch nur nachgedacht werden könne. Das ist eine bittere Pille.«

Etwa zwanzig Minuten später rief Sands Rechtsreferendar zurück und sagte, der Richter sei zu einem winzigen Kompromiss bereit. Das Gericht werde das Ordnungsgeld in Höhe von 819.000 Dollar für Donnerstag und ebenfalls das in Höhe von 1 Million Dollar für Freitag erlassen, sofern der Stadtrat in einer Sitzung mit Beginn am Freitag vor Mitternacht abstimmte, alle Auflagen zu erfüllen.

Sand hatte letztendlich herausgefunden, wie auf dem politischen Parkett von Yonkers mit harten Bandagen gekämpft wurde. Was wie ein Entgegenkommen aussah, war tatsächlich die härteste Form von Druckausübung. Der Stadtrat hatte eine 1,8 Millionen schwere Abstimmung an der Backe.

Angesichts von nur sieben verbleibenden Stunden bis Mitternacht wurde im Haus von Pickelle alle noch vorhandene Energie darauf verwandt, Chema und Longo so unter Druck zu setzen, dass sie ohne Zusicherung eines zukünftigen Kompromisses ihr Abstimmverhalten änderten. Ja, stimmten die erschöpften Stadträte zu, sie wollten das hier auch beenden, sie wollten das finanzielle Ausbluten beenden, aber sie wollten nicht wortbrüchig werden. Nick Wasicsko traf um 18 Uhr mit Neuigkeiten ein, die den Einsatz weiter erhöhten. Gail Shaffer, sagte er, habe versprochen, sie werde die angekündigten Entlassungen aussetzen, wenn die Stadt sich noch in dieser Nacht fügte. Ein entsprechendes Votum innerhalb der nächsten sechs Stunden könnte nun 1,8 Millionen Dollar sparen und 630 Jobs retten.

Paul Pickelles Frau Karen kochte einen Eintopf zum Abendessen. Um 19.30 Uhr schaltete der fünfzehnjährige Matthew Pickelle das Spiel der Mets ein, und Longo, ein fanatischer Fan der Mets, verschwand immer wieder kurz, um die Übertragung im Fernsehen zu sehen. Um 21.55 Uhr wurde Nick bewusst, dass er noch fünf Minuten Zeit hatte, um die erforderliche Zwei-Stunden-Vorlaufzeit einzuhalten, um die Stadtratssitzung anzukündigen, oder er würde die Mitternachtsfrist verstreichen lassen. Um 22 Uhr brachen alle zum Rathaus auf, wobei sich weder Peter Chema noch Nicholas Longo auf irgendetwas festgelegt hatten.

Nick fuhr kurz nach Hause, um zu duschen und eine weitere

Dosis Medikamente einzunehmen. Dann fuhr er zum Rathaus. Er traf zeitgleich mit Neil DeLuca und Paul Pickelle dort ein. Gemeinsam rannten die drei Männer die Stufen zum Rathaus hoch, vorbei an einem Meer von Angestellten, die noch heute ihre Jobs verlieren würden.

Um 23.57 Uhr rief Nick die Sitzung zur Ordnung, drei Minuten vor Ablauf von Sands Frist. Um 23.58 Uhr legte er eine Sitzungsunterbrechung fest, damit das Büropersonal die Beschlussvorlage aufsetzen konnte, über welche die Stadträte abstimmen würden.

Es war eine undurchsichtige Vorlage, in der einzelne Bauanreize aufgelistet wurden, die den Bau der 800 Wohneinheiten für niedrige bis mittlere Einkommensschichten fördern sollten, aber die übergreifende Bedeutung war offensichtlich – indem diese Anreize in Kraft gesetzt wurden, stimmte der Stadtrat zu, die Anordnungen des Richters zu befolgen und den Wohnungsbauplan voranzutreiben. Es dauerte über eine Stunde, die Beschlussvorlage aufzusetzen, zu kopieren und zu verteilen, und den größten Teil dieser Zeit verbrachte Nick in seinem Büro, wo er den Polizeipräsidenten drängte, die Demonstranten ruhig zu halten, »damit sie Nicky Longo nicht verängstigten«.

Longo und Chema verbrachten den größten Teil derselben Stunden in Neil DeLucas Büro und waren verängstigt. »Hab ich denn eine andere Wahl?«, fragte Longo mehr als ein einziges Mal DeLuca. »Kann ich sonst irgendetwas anderes tun?«

Chema rief seine Frau zweimal an, während er wartete. Während des ersten Anrufs sagte er, er werde sein Votum korrigieren. Während des zweiten Anrufs sagte er, er könne das nicht tun.

Kurz bevor der Stadtrat wieder zusammenkam, trat einer von DeLucas Assistenten ein und überreichte jedem im Raum eine Liste der 630 Arbeiter und Angestellten, die früher am Tag ihre Kündigung erhalten hatten. Sowohl Chema als auch Longo wurden blass und schüttelten den Kopf, als sie die Seiten mit Namen überflogen.

»Wir sind auf dem besten Wege, uns von Märtyrern in Mörder zu verwandeln«, sagte Longo. »Wir sind im Begriff, sechshundert Familien abzuschlachten.«

Um 0 Uhr 45 kehrten die Stadträte in den Sitzungssaal zurück. Polizisten standen vor den Wänden Spalier. Nicks Schlag mit dem Hammer war kaum zu hören, als er die Fortsetzung der Sitzung ankündigte.

Während die Stadträte ihre Plätze einnahmen, bemerkte Mary Dorman, dass sie die Hände über ihre Augen legte und zwischen ihren Fingern hindurchblinzelte. Sie konnte es nicht ertragen hinzusehen, aber es nicht zu tun, war ebenso unmöglich.

»Möchte einer der Stadträte sein bisheriges Votum korrigieren?«, fragte Nick.

Longo hielt eine kurze Rede. Bis zu diesem Abend, sagte er, seien die Bußgelder, die drohende Zahlungsunfähigkeit, die Entlassungen, die Kürzungen, das alles sei irgendwie fern und abstrakt gewesen. Jetzt war es erschreckend real.

»Es geht hier um Menschen, mit denen ich schon gegrillt habe«, sagte er, und Nick wusste, dass der Kampf endlich vorbei war.

»Ich war auf ihren Hochzeiten, bei den Taufen ihrer Kinder, und zwar nicht als Stadtrat, sondern als Freund«, fuhr er fort. Geschlagen und reglos ließ Mary ihre Hand auf den Schoß sinken.

Die historische Abstimmung erfolgte um 1 Uhr 15 am Morgen des 10. September 1988, einem Samstag.

Nicholas Longo stimmte mit Ja. Nur Augenblicke später gab Peter Chema das gleiche Votum ab. Sie würden sich der Anordnung des Richters fügen. Das Wohnungsbauvorhaben würde realisiert werden.

—

Mary verließ das Gebäude und blieb aus Gewohnheit noch eine Weile bei der Menge auf der Straße, aber mit dem Herz war sie nicht mehr dabei. Den ganzen Abend über hatte sie etwas anderes mehr geplagt als nur der Ausgang dieser Abstimmung. Überall um sie herum im Sitzungssaal erwarteten – forderten – Menschen, die sie für Freunde hielt, dass andere Leute ihre Jobs opferten. »Wir haben uns da drinnen in Tiere verwandelt«, dachte sie.

Sie war immer noch ein Neuling als Demonstrant, und es war ihr schon klar, dass bei jeder Sache Opfer gebracht werden mussten, aber das hier fühlte sich einfach nicht richtig an. Die tiefer gehenden Zweifel würden später kommen. Im Augenblick wusste sie nur, dass ihr in dieser Nacht die Sprechchöre auf der Straße harscher und brutaler vorkamen als noch am Abend zuvor.

—

Nick blieb bis 4 Uhr morgens in seinem Büro, versuchte zu warten, bis sich die Menge draußen aufgelöst hatte. Er hatte mit einem freudigen Hochgefühl gerechnet, wenn das Ende schließlich da wäre, aber er empfand nichts außer einer tiefen Erschöpfung. Als die Demonstranten keine Anstalten machten zu gehen, willigte er ein, sich auf der kurzen Fahrt nach Hause von der Polizei begleiten zu lassen. Der Beamte übernahm das Steuer und ließ den Wagen langsam vom Parkplatz des Rathauses rollen. Fäuste wurden zornig auf die Motorhaube, gegen die Türen und den Kofferraum geschlagen, und bedrohliche Gesichter pressten sich gegen die Seitenscheiben. Der Wagen wurden durchgerüttelt, beinahe umgeworfen. Nick saß mit Nay auf dem Rücksitz, griff zu ihr hinüber und nahm ihre kalte, zitternde Hand. Auch er hatte Angst. Sie hatten versucht, ihr Privatleben geheim zu halten, aber jetzt war es ihm gleichgültig, wer sie womöglich sah.

Nach einigen Minuten war Nicks Wagen raus aus diesem Wahnsinn. Die dunklen Straßen von Yonkers wirkten gespenstisch ruhig. Nick hatte in dieser Nacht etwas gewonnen. Aber es begann ihm gleichzeitig zu dämmern, dass er ebenfalls etwas unwiederbringlich verloren hatte. Erst viel später würde er wirklich begreifen, was genau er verloren hatte, wie vollständig er verloren hatte. In diesem Moment wusste er nur, dass er seine Heimatstadt nie wieder mit denselben Augen sehen würde.

1989
Ein Haus auf dem Hügel

Das Haus Nummer 75 an der Yonkers Avenue ist für jeden sichtbar gut versteckt. Es liegt an einer der am stärksten befahrenen Straßen der Westseite, oben auf einem kleinen Hügel, und ist von weithin zu sehen. Der einzige Weg diesen Hügel hinauf führt jedoch über eine steile Privatstraße, die nicht ausgeschildert und leicht zu übersehen ist. Es kann praktisch niemand finden.

Nur wegen eines Makler-Pfeils fuhren Nick und Nay überhaupt die ausgefahrene und dennoch imposante Einfahrt hoch. Sie waren zu dem Zeitpunkt gar nicht auf der Suche nach einem Haus. Sie befanden sich mitten in der Kampagne zu Nicks Wiederwahl und waren auf dem Weg zum *Cross County Shopping Center* auf der Ostseite, um ein paar Hände zu schütteln. Nick hasste inzwischen diese Wahlkampf-Stopps auf der anderen Seite des Saw Mill. Einige Wochen zuvor hatte ihn ein Passant in einer der Ost-Bezirke angespuckt, und er wäre sehr froh, den Highway nie mehr überqueren zu müssen. Wonach er suchte, war kein Haus, sondern eine Ausrede zum Umkehren. Als er das »Open House«-Schild des Immobilienmaklers sah, kehrte er über die vierspurige Straße um und fuhr den Hügel hoch.

Oben angekommen, war es Liebe auf den ersten Blick. Nick und Nay waren sofort von dem riesigen, ungepflegten Haus mit seinen verwitterten Schindeln und abblätternden grünen Ziegelsteinen verzaubert. Sie wussten, dass sie es sich nicht leisten konnten, und hatten keine Ahnung, wo man zuerst mit den Reparaturen anfangen sollte. Doch sie wussten auch, dass sie es kaufen mussten.

Nick, der noch nie vorher in einem Einfamilienhaus gelebt

hatte, gefiel das große Raumangebot genauso gut wie der Gedanke, ein Haus zu besitzen. Doch am meisten liebten beide die Privatsphäre. Sie wohnten damals zur Miete in der oberen Wohnung eines Zweifamilienhauses. Jeden Abend, wenn sie nach Hause kamen, benutzten sie den einen Schlüssel, um die Haustür zu öffnen, dann erklommen sie die Stufen und benutzten einen weiteren Schlüssel für ihre Wohnungstür. Lange hatten sie sich in Sicherheit gewogen, bis sie eines Tages einen Aufkleber »Spallone für das Bürgermeisteramt« an ihrer Wohnungstür fanden. Danach war Schlaf nur noch ein seltener Luxus. Nick lag wach und machte sich Gedanken über den Wahlkampf. Nay warf sich im Bett hin und her, stand dann auf und überprüfte die Türschlösser.

Es gab noch etwas, warum sie dieses Haus anzog, etwas, das über die Privatsphäre, Sicherheit oder das Raumangebot hinausging, etwas, das sie beide dachten, aber niemand sagte. Yonkers Avenue 75 könnte ein großartiges Haus sein. Unter dem scheußlichen Linoleum und hinter den angeknacksten Akustikplatten lag das Haus eines Bürgermeisters. Vielleicht das Haus, das einem Senator würdig war, einem Gouverneur oder einem Federal Judge. Die Immobilie auf dem Hügel zu kaufen, wäre mehr als die übliche Investition in die Zukunft. Es wäre ein Statement, das Vertrauen darauf, dass es eine Zukunft *gäbe*. Wenn das angeschlagene, windgepeitschte Haus zu seiner früheren Pracht zurückkehren konnte, dann hieße das, dass Nick Wasicsko zu jenen Tagen kurz nach seiner Wahl zum Bürgermeister zurückkehren konnte, als ihm die Welt noch offenstand.

—

An dem Tag, als Nick und Nay das Haus auf dem Hügel sahen, war seit dem Abend, an dem Longo und Chema ihre Meinung geändert hatten, fast ein Jahr vergangen. Nick hatte angenommen – naiverweise, wie ihm klarwurde –, dass alles wirklich *vorbei* sein würde, wenn das Thema durch wäre. Stattdessen ging das

Gefecht weiter. Grundstückseigentümer in der Nähe der Bauplätze reichten Klage ein, um das Vorhaben zu blockieren. Eine Gruppe von Konformitäts-Befürwortern verklagte die renitenten Ratsmitglieder wegen Pflichtverletzung auf Schadensersatz von 166 Millionen Dollar. Die »*Save Yonkers*«-Koalition stieß eine Petition an, um Nick Wasicsko abzuwählen, obwohl so etwas im Staat New York nicht zulässig ist. Ein ortsansässiges Kongressmitglied brachte eine Gesetzesvorlage ein, um die Geldstrafen zurückzuerstatten, die Sand für nicht erstattungsfähig erklärt hatte. Nur eine der vielen Klagen und Petitionen hatte Erfolg. Der Oberste Gerichtshof willigte ein, den Antrag auf Revision der vier Ratsmitglieder zuzulassen, die persönliche Geldstrafen erhalten hatten und ihre 3.500 Dollar zurückhaben wollten.

Inmitten des Ganzen – für den Fall, dass Nick nicht mitbekommen haben sollte, wie absurd sich diese Stadt aufführte – gab es Neuigkeiten von Laurie Recht. Nachdem sie ihren einsamen Appell für die Sozialbauten gehalten hatte, wurde Recht zu einer lokalen Berühmtheit. Die *New York Times* nannte sie eine Heldin, und sie wurde als Rednerin vor Absolventen des örtlichen Colleges geehrt. Doch das Scheinwerferlicht war nicht nur hell, sondern auch heiß, und in den neun Monaten nach ihrem Appell an die Menge erstattete Recht vierundzwanzig Mal Anzeige bei der Polizei. Die meisten wegen Drohanrufen, doch ein Polizeibericht handelt von einer Bombendrohung, ein anderer von einem Hakenkreuz vor ihrer Wohnung im dreizehnten Stock, und der dritte ist ein detailliert beschriebener Versuch, wie jemand ihr Auto von der Straße abdrängen wollte.

Die Polizei hörte heimlich ihr Telefon ab und installierte eine Kamera vor ihrer Wohnungstür. Kurz darauf berichtete Recht von drei Drohanrufen innerhalb eines Tages, doch das Abhörprotokoll hatte keine Anrufe verzeichnet. Die Videokamera zeichnete jedoch einen Täter auf. Als die Polizei sich das Video ansah, erkannte sie sehr deutlich eine Person, die sich umschaute und dann eine Drohbotschaft und ein Hakenkreuz an die Wand schmierte. Diese Person war Laurie Recht.

Wie passend, dachte Nick, dass die einzige Person, die sich für die Angelegenheit starkmacht, nun in Handschellen abgeführt wird.

Er hatte sich nie wirklich zu einer Wiederwahl entschieden. »Wahl oder nicht Wahl« – so stellte er sich mental diese Frage nie. Stattdessen sah er die Entscheidung als »durchhalten oder aufgeben« an. Von jemandem, der zum ersten Mal ein Amt innehatte, wurde erwartet, dass er wieder kandidierte. Alles andere wäre peinlich und glich einer öffentlichen Erklärung, versagt zu haben. Es gäbe Hank Spallone, der drohte ihn herauszufordern, zu viel Genugtuung. Nick hatte überhaupt keine Lust auf einen Kampf, aber so weit käme es noch, dass jemand meinte, er würde kampflos aufgeben.

Nachdem klar war, dass Nick kandidieren würde, wallte ein Teil des alten Adrenalins wieder auf. Es war eine andere Art der Energie als die, die ihn bei seiner ersten Kandidatur zum Bürgermeister angetrieben hatte, weil er nun ein anderer Mensch war, umgeschmiedet von den Feuern der letzten beiden Jahre. Er sah immer noch wie ein Teenager aus, doch im Inneren trug er die Narben des Krieges. Beim ersten Rennen ging es um *ihn* – würde er es schaffen, war er klug und geschickt genug, konnte er das sagen, was die Leute hören wollten? Es war der Wahlkampf eines Jungen auf dem Schulhof, der vielleicht zu kleinwüchsig für Basketball war, doch der etwas Undefinierbares an sich hatte, weswegen die anderen Kinder ihn »The Mayor« nannten.

Was der Wohnungsbau-Streit ihm jedoch gezeigt hatte, war, dass der Rausch des Sieges nur bis zum Wahlabend hielt. Danach musste man für etwas stehen. Nick hatte sein Amt mit Ambitionen übernommen. Während seiner Amtszeit hatte er Meinungen entwickelt. Sie war eine Reise, die ihn geerdet, aber nicht zu einem Heiligen gemacht hatte. Er wollte immer noch gewinnen. Er wollte immer noch der Bürgermeister sein, verzaubert von allem, was das Amt bedeutete und wohin es führen konnte. Und er war immer noch fest entschlossen, etwas zu beweisen, doch diesmal war es anders. Er musste beweisen, dass er recht gehabt hatte. Das erste Mal wegen dem gewählt, was er nicht war, wollte Nick diesmal gewinnen, weil er war, wer er war.

—

Das Erste, was er tat, war 15.000 Dollar für eine Umfrage auszugeben, in der Hoffnung, dass es eigentlich eine stille Mehrheit gab, die die Sozialbauten befürwortete. Doch so klar und deutlich war die Aussage nicht, stellte er fest. Damals, im August 1988, standen 42 Prozent der Wähler hinter den Ratsmitgliedern, die gegen die Sozialbauten waren, und 37 Prozent hinter Nick. Etwas ermutigender war die Tatsache, dass im Frühjahr 1989 48 Prozent sagten, es sei Zeit, die Anordnungen des Richters zu befolgen, während 39 Prozent weiterkämpfen wollten. Das nützlichste Umfrage-Ergebnis war, dass zwar bei der Wahl sich die Stimmen auf Nick (29 Prozent) und Hank (30 Prozent) aufteilten, die Demokraten in der Vorwahl – und das war es, was zählte – 40 Prozent Nick unterstützten und nur 29 Prozent Hank.

Die Wasicsko-Kampagne ließ Ergebnisse der Umfrage bewusst durchsickern und wartete auf den Fallout. Doch anstatt einfach aufzugeben, wechselte Hank Spallone die Partei und ging zu den Republikanern.

Nick eröffnete seinen Wahlkampf vor dem Rathaus. Einhundertfünfzig Menschen standen auf den Stufen um ihn herum, schwangen Besen und riefen »Reinen Tisch!«. Er war stolz auf seine Rede, ein Portrait einer Stadt am Scheideweg. »Unser Weg führt zu einem schönen Yonkers, in dem wieder Ordnung herrscht. Ihr Weg führt zu einem Yonkers, das wieder Ordnungsgeld bezahlt. Unser Weg führt zur Wahl eines Rates, der Gesetze verabschiedet. Ihr Weg führt zur Wiederwahl eines Rates von Gesetzesbrechern.«

Er versuchte die Tatsache zu ignorieren, dass siebenhundert Leute zu Hank Spallone kamen, als er *seinen* Wahlkampf eröffnete.

Nick wurde von einem Demokraten namens Dominick Iannacone herausgefordert, einem früheren Ratsmitglied, dessen letzte

Kandidatur 1977 mit einer Niederlage gegen Angelo Martinelli endete. Vorwahlen sind bestenfalls ein notwendiges Übel, die den schlussendlichen Kandidaten Geldmittel und Aufmerksamkeit kosten. Diese Vorwahl hatte jedoch eine belebende Wirkung auf den Gewinner. Wasicsko erhielt 70 Prozent der Stimmen und schlug Iannacone um Längen, wodurch er Selbstvertrauen gewann und Energie und Hoffnung schöpfte. Er war auf Spur. Er konnte es schaffen.

Langsam bekam er Bestätigung. Seine eigene Parteiführung verhielt sich auffallend still, doch er bekam prominente Unterstützung von den Gewerkschaften des öffentlichen Dienstes, der Gesundheitsfürsorge und den Lehrern – der *Bezirksgruppe* 37 des AFSCME, der Ortsgruppe 1199 der *Hospital and Health Care Employees* und der *Yonkers Federation of Teachers* – sowie von einigen großen Namen bei den Demokraten außerhalb von Yonkers. Senator Daniel Patrick Moynihan bezeichnete die Wahl als ein Rennen von »nationaler Bedeutung«. Gouverneur Mario Cuomo nannte Nick den »eindeutig überlegenen Kandidaten«. Moynihans Worte ließen ihn erschauern, und Cuomos Unterstützung belustigte ihn, wenn man bedachte, wie distanziert der Gouverneur ein Jahr zuvor gewesen war. Ironischerweise passte es, dass wegen einer Reihe logistischer Probleme die Wahlkampf-Spendensammlung, auf der Cuomo seine Rede hielt, zehn Meilen nördlich in Tarrytown stattfand. Nichts, so schien es, konnte Mario Cuomo nach Yonkers bringen.

Als der Wahlkampf Form annahm, versuchte Nick sich auf die angenehmen Teile zu konzentrieren. Die hohen Ziele im Blick zu haben, bedeutete, dass er nicht von der schleichenden Hässlichkeit abgelenkt würde. Er versuchte zum Beispiel nicht darauf zu reagieren, wenn auf der Ostseite über Nacht seine Plakate abgerissen und durch Aufkleber ersetzt wurden, auf denen stand: »Wählt Hank Spallone«. Er versuchte, lässig die Schultern zu zucken, wenn sein Name versehentlich auf der Briefwahlliste fehlte. Die größte Konzentration kostete ihn jedoch das Ignorieren der Gruppe von »*Save Yonkers*«-Demonstranten, die auf all seinen Wahlkampfveranstaltungen im Osten aufkreuzten, um ihn auszubuhen und zu verspotten. Aus einer solchen Gruppe hatte ihn jemand angespuckt, was er beunruhigender fand, von absolut ekelhaft mal ganz abgesehen, als es die Pampers je gewesen waren.

Kurz gesagt, sein Wahlkampf lief gut, und er war zuversichtlich – solange er sich von der Ostseite fernhielt. Nay fand ihn oft unrasiert und schlecht gelaunt auf der Couch liegend, wenn er einen Termin auf der anderen Seite der Stadt hatte. »Ich will da nicht hin«, sagte er dann. »Was für einen Sinn hat es denn?« Wenn er einwilligte hinzugehen, stellte er sicher, dass seine 38er an seinem Fußgelenk befestigt war, wie betäubt von der Ironie, dass er die Waffe, die er früher zu seinem Schutz in die Sozialbausiedlungen mitnahm, nun in den sichersten Teilen seiner Stadt brauchte.

Häufiger jedoch ließ er die Termine auf der Ostseite ganz platzen. Jim Surdoval, der Nick durch seine ersten beiden Wahlkämpfe geführt hatte, organisierte auch dieses Rennen. Jeden Freitag gab Jim Nick einen Stapel Flyer, die er an den Stationen seines Wahlkampfes an diesem Wochenende verteilen sollte. Am Montagmorgen lagen die Flyer immer noch in Nicks Wagen.

Dieser Vermeidungsinstinkt war es, der ihn zu dem renovierungsbedürftigen Haus auf dem Hügel führte, wo er eine Wette in Form eines Kaufangebots von 210.000 Dollar abschloss, dass alles gutgehen würde. Es war Geld, dass Nay und er eindeutig nicht hatten, also liehen sie sich die Anzahlungssumme von Nays Eltern – was mehr ein Geschenk war denn ein Darlehen.

Das Haus bot ihnen während des Rests des Sommers eine Abwechslung – Inspektionen mussten durchlaufen, Darlehensunterlagen ausgefüllt und Renovierungen geplant werden. An guten Tagen stellten sie sich ihr Haus als politischen Salon vor, als ein Zentrum der Macht. An schlechten Tagen bot es ihnen einen Ausweg, einen Rückzugsort.

Die schlechten Tage wurden mit der Zeit immer mehr. Eine Umfrage am Labor Day zeigte, dass Nick mit fast zehn Punkten hinter Hank zurücklag, mit 32 zu 41 Prozent. Achtzehn Prozent der Wähler waren unentschieden, 3 Prozent favorisierten den Kandidaten von *Right to Life*, und 7 Prozent weigerten sich, die Fragen der Wahlforscher zu beantworten. Die Einnahmen aus Wahlkampfspenden, die schon enttäuschend gewesen waren, gingen noch weiter zurück. Spallone hatte bereits 90.000 Dollar ausgegeben, während Nick 60.000 Dollar ausgegeben hatte, und davon fielen 40.000 Dollar auf die Vorwahlen der Demokraten.

Da er wenig Hoffnung hatte, die unentschiedenen 18 Prozent mit seinen eigenen Mitteln zu erreichen, hoffte Nick auf die Fernsehdebatte, in der er gegen Hank antreten würde, eine »*Cablevision News*«-Veranstaltung, die 35.000 Teilnehmer erreichen würde. An jenem Abend kleidete er sich sorgfältig und versuchte, jung und energiegeladen zu wirken. Er bestand auf Pancake-Make-up und Puder, aus Sorge, dass er schwitzen würde. Er und Hank befanden sich für die Debatte in unterschiedlichen Räumen – der Sendeleiter von *Cablevision* hielt den Zusammenprall so für dramatischer –, und als Hanks rotes Gesicht auf dem Monitor erschien, freute Nick sich darüber, dass es leicht glänzte. 1960 machte in der Kennedy-Nixon-Debatte das Aussehen im Fernsehen den entscheidenden Unterschied aus, erinnerte er sich.

Der Ton wurde schnell gehässig, als Spallone anmerkte, der Supreme Court hätte eingewilligt, seine Revision gegen die persönlichen Geldstrafen anzuhören, und ließ eine Andeutung fallen, dies könnte helfen, das Sozialbauprojekt zu stoppen. Wasicsko verfluchte seinen Gegner dafür, dem Wähler falsche Hoffnungen zu machen.

»Der Supreme Court hat in allen Fragen von Haftbarkeit und Rechtsmitteln eindeutig Stellung bezogen«, sagte er. »Der Fall ist für immer abgeschlossen. Bei dem Fall von Mr Spallone geht es um seine eigenen 3.500 Dollar, doch die Situation des öffentlichen Wohnungsbaus in Yonkers wird sich nicht ändern.«

Dann kamen sie zum Thema Desegregation an den Schulen.

»Das System funktioniert nicht«, sagte Spallone. »Es hilft niemandem, und der Bürgermeister sagt, es sei ein wunderbares System, doch die Zahlen zeigen, dass es nicht funktioniert.«

»Ich sage gar nicht …«, setzte Nick an.

»Es funktioniert nicht, Bürgermeister«, rief Spallone.

»Ich behaupte, wir können es verbessern«, sagte Nick.

Später wurden die beiden Kandidaten gefragt, warum sie kandidierten. Nick sagte, es wäre die »wichtigste Wahl in der Geschichte Yonkers'« und »seine Wiederwahl würde ein Signal an die Welt senden, dass das, was in den letzten zwei Jahren geschehen ist, hier in Yonkers nicht die Norm sei«.

Spallone reagierte auf dieselbe Frage damit, erneut sein Supreme-Court-Thema anzubringen. Nick beschuldigte ihn, das Sozialbauprojekt zu nutzen, um »Ihre persönliche politische Karriere voranzutreiben. Und Sie sind bereit, den Bankrott der Stadt dafür zu riskieren.«

Als Nick sprach, brüllte Spallone: »Der Bürgermeister hat den Verstand verloren!«

In seinen Abschlussworten redete Nick davon, die Geschichte und das Sozialbauprojekt »dahin zu bringen, wo es hingehöre: hinter uns«.

Spallone schloss mit den Worten: »Es ist Zeit, dass Sie erkennen, dass Sie als Führungsperson versagt haben, und ich denke, wenn man Sie wiederwählt, wird das eine Katastrophe für die Stadt.«

Die Debatte schien Wirkung zu zeigen. Eine neue Umfrage fand heraus, dass es scheinbar ein Kopf-an-Kopf-Rennen gäbe. Spallone lag immer noch vorn, jedoch nur mit zwei Prozentpunkten, was statistisch gesehen bei einer Umfrage mit einer Fehlerquote von 4,1 Prozent unbedeutend war. Achtzehn Prozent waren immer noch unentschieden.

Nick ging am Abend vor der Wahl ins Bett und dachte, dass er in der Lage sein könnte, entgegen allen Erwartungen doch noch einmal zu gewinnen.

Er irrte sich.

—

Fast 70 Prozent der Bürger von Yonkers beteiligten sich 1989 an der Wahl zum Bürgermeister, zwölftausend mehr als zwei Jahre zuvor. 53 Prozent stimmten für Hank Spallone und 45 Prozent für Nick Wasicsko.

Eine Karte der Wahlbezirke zeigte eine Stadt, die durch den Saw Mill River Parkway geteilt wurde. Nick schlug Hank auf der Westseite der Stadt und gewann jeden einzelnen Bezirk mit demselben Verhältnis. Hank gelang ein ähnlicher Streich auf der Ostseite von Yonkers, wo die Wahlbeteiligung jedoch höher lag, was den Ausgang der Wahl entschied.

Kurz nach 23.00 Uhr hielt Nick die erste Rede in seiner politischen Karriere, in der er eine Niederlage eingestand. »Verzweifelt nicht«, sagte er zu der Menge von 250 Menschen. »Ich glaube, ich bin da gewesen, als die Stadt mich brauchte. Ich bedaure nichts davon. Ich habe Morddrohungen und jede Form von Misshandlung ausgehalten. Ich denke, auf lange Sicht wird die Geschichte zeigen, dass ich recht hatte.«

Er gab den Leuten nicht wirklich die Schuld, seine Botschaft ignoriert zu haben. »›Gehorcht dem Gesetz und tut, was getan werden muss‹ ist nicht gerade ein Thema, was bei den Leuten gut ankommt«, sagte er, nachdem er vom Mikrofon weggetreten war. »Es ist so wie: Esst euer Gemüse. Man tut es, weil man muss, aber, hey, es ist mit Sicherheit kein Vergnügen und man kann niemanden damit wirklich motivieren, und das ist es, was letztendlich gegen mich gearbeitet hat.«

Aus welchem Grund es auch gewesen sein mochte, die Niederlage schmerzte. Das war das Risiko, wenn man mit einer Weltanschauung ins Rennen ging statt nur mit einer Strategie. Wenn man verlor, verlor man noch viel mehr.

Am Morgen nach der Wahl zogen Nick und Nay in ihr Haus auf dem Hügel. Ihr zuliebe versuchte er fröhlich zu sein, ein Mann, der mit der Frau, die er liebt, ein neues Kapitel in seinem Leben beginnt. Doch obwohl er sich alle Mühe gab, klangen sogar seine Witze traurig. In der Mittagspause setzte das Paar sich in die Glasveranda, deren Fenster milchig und gerissen waren. »Sie hat viel

Ähnlichkeit mit Yonkers«, sagte er mit lächelndem Mund, aber dunklen, traurigen Augen. »Mit ein bisschen Arbeit könnte sie wunderschön sein.«

Dann stand er auf, ging zu einem der Fenster und linste durch den Schmutz der Jahre auf die verkehrsreiche Straße unter ihnen.

»Leute, die zum Rathaus und zurück fahren, werden mein Haus sehen«, sagte er. »Die Leute werden direkt wissen, wo sie mich finden.«

Billie Rowan trifft John Santos

Überall in den acht Gebäuden von Schlobohm und überall in den Sozialbauten von Yonkers wohnen Menschen dort, wo es nicht gestattet ist. Die offizielle Vorschrift ist eindeutig: Nicht im Mietvertrag eingetragene Untermieter geben das Recht zur Zwangsräumung. Doch die Vorschrift ist schwer durchzusetzen, und daher wird sie regelmäßig ignoriert. Ein Zuhause ist ein fließendes und relatives Konzept in Schlobohm, und so lernte Billie Rowan im Sommer 1989 John Mateo Santos Jr. kennen – weil so viele Menschen an Orten waren, an denen sie gar nichts zu suchen hatten.

Billie lebte technisch gesehen bei dem Rest ihrer Familie, drüben in Building Six, doch sie verbrachte so viel Zeit wie sie konnte woanders. Die neunzehnjährige Billie war ein Wirbelwind von Teenager, unter anderem wegen ihrer Cornrows, den bunt bedruckten afrikanischen Schals und dem glitzernden Modeschmuck. Am glücklichsten war sie, wenn sie klimperte und glitzerte, und ihr Ziel im Leben war, den Weg zum immerwährenden Glück zu finden. Seit neun Jahren, seit Billie mit ihren Eltern, ihrem Bruder und zwei Schwestern nach Schlobohm gezogen war, fühlte sich die Wohnung mit den drei Schlafzimmern für sie beengend und klaustrophobisch an. Nun, da sie sich ständig mit ihrer Mutter stritt, umso mehr. Janet Rowan war nicht besonders erbaut darüber gewesen, dass ihre Tochter vor vier Monaten die

Schule geschmissen hatte, um etwas zu erleben und mehr Zeit zum Shoppen zu haben. Sie hatte darauf bestanden, dass ihre Tochter sich einen Job suchte, und so verbrachte Billie jeden Tag als Arzthelferin in einem Heim für geistig zurückgebliebene Kinder – dieselbe Arbeit, die ihre Mutter seit Jahren machte.

Billie hasste es. Eine ihrer gefürchtetsten Aufgaben war es, einen zehnjährigen Jungen zu baden, der seinen Kopf gegen die Wand warf und die ganze Zeit heulte, wenn er gewaschen wurde. Sie konnte nur dafür sorgen, dass er nicht unter Wasser rutschte, und am Ende jedes Bades weinte Billie normalerweise auch.

»Dazu fehlt mir die Geduld!«, brüllte sie ihre Mutter ständig an und bat, kündigen zu dürfen, um mit ihren Freunden abzuhängen.

»Das hier ist die echte Welt!«, schrie ihre Mutter zurück. »Lern, damit zu leben!«

Wegen der Spannungen zu Hause verbrachte Billie die meiste Zeit in Building Four bei ihrer besten Freundin Meeka. Und auch John Santos verbrachte dort viel Zeit. Meekas Freund, bekannt als Mambo, war einer von Johns besten Freunden, und obwohl John offiziell im Mietvertrag seiner Mutter drüben in Building One stand, verbrachte er die meisten Nächte beiMeeka, wo es ein ungenutztes Schlafzimmer gab.

Dort hörte John in einer heißen Samstagnacht, wie Billie und Meeka sich im Wohnzimmer unterhielten. Er hatte seit dem frühen Abend mehr als nur getrunken, und nun, um drei Uhr morgens, konnte er nicht schlafen. Also zog er sich eine Shorts an und ging hinüber zu Meeka und Billie, die *Star Trek* guckten und gemeinsam einen Joint rauchten. John schaltete den Ton ab, so dass nur das Fernsehbild und das glimmend rote Papier, das zu Asche wurde, still im ansonsten dunklen Raum erglühten.

»Will jemand ein Bier?«, fragte John, als er sich umdrehte und sich aus Meekas Kühlschrank bediente. Billie sagte, sie hätte ihres gern im Glas, und genau da und dort entschied er, dass sie »Klasse« hatte. Meeka eilte schon bald in ihr Schlafzimmer. Mambo war einer der Männer, die es nicht mochten, wenn ihre Frauen ohne sie Gesellschaft hatten. Billie und John saßen allein zusammen.

Sein Jungengesicht war glatt, die großen, braunen Augen sexy, doch was sie zuerst anzog und sie auf Jahre hinaus fesselte, war seine Stimme. Die Stimme war beides, unschuldig und gefährlich, sie vermischte Yonkers mit Puerto Rico und war von einem Zorn erfüllt, den Billie mit Stärke verwechselte.

Mit dieser Stimme konnte John sie von allem überzeugen. In dieser ersten Nacht erzählte er ihr, er sei neunzehn, obwohl er eigentlich erst siebzehn war. Er erzählte ihr auch, dass niemand ihn John nannte, sondern fast alle Hot. Sein Spitzname, sein Straßenname sei ihm von all den Mädchen gegeben worden, von denen er nicht die Finger lassen konnte. Er sei die Abkürzung für »Hot Stuff«.

Außerdem erzählte er, dass seine ständigen Prügeleien in der Schule, die zu seinem Rauswurf geführt hatten, nicht *wirklich* sein Fehler gewesen seien, sondern weil »die weißen Typen mich immer dumm angequatscht haben«. Und er erklärte auch, dass die Raubüberfälle, die er und seine Freunde »manchmal machten«, keine *wirklichen* Raubüberfälle wären, weil »wir eine Gruppe sind, und wenn da eine andere Gruppe ist und wir mit denen Streit haben, und die irgendwann eins auf die Fresse kriegen, dann nehmen wir uns, was die haben«. Nicht so wie »bewaffneter Raubüberfall«, sagte er. Mehr so wie Kriegsbeute.

Er war der Kleinste, aber der härteste von allen, sagte er und beschrieb einen Tag, an dem er eine Gang von fünfundsiebzig Wilden auf dem Schulhof abgewehrt hatte, die alle »Baseballschläger, Mistgabeln und sonst was« dabeigehabt hätten. Er sei hart geworden, sagte er, weil sein Vater ihn als Kind »immer verkloppt hat«. Erst als Teenie hätte er den Grund erfahren: Er war gar nicht sein Sohn.

Seine Mutter war erst fünfzehn, als er geboren wurde, sagte er. Verlassen von dem Typen, der sie geschwängert hatte, war sie im siebten Monat, als sie John Mateo Santos Sr. kennengelernt hatte – den Mann, von dem John lange dachte, er wäre sein Vater.

Dieser Mann wiederum verließ die Familie, als er zwölf war. »Aber er hat mir seinen Namen gegeben«, prahlte er vor Billie. »John Mateo Santos. Vorname, zweiter Vorname und Nachname. Ich bin komplett nach ihm benannt worden.«

Johns eigener Sohn, Noel, wurde am ersten Weihnachtstag des Jahres geboren, in dem John fünfzehn geworden war. Die Mutter des Babys wollte heiraten, erklärte John. Er hatte auch *ihr* ein falsches Alter genannt. »Sie hat gedacht, ich sei älter«, sagte er, »aber dann habe ich ihr die Wahrheit gesagt. Ich hab gesagt: ›Jetzt, wo du weißt, wie alt ich bin, findest du nicht auch, dass ich zu jung für den ganzen Kram bin?‹«

Selbst da, hingerissen und zugekifft, war Billie klar, dass das, was John erzählte, nicht ganz stimmen konnte. Ein Mob, bewaffnet mit Mistgabeln? Wer hatte in Yonkers Mistgabeln? Und sie spürte, dass die ganzen Geschichten sich um dasselbe zentrale Thema drehten – nichts, was John passierte, weder die Prügeleien noch das Baby, war jemals seine Schuld. Doch das spielte für Billie keine Rolle. Jetzt noch nicht. Sie war von seinen Geschichten fasziniert und hing an seinen Worten. Alles an seinem Leben war so viel *krasser* als bei ihr – mehr Qualen, mehr Intensität, mehr Spannung. Er redete, als hätte er den Durchblick.

Während die Stunden vergingen, bewegte John sich nach und nach vom Sofa zu dem Zweisitzer und schließlich zu einer Stelle zu Füßen von Billies Sessel. Er schaute zu ihr hoch und fragte: »Darf ich dich küssen?«

Billie war beeindruckt, weil die meisten Jungs, die sie kannte, nicht Gentleman genug waren, um zu fragen.

Er berührte ihre Lippen mit seinen. Eine lange Berührung.

Dann noch einmal.

Billie entschied, dass sie für immer mit ihm zusammenbleiben würde.

Doreen James hatte auch eine schlaflose Nacht in Schlobohm. Es war Monate her, seit sie so geschlafen hatte, wie andere Leute schliefen – vom Zubettgehen bis zum Morgen, wonach man ausgeruht und munter aufwachte. Die meisten Nächte machte sie sich noch nicht einmal die Mühe, ins Bett zu gehen. Sie saß im Wohnzimmer ihrer hart erkämpften Wohnung in Schlobohm und starrte traurig auf die paar Möbel – Tisch und Stühle, ein Sofa, ein paar Vorhänge –, die sie bei einem Garagenflohmarkt in der Nähe ihres Elternhauses gekauft hatte.

Den ganzen Sommer 1988 – während der Monate, die mit Joes Tod begannen und über Jarons Geburt hinaus gingen – war Doreen in eine melancholische, traurige Stimmung gehüllt. Sie hatte keinen Appetit, schien jedoch ständig nur zuzunehmen, als würde ihr Körper schwerer werden, weil das zu ihrem seelischen Tief passte. Von Depressionen niedergeschlagen, hatte sie sich an die Vorstellung geklammert, dass eine neue Wohnung, ihre eigene Wohnung, wie Magie ihre Stimmung heben könnte. Doch als sie im November 1988 schließlich in Schlobohm einzog, brachte sie wochenlang damit zu, teilnahmslos im Wohnzimmer zu sitzen, als würde sie darauf warten, dass die Wände sie glücklich machten. Wenn sie in der Lage gewesen wäre, klarer zu denken, hätte sie vielleicht verstanden, dass sie den Verlust von Joe und den Verlust ihres Traumes nie betrauert hatte. »So hatte mein Leben eigentlich nicht aussehen sollen«, dachte sie, aber sagte es nicht laut. »Ich sollte eigentlich meinen Collegeabschluss haben. Sein Vater sollte eigentlich hier sein.«

Nun, im Sommer 1989, hielt die Niedergeschlagenheit immer noch an und Doreen hatte die Illusion aufgegeben, die Wohnung könne sie verscheuchen. Die Gefühle überwältigten sie meistens mitten in der Nacht. In Nächten wie dieser. Es war ein Ritual: Sie weinte ein bisschen und wühlte dann in der Schublade neben ihrem Bett, wo sie Dinge außerhalb der Reichweite ihres neugierigen Einjährigen verstaute.

Sie war stolz darauf, dass sie ihren Stoff vor Jaron versteckte. Es bedeutete, dass sie nicht so hoffnungslos verloren war, ihren Sohn nicht beschützen zu können. Aus demselben Grund hielt sie auch an ihren anderen Regeln fest. Sie kaufte nichts, bevor sie ausreichend Pampers und Babynahrung im Haus hatte. Nur eine Süchtige, sagte sie sich, gibt das Geld für Drogen statt für Windeln aus. Und sie griff nicht nach der Zigarettenpackung, bis sie sich sicher war, dass Jaron tief und fest schlief. Nur eine verlorene Seele nähme Crack vor den Augen ihrer Kinder.

Langsam, fast schläfrig, nahm sie die Crack-Ampulle aus ihrer Schublade. Heute Abend wäre es nur eine, weil fünf Dollar alles gewesen war, was sie sich zusammengeschnorrt hatte. Nach der Babynahrung und den Windeln war nicht mehr viel Geld übrig, und sie hatte sich in der letzten Zeit schon zu oft etwas von ihrer Schwester geliehen. Sie würde vor Scham im Boden versinken, wenn sie eins und eins zusammenzählte und es dann ihren Eltern zu Ohren kam. Trotz Doreens aktueller Adresse sahen Pearl und Walter James ihre Tochter immer noch als Kind der Vorstadt an, nicht der Sozialbausiedlungen. Sie würden nie verstehen, wie sie sich so verirren konnte und so weit von dort landen konnte, wo sie eigentlich hingehörte.

Schwerfällig ging sie zum Fenster hinüber und zog die Flohmarkt-Gardinen zu, damit ihre Eltern im meilenweit entfernten New Jersey sie nicht sehen konnten. Dann schüttete sie eine winzige Menge Pulver in die Mulde ihrer Crack-Pfeife aus dem Coffeeshop und riss ein Streichholz an. Ihre bleiernen Hände zitterten wie immer, wenn sie die Flamme an das Pulver hielt und inhalierte. Sie hustete und inhalierte erneut.

Als der vertraute Klang der Glocken ihren Kopf füllte, lehnte sie sich auf dem gebrauchten Sofa zurück und seufzte. Schon bald würde alles kristallklar aussehen, als hätte jemand die Fenster ihrer Seele geputzt und die Lautstärke ihrer Welt aufgedreht. Sie würde aus sich selbst gehoben werden, aus ihrem Leben, an einen Ort, der wunderbar war und hell erleuchtet. Fünf Dollar brachten sie nur ein paar Minuten dorthin, und wenn sie vorbei waren, wäre sie deprimierter als vorher. Doch für diese paar Minuten konnte sie flüchten, Schlobohm verlassen und die Siedlung mit all ihren Enttäuschungen und ihrem Durcheinander hinter sich lassen.

Defensible Space

Nick fand, dass in seinem letzten Jahr als Bürgermeister wenig erreicht worden sei. Doch tatsächlich war sehr viel erreicht worden, obwohl wenig davon im Rathaus stattgefunden hatte. Auf der anderen Seite der Stadt, in den gedrungenen, senfgelben Backsteinhäusern, in denen sich das Amt für Wohnungswesen befand, gab es leise, stetige Fortschritte, die Anordnung des Richters zu erfüllen. Nun, da die Liste der Baugrundstücke vollständig war (Judge Sand hatte, ohne den Stadtrat zu fragen, eigenmächtig das Grundstück des Seminars durch ein anderes ersetzt), waren die Bürokraten zuständig, nicht die Politiker. Die Feinarbeit – das Zeichnen der Entwürfe, Anwerben von Bauunternehmern und die Vergabe der Aufträge – wurde nicht im Rathaus erledigt, sondern durch das Wohnungsamt. Und hinter jedem Detail dieser Arbeit, mit seinen Fingern in jedem Topf und seinem unverblümten Ego, stand Oscar Newman, der riesige Architekt mit dem Amish-Bart, der die Stadt mit seinen Helikopterflügen auf der Suche nach Baugrundstücken zur Weißglut gebracht hatte.

Für Newman war es bei Yonkers' Desegregationskampf nie um Rassentrennung gegangen. Es ging um die Chance, seine Weltanschauung zu testen. Dreißig Jahre zuvor war ihm eine Reihenhaus-Siedlung aufgefallen, die Carr Square Village in St. Louis. Die Beobachtung dieser Reihenhäuser wurde zu seinem Lebenswerk. Newman, damals ein Hochschulassistent für Architektur an der Washington University, war erstaunt darüber, dass diese alten, kleinen Gebäude sicher und bewohnbar blieben, während im selben Jahrzehnt die brandneue, hoch aufragende Pruitt-Igoe-Sozialbausiedlung auf der gegenüberliegenden Straßenseite durch Vandalismus und Kriminalität ruiniert worden war, und bald darauf abgerissen werden musste.

Die demografischen Daten der beiden Sozialbausiedlungen waren dieselben – einkommensschwache Familien, die auf den öffentlichen Wohnungsbau angewiesen waren. Es gab auch keinen Unterschied in der umliegenden Nachbarschaft, denn sie stand sich an der Straße direkt gegenüber. Der einzige wirkliche Unterschied war die Struktur der Siedlungen – zweistöckige Reihenhäuser auf der einen Seite, elfstöckige Wohnblocks auf der anderen. Was war die Dynamik dieser Designs, fragte sich Newman, die zum Erfolg oder Scheitern der Projekte führte?

Nachdem er Jahre damit zugebracht hatte, durch Pruitt-Igoe, Carr Square Village und zahllose andere Sozialbausiedlungen zu gehen, glaubte Newman die Antwort gefunden zu haben: Kriminalität, Unfug und Gewalt – sie alle setzten Anonymität voraus, das Gefühl, dass niemand zuschaute und niemand sich einmischen würde. In den Hochhäusern der Sozialbausiedlungen, schloss er, gab es zu viele Räumlichkeiten, die allen gehörten und dennoch niemandem. Flure, Fahrstuhl-Hallen und Treppenhäuser. Große öffentliche Bereiche, die nicht zuordnungsbar waren und in denen es keinen Luxus wie Türsteher, Fahrstuhlführer oder Hausmeister gab. Alle visuellen Hinweise schrien: Hier ist niemand zuständig.

Die erste Möglichkeit, seine Theorie des »Defensible Space« zu testen, bot sich 1969 in der Sozialsiedlung Clason Point in der South Bronx. Die Siedlung bestand aus sechsundvierzig Gebäuden, in erster Linie Reihenhäuser, mit insgesamt 400 Wohnungen. Alle Gebäude bestanden aus rohem Beton und erinnerten an Kasernen. Genau genommen war Clason Point während des Zweiten Weltkrieges als Unterkunft für die Arbeiter der Munitionsfabriken gebaut und später nie abgerissen worden. Weil nur wenige der Arbeiter Autos besessen hatten, waren auch nur wenige Häuser zur Straße hin ausgerichtet, sondern blickten auf ein Netz kleiner Wege.

Oscar ließ kein einziges Gebäude in Clason Point abreißen,

doch als er fertig war, sah alles aus wie neu. Zuerst ließ er jedes Gebäude mit einem Material verputzen, dem man den Anschein von Mauerwerk oder Ziegelstein verleihen konnte. Es gab den Putz in verschiedenen Sorten und Farben, und Newman ließ die Mieter einer jeden Reihe die Farbe ihrer Häuser selbst aussuchen.

Vorne benutzte er knöchelhohe Bürgersteinkanten, um die vernachlässigten Gemeinschaftsflächen in halb private Vorgärten umzuwandeln. Hinten tat er das Gleiche und setzte preiswerte Stahlrohrgestelle ein, die wie schicke Eisengitter aussahen, um eine Reihe kleiner Gärten zu schaffen. Das trostlose Raster kleiner Wege funktionierte er zu einer Art Promenade um, in deren Mitte er Bänke und dekorative Straßenlaternen aufstellte, jede davon zwei Meter fünfzig hoch und aus echtem, zerbrechlichem Glas.

Die *New York City Housing Authority* hatte noch nie zuvor eine so niedrige, anfällige Beleuchtung installiert und versuchte es Newman auszureden. Beleuchtungen in Sozialbausiedlungen würden extra hoch angebracht, dass sie nicht leicht zu erreichen sind, und mit Plastikhüllen ausgestattet, denen gelegentliche Schüsse nichts ausmachten. Von zerbrechlichen, dekorativen *Glaslampen* hatte man noch nie gehört.

Doch Newman argumentierte, der Einsatz von bruchsicheren Bauelementen sei überhaupt erst eine der Ursachen für das Auftreten von Vandalismus. »Die Materialien sind Vandalismus-resistent – und hässlich«, sagte er, »und Menschen scheuen keine Mühen, ihre Durchschlagskraft zu testen.«

Das Amt für Wohnungswesen in Clason Point hatte ähnliche Vorbehalte zu fast allen anderen Vorschlägen, die Newman vorbrachte. Der vermeintliche Grund war, dass die Pläne zu kostspielig seien, doch Newman glaubte, die wahren Gründe wären viel zu kompliziert und spiegelten eine Denkweise wider, mit der er ungern konfrontiert würde.

Es herrschte immer ein allgemeines Einverständnis darüber, dass der soziale Wohnungsbau nicht zu schön sein dürfe, dass er keinen Schnickschnack wie Balkone oder Erkerfenster haben dürfe, all jene Dinge, die Neid und Feindseligkeit bei den Steuerzahlern hervorriefen, die sie finanzierten. Obwohl diejenigen, die beim Amt für Wohnungswesen dafür zuständig sind, es nie so formulieren würden, lautet das unausgesprochene Weltbild, dass wir als Gesellschaft auf die Menschen herabsehen, die Unterstützung bei der Zahlung ihrer Miete benötigen, und ihre Unterkünfte anders auszusehen haben.

Es ist dieses »Stigma der Hässlichkeit«, argumentierte Newman, das in großen Teilen für die Kriminalitätsrate in vielen Sozialbausiedlungen verantwortlich war. Eine Siedlung, die sich so stark wie möglich von ihrer Umgebung abhob, sagte er, würde »klar markiert sein, als stünde sie unter Quarantäne«. Unglücklicherweise, erklärte er, »weist diese Praxis nicht nur die Armen in ihre Schranken, sondern zeigt anderen auch, wie verletzlich sie sind«.

Oscar Newman war eine starke Persönlichkeit, und nach einiger der Zeit überzeugte er das Amt für Wohnungswesen davon, seinen Weg auszuprobieren. Im ersten Jahr, nachdem Newman all seine Veränderungen durchgeführt hatte, fiel die Kriminalitätsrate in Clason Point um 54 Prozent. Befragungen der Bewohner vorher und nachher kamen zu dem Ergebnis, dass der Anteil der Leute, die meinten, das Recht zu besitzen, potenzielle Unruhestifter zur Rede zu stellen, von 27 auf 50 Prozent gestiegen war. Die Mieter pflanzten Gras auf den Flächen vor den Häusern, die sie nun als ihre eigenen ansahen. Als es wuchs, pflanzten sie Blumen und Büsche und fügten kleine, weiße Holzzäune hinzu. Vor der Umgestaltung standen in der Siedlung durchschnittlich 30 Prozent der Häuser leer, danach gab es schon bald eine Warteliste von mehreren Hundert Familien. Keine einzige Straßenlaterne wurde zerstört.

In den Jahren, nachdem er Clason Point wiederbelebt hatte, hatte Newman unzählige weitere Siedlungen saniert. Doch Yonkers war anders. Es war das erste Mal, dass er den Luxus hatte, ganz von vorn anzufangen. Anstatt sein Bestes zu geben und vorhandene Fehler zu korrigieren, bekam er die Chance, etwas komplett Neues zu entwerfen. Wenn andere seiner umgestalteten

Siedlungen scheiterten, könnte er einen Teil der Schuld mit dem Argument von sich weisen, dass die ursprüngliche Siedlung zu viele Fehler gehabt hätte, die selbst er nicht hätte in Ordnung bringen können. Wenn Yonkers scheiterte, hätte er keine solche Ausrede und seine lebenslange Theorie würde einen tiefen Kratzer davontragen. Doch wenn es funktionierte, wenn die kleinen Stadthäuser all das mit sich brachten, was er erwartete, dann wäre es sein alleiniger Erfolg.

Während andere in Yonkers um ihre Häuser oder ihre politischen Ansichten kämpften, kämpfte Newman für seine Theorien. Er kämpfte nicht gegen die Rassentrennung in Yonkers. Er war noch nicht einmal ein Meister im Bereich des sozialen Wohnungsbaus. Er hielt sich nie lange mit der Frage auf, ob es überhaupt einen sozialen Wohnungsbau geben sollte. Stattdessen startete er von dem Fakt aus, dass es Sozialbauten geben würde, arbeitete sich von dort aus vor und kämpfte erbittert für seine Ideen.

—

In Yonkers stritt Newman sich häufig mit den Ratsmitgliedern herum, doch er verbrachte weitaus mehr Zeit damit, mit dem HUD, dem Justizministerium und dem NAACP zu diskutieren. Das Erste, was er tat, war, Judge Sand zu überzeugen, dass in erster Linie Reihenhaus-Siedlungen entstehen sollten. Als er 1987 in den Fall einbezogen wurde, waren auf einem der Grundstücke zwei Hochhäuser geplant und auf dem anderen ein dreistöckiges Mehrfamilienhaus ohne Fahrstuhl. Diese Entwürfe wurden von dem NAACP, dem Justizministerium und dem HUD unterstützt. Newman erklärte ihnen allen, genau wie er es den Behörden in Clason Point erklärt hatte, dass solche riesigen, anonymen Strukturen nur zur Destabilisierung der umliegenden Nachbarschaft führten. Doch je mehr er erklärte, desto mehr Beamte standen ihm feindselig gegenüber.

HUD war vorsichtig, weil das, was er vorschlug, einen schlechten – was hieß, einen teuren – Präzedenzfall schüfe. Die Siedlungen würden zwar weniger kosten, dafür wären aber die Kosten für das Land teurer, denn die Reihenhäuser benötigten größere Grundstücke.

Die NAACP war feindselig und behauptete, Newman sei selbst ein Rassist, wenn er sagte, eine größere Menge an Menschen mit niedrigem Einkommen in einem Mittelschichtgebiet würden de facto eine Subkultur erschaffen, in der Kriminalität und Drogen toleriert würden. »Er gibt seinen im Grunde rassistischen Ansichten einen respektablen Anstrich«, schimpfte Michael Sussman, der Rechtsanwalt des NAACP. »Das ist die typische Art von Angst schürendem Müll, die Oscar Newmans ideologische Einstellung widerspiegelt.«

Am Ende war es der Richter, der die Entscheidung fällte, Newmans Ansatz mit verteilten Grundstücken zu übernehmen, eine Entscheidung, die zur endlosen Suche nach Baugrundstücken und irgendwann zu der Missachtungs-Krise geführt hatte. Während dieser Jahre wechselte Michael Sussman seine Meinung, vertrat nun Newmans Standpunkt und sagte, die NAACP hätte schon immer verstreute Baugrundstücke befürwortet, hätte jedoch Sorge gehabt, dass der Ansatz zu deutlichen Verzögerungen führen würde. Die Annäherung wurde insofern begünstigt, als Newman nicht mehr davon sprach, wie schlecht Hochhäuser seien, sondern stattdessen die Vorzüge niedriger Gebäude pries.

Obwohl sie sich der Entscheidung für verstreute Grundstücke gefügt hatten, betrieb HUD weiter Lobbyarbeit für zweigeschossige Mehrfamilienhäuser anstelle der Reihenhäuser. Die Ausgaben wären geringer, sagten sie, weil auf derselben Fläche mehr Wohneinheiten entstehen könnten.

Newman antwortete mit langen Memos an Richter Sand. Er warnte wieder und wieder vor zu vielen bedürftigen Familien alleinerziehender Eltern inmitten großer, anonymer Flächen. Zweigeschossige Mehrfamilienhäuser hätten gemeinsame Eingänge, Treppenhäuser und Gärten, sagte er. Die Reihenhäuser, die er sich vorstellte, hätten jeder ihren eigenen Garten und Vorgarten. Jede Haustür wäre dicht an der Straße und von dort gut sichtbar. Jeder

Garten würde von einem kleinen Zaun umgeben sein, und eine kleinere Gruppe von Gärten würde von den umliegenden Straßen durch einsachtzig hohe Zäune abgegrenzt werden. Innerhalb dieser Gartengruppen gäbe es keine gemeinsam genutzten Wege.

Dieser letzte Punkt, mit den gemeinsam genutzten Wegen, war eine Lehre, die er aus Clason Point gezogen hatte. Es war ein Fehler gewesen, erkannte Newman hinterher, hinter einigen Gebäuden Gemeinschaftsplätze zu schaffen. Viele der Plätze verwahrlosten, weil keine Familie sie als ihnen zugehörig ansah.

»Ich hatte meine eigene Grundregel außer Acht gelassen«, sagte er. »Je kleiner die Anzahl an Familien, die sich ein Areal teilen, desto größer ist die Identifikation damit und umso stärker das Verantwortungsgefühl, sich darum zu kümmern und es abzusichern.«

Er würde kein weiteres Mal von seinen eigenen Regeln abweichen und bestand darauf, dass es in Yonkers nur private Gärten und Vorgärten gäbe. Er gewann schließlich in diesem Punkt, als er lernte, nicht mit einer Philosophie zu argumentieren, sondern in Zahlen, in der Sprache, die HUD am besten verstand. In einem fünfzehnseitigen Memo an einen der vielen Staatssekretäre, die über die Jahre wechselten, erklärte er, dass auf lange Sicht gesehen, Mehrfamilienhäuser in vielerlei Hinsicht teurer wären als Reihenhäuser. Er hob heraus, dass »wenn man die Kosten von Reihenhäusern mit denen von Mehrfamilienhäusern vergleicht, zieht HUD nur die eigentlichen Baukosten in Betracht, obwohl die großen Einsparungen in der Nutzung von Reihenhäusern in der konsequenten Reduzierung der Unterhalts-, Vandalismus- und Sicherheitskosten liegen. HUD gibt jedes Jahr mehrere Millionen Dollar für jede Siedlung aus, um die Zerstörungen durch die Bewohner in den öffentlichen Bereichen der Hochhäuser und Mehrfamilienhäuser zu reparieren. In unseren Siedlungen wird es keine solchen öffentlichen Bereiche geben.«

Irgendwann stimmte HUD dem zu. Newmans nächste Herausforderung war, dem zukünftigen Bauträger die Pläne zu vermitteln, und auch hier geriet ihm die Bürokratie mal wieder in die

Quere. Das Amt für Wohnungswesen schrieb solche Aufträge üblicherweise aus, indem sie eine »Angebotsanfrage« mit den grundlegenden Basisrichtlinien herausgab. Alle Detailentscheidungen überließ man dem Bauträger, der das Angebot ausarbeitete. Sinn dieser Methode war es, den Bauträger das bauen zu lassen, was er am besten konnte, zu niedrigeren Kosten als wenn er den detaillierteren, festgelegten Plänen des Wohnungsamtes folgen müsste.

Dieser Ansatz machte Newman Sorgen. Die üblichen skizzenhaften Details, die an mögliche Anbieter ausgegeben wurden, würden niemals in dem »Defensible Space«-Experiment enden, wie er es sich vorstellte. Auf der Suche nach einem Umweg wandte er sich an Peter Smith, den Geschäftsführer des Amtes für Wohnungswesen von Yonkers. Doch auch Smith hatte gemischte Gefühle, was die Sozialbausiedlung anging. Als früherer Priester, dessen Pfarramt auch den Westen der Stadt einschloss, wusste Smith von dem Mangel an angemessenem Wohnraum und wollte aus einem ganz einfachen Grund, dass das Experiment funktionierte – für diejenigen, die einzogen, bedeutete es ein besseres Leben. Doch Smith war auch in Yonkers geboren und aufgewachsen. Und er lebte nach wie vor auf der Ostseite der Stadt. Er schickte seine Kinder dort zur Schule, und er bekannte sich zu einer gewissen Nostalgie für die vergangenen Tage, als man die ethnische Herkunft eines Bewohners an seiner Adresse erkannte. Doch er hatte noch einen weiteren Grund, warum der Sozialbau funktionieren sollte. Es würde ihm jeden Sonntag, wenn er zur Kirche ging, weitere Vorträge seiner Ost-Nachbarn ersparen.

Niemand kannte das Ausschreibungssystem besser als Smith, der nun gemeinsam mit Newman versuchte, HUD davon zu überzeugen, dass sie eine schematische Zeichnung beilegen dürften, um den Bauträgern eine bessere Vorstellung von der letztendlichen Zielsetzung zu vermitteln. Für einen Architekten, argumentierten sie, sage eine Zeichnung mehr als tausend Worte. HUD lehnte den Vorschlag ab, weil sie der Ansicht waren, dass der eigentliche Punkt dieser Art von Auftragsvergabe wäre, jedem Anbieter die Art und Weise der Ausführung zu überlassen. Sie erzielten einen Kompromiss, in dem HUD eine detailliertere Beschreibung zuließ, als in der Ausschreibung sonst üblich war, was Newman die Chance gab, einige seiner zentralen Ideen einzubringen.

Er gab sein Bestes. Er füllte Dutzende von Seiten mit Beschreibungen einer »zweistöckigen Reihenhauseinheit«, die jede ihre »eigene Entität« haben sollte und ihren »eigenen Garten und Vorgarten«. Es sollte »keine Eingangshallen, Treppenhäuser oder Flure« geben. Und sie mussten attraktiv aussehen (»Ziegelverblendung im ersten Stockwerk«) und unterschiedlich sein (»Variationen von Fenstergrößen, Farben und Oberflächenstrukturen«). Die Vorgärten sollten zur Straße zeigen, »um Streifenwagen die Patrouille zu vereinfachen«. Die Gärten sollten individuell gestaltet sein, aber in Gruppen zusammengefasst, »um einen gemeinschaftlichen Privatbereich zu schaffen«.

Die Antwort der Bauträger auf diese rein wörtliche Beschreibung sah so aus, wie Smith und Newman befürchtet hatten. Die Entwürfe hatten nichts mit dem zu tun, was gefordert worden war, und der Auftrag wurde an keine Firma vergeben. Newman begann mit der ganzen Prozedur von vorn und bat HUD erneut, eine schematische Zeichnung beilegen zu dürfen. Wieder lehnte HUD ab. Doch jeder lernt in Yonkers irgendwann, wie das Spielchen läuft, und in der zweiten Runde der Ausschreibung flirtete Newman mit den Vorschriften. Als die Bauträger kamen, um ihre Ausschreibungspakete abzuholen, fanden sie daneben einen Stapel schematischer Bebauungspläne. Ihnen wurde gesagt, sie könnten entweder nur die Ausschreibungspapiere mitnehmen oder dazu auch noch die Bebauungspläne. Die meisten nahmen beides. Diesmal erhielt Newman drei Angebote, die seiner Vision sehr nahe kamen.

Im Mai 1989, als Nick überlegte, ob er erneut kandidieren sollte oder nicht, wurde ein Bauträger engagiert. Deluxe Homes Inc. kam aus dem weit entfernten Berwick, Pennsylvania, wo die Fertighausteile mit minimalen Störungen der Yonkers-Demonstranten zusammengebaut werden konnten. HUD würde 16,1 Millionen Dollar zahlen, um die ersten 142 der geforderten 200

Einheiten zu bauen. Im Oktober 1989, als Nick im Wahlkampf steckte, stellte Deluxe fünfunddreißig Seiten hübsche blau-weiße Baupläne fertig, auf denen bis hin zu den Handtuchhaltern alle Details zu sehen waren. Im Dezember 1989, wenige Tage bevor Nick sein Amt verließ, wurden die Entwürfe HUD zugesandt, um sicherzustellen, dass sie den bundesstaatlichen Anforderungen und den gesetzlichen Bauvorschriften entsprachen. Nick wurde eine Kopie dieser Pläne zugeschickt, doch er konnte mit den Feinheiten der architektonischen Blaupausen nichts anfangen, weswegen er nie verstand, was alles während seiner Amtszeit erreicht worden war.

Oscar Newman andererseits verbrachte Tage damit, jedes Detail der mit Wasserfarben kolorierten Pläne zu überprüfen, sich darüber extrem bewusst, dass er die Zukunft – die Zukunft der Stadt und seine eigene berufliche Zukunft – in Händen hielt. Durch das jahrelange Lesen dieser Pläne konnte er den flachen, gezeichneten Ansichten ein dreidimensionales Bild der Siedlung entnehmen. Jedes Haus der Siedlung war ein klein wenig anders als die anderen, einige mit Spitzdächern, andere mit Erkerfenstern. Jedes Haus hatte einen eigenen Garten und vorne Platz für ein Blumenbeet, so dass die Bewohner sich darum kümmern konnten.

»Wunderschön«, dachte Newman. »Hauptsache, es funktioniert.«

Billies Neuigkeiten (I)

Billie Rowan und John Santos waren gerade dabei, miteinander Schluss zu machen, als sie ihm sagte, sie sei schwanger.

Sie waren bereits drei Monate zusammen, und Billie hatte aufgehört zu arbeiten, damit sie immer zur Verfügung stand, wenn John sie wollte. Die Routine ihres Lebens war, dass sie keine Routine hatten. Sie verabredeten sich zum Beispiel nicht, und wenn John bereit war, sich mit ihr zu treffen, stand er vor dem Gebäude ihrer Mutter und zitierte sie mit einem Pfiff herbei, seinem typischen Markenzeichen, wie ein lauter, trillernder Vogel. Dieser Mann, dieser Gentleman, der um Erlaubnis gefragt hatte, ob er sie küssen dürfte, kam nie zu ihrer Tür, um sie abzuholen. Sie musste zu ihm kommen. Und dann hingen sie zusammen ab – bei Meeka, auf den Bürgersteigen von Schlobohm oder am Büdchen.

Häufiger jedoch hing er stattdessen mit seinen Freunden ab. Er war bis weit nach Mitternacht fort, und Billie wartete auf ihn, entweder bei Meeka oder bei ihrer Mutter, schminkte sich und machte sich so attraktiv wie möglich, in dem Wissen, dass er wegen des Sexes wieder zu ihr kommen würde.

Sie glaubte, dass sie ihn irgendwann herumkriegen würde, ihm klarmachte, dass er ihr wirklich viel bedeutete. Sie tat alles, was sie konnte, um ihn zu Hause zu halten. Wenn Freunde anriefen, richtete sie ihm keine Nachricht aus, und wenn sie vor der Tür standen, sagte sie, er sei nicht da. Sie drehte die Musik lauter, um ihr Pfeifen von der Straße zu übertönen, doch er ging sowieso jeden Abend.

Kurz über lang fühlte John sich von ihren Bemühungen eingeengt und angekettet. Sie war nett. Er mochte sie, liebte sie vielleicht sogar, doch ihm gefiel nicht, wie es sich anfühlte, dieser Wunsch, nur mit einer Person zusammen zu sein. Anfang Herbst entschied er, die Beziehung zu beenden, und wie es seine Art war, versuchte er, dass sie ihn zuerst verließ, damit es nicht seine Schuld wäre.

»Ich bin doch nur ein Penner«, sagte er mit einer Stimme, die so weich und glatt war wie seine Haut, in der Hoffnung, sich mit diesem Gesülze in die Freiheit zu reden. »Ich bin nicht gut genug für dich. Warum vergisst du mich nicht einfach.«

Als Antwort spuckte Billie ihm die Neuigkeit entgegen. Es war ihre Art, ihn zum Schweigen zu bringen, sich zu wehren und ihm auch weh zu tun. Und es war ihr Wetteinsatz, um ihn zu halten.

»Ich bin schwanger«, sagte sie, und ihre riesigen, goldenen Reifen an den Ohren zitterten beim Sprechen. »Und ich werde es wegmachen lassen.«

Billie wartete darauf, dass John das sagte, was sie hören wollte. Als nichts kam, drehte sie sich um und stampfte davon.

John war es nicht gewöhnt, dass Frauen ihn einfach so stehen ließen, und er tat etwas, was er noch nie zuvor getan hatte. Er lief ihr hinterher. Er folgte Billie durch Schlobohm und in das Haus ihrer Mutter. Zum ersten Mal in drei Monaten erklomm er die Stufen und klopfte.

»Du musst es entscheiden«, sagte er ihr. Doch wenn sie das Baby bekommen wollte, versprach er ihr, würde er »bei der Stange bleiben«.

Er warnte sie außerdem, sie solle nicht erwarten, dass er sich ändere.

»Wenn das hier deine Art von Test ist, um zu sehen, wo wir stehen oder so was, dann verarsch mich nicht«, sagte er. »Wenn du so was machst, weil du mich von der Straße fernhalten willst, dann raffst du nicht, dass das die einzige Familie ist, die ich habe.«

Billie verstand ihn, oder sagte das zumindest. Doch sein Besuch enthielt noch eine andere Botschaft, die viel lauter war als seine Worte. Wenn das Baby die Macht hatte, John Santos zu ihrer Tür zu bringen, dann, entschied Billie Rowan, würde sie dieses Baby ganz klar bekommen.

Klein Frankie

Alma Febles lief auf dem Kennedy Airport am American-Airlines-Terminal auf und ab und schaute aus dem Fenster, obwohl das Flugzeug erst Stunden später eintreffen sollte. Sie rauchte, mit einer Rate, die weit über ihren in den letzten Monaten üblichen vier bis fünf Packungen am Tag lag. Als sie ein Streichholz anriss, um sich die zehnte (oder vielleicht auch elfte) Zigarette anzuzünden, schloss sie eine Abmachung mit dem Himmel.

»Lieber Gott, hilf mir«, sagte sie laut und legte ihre Hände betend über ihre roten, müden Augen. »Wenn Frankie aus diesem

Flugzeug steigt, werde ich in meinem ganzen Leben nie wieder eine Zigarette rauchen.«

Ungefähr ein Jahr nachdem Alma ihre Kinder wieder nach Santo Domingo gebracht hatte, zog auch ihr zweiter Mann, Frankies Vater, wieder dorthin zurück. Der Tratsch trieb Richtung Norden zu Alma. Es hieß, er hätte in den Vereinigten Staaten viel Geld gemacht. Alma wusste nicht, wo das Geld hergekommen war, und sie wollte es auch nicht wissen.

Einige Monate hörte sie nicht viel über den Mann, bis zu einem Sommerabend, als sie im pfirsichfarbenen Haus in der Calle J-I anrief und ihr gesagt wurde, Frankie sei nicht da. Sein Vater hätte ihn abgeholt, erklärte das Hausmädchen ihr. Der Mann hätte gesagt, er sei sein Vater, also hätte sie Frankie gehen lassen. Nein, sagte sie, sie wüsste nicht, wann er wieder nach Hause käme. Er hätte keine Kleidung oder Ähnliches eingepackt, also würde er wahrscheinlich nicht lange fortbleiben.

In der ersten Woche war Alma beunruhigt, aber nicht panisch. »Vielleicht will er nur Zeit mit ihm verbringen«, sagte sie sich, obwohl sie sich nicht vorstellen konnte, woher dieser plötzliche Sinneswandel eines Mannes kommen sollte, der seinen Sohn in den letzten fünf Jahren kaum gesehen hatte. »Vielleicht ist es ja gut. Wenn ich nicht dort sein kann, vielleicht kann sein Vater dann für ihn da sein.«

Sie rief jeden Nachmittag zu Hause an, fragte beiläufig nach Frankie und schluckte schwer, wenn sie erfuhr, dass er nicht da war. Nach Anbruch der zweiten Woche hätte sie das Hausmädchen am liebsten angeschrien und ihr gesagt, wie unverantwortlich es gewesen sei, Frankie überhaupt mit diesem Mann mitgehen zu lassen. Doch dieses Jahr hatten bereits zwei Frauen unerwartet gekündigt und die Kinder einfach sitzen gelassen, während Alma 1.550 Meilen weit entfernt war. Also hielt sie ihre aufsteigende Wut im Zaum und führte dieselbe Unterhaltung, die sie mit dem Hausmädchen jeden Tag führte: »Wo ist er?« »Er ist bei seinem Vater.« »Ist er noch nicht zurück?« »Nein, er ist noch nicht wieder da.«

Nach zehn Tagen wurde ihr klar, dass Frankie nicht wiederkommen würde. Sie fand über den nachbarschaftlichen Flurfunk seine Nummer heraus, entschied jedoch, ihn nicht anzurufen. Sie vermutete, dass das einzige Ziel darin bestand, sie in Angst zu versetzen oder ihr weh zu tun, und wenn sie selbst mit ihm reden würde, wusste er, dass er damit erfolgreich gewesen war. Darüber hinaus waren all ihre Anrufe nach Santo Domingo R-Gespräche. Es wäre demütigend, wenn er die Kosten übernähme, und noch schlimmer, wenn nicht.

Stattdessen sagte sie ihrem Hausmädchen: »Ruf bei ihm an und sag, ich hätte angerufen. Frankie ist lange genug dort gewesen. Ich will ihn zurück.«

Am darauffolgenden Tag hatte das Hausmädchen eine Nachricht für Alma von ihrem Exmann. Sie las sie so vor, wie er sie ihr gegeben hatte. »Frankie kommt nicht zurück. Frankie bleibt bei mir.«

»Was hat er gesagt?«, fragte Alma, obwohl sie jedes Wort verstanden hatte.

»Er sagte, dass Frankie nicht zurückkommt«, sagte die Frau etwas langsamer und lauter, als hätte Alma ein Problem mit der Telefonverbindung und nicht der Nachricht selbst. »Er sagt, wenn Sie es mit ihm diskutieren wollen, sollen Sie ihn anrufen.«

An der Grenze zur Hysterie wählte Alma von der Arbeit aus die internationale Nummer. Sie würde es ihrem Boss später erklären.

»Wer hat dir dazu die Erlaubnis gegeben?«, heischte sie ihn an, als ihr Ex an den Apparat ging. »Warum bringst du Frankie nicht wieder nach Haus?«

»Frankie ist mein Kind«, sagte er und rammte dann ein Messer tief in Almas Seele. »Er ist bei mir besser aufgehoben als bei einem Hausmädchen, das ihn überhaupt nicht kennt«, sagte er. »Er ist mein Sohn, und er bleibt bei mir.«

Alma dachte an all die Nächte, die sie nicht geschlafen hatte, an die schweren, niederschmetternden Schuldgefühle, an die Gründe, warum sie ihre Kinder nach Santo Domingo gebracht hatte, und die Gründe, warum sie sie dort zurückgelassen hatte. Mit einer höhnischen Bemerkung hatte er das alles vom Tisch gewischt. Aus seinem Mund hörte es sich so an, als wäre es Egoismus, etwas, was sie tun wollte, als hätte sie für sich eine Entscheidung gefällt. Als sie wieder sprach, klangen ihre Worte wie ein tiefes, böses Grollen.

»Ich gebe dir vierundzwanzig Stunden, um ihn wieder nach Hause zu bringen. Es ist mein Kind. Ich habe sehr lange nichts von dir gehört. Du hast keine Ahnung, warum Frankie dort ist und nicht hier.«

Sie holte tief Luft. »Wenn ich morgen anrufe und Frankie nicht dort ist«, sagte sie, »dann komme ich nach Santo Domingo. Ich werde rüber zu deinem Haus kommen und dich und deine gesamte Familie umbringen. Der Unterschied zwischen dir und mir ist, dass die Leute denken, du seist verrückt. Aber du bist nicht verrückt. Ich bin es.«

Sie sprach schneller. Lautstärke und Tonhöhe nahmen zu. Das Grollen wurde zu einem Kreischen. »Entweder du bringst mir heute mein Kind, oder ich bringe dich und deine ganze Familie um. Der einzige Mensch, der das überlebt, wird Frankie sein, weil er mir gehört. Und das meine ich so.«

Alma knallte im Hinterzimmerbüro den Hörer auf und schlang die Arme um sich. Sie zitterte unkontrolliert und kämpfte gegen die Tränen. Sie dachte, wie verängstigt Frankie sein musste, fern von seinen Geschwistern, bei einem Vater, den er gar nicht wirklich kannte. Er konnte weder Leyda noch Virgilio noch Alma anrufen. Er kannte die Nummern nicht, und er wusste nicht, wie man ein Telefon bediente. Dann wurde ihr mit einem Schlag etwas sonnenklar: Frankie gehörte nicht nach Santo Domingo. »Er gehört nach Hause«, sagte sie, »zu mir.«

Sie suchte ihren Boss auf, erklärte den Anruf und bat um einen Kredit von 400 Dollar, mehr als ihr Wochenlohn. Dann rief sie ihren Ex-Mann wieder an und änderte die Einzelheiten ihrer Drohung. »Ich werde ihm ein Ticket schicken«, sagte sie. Es war Freitagnachmittag. »Du wirst Frankie am Sonntag ins Flugzeug setzen. Ich will, dass er nach Hause kommt.«

Der nächste Anruf ging an ein Reisebüro, eine Frau, die sie von ihren ganzen Reisen auf die Insel im vergangenen Jahr gut kannte. Es würde bis Montag dauern, um das Ticket zu übersenden, sagte die Frau, doch sie kannte jemanden, der Samstagmorgen nach Santo Domingo flog, vielleicht könnte sie das Ticket mitnehmen?

Alles wurde arrangiert, und die einzige offene Frage war, ob Almas Ultimatum wirken würde. Sie saß am Telefon und versuchte, sich so weit zu beruhigen, dass sie einen klaren Gedanken fassen konnte. Was konnte sie ihm sagen, um ihn einzuschüchtern? Glaubte er wirklich, dass sie ihn umbringen würde? In dem Moment fühlte sie sich durchaus dazu in der Lage, doch sie bezweifelte, dass er ihr glaubte. Wahrscheinlich verhöhnte er ihre Drohungen genauso, wie er ihre Gefühle verhöhnt hatte.

Sie tätigte einen letzten Anruf, den sie sich gar nicht leisten konnte. Es war ein Bauchgefühl, ein Wagnis, eine Hoffnung, dass sie einen zentralen Nerv treffen würde. »Wenn du Frankie nicht schickst«, sagte sie und versuchte weltgewandt und bedrohlich zu wirken, »werde ich nicht kommen und dich umbringen. Ich werde die amerikanische Botschaft anrufen und dich verklagen, um das Aufenthaltsrecht für Frankie zu bekommen. Du hast das Geld, aber Frankie ist ein amerikanischer Bürger. Ich werde dich hinter Gitter bringen, weil du Frankie gekidnappt hast«, sagte sie.

Nun rauchte sie und betete und hoffte, dass ihre Drohung ins Mark getroffen hatte. Frankies Flugzeug sollte um vier Uhr ankommen. Um zwei Uhr war Alma am Kennedy. Als die Stunden schließlich vergangen waren und die Passagiere anfingen auszusteigen, kniete sie sich am Gate auf den Teppich und begann zu beten. Ihre Gebete wurden zu einem Schluchzen, als ein Strom unbekannter Gesichter über den Flugsteig kam. Ihr Bruder, der sie zum Flughafen begleitet hatte, versuchte sie zu beruhigen. »So verrückt ist er nicht«, sagte er. »Er wird ihn in das Flugzeug gesetzt haben.«

Die Parade der Passagiere hörte auf. Der Pilot kam heraus, und der Kopilot, und immer noch kein Zeichen von Frankie. Der

Raum begann sich zu drehen, und Alma legte den Kopf auf die Knie, um nicht ohnmächtig zu werden.

»Mama«, sagte jemand, oder vielleicht war es auch nur in ihrer Fantasie. »Mama.«

Sie blickte auf, und da stand Frankie, zwei Grad dunkler und fünf Zentimeter größer als beim letzten Mal, an der Hand einer Stewardess.

Alma rauchte nie wieder eine Zigarette.

1990
Bürgermeister Spallone

Mary Dorman spürte einen Schwall persönlichen Triumphes, als sie im polnischen Gemeindezentrum im Publikum saß und auf den Beginn von Mayor Spallones Amtseinführung wartete. Sie hatte sich für das monumentale Ereignis extra ein neues Kostüm gekauft. Hanks Vereidigung war für die Öffentlichkeit zugänglich, und 1990, an diesem ersten Dienstag im neuen Jahr, füllten tausend Leute die Halle. Der Abschnitt, in dem Mary saß, war nur für geladene Gäste. Sowie sie sich gesetzt hatte, steckte sie sorgfältig die geprägte Karte in ihre Handtasche. So etwas bewahrte man auf.

Mary hatte hart gearbeitet, damit Hank Bürgermeister wurde. Genau wie der Kampf um die Siedlungen ihre erste Erfahrung als Demonstrantin war, war Hanks Kandidatur ihre erste Erfahrung als Wahlkämpferin. Sie durchlief alle rituellen Schritte eines Neulings im Wahlkampftanz, verteilte Flyer und nahm an politischen Kundgebungen teil. Und da es nicht irgendeine Stadt war, sondern Yonkers, machte sie neue, ungewohnte Erfahrungen. Sie wurde Teil der Gruppe, die Nick Wasicsko auf der Ostseite überallhin folgte und ihn an jeder Station seines Wahlkampfes aus dem Konzept brachte.

Und weil dies Yonkers war, dauerte es nicht lange, bis die Euphorie über Hanks Sieg in Missmut umschlug. Wie Nick vor zwei Jahren, war Hank mit einer ausstehenden Berufungsklage in den Wahlkampf gegangen und kurz nach der Wahl hatte er den Ton seiner Rhetorik gemildert.

»Wir werden uns nach der Entscheidung des Supreme Courts richten«, sagte er am Morgen nach der Wahl, als er nach dem ausstehenden Ergebnis der Berufungsklage gefragt wurde. »Darum geht es bei der Rechtsprechung, darum geht es bei uns. Wir hatten unseren Kampf. Wir erhalten unsere Entscheidung, und wir werden zusammenarbeiten, um voranzukommen.«

Worte wie diese, wie das Echo der Worte eines früheren frisch gewählten Bürgermeisters, erzürnten einige aus der Kerngruppe von Spallones Unterstützern. Bei einer Ratssitzung wenige Tage vor der Amtseinführung hatte Jack O'Toole, der Kopf der *Save Yonkers Federation*, das Wort ergriffen und den Mann angegriffen, für dessen Wahl er monatelang gearbeitet hatte. »Die Leute haben dich gewählt, damit du handelst und kämpfst«, sagte er. »Die Leute werden ungehalten. Die Alteinwohner werden unruhig.«

Mary war noch keine von denen, die unruhig wurden. Sie glaubte immer noch an Hank Spallone, hatte komplett an ihn geglaubt, seit sie ihn das erste Mal in den Tagen nach der tumultartigen Sitzung in der Saunders Highschool sprechen gehört hatte. Es war seine Stimme, wegen der sie sich für die Sache engagierte. Während des folgenden Jahres war er zu der Stimme geworden, die für die Sache stand. Und als er für die Bürgermeisterwahl kandidierte, war die Umwandlung komplett. Für Mary Dorman *war* Hank Spallone die Sache selbst.

Sie wusste viel über die Berufung beim Supreme Court, denn sie hatte es sich zur Aufgabe gemacht, viel über alles zu wissen, was Hank Spallone betraf. Im Fall *Henry G. Spallone vs. United States of America and Yonkers Branch – National Association for the Advancement of Colored People* wusste sie, ging es um die Frage, ob ein Abgeordneter mit einer Geldstrafe belegt werden konnte, weil er nicht so abgestimmt hatte, wie der Richter es angeordnet hatte. Die Verfassung schützte das Stimmrecht der Kongressmitglieder vor Zwang und Bestrafung, ein Schutz, der als »Grundsatz der politischen Immunität« galt. Über die Jahre hatten niedrigere Berufungsgerichte dieses Recht auch auf lokale Abgeordnete ausgeweitet. Doch bis Spallone vs. U.S. hatte es die Frage nie an den Supreme Court geschafft.

Am Tag vor der Anhörung hockte Mary über den seitenlangen Analysen in der Zeitung und schaffte es, trotz anfänglicher Verwirrung, die Argumente des Falles herauszufiltern. Die Anwälte des Ratsmitglieds waren der Ansicht, dass es für Judge Sand weniger extreme Arten gegeben hätte, den Sozialbauplan durchzusetzen, wie zum Beispiel, eine unabhängige Kommission einzusetzen, die den Rat außer Kraft gesetzt hätte. Die Anwälte der Regierung argumentierten, die politische Immunität würde hierbei nicht zum Tragen kommen, weil die Abgeordneten bereits zugestimmt hätten, sich an die Anordnung zu halten, und dann einen Rückzieher gemacht hätten. Die Frage, die die Richter beantworten mussten, war: Hatte Sand auf gefährliche Weise das Prinzip der Gewaltenteilung missachtet, indem er den Ratsmitgliedern sagte, wie sie zu wählen hatten? Würde eine Entscheidung zugunsten der Ratsmitglieder bedeuten, dass das Chaos regierte und gewählte Volksvertreter ihr Versprechen brachen, den Anordnungen des Gerichts Folge zu leisten?

Mary war sich nicht sicher, wie sie zum Thema Politische Immunität stand, doch hinsichtlich Hank Spallone war sie sich ziemlich sicher. Selbst wenn einige der anderen ihr Wort gebrochen hatten, dachte sie, sollte Hank sein Geld zurückbekommen, da er sich geweigert hatte, für das Anerkenntnisurteil zu stimmen und daher nie sein Wort gebrochen hatte. Bis zur Entscheidung würde es vielleicht noch Monate dauern, und Hank änderte nun unbestreitbar seinen Ton, doch Mary ließ sich nicht desillusionieren. Sie war einzig davon enttäuscht, wie einige ihrer Mitstreiter von *Save Yonkers* sich verhielten. Sie hörten »Regelbefolgung« und »Zugeständnisse«, obwohl Hank nichts davon sagte. Alles, was er sagte, war »abwarten und schauen«, und das war kein Zugeständnis, dachte Mary, wenn man sich sicher war zu gewinnen.

Was Hank über Gesetze und Geduld sagte, glaubte sie, zeugte nicht von Mäßigung, sondern von Stärke. Jetzt, wo er Bürgermeister war, versuchte er, sich auch so zu benehmen. Ihr war aufgefallen, dass er angefangen hatte, über sich in der dritten Person zu sprechen. »Mr Spallone hat das Anerkenntnisurteil nie unterstützt«, »Hank Spallone hat seinen Standpunkt nicht ein Jota verändert«. Viele mächtige Leute taten das gern, stellte sie fest. Und er wirkte eindeutig wie ein Bürgermeister, als er im vollgepackten polnischen Gemeindezentrum vereidigt wurde. Er sprach frei, verband die Zukunft von Yonkers mit der Zukunft von Osteuropa, die sich im Veränderungskampf befand, nachdem der Kommunismus gescheitert war.

Am Ende seiner Rede beschenkte er das polnische Gemeindezentrum mit Erinnerungs-Straßenschildern. Auf dem einen stand »Lech Walesa Drive«, auf dem anderen »Solidarity Square«.

»Vielleicht wird es das sein, was diese Stadt und ihren Rat zusammenhält – Solidarität –, und ich würde mir wünschen, dass Solidarität das ist, was unsere Stadt auszeichnet.«

—

Als der Supreme Court acht Tage nach der Vereidigung seine Entscheidung fällte, waren es gute Nachrichten. Die Richter kippten die Geldstrafen der Ratsmitglieder mit einem Wahlergebnis von 4 zu 5. Es war nur eine knappe Mehrheit – und annullierten die Geldstrafen für Missachtung des Gerichts nicht vollständig, sondern entschieden, Judge Sand hätte in dieser speziellen Instanz zu schnell gegen die Ratsmitglieder entschieden. Er hätte ihnen einen »angemessenen Zeitraum« geben müssen, um festzustellen, ob die lähmenden kommunalen Geldstrafen sie zur Regelbefolgung zwangen. Die Richter ließen die Frage, ob die Geldstrafen das Recht zur freien Rede und die politische Immunität verletzten, komplett außen vor.

Mary las jedes einzelne Wort der Analyse in der Zeitung. In allen Artikeln war davon die Rede, dass die Entscheidung zwar ein Sieg für den Stadtrat sei, sie aber keinen Einfluss auf die Verfügung zum Bau der Sozialsiedlungen hätte, gegen die bereits Revision eingelegt worden war. Selbst Chief Justice William Rehnquist, der die Mehrheitsmeinung ausformulierte, wählte seine Worte vorsichtig: »Die strittige Frage, die uns vorliegt, ist verhältnismäßig eng gefasst. Es kann keine Rede davon sein, dass Yonkers sich nicht der Rassendiskriminierung schuldig gemacht hat …« Für Mary hörte sich das nicht so an wie die rechtliche Lücke, die Hank versprochen hatte, doch anstatt ihr Vertrauen in ihn infrage zu stellen, begann sie, an sich selbst zu zweifeln. Vielleicht las sie das Falsche daraus, dachte sie. Vielleicht war es etwas, was zu kompliziert für sie war.

Es beruhigte sie, dass Hank die Entscheidung als einen Grund zum Feiern ansah. Als er die Nachricht erhielt, bestellte er eine Kiste Korbel-Brut-Rosé-Champagner und ein zwei Meter langes Sieges-Sandwich für eine spontane Party im Rathaus. »Ich denke nicht, dass dies das Ende ist«, sagte er und hob das Champagnerglas. »Ich denke, dies ist erst der Anfang.« Und wenn Hank Spallone das glaubte, dann glaubte Mary Dorman das auch.

John geht ins Gefängnis

Billie war im vierten Monat schwanger und träumte von einem Leben glücklich bis ans Ende ihrer Tage, als John festgenommen wurde. Sie band sich einen neuen Seidenschal um den Kopf, knöpfte eines seiner alten, bunten Hemden über ihrer sich weitenden Taille zu und besuchte ihn in einem faulig riechenden Besucherraum auf Rikers Island, wo er ihr erzählte, dass nichts davon seine Schuld gewesen sei.

Es hatte alles einige Monate zuvor angefangen, erklärte er und senkte seine sexy Süßholz-Stimme fast zu einem Flüstern. Bald nachdem er und Billie zusammengekommen waren, sagte er, sei er eines Abends mit seinem guten Freund Stash ausgegangen. Er wollte an jenem Abend Billie entkommen, die ihn zu viel in Beschlag genommen hätte: »Ich musste mal raus.« Er war hier das Opfer. Und irgendwie war Billie der Bösewicht.

Er und Stash waren Richtung Süden gefahren und in der Bronx gelandet, »wie üblich«, sagte er, wo sie »Party gemacht haben und in ein paar Clubs gegangen sind«. In einem dieser Clubs, sagte er, »hat Stash mich einem anderen Typen vorgestellt, den ich nicht kannte, aber ich habe Stash vertraut, ich hab seinem Urteil vertraut«.

»Dann sind wir wieder zurückgekommen, und es hat angefangen zu regnen. Ich hab gesagt, wir können die Bahn nehmen, aber die anderen Typen wollten nicht. Diese Mädels sind im Auto vorbeigekommen, und Stash hat ihnen gesagt, sie sollten anhalten. Also haben sie das gemacht, und wir haben angefangen zu quatschen, und sie sagten, sie könnten uns mitnehmen.«

Stashs namenloser Freund saß mit zwei Mädchen vorn, während John und Stash mit den beiden anderen hinten saßen.

»Wir haben alle gelacht und so. Also haben sie nach unseren Namen und Telefonnummern gefragt, und ich hab ihnen meine gegeben. Nicht meinen echten Namen. Nur Hot. Aber ich habe ihnen die echte Nummer gegeben.«

Dabei hätte er gar nicht mitbekommen, sagte er, dass die anderen das nicht getan hätten.

»Dann, ein bisschen später«, erzählte John weiter und lief sich langsam warm, »versuchte Stashs Freund eines der Mädchen zu berauben, und alle Mädchen fingen an zu schreien. Und ich so: ›Was ist denn hier los?‹ Und wir sind alle weg, und ich dachte, das wär's gewesen. Aber wahrscheinlich ist eine von denen zu den Bullen hin, und ich war der Einzige, den sie finden konnten, weil ich der Einzige war, dessen echte Nummer sie hatten. Und jetzt wollen sie mich wegen Raubüberfall zweiten Grades drankriegen.«

Seine Ausreden waren so ernst und so detailliert, dass er sie selbst zu glauben schien. Seine Stimme war so selbstsicher und so weich, dass auch Billie entschied, die Geschichte zu glauben.

John schloss einen Deal ab und plädierte auf ein Jahr, von dem er acht Monate absitzen müsste. Er sagte Billie, dass ihr Besuch im Knast ihn davon überzeugt hätte, dass sie beide zusammengehörten.

»Meine Freunde haben mich sitzengelassen, die Bullen haben mich eingeschüchtert, und du hast mir geglaubt«, sagte er.

Billie versprach, sie würde auf ihn warten. John versprach, er würde sich ändern.

Wenn Norma O'Neal und Pat Williams sich stritten, dann taten sie das auf die kurz angebundene Weise, die nur Freunden vorbehalten ist, die sich schon seit Jahren kennen. Pat ist Normas beste Freundin. Sie lernten sich 1983 kennen, als beide im Kaufhaus Lilian Vernon arbeiteten und Norma regelmäßig hörte, wie »Pat Williams« über die Lautsprecheranlage gerufen wurde. Eines Tages traf Norma die Frau, deren Name ihr so vertraut war. »Du bist also Pat Williams«, sagte Norma ernst. »Von dir habe ich schon viel gehört.«

Ein paar Leute in Normas Kreisen würden sich als ihre beste Freundin bezeichnen, doch sein Augenlicht zu verlieren, ist ein echter Prüfstein für eine Freundschaft, und in den Monaten, in denen ihre Sicht schlechter wurde, stellte Norma fest, wer ihre wirklichen Freunde waren. Da waren natürlich ihre Kinder, und Phyllis Pearl, die jeden Nachmittag vorbeikam, um ihr die Post vorzulesen. Und Pat Williams, die fast alles andere erledigte. Als Norma keine andere Wahl blieb, als ihren Job aufzugeben, half Pat ihr, einen Behindertenschein zu beantragen. Als der Behindertenschein abgelehnt wurde, kam Pat die drei Meilen von ihrem Haus bis nach Schlobohm, um Norma zu helfen, die Ablehnung zu entschlüsseln und ihn erneut zu beantragen. Als Normas Einkommen von 335 Dollar die *Woche*, die sie als Pflegerin verdiente, auf 189 Dollar im *Monat* fiel, die sie von der Wohlfahrt bekam, schien Pat immer mit ein paar zusätzlichen Lebensmitteln oder etwas Bargeld für sie da zu sein. Norma protestierte, doch Pat wollte nichts davon hören. Sie nahm an, Norma hätte dasselbe für sie getan.

Die Loyalität dieser Verbindung gab Pat das Recht, ihre Meinung zu sagen. Eines Januarmorgens sprach sie von einer bevorstehenden Demonstration. Sie hatte in der Kirche davon gehört, dass ein Demonstrationsmarsch Pro-Sozialbau – »ein Marsch von uns Schwarzen« – auf der Ostseite geplant war. Pat ging hin und wollte, dass Norma mitkam.

»Es ist Zeit, dass die Leute hier ihren eigenen Kampf kämpfen, anstatt ihn den Gerichten und Anwälten zu überlassen«, sagte Pat. »Wie kommt es, dass die einzigen Leute, die darüber reden, nur die Weißen sind? Wie kommt es, dass man in den Nachrichten nur weiße Gesichter sieht? Sie wollen uns da drüben nicht wohnen haben, na ja, weil sie uns nicht kennen. Sie haben uns nie gesehen. Und wessen Schuld ist das? Es wird auch deine Schuld sein, wenn du einfach nur hier drüben bleibst und nichts tust.«

Norma schüttelte den Kopf und strich sich dann eine verirrte Strähne ihres stahlgrauen Haares zurück. »Ich werde niemandem vorschreiben, wen oder was er zu wollen hat, das macht es nur noch schlimmer. Lass es doch auf sich beruhen.«

»Du hast Angst«, sagte Pat. Teils war es eine Feststellung, teils eine Anklage.

»Angst davor, unnötigen Ärger zu verbreiten.«

»Also, ich bekomme nicht so schnell kalte Füße«, sagte Pat. »Wir sollten den Leuten zeigen, dass wir die gleichen Menschen sind wie sie. Dass wir das möchten, was sie auch möchten.«

»Sie werden nur sehen, dass wir wollen, was sie *haben*«, sagte Norma. »Sie sehen nur, was sie sehen wollen.«

Die Unterhaltung in Normas Wohnzimmer war die kleine Version einer Debatte, die sich in den Wochen seit Hank Spallones Wahl zum Bürgermeister in vielen Minderheiten-Gemeinden von Yonkers abspielte. Die Frage im Zentrum dieser Diskussionen wurde in verschiedenen Stadien politischer Korrektheit zum Ausdruck gebracht, doch der Kern der Frage war: Wo blieben die Schwarzen? Wo blieben all die Menschen mit anderen Hautfarben? Seit Jahren wurde Yonkers von Protesten erschüttert, doch es waren alles Proteste *gegen* die Sozialbauten. Ratssitzungen waren voll von zornigen Gesichtern, doch fast alle diese Gesichter waren weiß.

Ihre Abwesenheit war Teil einer gezielten Strategie. Vom ersten Tag der Gerichtsverhandlungen an hatte das NAAPC entschieden, den edlen Weg zu beschreiten, und seine Mitglieder gedrängt, ruhig zu bleiben, die Gerichte zu bearbeiten und nicht die Straßen. Es wäre nicht hilfreich für ihr Ziel, glaubten sie, wenn jeden Abend in den Nachrichten wütende Weißen von wütenden Schwarzen angegriffen würden. Die Strategie ging insofern auf, als dass sie die direkte Konfrontation verhinderte. Doch es war ein Erfolg mit Nebenwirkungen. Die Unterstützer der Sozialbauten verhielten sich so ruhig, dass sie kaum zu existieren schienen. Nick verfluchte sie im Stillen auf den Sitzungen, mit dem Gefühl, alleingelassen worden zu sein und den Kampf eines anderen zu kämpfen. Mary wiederum sah in ihrer Abwesenheit den Beweis dafür, dass die Minderheiten-Bewohner der Westseite mit ihnen einer Meinung waren und die neuen Sozialbauten auch nicht wollten.

Über die Jahre gab es grollenden Protest der Westseite, von Leuten, die argumentierten, es sei erniedrigend, die Schwarzen zu bitten, ihre Wut zu unterdrücken, damit die Weißen nicht verängstigt würden. Doch man hielt dieses Grollen in Schach, und die Strategie der Zurückhaltung wurde gefahren, solange es jemanden gab, der ihren Kampf für sie auszutragen schien. Aber im Januar 1990 gab es niemanden mehr. Nick Wasicsko, dessen Hauptbotschaft die Einhaltung von Regeln war, hatte man aus dem Amt gewählt und durch den aufsässigen Hank Spallone ersetzt. Zum ersten Mal hatte sich ein Berufungsgericht – der Supreme Court – gegen einen Richter gewandt. Die öffentliche Meinung ist ein fließendes, unvorhersehbares Ding, und wovon man noch nie gehört hatte, konnte am nächsten Tag schon nicht mehr aufzuhalten sein. Schon bald nach dem Entscheid des Supreme Courts war auf der Westseite die Rede von Demonstrationen und Sitzblockaden. Das Thema war ansteckend. Ein Thema, über das so vorher noch nie gesprochen worden war.

Pat Williams ging am Sonntag in die Messiah Baptist Church und hörte Reverend Darryl George zu, der die vierhundert Mitglieder seiner Gemeinde aufforderte, auf die Ostseite zu marschieren. Die Route, sagte er, wäre geheim, weil andere versuchen könnten, sie aufzuhalten. Doch es wäre Zeit, sagte er, »die Wand des Rassismus in Yonkers niederzureißen«. Die Demonstration war nur der Anfang einer neuen Sichtbarkeit »von Menschen mit Farbe und Gewissen«, die nicht länger passiv bleiben wollten.

»Wir sind bisher still und untätig gewesen«, sagte er. »Wir haben dem Gericht erlaubt, in unserem Namen zu sprechen. Jetzt sind wir der Meinung, dass es ein höheres Gericht gibt – ein moralisches Gericht. Genug ist genug. Es ist Zeit für einen Neuanfang.«

Der umstrittenste Teil von Georges Ankündigung war nicht die Demonstration, sondern wen er dazu geladen hatte. Reverend Al Sharpton und der Anwalt Alton Mattox würden mitmarschieren, sagte er, und sie würden Busladungen an Unterstützern von außerhalb mitbringen. Sie würden auch für mediale Aufmerksamkeit sorgen, denn Kontroversen und Publicity folgten den beiden Männern überall hin. Sharpton und Mattox waren beide Ratgeber von Tawana Brawley gewesen, dem schwarzen Teenagermädchen, deren Behauptung, sie wäre von einer Gruppe weißer Männer vergewaltigt worden, international für Schlagzeilen gesorgt hatte, später jedoch vor einer Grand Jury als Schwindel entlarvt worden war. Der New Yorker Generalstaatsanwalt Robert Abrams nannte Sharpton »erbärmlich, beschämend, verwerflich und unverantwortlich«, doch George sah in ihrem Ruf und ihrer Sichtbarkeit einen wertvollen Beitrag zur Sache.

»Man hat uns niedergemacht«, sagte er, »und nun erheben wir uns!«

Ihm folgte Sharpton, der kurz darauf eine Nachrichtenkonferenz abhielt, um die Kunde zu verbreiten: »Das hier ist kein One-Night-Stand, das hier ist eine Hochzeit, und wir werden uns die mieseste Honeymoon-Suite der Ostseite aussuchen und Gesellschaftsverkehr betreiben.«

Die Ankündigung der Demo brachte überall unter den Minderheiten Yonkers' das Thema an die Öffentlichkeit. Sich zu wehren war etwas gewesen, über das bisher niemand geredet hatte. Jetzt redeten alle darüber. Die Debatte wurde lauter und öffentlich, drängend und allgegenwärtig, und die Trennlinien in der Gemeinschaft spiegelten bekannte Muster wider.

»Es geht zurück auf den klassischen Fall von Malcom X, der gesagt hat ›Wenn du mich schlägst, schlage ich zurück‹, während King sagte ›Wer dich schlägt, dem halte auch die andere Wange hin‹«, sagte Herman Keith, ein Westchester-County-Abgeordneter und erster offiziell gewählter schwarzer Amtsträger Yonkers'.

Norma war mit Martin Luther King einer Meinung. Pat war auf Seiten von Malcom X. Pat schloss sich der Demo an. Norma blieb zu Hause.

Es waren fast vierhundert Demonstranten, meistens Schwarze und Latinos, die sich am Samstagmorgen vor der Messiah Baptist Church versammelten. Zur verabredeten Stunde bildete das Gewühl eine Parade, mit Sharpton, George und Mattox an der Spitze. Es war mehr ein Spaziergang als ein Marsch, und er hatte nichts von dem Drama und der Gewalt der Menschenrechts-Demonstrationen vergangener Jahrzehnte, ohne Wasserwerfer aus Selma oder Kampfhunde aus Birmingham. Nichts von all den Szenen, die sich seit Pats Kindheit in ihr Gedächtnis eingegraben hatten. Genau genommen überstieg die Anzahl der einhundert Polizisten in voller Kampfmontur die Zuschauer am Wegesrand bei weitem. Es war, als hätte ganz Yonkers beschlossen, sie zu ignorieren.

Zwei Stunden später näherten sich die Demonstranten nach fünfeinhalb Kilometern der School 4 an der Trenchard Street. Obwohl man das Ziel geheim gehalten hatte, lag es auf der Hand, dass die Schule das Ziel dieser Kundgebung war. Das riesige, einst stolze Backsteingebäude, nun verbarrikadiert und verfallen, war lange das symbolische Herz der Bauproteste gewesen. Als Judge Sand seine Verfügung aussprach und Oscar Newman es oben auf seine Liste der Baugrundstücke für die neuen Reihenhäuser setzte, war das Gebäude bereits für den Abriss vorgesehen. Die Bewohner des Viertels kämpften erbittert mit einer neu entfachten Liebe zu dem unkrautüberwucherten, mit Graffiti übersäten Bauwerk und bestanden darauf, dass es ein wichtiger Bestandteil des Viertels sei. Der Einfachheit halber ignorierten sie die Tatsache, dass das Gebäude – gebaut im Stil der industriellen Revolution wirkte es wie eine Fabrik – hässlich war.

Man hatte es auf das *National Register of Historic Places* setzen lassen, nur um festzustellen, dass es dadurch nicht automatisch vor dem Abriss geschützt war. Man entwarf Pläne, um es in ein Gemeinde-Erholungszentrum umzuwandeln. Lokale Demonstranten mähten die Wiese und hielten eine Geburtstagsparty – komplett mit Eiscreme und Torte – für das 104 Jahre alte Gebäude ab.

Welchen besseren Ort gäbe es also, um eine Pro-Sozialbau-Kundgebung abzuhalten, als School 4? Als die Demonstranten sich dem todgeweihten Gebäude näherten, steigerten sich ihre Energie und ihr Enthusiasmus. »Wisst ihr was?«, riefen sie vergnügt. »Wir ziehen jetzt hier ein!«

»Verschwindet, Nigger!«, rief jemand aus der Anonymität eines Bürogebäudes, eine der ersten Reaktionen, die die Demonstranten an diesem Tag zu hören bekamen.

»Wir wollen euch hier nicht«, sagte eine andere Stimme aus einem Ladeneingang.

Und als die Gruppe links auf die Trenchard Street und auf den Schulhof einbog, hörte Pat jemanden deutlich rufen: »Geht zurück in euer eigenes Viertel!«

Pat fuhr zurück in ihr eigenes Viertel, und zwar in einem der gemieteten gelben Schulbusse, die darauf warteten, die Demonstranten wieder auf die Westseite zu fahren. An jenem Abend saß sie in Normas Wohnzimmer und erzählte ihr alles, was an diesem Tag passiert war. »Du hättest dabei sein sollen«, sagte Pat. »Wir haben ihnen gezeigt, dass wir uns nicht herumschubsen lassen.«

»Hat euretwegen irgendwer seine Meinung geändert?«, fragte Norma.

»Wahrscheinlich nicht«, sagte Pat.

»Wenn diese Gebäude gebaut worden sind, werden Schwarze dort einziehen müssen«, sagte Norma. »Ihr habt es ihnen nur noch schwerer gemacht. Das ist alles.«

Doreens Vater findet es heraus

Jaron James war ein quirliger Zweijähriger, der an der Hand seines Opas zerrte, als sie den grasüberwucherten Weg Richtung Building Two in Schlobohm gingen. Doreen ging einige Schritte hinter ihnen und bewunderte wie so oft die ungetrübte Freude ihres Sohnes über die einfachsten Dinge des Lebens. Sie hatte Fotos von sich gesehen, mit demselben strahlenden Lächeln, und sie fragte sich, wann sie es verloren hatte und wann Jaron seines verlieren würde.

Von all seinen Lieblingsdingen, und davon gab es viele, standen die Besuche seines Opas ganz oben auf der Liste. Warren James kam so oft es ging nach Schlobohm. Er sagte, er käme nur, um Jaron zu sehen, doch Doreen wusste, dass er sich immer noch um sie sorgte. Er hielt ihr nie Vorträge über das Leben, das sie gewählt hatte, und fragte sie nie laut, ob dies nun die Unabhängigkeit wäre, die sie sich vorgestellt hatte. Er brachte nur seine Geschenke mit und seine Umarmungen. Nach jedem Besuch sagte er zum Abschied: »Du weißt, wo du uns findest, wenn du uns brauchst« oder »Unsere Tür steht immer für dich offen«.

Doreen folgte Warren und Jaron durch die ramponierte Haustür des Gebäudes und holte dann zu ihnen auf, als ihr Vater ihren Sohn auf den Arm nahm, damit er den Knopf für den launischen Fahrstuhl drücken konnte. Als er wieder abgesetzt wurde, fiel Jarons aufmerksamer Blick auf etwas, und er bückte sich, um eine zerbrochene Crack-Ampulle vom Betonboden aufzuheben.

»Nein, Jaron, heiß!«, brüllte seine Mutter. Er wusste aus Erfahrung von den Schlobohm-Heizkörpern, dass »heiß« etwas war, das er nicht anfassen durfte. Sie packte den Jungen fest am Unterarm und schüttelte ihn heftig, bis die Ampulle aus seiner pummeligen Hand fiel und vor seinen Füßen zerschellte. Dann öffnete Doreen seine Handfläche und rieb mit ihrem Hemdzipfel seine Hand ab, bis er anfing zu weinen.

»Entschuldigung, das tut Mommy leid«, sagte sie und wusste, dass sie mehr abzuwischen versuchte als nur den Schmutz der Ampulle.

Die Tür des Fahrstuhls öffnete sich, und sie führte Jaron hinein.

»Dreckige Junkies lassen ihren Müll rumliegen, wo anständige Leute leben wollen«, sagte sie, als ihr Vater sich neben sie stellte. »Warum müssen sie ihren Scheiß ausgerechnet hier machen?«

Warren James sagte nichts, als der Fahrstuhl nach oben ruckelte. Dann, als sie Doreens Etage, den siebten Stock erreichten, sagte er: »Die Leute reden darüber, was andere Leute tun. Aber sie tun genau dasselbe.« Er sprach leise, fast flüsternd, doch seine Worte hatten die Kraft einer Explosion.

An diesem Nachmittag erwähnte keiner mehr die Drogen. Als Warren sich von seiner Tochter verabschiedete, war seine Umarmung steif. »Du weißt, wo du uns findest, wenn du uns brauchst«, sagte er.

In dieser Umarmung spürte Doreen die Enttäuschung ihrer Eltern. In den folgenden Wochen schickten sie immer noch Pakete für Jaron, doch ihre Besuche wurden seltener und kürzer. In den nächsten paar Monaten war sie sehr einsam. Ihre Eltern vertrauten ihr nicht länger. Sie wiederum vertraute ihren Eltern nicht mehr, denn sie war sich sicher, dass eine von ihnen gepetzt hatte.

Die Traurigkeit, die bereits ihre ganzen Tage schluckte, wurde tiefer, und sie brauchte mehr Drogen, um ihr zu entkommen. Ihre Sucht nahm zu, ihre finanziellen Mittel jedoch nicht, da niemand in der Familie ihr mehr Geld lieh. Sie lieh sich etwas von Freunden, wenn sie konnte, doch am meisten »lieh« sie sich etwas von Jaron. Eine nach der anderen, brach sie ihre eigenen Regeln, baute den imaginären Zaun ab, der sie davon abhielt, eine von »ihnen« zu werden. Manchmal war keine Milch im Haus und Jaron trank Wasser. Manchmal konnte sie sich nicht daran erinnern, ob sie ihn überhaupt gefüttert hatte. Er schlief nicht immer, wenn sie rauchte. Wenn er sie unterbrach, brachte sie ihn zum Schweigen und schickte ihn zurück ins Bett.

Jeder Tag, jeder Augenblick wurde zu einem Teil einer immer schneller abwärts führenden Spirale. Wenn sie high war, war sie nicht high genug; es fühlte sich nicht mehr so rein und perfekt an wie früher. Wenn sie nicht high war, ging es ihr schlecht. Von Übelkeit geplagt, erschöpft und zutiefst depressiv, bewegte sie sich noch langsamer als üblich.

Eines Nachts, der schlimmsten Nacht, hatte sie bereits alles geraucht, was sie hatte, und brauchte mehr. Sie durchwühlte ihre wenigen Schubladen, suchte nach Geld oder einer vergessenen Ampulle. Selbst der Rest von Crackpulver, vermischt mit ein paar Staubflusen würde reichen. Während sie suchte, dachte sie über andere Wege nach, wie sie an mehr Drogen kam. Sie konnte nicht stehlen. So verzweifelt war sie noch nicht. Sie wusste, dass die Dealer unten manchmal Sex als Bezahlung akzeptierten. Schaffte sie das? Ihr Körper, bereits taub und abgestumpft, war nur etwas, aus dem sie fliehen wollte. Vielleicht könnte sie es.

Genau da fiel ihr in Jarons Zimmer das kleine Goldkreuz in die Hände, das sie anstelle des Verlobungsringes bekommen hatte. Es war das einzig Wertvolle im Haus. Sie hielt es an der Kette hoch und betrachtete, wie es leicht hin und her schaukelte. Was würde es wert sein? Zehn Ampullen? Fünfzehn Ampullen? Mehr? Dann, mit einem lebensverändernden Fingerschnippen, ließ sie die Kette zurück in die Schublade fallen.

Sie hatte den Tiefpunkt erreicht. Weinend und zitternd ging sie zum Telefon und rief ihre Eltern an.

»Ich brauche Hilfe«, sagte sie sehr leise. »Ich habe es satt, alles sattzuhaben. Mommy, bitte hilf mir.«

Die Eltern kamen von New Jersey angereist und holten ihre Tochter nach Hause.

Alma holt die Kinder nach Hause

Im Frühjahr 1990 wurde Alma klar, dass es Zeit war, die Kinder zurück nach Schlobohm zu holen. Genau wie es keinen bestimmten Moment gegeben hatte, an dem sie entschied, aus Yonkers zu fliehen, gab es auch diesmal keinen einzelnen Anlass, der zu der Entscheidung führte. Stattdessen war es das Gefühl, dass Virgilio und Leyda immer weiter und weiter weg zu sein schienen, je mehr Monate ins Land gingen.

Sie war nicht da, als Leyda vom Nachbarshund gebissen wurde und dann den Biss eine Woche lang versteckt hielt, bis die Wunde sich stark entzündete. »Erzähl es nicht deiner Mom«, hatte der

Nachbar gesagt, und Leyda tat es nicht, aus Sorge, Alma würde böse werden. Schließlich bekam es ein Freund der Familie mit und Leyda wurde im Krankenhaus ein Antibiotikum verabreicht.

Genauso wenig war sie da, als Virgilio einem Freund half, an einem alten Laster herumzubasteln, der anscheinend permanent auf Steinblöcken vor seinem Haus stand. Eines Tages, als Virgilio und einige Freunde versuchten, den rollenden Schrotthaufen zu starten, und ihn anschoben, rollte eines der rechten Räder über Virgilios Fuß. Mit dem Rad auf seinem Spann, schlitterte er ein gutes Stück mit, und dieses Mal konnte der Besuch im Krankenhaus nicht aufgeschoben werden. Als er Alma von dem Unfall erzählte, fragte sie, welchen Sinn es hätte, kaputte Laster anzuschieben.

»Jeder hier tut sich ständig weh«, antwortete er. »Alles, was hier Spaß macht, ist gefährlich.«

Was Alma noch mehr sorgte als die Rastlosigkeit ihrer Kinder, war deren wachsende Angst. Über die Zeit bekamen sie Angst vor dem Haus, sicher, dass es vom Geist eines alten Mannes heimgesucht würde, der dort gestorben war, während er in seinem Schaukelstuhl gesessen hatte. Es gab mehrere Schaukelstühle in Almas Haus in der Calle J-1, und Virgilio schwor, dass sie manchmal von alleine anfingen zu schaukeln. Eines Abends, als er sich bettfertig machte, »haben die Fenster sich von selbst geschlossen«, erzählte er Alma. »Ich hatte meine Hosen schon halb unten und bin einfach aus dem Haus gerannt. Nur in Hemd und Unterhose. Die Leute haben mich komisch angeguckt.« Er rannte zum Haus seiner Großmutter und verbrachte die Nacht dort.

Alma glaubte, dass Virgilio nicht nur Geschichten erzählte – er sah diese Dinge wirklich. Vielleicht spielte sein Gehirn ihm einen Streich, weil er fort wollte. Vielleicht spukte es tatsächlich in dem Haus und die seltsamen Ereignisse waren ein Zeichen, dass es Zeit für ihn war zu gehen. Aber wenn die Kinder dort in Gefahr waren, wo sie lebten, und davor Angst hatten, dann konnten sie ebenso gut in ihrer Nähe in Gefahr sein und Angst haben. Immer häufiger dachte Alma während ihrer schlaflosen Stunden mitten in der

Nacht an die Jahre in Santo Domingo, als sie selbst darauf gewartet hatte, zu ihrer Mutter in die Vereinigten Staaten auszureisen. »Ich habe meiner Mutter so große Vorwürfe gemacht, weil sie mich so lange allein gelassen hat«, entschied sie. »Ich kann nicht dasselbe machen. Wir sind eine Familie. Wir sind zu viert. Wir gehören zusammen.«

Im Mai 1990, nachdem Leyda und Virgilio ihr Schulsemester beendet hatten, zogen sie zu viert wieder in Yonkers ein. Alma, erschöpft von drei Jahren Sorgen und Schuldgefühlen, schlief fast drei Tage am Stück. Während sie schlief, machten die Kinder sich Hamburger, die ein unerschwinglicher Luxus auf der Insel waren, und badeten stundenlang mit viel Schaum, denn das Pfirsich-Haus hatte nur eine Dusche gehabt. Sie stießen einander in der engen Wohnung in die Rippen, zankten sich, wie es nur Geschwister tun, und gewöhnten sich daran, wieder zusammen zu sein. Als Alma aufwachte, beschwerten sie sich bereits, wieder »nach Hause« zu wollen.

Doch Alma wusste, was ihre Kinder nicht wissen konnten – es gab kein »Zuhause«. Viele Dinge waren ihr über die Jahre, seit sie ihre Familie nach Santo Domingo gebrachte hatte, klargeworden, und das Härteste daran war einzusehen, dass sie eigentlich kein »Zuhause« hatte. Lange Zeit hatte sie geglaubt, dass sie, wenn das Leben in Yonkers unerträglich würde, wieder zurück in die Vergangenheit, auf die Insel ihrer Kindheit fliehen könnte. Doch das hatte sie probiert und war gescheitert. Der Traum war zerplatzt wie eine Seifenblase. Santo Domingo war keine Antwort auf ihre Probleme. Doch bedeutete es, dass es keine Antwort gab?

Kein Ort für ein Baby

John Billie Santos III war erst wenige Wochen alt, als Billie Rowan ihn nach Rikers Island brachte, damit er seinen Vater kennenlernte. Billies Mutter versuchte, ihr die Fahrt auszureden, und fragte: »Warum bringst du ein Baby an einen solch abscheulichen Ort?«

Doch Billie konnte es nicht erwarten, ihrem Mann seinen Sohn zu zeigen.

Sie nahm den Bus, stieg ein Mal um, und dann die U-Bahn bis zur Queens Plaza Station. Dort wartete sie auf den orangefarbenen Bus, der sie nach Rikers brachte, wo sie den Inhalt ihrer Handtasche und ihrer Jacke auf dem Tisch im großen, trostlosen Warteraum ausbreitete. Als die Wächter ausgeschlossen hatten, dass sie Schmugglerware bei sich trug, wurde ihr erlaubt, einen weiteren Bus zu besteigen, einen blauen, auf dem CIFM stand. Der brachte sie zum *Correctional Institute for Men*, einem der zehn Einzelgefängnisse auf der Insel, wo John seine Zeit absaß.

Die gesamte Fahrt dauerte über drei Stunden, und als sie einen Platz in dem Gemeinschaftsbesucherraum gefunden hatte, war sie fast so schlecht gelaunt wie ihr Baby. Viele lange Minuten verstrichen, bevor John auftauchte, und sie versuchte, im grellen Licht eines vergitterten Fensters ihr Make-up zu prüfen, während sie sich gleichzeitig im Stillen ermahnte, ihre Gefühle für sich zu behalten. Sie musste so sein, wie John es von ihr erwartete.

Ihre Beziehung während seiner Monate im Gefängnis war weitaus besser gewesen als die Zeit, die er zu Hause verbracht hatte. Sie schrieben sich fast täglich Briefe, lange, romantische Liebeserklärungen, und Johns Worte auf Papier hatten dieselbe überwältigende Wirkung, als kämen sie aus seinem Mund. Nach ihrer Ultraschalluntersuchung plauderte Billie aus, dass sie einen Sohn bekämen. Zuerst war John böse – er hatte gewollt, dass es eine Überraschung bleibt –, doch schon bald war er stolz und hatte nun einen Grund, »sich niederzulassen, wieder zur Schule zu gehen und dann aufs College. Ich will mich meiner Familie widmen.«

Es war Billies Idee, dem Jungen ihre beiden Namen zu geben, als Symbol, seinetwegen nun für immer zusammenzugehören. John meinte, dass der Name des eigenen Vaters für ihn immer eine Last gewesen sei, die er seinem Sohn nicht aufbürden wollte, doch irgendwann willigte er ein.

Schließlich wurde John in den Besucherraum eskortiert und

sah genauso aus, wie sie ihn sich vorgestellt hatte, wenn sie seine Briefe las. Er trug seine Gefängnis-Arbeitshose und ein Arbeitshemd. Er hatte eine Narbe auf der Wange, ein Abzeichen, das er sich kurz nach seiner Ankunft in einem Messerkampf geholt hatte. Die Regeln erlaubten nicht, dass sie sich umarmten, und sie durfte ihm auch nichts in die Hand geben – außer seinem Sohn.

John nahm Johnny aus Billies Armen in Empfang und schaute ihn an. Billie versuchte, sich auf Johns Blick zu konzentrieren und die anderen Familien, die kreischenden Kinder, die Wachen an der Tür und die Uhr an der Wand zu ignorieren.

Als ihre Stunde vorbei war, wickelte Billie den Säugling wieder ein und bestieg den blauen Bus. Sie fuhr den ganzen aufwendigen Weg wieder zurück und kam gegen Abend in Schlobohm an. Der Besuch war erschöpfend gewesen, aber nicht deprimierend. Acht Monate, sagte sie sich, waren keine so lange Zeit. John liebte seinen Sohn ganz offensichtlich, was bedeutete, dass er auch sie lieben musste. Er würde bald wieder zu Hause sein, und ihr Leben konnte die Form annehmen, die sie ursprünglich geplant hatte.

Doreens erstes Treffen

Doreen behielt ihre Handtasche auf dem Schoß und den Blick auf die Tür gerichtet, während sie darauf wartete, dass das Treffen begann. Sie war nur hier, in diesem überklimatisierten Raum, weil sie es Sheila versprochen hatte.

Während der Monate, die Doreen zu Hause in New Jersey verbracht hatte, waren auch ihre Schwestern wieder in ihr Leben zurückgekehrt. Barbara, die ihr altersmäßig am nächsten stand, hatte die Rolle einer Freundin und Vertrauten angenommen. Sheila war die Älteste und für Doreen wie ein drittes Elternteil. Sie wies sie darauf hin, wenn sie etwas falsch machte, und war immer eifrig bemüht, sich einzumischen und es geradezubiegen. Es dauerte lange, bevor Warren und Pearl James ihrer Tochter Doreen wieder vertrauen konnten. Einer der ersten Schritte zu diesem Ziel war es, ihr zu erlauben, Zeit bei Sheila in Yonkers zu verbringen. Einer von Sheilas vielen Plänen für Doreens Leben war dieses Treffen der *Resident Empowerment Association Developing Yonkers*, kurz READY.

Sheila, die immer energiegeladener gewesen war als Doreen, war eine der Gründerinnen von READY. Als der Rest der Familie zwölf Jahre zuvor aus Schlobohm weggezogen war, hatte Sheila Glück und qualifizierte sich für eine Wohnung in den Dunbar Houses, der einzigen öffentlichen Sozialbausiedlung in Runyon Heights, dem schwarzen Mittelschicht-Viertel auf der Ostseite. Eine ihrer Nachbarinnen war Sadie Young Jefferson, die Vorsitzende des Dunbar-Mieter-Gremiums. Eine ernste, dynamische, entschiedene Frau, die schlichte Kleider und festes Schuhwerk bevorzugte. Sadie hatte in den Sozialsiedlungen Yonkers' sieben Kinder großgezogen und wusste nur zu gut, dass Dunbar die beste war. Doch anstatt auf Holz zu klopfen und Gott zu danken, meinte sie, dass auch die Bewohner der anderen Siedlungen Unterkünfte verdienten, die so gut waren wie ihre. »Wenn diese Anlage so instand gehalten werden kann, dann sollten alle so instand gehalten werden«, sagte sie.

Sadie war 1988 von der Diskussion, Sozialbauten auf der Ostseite zu errichten, verärgert und wenig beeindruckt gewesen. Verärgert, weil »sie sagen, dass sie keine Vorurteile hätten. Falsch. Sie haben Vorurteile.« Und nicht beeindruckt, weil sie nicht der Ansicht war, dass Schwarze ihre Wohnungen nur dann als akzeptabel ansahen, wenn sie in der Nähe der Häuser der Weißen lagen. Die Lösung, dachte sie, war nicht, die Leute quer durch die Stadt an Orte zu verfrachten, wo sie nicht willkommen waren. Die Lösung war, ihnen auf ihrer Seite der Stadt Macht und Einfluss zu geben.

»Wenn wir im Plantagenstil leben«, missionierte sie Sheila, »dann können wir auch unsere *eigene* Plantage leiten.«

Während des vorangegangenen Jahres, als Doreen sich in Crack verlor, widmete sich Sheila dem sozialen Wohnungsbau und den Gospels von Sadie Young Jefferson. Sie reiste mit Sadie nach Washington D.C., in die riesige öffentliche Bibliothek im Hauptsitz des HUD und kam zwölf Stunden später mit Koffern voller Informationen über Mieterrechte wieder heraus. Mit Sadie zusammen fand sie heraus, wie man die Miete kalkulierte, die sie dem Wohnungsamt schuldeten – 30 Prozent des monatlichen Haushaltseinkommens, minus einiger komplizierter Abzüge –, und dass beide eine falsche Mietrechnung erhalten hatten. Sie sprachen von Mieter-Patrouillen, Kindertagesstätten auf dem Gelände und hausinternen Prüfungsgremien, die die Unerwünschten draußen hielten.

Sadie, die neben vielen anderen Tätigkeiten auch eine Weile Unterstützungsanträge für Wohlfahrtsprogramme geschrieben hatte, bewarb sich um private Geldmittel – und erhielt sie auch –, um ihre großen Träume zu realisieren. Das *National Center for Neighborhood Enterprises* unterstützte sie mit 5.000 Dollar, mit denen Rechtsanwälte bezahlt und READY formal gegründet wurde. Dann stellte eine karitative Gruppe, die neue Ideen unterstützte, 100.000 Dollar für Büros und Mieter-Trainings zur Verfügung, und READY wurde Realität.

In einem dieser Büros saß Doreen irgendwann und nahm an einem der Programme teil, um ihren Eltern zu beweisen, dass sie vertrauenswürdig und verantwortungsvoll war. Wenn sie mehr Zeit mit Sheila verbrachte, die schon so »erwachsen« war, dann würde der innere Kompass ihrer Schwester vielleicht auch sie leiten. Die Treffen waren nur Mittel zum Zweck, ein Weg, um das Vertrauen der Familie zurückzugewinnen. Niemand war überraschter als Doreen selbst, als sie anfing, sich auf Sadies Unterricht zu freuen, und ihre Selbstsicherheit wuchs.

Unter Sadies wachsamem Auge waren diese Sitzungen eher Kundgebungen als Unterrichtsstunden, und es ging nicht nur darum, wie man Sozialsiedlungen um- und aufbaute, sondern im selben Maße auch darum, wie man sich selbst wieder aufbaute. Sie erteilte keinen Unterricht wie vor einer Klasse. Sie rief Parolen, und als das Treffen den Charakter einer Erweckungsveranstaltung annahm, begann das Publikum, auf ihre Rufe zustimmend zu antworten.

»Sie sagen, wir seien alle ›Mieter‹«, verkündete Sadie. »Wir sind keine Mieter, wir sind *Bewohner*, eine *Gemeinschaft*.«

»Amen, Sister«, sagte jemand.

»Sie nennen es *öffentlicher Wohnungsbau*«, fuhr Sadie fort. »Aber unser Leben ist kein öffentliches, in das jeder Einblick hat. Wir sind *Privat*personen und leben in einer Siedlung oder einem Wohnviertel.«

»Du sagst es, Mädchen.«

»Niedriges Einkommen«, rief sie, »bedeutet nicht gleichzeitig Unterschicht!«

»Amen. Amen. Amen.«

»Sie denken, dass in Sozialwohnungen nur der Pöbel wohnt, dass wir nur faul rumliegen und Drogen rauchen«, sagte Sadie. Ihre Stimme wurde tief und böse. »Ich lebe in einer Sozialwohnung. Ich bin in keiner Weise so, wie sie mich darstellen. Die Menschen in Sozialwohnungen sind anständig, gebildet und talentiert, alles, was alle anderen auch sind – wir verdienen nur zufällig nicht so viel Geld, also brauchen wir niedrigere Mieten.«

Es war ein höchst ungewöhnliches 12-Stufen-Programm. Während sie ein Treffen nach dem anderen auf ihrem unbequemen Klappstuhl saß, wollte Doreen all das sein, was Sadie sagte, dass sie es sein könnte. Bald darauf sagte sie ihren Eltern, sie sei bereit, wieder die Kontrolle über ihr eigenes Leben zu übernehmen. Sie wollte zurück nach Schlobohm ziehen.

1988 Revival

Langsam, sehr langsam, kam unter dem Sanierungs-Wirbel an der 175 Yonkers Avenue ein stolzes Haus zutage.

Als Nick und Nay das Haus gekauft hatten, wussten sie, dass sie »etwas Arbeit« hineinstecken müssten. Doch nachdem sie eingezogen waren, stellten sie fest, dass es in dem ganzen Haus nichts gab, was nicht der Sanierung bedurfte. Einen professionellen Bauunternehmer zu engagieren, kam aus Kostengründen nicht infrage, und alles, was Nick über das Handwerken wusste, war, dass er »besser keinen Hammer in die Hand nahm«, weswegen sein Bruder die meisten Arbeiten erledigte. Michael war von Beruf Elektriker. Zuvor hatte er zwischen Highschool und College einen Sommer lang als Schreiner gearbeitet. Er hätte dabei eine Menge gelernt, versicherte er seinem Bruder. Seine einprägsamste Erfahrung sei gewesen, dass »man sich dabei sehr leicht verletzen kann«, weswegen er auf Elektriker umgesattelt sei. Doch die Erfahrungen aus besagtem Sommer – zudem gucke er sich oft *This Old House* auf PBS an – machten ihn zuversichtlich, dass er den Job erledigen könne.

Nick und Nay wohnten ihre ersten Wochen als Hausbesitzer im Esszimmer, während Michael die Wände einriss, die in den 1960ern mitten durch das Wohnzimmer gezogen worden waren. Gemeinsam verbrachten Nick, Nay, Michael und Michaels Freundin Lisa endlose Abende damit, scheußliches Linoleum vom Wohnzimmerfußboden abzureißen und den Holzboden darunter freizulegen. Im Boden war eine Lücke, wo die Wand gewesen war, also lernte Lisa, wie man neue Eichenstücke so spaltete und zusammensetzte, dass sie zu denen passten, die seit 1890 dort lagen.

Als das Wohnzimmer fertig war, zogen Nick und Nay in den größeren Raum um, und Michael zog in den ersten Stock, wo er noch mehr Wände einriss, Dämmung installierte und einen Freund anheuerte, um mit ihm gemeinsam neue Rigipsplatten anzubringen. Er verlegte überall neue Stromleitungen und flieste das Bad auf dem Flur neu. Nun waren Nick und Nay in der Lage, ihren Lebensbereich auf ein richtiges Schlafzimmer auszudehnen. Sie planten schon das große Badezimmer, doch das musste erst einmal warten.

Der zweite Stock kam als Nächstes, und Michael und Nick verwandelten es in eine Wohnung für ihre Mutter, mit einem Schlafzimmer, einem Wohnzimmer, einem Bad und einer kleinen Küche. Immer geschickter und selbstsicherer, baute Michael sogar alle Einbauschränke selbst. Während er sich mit einem Vorschlaghammer durch alten Putz arbeitete, fand Nick ein sepiafarbenes

Bild vom ersten Besitzer des Hauses, zusammen mit einem Bild des Gebäudes, als es Teil eines bewirtschafteten Hofes war. Durch den Bezug zur Vergangenheit fühlte er sich mit seinem Haus stärker verbunden. Er verbrachte Stunden in der örtlichen Bibliothek und saß über Büchern mit Bildern von historischen Häusern in Yonkers, wobei er gleichzeitig mehr über die wechselhafte Vergangenheit seiner Stadt lernte.

Das alles konnte er tun, weil er sonst nicht viel machte. Das Darlehen musste bezahlt werden, weswegen er als Gastdozent am John Jay College in Manhattan Studenten erklärte, wie Kommunalverwaltung funktionierte. Er moderierte auch jeden Dienstag um 13.00 Uhr beim Lokalsender WFAS-FM eine Radiosendung namens *Nick Wasicsko, Rechtsanwalt*. Er tat das alles, obwohl er ahnte, nicht der Richtige für diese Jobs zu sein. Die einzige Zeit, die er kürzlich bei Gericht verbracht hatte, war, als der Supreme Court sich die Argumente von *Spallone vs. United States* anhörte und er im Publikum saß. Und genau genommen hatte er auch keine Erfahrung darin, wie Kommunalverwaltung funktionierte, sondern nur, wie sie *nicht* funktionierte.

Natürlich lief in der Kommunalverwaltung auch für Hank Spallone, der Nicks Amt übernommen hatte, nicht alles zum Besten. Er wirkte immer weniger wie ein gewiefter Anführer, sondern eher wie eine dieser unglückseligen Cartoon-Figuren, die dem sich nähernden Monster wie verrückt Mülltonnen und alte Sessel in den Weg werfen, doch das Monster kommt immer näher. Die neue Berufungsklage, die Spallone während seines Wahlkampfes versprochen hatte, war eingereicht; genauer gesagt, waren es gleich mehrere, doch sie konnten das Ungeheuer kaum aufhalten, da das Gericht sich weigerte, sie zuzulassen. Daraufhin schwor Spallone, dass der Rat der Rechteübertragung der fünf Grundstücke an den Bauunternehmer nicht zustimmen würde. Judge Sand, der im August 1988 eine Menge gelernt hatte, machte sich jedoch nicht die Mühe, auf die Abstimmung des Rates zu warten, sondern ordnete einfach die Freigabe des Landes durch den »Interim« City Manager Neil DeLuca an. Der nächste Strohhalm, nach dem Spallone griff, war die Baugenehmigung für die Häuser. Dem Bauunternehmer war versehentlich eine Mehrfamilienhaus-Genehmigung erteilt worden, die restriktivere Bauauflagen hatte als die korrekte »Einfamilienhaus-Genehmigung«. Spallone kündigte an, dass keine ordentliche Baugenehmigung ausgestellt würde, solange nicht die Bodenproben und andere Untersuchungen durchgeführt worden seien. Sand zuckte nur genervt die Schultern und befahl DeLuca, die Baugenehmigung auszustellen. DeLuca gehorchte. Der Bürgermeister wurde nicht gefragt.

Innerhalb eines Jahres nach seinem überragenden Wahlsieg hatte Spallone öffentlich DeLuca und anderen Mitgliedern des Rates den Krieg erklärt, einschließlich denen, die eigentlich seine Verbündeten waren. Sie sagten, er sei »inkompetent« und »peinlich«, »unfähig, mit irgendwem zusammenzuarbeiten«. Außerdem stand er unter Beschuss von jenen, die ihn gewählt hatten. Das Misstrauen, das kurz nach Spallones Wahl aufkeimte, hatte inzwischen tiefe Wurzeln geschlagen, und *Save Yonkers* hatte seinen früheren Helden öffentlich abgekanzelt. Spallone ließ Mitglieder von *Save Yonkers* aus Ratssitzungen entfernen. Daraufhin schaltete *Save Yonkers* im *Herald Statesman* eine halbseitige Anzeige, in der sie Spallone des »Ausverkaufs« bezichtigten. Nach einer besonders hässlichen Ratssitzung brauchte der Bürgermeister eine Polizeieskorte, als er das Rathaus verließ. Alles sah wieder so aus wie 1988.

»Wir werden nicht aufhören, ihn anzugreifen«, warnte Jack O'Toole, der Gründer und Vorsitzende von *Save Yonkers*. »Was uns betrifft, wird Spallone kein zweites Mal Bürgermeister. Der Mann ist am Ende.«

Wenig überraschend, fühlte Spallone sich in die Ecke getrieben und belagert. »Ich bin nicht der Einzige, der die Stadt vertritt!«, brüllte er den *SaveYonkers*-Mitgliedern entgegen. »Aber ich brauche vielleicht einfach etwas mehr Unterstützung.«

Inzwischen lief es für Spallone so schlecht, dass Nick seinen langjährigen Erzfeind bedauerte. Sein Mitleid mischte sich mit der leichten Irritation über die Tatsache, dass Nick den Bau der

Häuser während seiner eigenen Amtszeit nicht durchgesetzt bekommen hatte, während Spallone es jetzt nicht abwenden konnte, dass die Häuser gebaut wurden. Die Unfähigkeit irgendeines Bürgermeisters, irgendetwas zu erreichen, wusste Nick, war eine elementare Funktion der Kommunalverwaltung in Yonkers. Die wirkliche Macht – die Macht, jemanden anzustellen, zu feuern und Geld auszugeben – lag zum größten Teil beim City Manager, abgesehen davon, dass er vom Stadtrat ernannt wurde und abgesetzt werden konnte – was letzten Endes darauf hinauslief, dass niemand in Yonkers wirklich verantwortlich war.

Ironischerweise war Nicks einziger großer Sieg während seiner leidvollen Amtszeit der Wandel der Verwaltungsstruktur von Yonkers. Die Frustration und Lähmung, die das System verursachten, hatten Nick dazu bewegt, in seinem letzten Jahr ein *Charter Revisions Committee* zu ernennen. Das Gremium schlug vor, die Verwaltung durch den City Manager abzuschaffen und durch einen »Strong Mayor«, einen starken Bürgermeister, zu ersetzten – ein Vorschlag, der über die Zeit von diversen Kommissionen gemacht, doch nie von den Wählern angenommen worden war. Wenn der Plan umgesetzt würde, fiele der Job des City Managers komplett weg, seine Rolle und sein Gehalt würden dem Bürgermeister zugeteilt. Zusätzlich würde eine neue Position des Ratspräsidenten geschaffen, um die Aufgabe zu übernehmen, die vorher der Bürgermeister innehatte.

Der Vorschlag stand im November 1989 zur Wahl, und während Nick eine Niederlage erlitt, wurde sein Strong-Mayor-Vorschlag angenommen. Spallone wäre der letzte Bürgermeister, der diesen Titel trug, ohne wirkliche Macht zu haben. Das System würde erst im Januar 1992 in Kraft treten, was bedeutete, der erste Strong Mayor würde im November 1991 gewählt werden.

Hank Spallone wollte diese extrem wichtige Wahl eindeutig gewinnen. Doch genauso eindeutig entglitten ihm seine Chancen. Im September 1990, fast auf dem Höhepunkt seiner Auseinandersetzungen mit *Save Yonkers*, kündigte er an, sich in einem Jahr und zwei Monaten erneut als Kandidat aufstellen zu lassen. »Ich sage es geradeheraus: Ich werde wieder kandidieren«, sagte er zu seinen rund einhundert treuen Anhängern, die sich im *Italian City Club* versammelt hatten. Es waren Abtrünnige von *Save Yonkers*, die ihre eigene, kleinere, aber fanatisch loyale Gruppe namens *Concerned Citizens* gegründet hatten. Mary Dorman, immer noch ein Fan von Spallone, war Mitglied dieser »Besorgten Bürger«.

»Den Leuten, die glauben, sie könnten mich nach Strich und Faden ausnehmen, sage ich: Na los, kommt doch her!«, rief er, als die *Concerned Citizens* ihm stehend applaudierten. »Ich beginne meinen Wahlkampf hier und heute.«

Sofern diese frühe Ankündigung Herausforderer abschrecken sollte, klappte das nicht. Im Gegenteil, Spallone wirkte dadurch verwundbar. Andere Politiker begannen darüber nachzudenken, dass auch sie gerne der erste Strong Mayor wären. Am Ende des Jahres lag die inoffizielle Anzahl der Kandidaten bereits fast bei einem Dutzend und die Gespräche im Haus auf dem Hügel begannen sich immer weniger um Sanierungen und immer mehr um Politik zu drehen. »Ich bin ein Bürgermeister im Exil«, witzelte Nick immer häufiger.

Er fällte keine endgültige Entscheidung. Dafür war er immer noch zu angeschlagen und unsicher. Doch es erfüllte ihn tiefer Stolz darüber, dass der Plan des Strong Mayors unter seiner Aufsicht entwickelt worden war, und er kokettierte gern mit der Idee, wieder zu kandidieren. Außerdem gefiel es ihm, dass die Aufmerksamkeit der anderen auf ihn gerichtet war, wenn er das tat. Seit er das Amt abgetreten hatte, fühlte er sich oft wie ein Geist in seiner eigenen Stadt – ein Politiker ohne Amt ist wie ein Mensch, der nicht existiert. Die Politik, stellte er fest, hatte die Macht, ihm das Herz zu brechen, doch es gab ihm auch die Kraft zuzuschlagen.

Während die Sanierung ihres Hauses voranschritt, fanden Nick und Nay jeder einen Lieblingsplatz, den sie aufsuchten, wenn sie Zeit für sich brauchten. Für Nay war es der verspiegelte Sportraum neben dem Schlafzimmer, von dem auch der Raum abging, der einmal das Bad sein würde. Für Nick war es das Wohnzimmer seiner Mutter im zweiten Stock. Jeden Morgen, nachdem Nay zur Arbeit gegangen war, nahm er seinen Kaffee und seine drei Zeitungen und stieg die Stufen hoch zu dem Ort, an dem er am liebsten nachdachte und las. Was ihm an diesem Raum am besten gefiel, war die Aussicht. Er konnte sitzen, an seinem Kaffee nippen und über die Stadt auf die gut sichtbare Turmspitze des Rathauses blicken.

Billies Neuigkeiten (II)

Am 11. September 1990, acht Monate minus einen Tag nachdem er ins Gefängnis gegangen war, wurde John Santos wieder entlassen. Er kam nach Schlobohm und versuchte eine Weile lang, sein Versprechen gegenüber Billie zu halten. Er strengte sich schwer an, sich zu verändern, und hatte zwei Jobs, in einem nahegelegenen Lebensmittelgeschäft und bei einem Herrenausstatter.

Billie war inzwischen aus der Wohnung ihrer Mutter ausgezogen und wohnte jetzt im Building Four, in der Nähe von Meeka und Mambo. Johns Name stand nicht in Billies Mietvertrag. Offiziell lebte er immer noch bei seiner Mutter in Building One, doch nur auf dem Papier. Er und Billie redeten darüber, dauerhaft zusammenzuziehen, genauso wie sie davon redeten zu heiraten, doch sie kamen weder dazu das eine noch das andere zu tun. Billie weigerte sich, John zu heiraten, bis sie das Geld hatten, eine richtige Hochzeit zu feiern. Sie fand, ein weißes Kleid sähe albern aus, doch sie wollte etwas Neues, Hübsches zum Anziehen, und sie wollte auf jeden Fall Eheringe. Sie hatte im Getty Square welche gesehen, und die mussten es sein.

So gab es also aus Geldgründen keine Hochzeit, oder vielleicht gab es noch einen anderen Grund. Das Abenteuer, das Billie bei John gesucht hatte, stellte sich als doch nicht so besonders aufregend heraus. Er ging in den Knast, sie wartete auf ihn, und nun hatten sie diesen Säugling, der sie nachts wach und tagsüber in der Wohnung gefangen hielt. Hätte sie Langeweile und Routine gewollt, hätte sie auf der Highschool bleiben oder weiter in ihrem Job geistig behinderte Kinder baden können.

Wie frustriert sie aber auch war, musste sie zugeben, dass John lieb zu dem Jungen war. Er hing sehr an Klein Johnny und stand bereitwillig mitten in der Nacht auf, um ihn zu füttern. John und Billie stritten sich oft. Sie beschrieb es als »normale Streitereien über den üblichen Kram«, und während sie stritten, stürmte sie oft wütend aus der Tür und zu ihrer Mutter. »Geh doch, verlass mich!«, brüllte John ihr dann hinterher. »Aber das Baby bleibt bei mir!«

Zwischen den Streitereien kamen sie gut miteinander aus, und John entschied bald, dass er noch ein Baby wollte.

»Lass uns ein kleines Mädchen machen«, schmeichelte er.

Billie hatte ihre Zweifel, doch sie willigte ein. John konnte sehr überzeugend sein. Als sie ihm erzählte, dass sie schwanger sei, versprach er ihr – nicht zum ersten Mal –, nicht mehr irgendwo abzuhängen und keine Drogen mehr zu nehmen. (»Ich habe eine Menge Koks geschnupft«, erklärte er. »Ich habe auch Crack geraucht. Kein Freebase, wir haben es mit anderen Drogen gemischt, also habe ich mich nie für jemanden gehalten, der es nimmt.«)

Billie versuchte, sich glücklich zu fühlen, doch weinte stattdessen. Gegen Ende des dritten Monats sagte sie zu John: »Ein Kind reicht. Ich wollte eigentlich noch nicht mal das.«

Er war stinkwütend. »Was bist du? Durchgeknallt?«, brüllte er. »Was stimmt mit dir nicht – bist du im Delirium?« Seine Augen wurden wild. Es war das erste Mal, dass Billie Angst vor ihm hatte.

»Du wirst dieses Baby bekommen«, sagte er, »selbst wenn ich dich in der Besenkammer einsperren und dir das Essen unter der Tür durchschieben muss. Du WIRST dieses Baby bekommen.«

John sperrte Billie nicht ein. Er machte etwas viel Effektiveres. Als sie am darauffolgenden Tag in ihr Wohnzimmer kam, lag er gekrümmt auf dem Boden, eine leere Packung Paracetamol-Tabletten in der Hand.

Zuerst glaubte sie ihm nicht.

»Ich muss in die Notaufnahme«, sagte er mit undeutlicher Stimme.

»Du tust nur so«, sagte sie. »Ich gehe zu meiner Mutter. Bis später.«

Das nächste Mal sah sie ihn in der Notaufnahme. »Es tut mir so leid, ich habe nicht geglaubt, dass du die Tabletten genommen hast«, schluchzte sie.

Er wischte ihre Tränen fort.

»Ich möchte, dass du das Baby bekommst«, sagte er.

Sie versprach es ihm.

Erst viele Jahre später gab er zu, dass er *tatsächlich* nur so getan hatte. Er hatte nie irgendwelche Pillen geschluckt.

1991
Grundsteinlegung

Die Phrase »unnützes Geschwätz« passt nicht zu Yonkers. Hier ist kein Geschwätz unnütz, es ist gezielt und ernst, aggressiv und aktiv. Über Jahre reichte die explosive Kraft des Geschwätzes, um Hunderte von Leuten ins Rathaus zu bringen. Jemand hörte, dass etwas passieren sollte, und rief Leute an, die noch mehr Leute anriefen, bis sich wie aus dem Nichts eine Menge versammelt hatte.

Nun, im Frühjahr 1991, trieb das Geschwätz viele eben dieser Leute in ihre Autos, um durch Yonkers zu fahren. Man munkelte, dass irgendwo der erste Spatenstich für die neuen Siedlungen unmittelbar bevorstand, obwohl der Bauunternehmer, der bereits Ärger roch, nicht sagte wo genau. Es würde keine Ankündigung geben und mit Sicherheit auch keine feierliche Grundsteinlegung. Die einzige Möglichkeit, um es zu erfahren – um der Erste zu sein, der es wusste –, war, herumzufahren und nachzuschauen.

Marys Überwachungsmethode war, regelmäßig Umwege zu fahren. Sie fuhr nie mit der Absicht los, die Siedlungen zu kontrollieren, doch wann immer sie aus irgendeinem Grund im Auto saß, fuhr sie für einen kurzen Blick an ein oder zwei Baugrundstücken vorbei. Tag für Tag sahen die großen Flächen an der Central Park Avenue und der Clark Street genau gleich aus, ein verbarrikadierter Asphaltparkplatz, der einmal Teil des Yonkers Raceway gewesen war, mit kleinen, süßen Häusern drum herum, Marys Haus sehr ähnlich, das ein paar Blocks entfernt stand. Abend für Abend änderte sich auch am Gebäude der School 4 nichts. Es war immer noch ein solides, unerschütterliches Gebäude zwischen der Trenchard Street und Gaffney Park, wo es seit 107 Jahren stand.

Nicks Fahrten zu den Grundstücken waren zielbewusster. Die Baugrundstücke waren für ihn kein Umweg, sie wiesen ihm die Richtung. Durch die Stadt zu streifen, war lange Zeit sein Hobby gewesen. Damals, als er Bürgermeister war, hatte er einen Polizeifunkempfänger zu Hause, und immer wenn er etwas Interessantes hörte, schnallte er seinen Knöchelholster an und war aus der Tür, normalerweise begleitet von Nay. Sie fuhren um zwei Uhr morgens zu Feuern und unterbrachen ihr Abendessen für Autounfälle. Sie sahen geplatzte Wasserleitungen, überflutete Straßen und umgekippte Strommasten. Nachdem sie einen Schauplatz besichtigt hatten, fuhren sie selten nach Hause, sondern kutschierten noch eine Weile durch die Straßen.

Nachdem Nick aus dem Amt geschieden war, verschwand auch der Polizeifunkempfänger, doch die Fahrten wurden häufiger. Er setzte sich fast jeden Tag nach dem Abendessen hinters Steuer, und weil er zugestimmt hatte, seine Stumpen nicht im Haus zu rauchen, nannte er seine Fahrten »Zigarren-Ausflüge«. Er kurvte dann paffend durch die Straßen, in denen er sich inzwischen blind zurechtfand. Manchmal fuhr er mit Nay oder einem Freund, aber meistens allein. Als die Gerüchte um eine baldige Grundsteinlegung zunahmen, waren seine Zigarren-Ausflüge nicht länger ziellos. Er fuhr jede Nacht los und fragte sich, ob es die Nacht würde, ob all die Jahre des Redens nun endlich greifbare Formen annehmen würden. Wochenlang passierte nichts. Der leere Parkplatz an der Helena Avenue war immer noch ein leerer Parkplatz, umgeben von bescheidenen Häusern. Die riesigen Findlinge an der Midland Avenue, gegenüber von einem Komplex mit Eigentumswohnungen an der Ecke vom Lawrence College, blieben unberührt. Die Enten schwammen immer noch im Teich gegenüber des Shoreview Drive.

Dann, am frühen Morgen des 12. April 1991, begannen die Bauarbeiten. Als es erst einmal angefangen hatte, erschien es absurd, dass jemand danach gesucht haben sollte. Mit einem malmenden Röhren, als Bauarbeiter den Asphalt des Parkplatzes in Schutt verwandelten, kündigte die Sozialbausiedlung ihre Anwesenheit in der Clark Street an. Auf die Front eines der Bulldozer war eine Reihe fieser Haifischzähne gemalt. Die Nachricht verbreitete sich mit dem gewohnten Tempo, und schon bald versammelte sich eine Menschenmenge, um zuzuschauen.

»Das ist ein schwarzer Tag für Yonkers«, sagte Bürgermeister Spallone. »Meiner Meinung nach eine echte Tragödie.«

Und natürlich gab es Proteste. Zweihundert Demonstranten versammelten sich am Samstag an der Baustelle, so wie sie es jeden Samstag in den nachfolgenden paar Monaten tun würden. Sie verbrachten neunzig Minuten vor den sich auftürmenden Schuttbergen, die den abgerissenen Parkplatz füllten. Vorbeifahrende Autos hupten ermunternd. Die Demonstranten trugen Puppen von Judge Sand, dem NAACP-Rechtsanwalt Michael Sussman und vom U.S.-Wohnungsbauminister Jack Kemp. Sie behandelten die ausgestopften Symbole so, wie die Bulldozer den Asphalt behandelten. Eine Frau trat der Sussman-Puppe vors Schienbein. Eine andere stach mit der amerikanischen Flagge hinein.

Die Demonstranten taten nichts, um die Bauarbeiten aufzuhalten. Deluxe Homes, Inc. wurde von Don Meske geleitet, ein Mann, dessen Hobby die Großwildjagd war und zu dessen Wandtrophäen ein Kanadischer Berglöwe und ein weißes Afrikanisches Nashorn zählte. Die Proteste, sagte er, wären nervig, aber keine Bedrohung. »Wenn du vor einem Elefanten stehst, der fünfeinhalb Tonnen wiegt«, sagte er, »*dann* hast du was, vor dem du Angst haben kannst.«

Mary schloss sich den wöchentlichen Protesten nicht an. Sie wurden von *Save Yonkers* organisiert, der Gruppe, in der sie Mitglied gewesen war, bis sie sich von Hank Spallone abgewandt hatten, und sie fühlte sich unter ihren früheren Freunden unwohl und unerwünscht. Sie verfolgte die Demonstrationen jedoch vom Rande aus, las die Zeitung und warf einen Blick auf das Geschehen, wenn sie *rein zufällig* daran vorbeifuhr. Mit Blick durch ihre neue Linse sah sie die Demonstranten anders, als sie von innen wirkten. Sie sah keine Krieger, die engagiert für eine Sache kämpften. Sie sah Fußsoldaten, die auf die Luft eindroschen, auf das

Nichts, und nicht merkten, dass sie diesen Kampf nicht gewinnen konnten. Hatte sich etwas geändert, oder hatte es schon immer so ausgesehen?, fragte sie sich.

Auf einer der Demonstrationen sagte ein Mitglied von *Save Yonkers*: »Wir müssen zeigen, dass wir immer noch organisiert sind. Im Moment sieht es nicht allzu gut aus, aber man muss bis zur letzten Minute kämpfen. Es ist nie zu spät.«

Aber ihr seid nicht organisiert, dachte Mary. Und es ist zu spät.

Kenneth Jenkins, der Vorsitzende des Regionalbüros des NAACP, reagierte auf die Proteste und sagte: »Ich verstehe den Kampf, aber der Patient ist tot. Ganz ehrlich, ich glaube, die Menschen in Yonkers haben das Ganze langsam satt.«

Mary wurde klar, dass sie es satthatte. Gründlich satt.

Die Wochen vergingen, und auf den vier Baustellen entstanden Betonfundamente: vierundzwanzig Stück in der Clark Street, achtundzwanzig in der Midland Avenue, vierzehn in der Helena Avenue und achtundvierzig am Shoreview Drive. Während sie gegossen wurden, beseitigten die Arbeiter still den Asbest im Gebäude der School 4. Als diese Drecksarbeit erledigt war, begann noch eine dreckigere – ein Bulldozer mit einem Rammbock pflügte in das zweistöckige Backsteingebäude und begann es abzureißen. Der Abriss begann am Auditorium, und schon bald stapelten sich Hunderte von Stühlen auf dem Parkplatz. Die Stahlkiefer des Bulldozers verschlangen weiter das massive Gebäude, rissen die Wände heraus, das Dach, das Innenleben, und deponierten das Gewirr aus Ziegelsteinen, Metall und Holz auf dem unkrautüberwucherten, ehemaligen Schulhof. Das Grollen der Maschine wurde vom Zischen der Wasserschläuche begleitet, die ununterbrochen sprühten, um die Staubwolken einzudämmen.

Wieder versammelte sich eine Menge, und wieder war die Rede davon, den Kampf fortzusetzen. Als Mary jedoch zu der noch stehenden Fassade der Schule fuhr, sah sie nichts mehr, für das man kämpfen konnte. Alles, was sie sah, war das Todesopfer eines verlorenen Falles, ein Anblick, der so schmerzvoll war, dass sie spontan die Augen schloss. Sie öffnete sie schnell wieder, starrte dann lange auf den Bauschutt und dachte an all die Gründe, warum sie gegen das war, was passierte, und an all das, was sie in dem erfolglosen Versuch getan hatte, es aufzuhalten.

Als sie schließlich zu ihrem Wagen zurückkehrte, war sie erfüllt von einer Mischung aus Bedauern und Resignation. Der Kampf war vorüber – dessen war sie sich einerseits sicher, andererseits tat es ihr leid. Es hatte ihre Welt durchflutet, und nun war es fort. Mary Dorman kämpfte nicht länger gegen die Sozialbauten.

Die Kandidatin Doreen

Doreen James hörte das Rascheln des Umschlags, als er unter ihrer Tür hindurch geschoben wurde. Auf diese Weise wurden die Nachrichten des Wohnungsamtes in Schlobohm verschickt, von Tür zu Tür, nicht durch den Postboten. Die einzigen Briefe, die mit der Post zu kommen schienen, waren Mahnungen, wenn man mit der Miete in Verzug war, oder Warnungen, dass der Gerichtsvollzieher mit einem Räumungsbefehl käme. Diese Form des Briefversands, nahm Doreen an, war dazu da, um jedes Mal Hunderte von Briefmarken zu sparen, wenn das Wohnungsamt etwas zu verkünden hatte. Doch irgendwie hatte das System auch etwas Unheimliches. In ihren zwei Jahren in Schlobohm hatte sie noch nie gesehen, wer diese Post eigentlich verteilte.

Dieser spezielle Brief informierte alle interessierten Mieter darüber, dass für das Mieter-Gremium Kandidaten gesucht würden. Weil sie so viele Vormittage bei Sadie Young Jefferson verbracht hatte, wusste Doreen von dem Mieter-Gremium. Genauer gesagt, wusste sie, dass es Sadie frustrierte.

Die Gruppe war 1971 gegründet worden, an einem Punkt in der politischen Geschichte des sozialen Wohnungsbaus, an dem Eigenverantwortung sehr en vogue war. Seitdem schwankte der Einfluss dieses Denkansatzes. Verfechter wie Sadie sahen darin die reinste Form von Demokratie. In den Augen der Kritiker war es dumm, Leuten, die ihr Leben vermurkst haben, zu erlauben, Einfluss auf das Leben anderer zu nehmen.

In Yonkers bestand das Mieter-Gremium 1991 aus drei Vertretern einer jeden Sozialbausiedlung, die sich einmal im Monat im Büro des Wohnungsamtes an der Central Avenue traf. Sadie hatte Doreen erzählt, dass das Gremium auf dem Papier viel Einfluss und die Macht hatte, bestimmte Geldmittel zuzuweisen sowie Veränderungen am Regelwerk vorzuschlagen und zu genehmigen. Aber in der Praxis, erklärte Sadie, arbeitete das Gremium gegen die Bedürfnisse der jungen, alleinstehenden afroamerikanischen und lateinamerikanischen Frauen, die die überwältigende Mehrheit der Mieter in den Sozialwohnungen bildeten.

Das Problem war, erfuhr Doreen, dass es mehr Sozialbausiedlungen für ältere Menschen gab (sieben) als für Familien (fünf). Die Größe der Siedlungen hatte keinen Einfluss auf die Anzahl der Vertreter im Gremium, also hatten die Senioren, von denen die meisten weiß waren, de facto eine Mehrheit von 21 zu 15. Dazu kam, dass die Senioren lautstärker und involvierter waren, vielleicht weil sie mehr Zeit hatten oder ein stärkeres Interesse als die Vertreter der Familien-Siedlungen, die dazu tendierten, sich weniger zu engagieren, und nicht so beharrlich waren.

READY konnte die Anzahl der Vertreter nicht ändern, doch der Verein konnte den Einfluss bestimmter Vertreter stärken, indem er Kandidaten für die Wahl auswählte und vorbereitete. Dies war der Grund, warum Doreen den Brief sorgfältig erst einmal und dann noch ein weiteres Mal las. Seit Monaten sagte Sadie ihr, dass Doreen »startbereit« sei, um eine Wortführerin ihres selbstgewählten Zuhauses zu werden. Doreen hatte diesen Satz inhaliert wie eine neue Art Droge, aber ohne Sadie an ihrer Seite hatte sie so ihre Zweifel.

An diesem Abend kam Sheila zu Besuch, bereit, ihre Schwester zu überreden.

»Du hast mir all diese Vorträge darüber gehalten, unabhängig zu sein und Verantwortung zu übernehmen«, sagte sie und hielt Doreen das Bewerbungsformular hin. »Hier. Übernimm Verantwortung.«

Doreen wartete einige Tage, bevor sie unterschrieb. Selbst nachdem sie die Papiere in der dafür vorgesehenen Box beim Wohnungsamt eingeworfen hatte, war sie nicht sicher, ob es eine Wahl war, die sie gewinnen wollte.

Neuauflage der Wiederwahl

Jede wichtige Wendung in Nick Wasicskos Erwachsenenleben war mit politischen Ereignissen verknüpft gewesen. Sein Vater starb an Leukämie, kurz bevor er das erste Mal in den Stadtrat gewählt worden war. Während seiner ersten Kandidatur zum Bürgermeister wurde er zum Rechtsanwalt vereidigt. Durch seine Kandidatur lernte er Nay Noe kennen und verliebte sich in den Monaten der politischen Belagerung in sie. Er kaufte sein erstes Haus, als er darum kämpfte, Bürgermeister zu bleiben, und er machte Nay, kurz nachdem er Hank Spallone unterlag, in diesem Haus einen Heiratsantrag. Und selbst dieser hatte einen politischen Unterton. »Du bist die Einzige, die wirklich an meiner Seite gestanden hat«, hatte er gesagt.

Gemäß diesem Muster ging es im Frühling 1991 ständig auch um Politik, während die Vorbereitungen für ihre Hochzeit mit denen einer möglichen Kandidatur verschmolzen. Er war sich sicher, dass er Nay heiraten wollte. Weniger sicher war er sich, ob er ins Rennen um den Posten des Bürgermeisters einsteigen sollte. Das zu tun, bedeutete harte Vorwahlen gegen Terrence M. Zaleski, einem Abgeordneten der Demokraten mit so ziemlich der gleichen Anhängerschaft wie Nick, aber ohne seine historischen Altlasten. Wenn er in den Vorwahlen gegen Zaleski verlor, oder gegen den anderen Kandidaten der Demokraten, den Gastronom James J. Mannion, würde dies sein politisches Schicksal besiegeln? Würden zwei Niederlagen die qualvolle Verwandlung eines achtundzwanzigjährigen Wunderkinds zu einem Zweiunddreißigjährigen auf dem Abstellgleis komplettieren?

Die Zweifel und Vermutungen waren Nick nicht neu und hielten ihn gefangen wie ein schlecht sitzender Anzug, der scheuerte und zwickte. In jedem seiner anderen drei Rennen, selbst in der katastrophalen Kandidatur gegen Hank Spallone, war er sicher gewesen, dass er kandidieren sollte und wollte. Umfragen, Getratsche und gängige Meinungen hatten ihn bisher nicht aufhalten können. Jetzt lähmten sie ihn.

An manchen Tagen sagte er, das Amt des Strong Mayors gebühre rechtmäßig ihm, als Platz in der Geschichte der Stadt, für den er bereits mit Qualen und Schweiß bezahlt hatte. An anderen Tagen war er wütend, dass das Timing denkbar schlecht, die Wunden zu frisch und die Wähler noch nicht versöhnlich genug gestimmt seien. Mit diesem Pro und Kontra rang er, während er gleichzeitig mit dem Text der formellen Hochzeitseinladung, den Veranstaltungsorten der Zeremonie und des Empfangs und dem Stil der Eheringe kämpfte.

Schließlich verwandelte sich das ganze Gerede unversehens in einen Plan. Er hatte erfahren, dass er einer der diesjährigen vier Finalisten des *John F. Kennedy Profile in Courage Awards* war. Eine prestigeträchtige Ehre, die von einem Scheck über 25.000 Dollar begleitet wurde und jedes Jahr an einen Regierungsbeamten verliehen wurde, der »in einer Streitfrage angesichts politischer und öffentlicher Opposition einen prinzipientreuen Standpunkt vertreten hatte«. Obwohl viele in Yonkers anderer Ansicht waren, war Nick davon überzeugt, dass er genau das getan hatte, und sah die Nominierung als eine Art Zeichen. Wenn er gewänne, entschied er, würde er sich zur Wahl stellen und seine Kandidatur im Anschluss an den Erhalt des Preises bekanntgeben. Ein Jahr zuvor hatte Jackie Kennedy Onassis persönlich dem Gewinner die begehrte Statuette überreicht. Konnten die Menschen in Yonkers mehr wollen?

Nay wollte, dass er kandidierte, und unterstützte den Plan, die Nominierung für den Award zu nutzen. Nick begann, die Nachricht über seinen Eintritt in den Wahlkampf zu verbreiten und sich ein Wahlkampfteam zusammenzustellen. Als Allererstes rief er Jim Surdoval an, der seine Karriere als politischer Berater mit

Nick gestartet hatte und der nun einer von Yonkers' etablierten »Playern« war. Nick nahm an, Jim würde seine Ankündigung begrüßen.

»Tut mir leid«, sagte Jim. »Aber ich unterstütze Terry Zaleski.«

Er unterstützte Zaleski nicht nur, sagte er Nick, sondern er und eine Gruppe von Demokraten hätten Terry Zaleski aktiv rekrutiert und ihn ermuntert zu kandidieren.

»Er ist der ranghöchste Demokrat in Yonkers«, erklärte Jim. »Er hat einen Wahlkreis auf der Ostseite, also hat er die Stimmen dort sicher. Er ist pro Sozialbau, doch man identifiziert ihn nicht so damit wie dich; ihm haftet nichts Negatives an.«

»Man identifiziert ihn nicht damit«, schnauzte Nick, »weil er sich 1988 in Albany versteckt hat. Er war so weit von den Sozialbauten entfernt, wie es nur ging.«

»Stimmt«, sagte Jim. »Also belastet ihn da nichts Negatives. Er ist ein unbeschriebenes Blatt. Er wird der erste starke Bürgermeister. Wir brauchen den Demokraten mit den besten Chancen.«

Nick, benommen vor Überraschung, versuchte sich zu konzentrieren und einen Weg zu finden, seinen früheren Berater wieder auf seine Seite zu ziehen.

»Man muss darin doch nichts Negatives sehen«, sagte er. »Ich habe einen couragierten Standpunkt vertreten, und ich war ein Held. Ich war der Einzige in der verdammten Stadt, der das Richtige getan hat.«

Jim seufzte, bevor er antwortete. »Courage ist kein Wort, mit dem man sich selbst beschreibt, Nick, auch nicht wenn wir beide wissen, dass es zutrifft. So etwas funktioniert nur, wenn andere es sagen.«

»Versuch kein Comeback als Bürgermeister, Nick«, fuhr Jim fort und gab ihm den Rat, von dem er wusste, dass er Zaleski am meisten helfen würde. »Sie sind noch nicht so weit für dich als Bürgermeister. Lass dich stattdessen in den Rat wählen. Wir unterstützen dich darin.«

Kurz nach seinem Gespräch mit Jim Surdoval erfuhr Nick, dass der *Profile in Courage Award*, die Stütze seines Plans, an jemand anderen gehen würde. Sein Verstand, seine Gefühle und sein Leben standen kopf. Die beiden Themen, die Hochzeit und die Bürgermeisterwahl, vermischten sich in der 175 Yonkers Avenue immer mehr – Vorspeisen und Nominierungsanträge, Tischkarten und Wahlkampfslogans, der Beginn ihres gemeinsamen Lebens und die Wegscheide in Nicks politischem Leben. Nick und Nay stritten sich und redeten aneinander vorbei, zwei Menschen, die verliebt waren, aber auch in Aufruhr. Nay gestand Nick ein, wie erleichtert sie war, dass er den Preis nicht gewonnen hatte, da die Verleihung während ihrer Hochzeitsreise gewesen wäre. Doch Nick hörte nur, dass sie seinen Sieg nicht gewollt hatte.

Am Ende entschied Nick, trotzdem zu kandidieren, allerdings eher aus Verwirrung als aus Entschlossenheit. Er legte seine Ankündigung auf den 8. Mai, dem National Law Day. Letztendlich hatte er sich an die Gesetze gehalten.

Als sich der Tag näherte, riefen immer mehr Leute an, von deren Unterstützung er eigentlich ausgegangen war. »Ich dachte, du solltest wissen«, sagten sie, »dass ich hinter Terry Zaleski stehe.« Sie erklärten, genau wie Jim Surdoval, dass Zaleski die besseren Chancen hätte, da er ein »unbeschriebenes Blatt« sei. Sie benutzten sogar viele der Phrasen, die Surdoval verwendet hatte. Das Einzige, was sie nicht sagten, war etwas, was Nick schnell herausfand – dass Surdoval alle gebeten hatte, ihn anzurufen.

Im letzten Moment verlegte Nick spontan seine Ankündigung auf den 13. Mai, seinen dreiundreißigsten Geburtstag, was ihm eine weitere Woche zum Nachdenken gab. Er bat Jim, ein persönliches Gespräch mit Terry Zaleski zu arrangieren, woraufhin er einen Großteil des Wochenendes bei Terry zu Hause verbrachte und zuhörte, während Terry versuchte, ihm die Kandidatur auszureden. Nay kam auch mit, und während Nick im Wohnzimmer Terrys Worten lauschte, hörte Nay draußen in der Küche fast dieselben Dinge von Terrys Frau Lynn.

»Du willst das jetzt nicht«, sagte Zaleski. »Du heiratest, du kannst das jetzt nicht gebrauchen.« Man redete viel über gespaltene Vorwahlen, bei denen Mannion nominiert und Spallone gewählt werden sollte. Auch wurde erwähnt, dass Nick zum stellvertretenden Bürgermeister ernannt würde, wenn Zaleski erst einmal gewählt worden sei.

Nick hatte seine Verlobte gebeten mitzukommen, weil er begonnen hatte, sich auf ihre Einschätzung von Leuten zu verlassen. Über die Jahre war ihm klargeworden, dass das, was er zuerst als Schüchternheit angesehen hatte, in Wirklichkeit tiefe Einblicke waren. Nay stand oft still am Rande einer politischen Veranstaltung, scheinbar überwältigt, doch später, wenn sie nach der Party über die Leute lästerten, waren Nay Dinge aufgefallen, die Nick komplett entgangen waren. Außerdem bat er sie, mit zu Zaleskis zu kommen, weil er befürchtete, dass Terry einige seiner politischen Berater dabeihaben würde, genau genommen Jim Surdoval, und Nick wollte auch ein Team mitbringen. Doch die herbe Wahrheit war, dass er gar kein Team hatte. Nay war die Einzige, die komplett an seiner Seite stand.

Als er den Besprechungs-Marathon verließ, war Nay voller Ratschläge. »Er ist ein falscher Hund«, sagte sie über Zaleski. Sie kaufte Terry seine Argumente nicht ab und glaubte auch seinen Versprechungen nicht. »Wo war er, als du wegen der Sozialbauten ans Kreuz genagelt wurdest? Er war oben in Albany, und er hat noch nicht einmal zum Hörer gegriffen und dich bestärkt durchzuhalten.«

Nick hatte Nay am Abend ihrer Hochzeit um Rat gefragt, jedoch befolgte er ihn nicht. Er hielt seine Pressekonferenz wie geplant am 13. Mai, doch es war eine ganz andere Veranstaltung, als er ursprünglich geplant hatte. Er und Terry Zaleski standen Seite an Seite in der Einfahrt von Nicks Haus, und Nick kündigte an, er würde nicht für das Amt des Bürgermeisters kandidieren, sondern stattdessen Zaleski unterstützen.

Es wäre ein politisches und persönliches Opfer, sagte Nick, zum Wohle der Partei.

»Es war keine einfache Entscheidung für mich«, sagte er. »Ich war zerrissen zwischen dem, was ich als mein Recht betrachtet habe, und dem, was sinnvoll ist. Ich habe mir seit Wochen den

Kopf darüber zerbrochen, dass diese Teilung unsere gesamten Anstrengungen schwächen könnte. Das, was wirklich zählt, ist, Spallone und die Republikaner aus dem Amt zu jagen.«

Der Pulk an Reportern in der Einfahrt glaubte nicht, dass das wirklich seine Gründe waren, genauso wenig wie Nay. Sie verbrachte die nächsten Tage damit, ihren Polterabend vorzubereiten und mit Nick über Politik zu diskutieren. »Er macht dich nie zum Stellvertreter«, sagte sie. »Wenn er wirklich glaubt, du würdest keine Bedrohung für ihn darstellen, warum arbeitet er dann so hart daran, dich abzudrängen? Wenn du Angst vor einem weiteren Wahlkampf in dieser Stadt hast, dann gib es doch zu. Tu nicht so, als würdest du es nur der Partei zuliebe tun.«

Am 16. Mai kündigte er noch etwas an. Er würde für einen Sitz im Rat kandidieren, als Vertreter des Second Districts, Peter Chemas Sitz, der ihn nun aufgab, um in den Vorwahlen der Republikaner gegen Hank Spallone und Angelo Martinelli anzutreten.

»Ich will, dass Terry die Wahl gewinnt«, sagte er, »aber ich will auch, dass er effektiv arbeiten kann, und niemand weiß besser als ich, wie ein Rat aus Quertreibern die Effektivität eines Bürgermeisters beeinträchtigen kann.«

Zwei Tage später, um die Mittagszeit, heiratete Nick Wasicsko Nay Noe in der Kirche, in der auch seine Eltern getraut worden waren. Nick hatte seiner Braut versprochen, dass es kein politisches Ereignis werden würde, doch sein Leben verlief anders, und es war kein Versprechen, das er halten konnte. Ein Artikel im *Herald Statesman* erwähnte, die »kirchliche Trauung an der 239 Nepperhan Ave sei der Öffentlichkeit zugänglich«. Eine Crew von *Cablevision* kam, um über das Ereignis zu berichten, was Nay nervöser machte als die Trauung an sich. Weder Terry Zaleski noch Hank Spallone waren eingeladen, doch Nay entdeckte sie zwischen den Bankreihen, als sie den Gang hinunterging. Der Empfang in einem Country Club im nahegelegenen Städtchen New Rochelle schloss auch ein gesetztes Abendessen für 150 Personen ein.

Drei Tage nach der Feier begaben die Wasicskos sich auf eine zweiwöchige Hochzeitsreise nach Spanien und Marokko, wo sie die meiste Zeit über Politik diskutierten. Während sie unterwegs waren, kündigte die *John F. Kennedy Library Foundation* in Boston an, dass Nicholas Wasicsko mit zwei weiteren aus tausend Kandidaten in die engere Wahl für den *Profile Courage Award* gekommen sei. Der Gewinner war Charles Longstreet Weltner, ein früherer Kongressabgeordneter aus Georgia, der sich 1966 geweigert hatte, auf derselben Liste zur Wiederwahl anzutreten wie ein Rechtsanwalt für Rassentrennung.

In einer Erklärung sagte die Stiftung über Nick:

»Obwohl er das Amt des Bürgermeisters mit nur zwei Jahren Erfahrung als Abgeordneter angetreten hatte, zeichnete sich Wasicsko unter Beschuss als ein Mann mit Gewissen aus. Er hatte die Courage, die Regeln des Gesetzes aufrechtzuerhalten, und demonstrierte überragende Führungspersönlichkeit für die Menschen seiner geteilten Stadt.«

Jemand anderes hatte es endlich über ihn gesagt.

Die Reihenhäuser kommen

Im Juli traf das erste Reihenhaus in Yonkers ein. Es wurde auf einem Schwerlasttransporter in die Clark Street gefahren und hatte das gespenstisch-körperlose Aussehen aller vorgefertigten Gebäude, solange sie noch auf dem Transportweg sind.

Oscar Newman hatte nie in Erwägung gezogen, für das, was in so vielerlei Hinsicht *seine* Sozialsiedlungen waren, etwas anderes als Fertighäuser zu verwenden. Sie waren nicht nur billiger, sondern ihr Bau verlief auch weniger öffentlich, was angesichts ihrer Vorgeschichte in Yonkers gleichermaßen wichtig war. Auf der Baustelle würde lediglich die Ziegelverblendung angebracht, was bedeutete, es gab weniger Anlass für Demonstrationen und weniger Angriffsziele für Vandalismus. Nahezu die kompletten Arbeiten würden knapp drei Autostunden entfernt stattfinden, in der Arbeiterstadt Berwick, Pennsylvania. Das einstige Kohlerevier hatte sich seinem eigenen unvermeidlichen Schicksal mit einem Strukturwandel angepasst und war zum Zentrum der Fertighaus-Industrie im Nordosten geworden.

Die beiden riesigen, staubigen Werkhallen der Deluxe Homes, Inc. waren früher Teil einer Fabrik für Eisenbahnwaggons gewesen, die vor dreißig Jahren ihre Pforten geschlossen hatte. Hier begann die Fertigung der Reihenhäuser von Yonkers, indem aus Walzstahl inmitten eines kreischenden Funkenregens zunächst Ständerwände und Querträger entstanden, auf denen später die Last der Gebäude ruhen würde. Diese Träger und Elemente wurden dann in der anliegenden Halle auf eine dreihundertfünfzig Meter lange Montagestraße platziert, so lang wie vier Fußballfelder.

Dort formten Schweißer aus Ständerwerk und Trägern Wände, Böden, Decken und Dachstühle zu einzelnen Rahmenkonstruktionen. Diese wurden auf Wagen geladen, welche auf den Resten der alten Gleisanlage von einem Montagearbeitsplatz zum nächsten rollten. Wasserleitungen, Gas, Elektrizität und Abwasserleitungen wurden installiert, Fensterrahmen eingesetzt. Sperrholzböden, Rigipswände und Decken wurden verlegt und eingebaut. Ein vollständiges Badezimmer, hergestellt in einem anderen Teil des Gebäudes, wurde eingepasst.

Schließlich wurden die Rahmenkonstruktionen, jede einzelne ein anderer Raum, miteinander verbunden, wodurch eine größere, einstöckige Schachtel entstand. Ein Dachgeschoss wurde aufgesetzt. Die Dämmung wurde angebracht, zusammen mit Fenstern, Türen, Beleuchtung, Badezimmerarmaturen, Küchenschränken und Arbeitsplatten, Türknäufen und Bodenfliesen. Gegen Ende der Fertigungsstraße verklebten und verspachtelten Arbeiter auf Stelzen Fugen in Decken und Wänden. Am Schluss wurde jede Doppelhaushälfte in Folie verpackt und für die Fahrt nach Yonkers auf einen Sattelanhänger geladen. Jedes Haus kam fix und fertig in Yonkers an, quasi als vollendete Tatsache. Die Wohneinheiten wurden nicht nur außerorts gebaut, sondern auch schnell aufgestellt. Das Haus, welches am 9. Juli in der Clark

Street ankam, wurde noch am selben Tag in seinem Fundament verankert. Von da an wurden täglich zwei bis drei Häuser fertiggestellt. Innerhalb einer Woche war der Umriss einer entstehenden Siedlung an der Clark Street deutlich zu erkennen. Obwohl Oscar Newmans mühsam erkämpfte Ziegelverblendung, der cremefarbene Putz und die hochwertige Gartengestaltung erst später hinzugefügt würden, waren bereits die Spitzdächer und Erkerfenster sichtbar, und die Nachbarn mussten zähneknirschend einräumen, dass die Sozialbauten »ziemlich gut« aussahen.

Es gab ein paar Versuche, den alten Kampf wieder aufflammen zu lassen. Jemand – dumme Kids, entschied das FBI – schmierte »Nigger raus« und »KKK« auf eines der neu errichteten Gebäude und schlug die Scheiben von zwei weiteren ein. Etwa gleichzeitig probierte es der Stadtrat kurzzeitig mit seiner eigenen Form von Vandalismus und drohte damit, die Siedlung an der Clark Street nicht an die Kanalisation anzuschließen. HUD kam auf den letzten Metern mit eigenen Hürden und begann, mit Oscar Newman um alles Mögliche zu feilschen, vom Durchmesser der Abflussrohre über die Gartenzäune bis hin zum Standort der Mülltonnen vor dem Haus.

Den Streit um die Zäune verlor er. Er hatte sich schmiedeeiserne Zäune vorgestellt, um die einzelnen Gärten voneinander abzutrennen, doch HUD wollte noch nicht einmal die unechte Version bezahlen, also war er gezwungen, sich mit galvanisiertem Maschendrahtzaun zufriedenzugeben. Bei den Mülltonnen hatte er mehr Erfolg. Die Behörde wollte gemeinschaftliche Sammelbehälter – einen großen Container, den sich mehrere Familien teilten. Es war die preiswerteste Lösung, die immer in Sozialsiedlungen genommen wurde. Newman wollte, dass jedes Reihenhaus seine eigene Mülltonne bekam, die in einen neben dem zur Haustür führenden Weg in den Boden eingelassenen Metallkasten passte. Auf diese Weise, argumentierte er, wären die Mieter für ihren eigenen Müll verantwortlich, da sie ihn nicht irgendwo auf einen anonymen Haufen werfen konnten. Am Ende bekam Newman Unterstützung von Peter Smith, der den Weg für separate Mülltonnen freimachte, allerdings nicht ohne einen schrägen Seitenblick, der so viel sagte wie: »Du hältst dafür den Kopf hin, falls das in die Hose geht.«

Je näher der Fertigstellungstermin rückte, desto häufiger bekam Newman die Botschaft zu hören: diese Reihenhäuser waren seine Idee, und wenn es schieflief, wäre das sein Problem. Es gibt nichts Nervenaufreibenderes, als sich wenige Zentimeter vor dem Erreichen seines Lebensziels zu befinden. Alles, was Newman in den vergangenen dreißig Jahren gelernt hatte, war in dieses Wohnungsbauprojekt eingeflossen. Also war es eine Mischung aus Stolz und Lampenfieber, mit der Newman eines trüben, kühlen Nachmittags Judge Sand zur Besichtigung der Baustelle begleitete.

Sand machte einige höfliche Bemerkungen, aber die meiste Zeit schwieg er. Newman konnte nicht erkennen, ob es dem Richter nicht gefiel oder ob er einfach nur überwältigt war von der Inkarnation über eines Jahrzehnts an Arbeit. Als sie dann aber in die Gärten gingen und Sand missbilligend auf die Maschendrahtzäune starrte, brauchte sich Newman nicht mehr groß zu fragen, was der Richter dachte.

»Die Gärten sehen aus wie Schweineställe«, sagte Sand. »Müssen die Zäune wirklich sein?«

Newman holte tief Luft und erklärte, warum diese Zäune – und waren sie noch so hässlich – besser waren als gar keine. »Die Gärten werden völlig anders aussehen, wenn die Häuser erst einmal bewohnt sind«, sagte er. Und ohne die Zäune, fuhr er fort, gäbe es »kein Gefühl von Eigentum oder Verantwortlichkeit«. Dann würde der ganze Bereich zu einem einzigen großen Garten werden, den alle vernachlässigen und schließlich niemand mehr benutzen würde.

Sand schüttelte den Kopf.

»Ich hoffe, Sie wissen, was Sie tun«, sagte er nur.

Henry Spallone schaffte es nicht bis in die Wahlen zum Strong Mayor. Seine Vorwahlkampagne war ein Beispiel an Verwirrung, mit Schulden von 38.000 Dollar, die er vorübergehend mit einem privaten Darlehen zurückzahlte. Peter Chema gewann die Vorwahlen der Republikaner, mit einhundert Stimmen vor Angelo Martinelli. Spallone war der abgeschlagene Dritte. In einer bizarren Wendung erhielt Judge Leonard Sand, ein lebenslanger Demokrat, eine Briefwahl-Stimme.

Von den Republikanern verschmäht, versuchte Spallone sich als unabhängiger Kandidat, doch Chema forderte seine Ernennungs-Petition heraus. Fünfzehnhundert Unterschriften waren notwendig, um sich als unabhängiger Kandidat zur Wahl aufstellen zu lassen. Insgesamt hatten 2.150 Wähler Spallones Petition unterzeichnet, doch Chema bewies, dass 675 Stimmen nach dem komplexen und undurchsichtigen Bundeswahlgesetz für ungültig erklärt werden müssten, wodurch Spallone fünfundzwanzig Stimmen für eine zweite Chance fehlten. Spallone legte gegen die Entscheidung des Wahlrates Berufung ein und bewies vor dem Supreme Court, dass einige der Stimmen tatsächlich gültig waren, doch für eine Qualifikation reichte es trotzdem nicht.

Mary Dorman war im Gerichtssaal, als Spallone die Entscheidung kampflos hinnahm. Es wäre vorbei, sagte er, er würde keine Revision einlegen. Sie war wütend, dass er vor einem Kampf davonlief – er, der ihr überhaupt erst beigebracht hatte, wie man kämpfte. Und sie schämte sich für ihn. Er war ein Mann, dessen Karriere sich auf die Missachtung einer richterlichen Anordnung stützte. Nun endete dieselbe Karriere mit der Befolgung einer richterlichen Anordnung.

Vor dem Gerichtsgebäude schwor Spallone, dass dies zwar das Ende seines *Wahlkampfes* sei, nicht jedoch das Ende seiner *Karriere*. Er käme wieder, sagte er. Doch hatte er nicht auch versprochen, den sozialen Wohnungsbau in Marys Gegend nie zuzulassen? Als der Grundstein der Reihenhäuser gelegt wurde, hatte sie den Glauben an den Kampf verloren, nicht an den Mann. Mit seinem Rückzug aus dem Rennen konnte sie auch an ihn nicht länger glauben. Die Politik war ihr inzwischen zu einer Gewohnheit geworden, und da sie, als Spallone fort war, mit ihrer Zeit nicht so recht etwas anzufangen wusste, begann sie halbherzig für Angelo Martinelli zu arbeiten, dessen Wahl zum unabhängigen Kandidaten nicht disqualifiziert worden war. Sie glaubte nicht wirklich an Martinelli, doch das spielte im Moment keine Rolle. Für ihn zu arbeiten, lenkte sie von der Suche nach etwas Neuem ab, an das sie glauben konnte.

Terry Zaleski erreichte am Wahltag nur 36 Prozent der Stimmen, doch das reichte aus, um der erste starke Bürgermeister von Yonkers zu werden. Wie üblich zeigten die Wahlergebnisse eine geteilte Stadt, mit fünf von sechs Wahlbezirken im Westen, die für Zaleski gestimmt hatten, dem Kandidaten mit der moderatesten Position bezüglich Desegregation, sowie mit fünf von sechs Wahlbezirken im Osten, die für Chema gestimmt hatten, dem stärksten Gegner der Desegregation. Wie üblich gingen mehr Wähler auf der Ostseite zur Wahl als auf der Westseite. Zaleski gewann nur, weil Martinelli Peter Chema einen kritischen Ostbezirk abgenommen hatte.

Trotz des geringen Abstands und trotz der anhaltenden Spaltung erklärte Zaleski seinen Sieg mit demselben Selbstvertrauen, das jeder Politiker am Wahlabend verspürt. »Dies war ein echter Wahlkampf für die Zukunft der Stadt Yonkers«, erklärte er kurz nach 23.00 Uhr.

Während Zaleski feierte, war Nick Wasicsko zu Hause, sprachlos darüber, welche Richtung seine eigene Second-District-Wahl einschlug. Weil er die Vorwahlen der Demokraten mit einem 3-zu-1-Vorsprung gewonnen hatte und weil es ein starker Wahlbezirk der Demokraten war, hatte Nick angenommen, er hätte bei den Hauptwahlen einfaches Spiel. Stattdessen zeigten die Ergebnisse, dass er gegen seinen Gegner Edward Magilton verlor, ein politischer Neuling, der als Betriebsspezialist im *Department of Public Works* arbeitete. Um 22.00 Uhr führte Magilton vor Wasicsko mit 150 Stimmen. Über die nächsten Stunden, als 97 Prozent der Stimmen gezählt waren, wurde es zu einem Kopf an Kopf Rennen und Magilton führte mit 40 Stimmen. Gegen Mitternacht holte sich Nick einen Gerichtsbeschluss, um die Wahlmaschinen für eine erneute Zählung zu beschlagnahmen. Er ging um 2.30 Uhr morgens zu Bett und fragte sich, ob er seine Niederlage hätte eingestehen sollen, als niemand mehr wach war, um ihn zu hören.

Der nächste Morgen brachte die Neuigkeit, dass mehr Stimmen ausgezählt worden seien, und in einem Wahlbezirk führte er 137 zu 60 Stimmen, genug, um ihn von 40 Stimmen zurück nun mit 30 Stimmen in Führung zu bringen. Als er das Haus verließ, waren alle restlichen Bezirke ausgezählt und er lag wieder hinten – mit zwei Stimmen.

Es dauerte mehrere Tage bis zur Neuauszählung, und er war sich immer sicherer, am Ende seiner politischen Karriere zu stehen. »Ich habe es vermasselt«, sagte er. »Was soll ich denn jetzt machen?«

Nick war niedergeschlagen und verbrachte Stunden damit, neben dem Telefon zu sitzen. Es gab ein paar Leute, die anriefen und ihm sagten, er solle »durchhalten«, oder »es wird schon alles gut gehen«, doch es waren nicht so viele, wie es eigentlich sein sollten, und, noch wichtiger, Terry Zaleski war nicht darunter. »Ich habe alles für diesen Typen geopfert«, sagte er. »Kann er nicht wenigstens mal zum Hörer greifen?« Irgendwann rief Zaleski an. Was Nick nicht wusste, war, dass Nay aus Angst vor der wachsenden Depression ihres Mannes Jim Surdoval kontaktiert und verlangt hatte, dass Zaleski mit Nick sprach.

Nach der neuen Auszählung aller Wahlmaschinen hatte Nick einen Vorsprung von sechzehn Stimmen. Einige weitere Tage vergingen, während der die Briefwahlstimmen ausgezählt wurden. Nick erhielt weitere zehn Stimmen. Der endgültige Stand betrug 3.006 Stimmen für Wasicsko und 2.980 für Magilton. Nick war wieder Ratsmitglied – mit einem marginalen Vorsprung von sechsundzwanzig Stimmen.

Teil Zwei

WIEDERAUFBAU

—

1992 – 1993

1992
Die Lotterie

Zu zweit oder dritt, mit gedrückten Daumen und Glücksbringern in der Hand, strömten Hunderte von Leuten aus der Dunkelheit der School Street in die helle, warme Turnhalle. Als sie den überfüllten Raum betraten, blinzelten sie ins Neonlicht und sahen über die Reihen von Klappstühlen hinweg in der kleinen Hoffnung, noch einen Sitzplatz zu ergattern.

Sie hatten nicht mit einer Menschenmenge gerechnet. Das Gewitter allein hätte ausreichen sollen, dass alle zu Hause blieben, besonders in einer Straße wie der School Street. Niemand war nachts auf der School Street unterwegs, genauso wenig wie irgendwer in den anderen Sozialbausiedlungen von Yonkers nachts auf die Straße ging – wenn es irgend zu vermeiden war.

Doch was an diesem Abend in der Turnhalle geboten wurde, übte einen mächtigen Reiz aus, also war der Raum gefüllt, und es kamen immer mehr. Sechs Polizisten hatten sich entlang einer Wand aufgebaut und wirkten so, als rechneten sie mit Ärger. Während die Kinder durch die Gänge rannten und sich Regenschirmduelle lieferten, wurden ihre Eltern von der ramponierten Trommel aus Metall und Plexiglas abgelenkt, die auf der Bühne stand. Genauer gesagt, war es eine Bingotrommel. Peter Smith, Leiter der *Municipal Housing Authority*, des städtischen Amts für Wohnungswesen, hatte sie sich bei dem zwei Blocks entfernten *polnischen Gemeindezentrum* ausgeborgt.

Auf der Bühne fütterte Smith die Bingotrommel mit 220 Namen. Er war genervt von den vielen Blicken, die jetzt auf ihm lagen, und ernüchtert, wie gut dieser Apparat seinen Zweck erfüllte. Es war ein Spielzeug, und er benutzte es, um mit den Leben von Menschen zu spielen. Er wusste, dass er keinen Computer benutzen konnte. Die Leute in diesem Raum, die verständlicherweise allem gegenüber argwöhnisch waren, was sie nicht sehen konnten, hätten kein Vertrauen in eine Computer-Lotterie. Dennoch lastete der Symbolismus einer Bingotrommel schwer auf ihm. Passte dies nicht haargenau zu der launenhaften Natur des gesamten Wohnungsbau-Falles, der überhaupt erst aufgekommen war, weil irgendwo ein paar Rechtsanwälte beschlossen hatten, sich auf Yonkers zu konzentrieren? Spiegelte es nicht den willkürlichen, unzulänglichen Charakter der Lösung? Es gab in der Stadt fünftausend Menschen, die in Sozialwohnungen lebten, und nach all den Jahren der Unruhe gab es jetzt eine erste Runde mit gerade mal einundsiebzig Reihenhäusern. Es gab kein besseres Symbol für die Zwei-Schritte-hinter-dem-Mond-Atmosphäre von Yonkers. Jede andere Stadt, dachte Peter, hätte sich einen vernünftigen Weg einfallen lassen, diesen Zirkus hier zu vermeiden. Andere Städte hätten sich allerdings auch gar nicht erst in diesen Schlamassel manövriert.

—

Für Norma O'Neal fühlte es sich nicht an wie ein Zirkus. Von ihrem Platz in der ersten Reihe war es wie ein Fest. In ihrer Handtasche, die sie fest auf dem Schoß umklammert hielt, steckten zwei Briefe vom *Amt für Wohnungswesen*. Sie konnte die Briefe selbst nicht lesen, wusste jedoch, was darin stand, da ihre Freundin Pat Williams sie ihr bereits mehrfach vorgelesen hatte. Inzwischen kannte Norma die Worte auswendig, und sie erwartete, dass sie ihr Leben verändern würden.

Der erste Umschlag war an einem Januarmorgen unter ihrer Tür durchgeschoben worden und sah genauso aus wie alle anderen formellen Briefe vom Amt für Wohnungswesen. Pat hatte ihn ohne besondere Aufregung geöffnet. Doch vom ersten Wort an klang er in Normas Ohren anders als jeder Brief, den sie jemals von dort erhalten hatte. Er begann nicht mit »Sehr geehrter

Mieter«, wie die meisten anderen, oder mit »Sehr geehrte Miss O'Neal«, wie die paar anderen, besorgniserregenden. Stattdessen fing er so an:

Bekanntmachung
An die Bewohner von öffentlich gefördertem Wohnraum der Stadt Yonkers.

Mit der Genehmigung des Federal Court wird unter den derzeitigen Bewohnern von Sozialwohnungen der Stadt Yonkers eine Mieterauswahl für die neuen Sozialbau-Wohneinheiten, die in Ost-Yonkers entstehen, getroffen werden.

142 Wohneinheiten des öffentlichen Wohnungsbaus werden gegen Ende des Jahres fertiggestellt. Mittels eines von Judge Sand gebilligten Verfahrens werden die Mieter auf Basis einer Lotterie ausgewählt.

Die Behörde bittet diejenigen Mieter, die Interesse daran haben, in die Häuser einzuziehen, das beigefügte Formular auszufüllen. Wenn Sie dabei Unterstützung benötigen, hilft Ihnen das Vermietungsbüro.

Bewohner, die für die neuen Wohneinheiten ausgesucht werden, müssen beim Wohnungsamt zuverlässig Miete gezahlt haben, ihre Wohnungen müssen in einem sauberen, hygienischen Zustand sein, und es dürfen beim Wohnungsamt keine Fälle von ungeklärten Mietrechtsverletzungen offen sein.

Das Formular musste innerhalb von zwei Wochen ausgefüllt werden. Doch Norma verbrachte die beiden Wochen mit dem Versuch, sich eines der Reihenhäuser direkt zu angeln. Im Brief stand, das Vermietungsbüro würde ihr beim Ausfüllen des Formulars helfen, doch die Hilfe, die sie brauchte, war direkter und handfester als das. In dem Brief stand etwas von einer Lotterie, doch sie wollte ihr Glück keiner Lotterie anvertrauen. Sie lebte inzwischen seit drei Jahren mit der Last der Blindheit. Sie hatte ihren Job deswegen eingebüßt und auch ihre Freiheit. Es war Zeit, dass die Blindheit ihr auch mal einen Dienst erwies.

Sie hatte gehört, Peter Smith sei ein »netter Mann«, der »manchmal helfen könnte«. Sie versuchte, ihn telefonisch zu erreichen. Als das nicht funktionierte, fand sie heraus, dass er an einem Nachmittag einen Termin in Schlobohm hatte, und wartete in der Nähe der Tür auf ihn.

»Mr Smith«, rief sie, als sie die verschwommene Gestalt eines kahl werdenden Weißen in Anzug und Krawatte sah. Er blieb stehen. Sie hielt den Umschlag wie eine Eintrittskarte hoch. »Ich würde gern mit Ihnen sprechen.«

Smith kam näher, und Norma konnte fast sein Gesicht erkennen. »Ich bin sehbehindert«, sagte sie. »Ich bin blind. Ich habe Angst, die Wohnung zu verlassen. Können Sie mir hiermit helfen?« Sie faltete den Brief auseinander und gab ihn ihm.

Smith schaute auf den Brief und sah sich Norma dann näher an.

»Jede Anlage hat Wohneinheiten für Behinderte«, sagte er. »Für die, die sich qualifizieren. Brauchen Sie einen Pflegedienst?«

»Es ist schwer, hier eine ambulante Pflege zu bekommen«, sagte sie, und weil sie befürchtete, dass sie das irgendwie disqualifizieren würde, fügte sie hinzu: »Aber ich gehe jede Woche zum Blindenwerk, zur *Guild for the Blind.*«

»Seit wann gehen Sie dorthin?«

»Im März sind es zwei Jahre.«

»Lassen Sie eine der Ladies dort an mich einen Brief schreiben«, sagte Smith. »Ich schaue, was ich tun kann.«

Er unterzeichnete den zweiten Brief, der einige Tage vor der Lotterie – diesmal auf dem richtigen Postweg – bei Norma eintraf. »Sie wurden ausgewählt und erhalten die Möglichkeit, in eines der neuen Häuser zu ziehen. Ihnen wurde dort eine behindertengerechte Wohnung zugewiesen«, stand darin. »Ihnen und Ihrer Familie herzliche Glückwünsche. Ihr Peter Smith.«

—

Mit einer Mischung aus Schuldgefühl und Trotz suchte Doreen James sich einen Gangplatz in der Mitte der Halle. Sie zog ihren Regenmantel aus, half Jaron aus seinem, schüttelte von beiden das Wasser ab und setzte den kleinen Jungen auf ihren üppigen Schoß. Sie war sich immer noch nicht sicher, ob sie überhaupt hier sein sollte.

Als sie das Schreiben über die Reihenhaus-Lotterie erhalten hatte, war Doreen bereits seit mehreren Monaten Mitglied des Mieter-Gremiums. Sie hatte Sheila den Brief gezeigt, die meinte, sie solle ihn wegwerfen.

»Du musst bei uns bleiben und zu Ende bringen, was du angefangen hast«, sagte Sheila, die Doreen dazu überredet hatte, sich in das Gremium wählen zu lassen. »Wenn die besten Leute immer gleich wieder gehen, passiert nie etwas.«

Doreen zuckte auf ihre langsame Art die Achseln. Sie glaubte nicht, dass sie groß etwas »angefangen« hatte. Auf ihre Wahl ins Gremium war sie nicht besonders stolz, da sie die einzige Kandidatin gewesen war und nur wenige Schlobohm-Mieter an der Wahl teilgenommen hatten. Pflichtschuldig hielt sie jede Woche Mietertreffen ab, doch selten kamen an einem Abend mehr als drei Leute. Die, die kamen, nörgelten stundenlang herum. Von Sadie geleitet, hatte Doreen große Pläne: Mieter-Sicherheitspatrouillen, gemeinschaftliche Instandhaltungs-Zeitpläne und eine von Bewohnern geführte Kindertagesstätte. Aber die Mieter, erzählte sie Sheila, »wollen über nichts anderes reden als ihr Waschbecken, das repariert werden muss, oder die kaputte Tür vom Abstellraum, und wie sie immer und immer wieder angerufen hätten, aber nichts sei passiert«. Also verbrachte Doreen die Treffen damit, Listen von Namen, Apartmentnummern und notwendigen Reparaturen aufzustellen, und sie an Peter Smith und die *Municipal Housing Authority* weiterzuleiten.

Bald nach ihrer Wahl wurde sie in das *Steering Committee for Comprehensive Grants* des Stadtrates berufen, jenen Lenkungskreis für Bundes- und Bundesstaatszuschüsse, der Entscheidungsbefugnis über die sinnvollste und beste Verwendung hoher Fördermittel des HUD hatte. Auch das klang vielversprechender, als es tatsächlich war, stellte Doreen fest. Sie hatte unzählige Ideen, wie man das Geld in Schlobohm einsetzen könnte: »Wir brauchen mehr Sicherheit. Wir brauchen Zäune um die Kinderspielplätze. Wir brauchen neue Dachtüren, Haustüren und Nebeneingangstüren.« Auch diese Vorschläge tippte sie ab und schickte sie in die Central Avenue. Normalerweise passierte gar nichts. Ein paar von ihren Vorschlägen wurde stattgegeben, den neuen Türen zum Beispiel, was sie jedoch noch entmutigender fand als die Funkstille, da nach wenigen Wochen alle diese neuen Türen zerkratzt oder auf andere Weise kaputt waren. Jede kleine Aktion, die sie unternahm, erschien so unbedeutend gegenüber dem überwältigenden Rest, dass sie sich fragte, warum sie sich eigentlich die Mühe machte.

»Gibt dir nichts davon ein gutes Gefühl?«, fragte Sheila.

Doreen rieb sich die müden Schläfen und dachte nach, bevor sie sprach. »Doch«, sagte sie. »Einmal kam eine Frau zu mir, die ich nicht kannte, und bedankte sich für ihre neue Tür.«

Als sie erkannte, dass sie in der Diskussion an Boden verlor, änderte Sheila ihre Taktik. Die Reihenhäuser, äußerte sie besorgt, seien ein abgekartetes Spiel, eine verführerische Falle, die es nur auf ein Scheitern abgesehen hätte.

»Sie haben sie schnell gebaut, damit sie schnell auseinanderfallen«, sagte Sheila. »Dann können sie mit dem Finger zeigen und sagen: ›Haben wir doch gleich gesagt. Diese Schwarzen sind nicht in der Lage, sich richtig um ihre Sachen zu kümmern.‹ Weißt du, wie Sadie die Häuser nennt? Sie nennt sie ›Pappkartons‹. Sie müssen sie bauen, also tun sie es auch, was nicht bedeutet, dass sie wollen, dass es funktioniert.«

Es mochte in der beengten Armut von Schlobohm kein Gras wachsen, doch Gerüchte und Verschwörungstheorien fielen auf fruchtbaren Boden. Es war ein Vorwurf, den Doreen bereits häufiger gehört hatte. Sie hatte jedoch längst gelernt, solches Geschwätz zu ignorieren oder mit einem Achselzucken zu quittieren – einem, das nicht direkt »Unsinn« sagte, sondern eher »abwarten und Tee trinken«.

Also antwortete sie Sheila mit diesem Achselzucken, die daraufhin erneut ihren Kurs änderte. Sie beugte sich in ihrem Stuhl vor, faltete die Hände auf dem Tisch und fuhr mit eindringlicher Stimme fort.

»Du wirst das da drüben nicht überleben«, sagte sie.

An diesem Abend zerriss Sheila das Bewerbungsformular, knüllte die Schnipsel zu einem Ball und schmiss ihn weg. Am nächsten Morgen betrat Doreen ihr Gebäude in Schlobohm und erfuhr, dass irgendein Gör – das man nie erwischte – im Fahrstuhl eine Farb-Spraydose angezündet hatte, die dann explodiert war und das Innere der Kabine zerfetzt hatte. Im Boden klaffte ein riesiges Loch, die Knöpfe der Schalttafel waren geschmolzen, und der ganze Fahrstuhl (es gab in jedem Gebäude nur einen einzigen) musste erneuert werden.

Doreen bugsierte Jaron in Richtung des beißend riechenden Treppenhauses. Der Dreijährige war zu schwer, um ihn die sieben Stockwerke hinaufzutragen, aber auch zu jung, um seine Finger von dem urinverdreckten Geländer fernhalten zu können. Während Doreen sich vor Erschöpfung und Wut schnaufend bis zum obersten Stockwerk hocharbeitete, verwandelte sich die Schmutzlache auf den Stufen in eine Überschwemmung. Die neue Tür zum Dach war schon wieder kaputt, erkannte sie, und so rauschte Wasser von draußen wie ein Sturzbach die Stufen hinunter. An irgendeiner Stelle dieses Treppenhauses entschied sie, dass sie nicht länger Vertreterin der Bewohner von Schlobohm sein konnte, weil sie es einfach nicht länger ertrug, in Schlobohm zu leben. Sie ging wieder hinunter ins Büro, ließ sich ein weiteres Formular geben und füllte es aus.

In den folgenden Wochen hatten sie und Sheila sorgsam alle Themen rund um die neuen Sozialwohnungen gemieden. Stattdessen war Doreen im Geiste immer wieder ihre letzte Diskussion durchgegangen, hatte Sheilas Worte wiederholt und dann im Stillen etwas darauf erwidert. Schon möglich, dass sie eine Verpflichtung gegenüber READY hatte, dachte sie, aber könnte sie nicht auch auf der anderen Seite der Stadt Interessenvertreterin werden? Ja, vielleicht *waren* die Reihenhäuser zum Scheitern verurteilt, räumte sie ein, aber im Moment waren sie alle Male besser als Schlobohm.

Den einzigen Teil der Diskussion, den sie im Kopf nicht durchspielte, war Sheilas Warnung: »Du wirst das da drüben nicht überleben.« Darauf hatte sie damals wie heute keine passende Antwort. Als sie jetzt hier bei der Lotterie saß und die Bingotrommel betrachtete, bereitete es ihr immer noch Sorgen, dass ihre Schwester womöglich recht haben könnte.

—

Als Alma Febles und ihre Familie eintrafen, waren nur noch ganz hinten Plätze frei – jedoch nicht genug für Alma, ihre Schwester Dulce, Almas drei und Dulces zwei Kinder. Dulces erwachsene Tochter stellte sich mit Frankie und Virgilio an die hintere Wand, und Leyda setzte sich zwischen ihre Mutter und ihre Tante.

Alma war überrascht gewesen, dass ihre Schwester sich für die Lotterie beworben hatte. Normalerweise taten so etwas Eltern für ihre Kinder, dachte Alma, und Dulces Töchter waren keine Kinder mehr. Sie waren Teens, hatten ihren Schulabschluss in der Tasche und einen Job und waren außer Gefahr – und das alles ohne auf diesem Weg verletzt zu werden, schwanger oder noch Schlimmeres. Vor Virgilio, Leyda und Frankie dagegen lagen noch viele Jahre voller Landminen. Und nicht nur das. Alma hatte während ihrer Jahre in Schlobohm Englisch gelernt, Dulce jedoch nicht. Mit wem würde ihre Schwester sich auf der Ostseite unterhalten?

Alma hatte Dulce nie gefragt, warum sie sich an der Lotterie beteiligte. Sie befürchtete, dass ihre Schwester bei der Frage ihren Ärger heraushören würde. In den Wochen seit ihrer Bewerbung redeten die Frauen nur darüber, wie sie ihre Häuser dekorieren, welche Feste sie feiern und mit welchen Blumen sie den Garten bepflanzen würden. Sie redeten nie darüber, was passieren würde, wenn nur eine Schwester die Chance bekäme umzuziehen.

Stattdessen saßen sie von Lärm umringt, aber schweigend nebeneinander. Leyda rieb an der Statue der Heiligen Jungfrau, die sie sich in die Tasche gesteckt hatte. Ähnlich angespannt befingerte Alma die glänzenden Seiten des Haushaltswaren-Katalogs, der in ihrer Handtasche steckte.

Als die Ankündigung für die Reihenhaus-Lotterie eintraf, hatte Alma gerade einen neuen Job angenommen, in dem sie für die Rechtsanwaltskanzlei Fitzgerald & Fitzgerald am Telefon für die Spanisch sprechenden Mandanten zuständig war. Über die sieben Dollar pro Stunde freute sie sich, doch was sie wirklich genoss, war die Freiheit. Jetzt, wo alle Kinder älter waren und zur Schule gingen, konnte sie einen Job annehmen, der sie aus Schlobohm herausholte und in eine andere Welt hinein. Eine Welt, in der die Menschen in der Mittagspause spazieren gingen, neue Kleidung trugen, Autos besaßen und ihre Fenster mit Gardinen und Topfpflanzen dekorierten.

Die Lotterie, die dem neuen Job auf dem Fuße folgte, erschien Alma wie ein Omen. Zuerst hatte ihr die Arbeit ein tägliches Ticket aus den Siedlungen heraus gewährt; und als Nächstes brachte ihr die Post diese Möglichkeit zu einer dauerhaften Flucht. Seither fühlte sie sich eigenartig vom Glück begünstigt. Zum ersten Mal seit Jahren begann sie zu träumen, und nachdem sie erst einmal angefangen hatte, waren die Träume zu wunderbar, um damit aufzuhören. Sie wusste, dass sie den Kindern keine Hoffnung machen sollte, und sie versuchte die Kinder häufig daran zu erinnern, dass es so wenige Reihenhäuser gab und so viele Anwärter, doch sie war nicht dazu in der Lage, ihre eigenen Erwartungen unter Kontrolle zu behalten. Sie hatte vergessen, wie gut sich Hoffnung anfühlte.

Eines Nachmittags war sie nach Hause gekommen und hatte eine große, schwere Kiste mitgebracht. »Was ist das?«, wollte Leyda wissen, als Alma die Kiste auf den abgenutzten Küchentresen stellte, dann die Besteckschublade öffnete und anfing, den Tisch zu decken.

»Neue Töpfe«, sagte Alma. »Drei Stück, aus Metall, schweres Eisen und sehr gute Qualität, in drei verschiedenen Größen. Ich habe sie bei einer Frau gekauft, die sie über einen Katalog vertreibt. Sie haben hundertfünfzig Dollar gekostet, aber ich kann sie mit dreizehn Dollar die Woche abzahlen.«

»Wir brauchen tatsächlich neue Töpfe«, sagte Leyda und haute zur Bekräftigung ihrer Worte mit einem Kochlöffel gegen die zerbeulten Aluminiumtöpfe auf dem Herd.

»Wir brauchen alles neu«, sagte Alma und wühlte in der Schublade nach Löffeln, die mysteriöserweise in der Küche immer Mangelware waren. Sie vermutete, dass Frankie sie wegwarf, damit er sie nicht abzuwaschen brauchte. »Aber diese sind nicht für jetzt. Ich mache sie noch nicht auf. Sie sind für die neue Wohnung.«

Von da an wurden Haushaltswaren-Kataloge zu Almas Besessenheit. Sie konnte die Finger nicht lassen von den glänzenden, schwelgerischen Seiten. Jede Seite zeigte ein Leben, wie Alma es gerne hätte – zufriedene Menschen in freundlicher Umgebung, die eine ganze Palette von Gerätschaften und Gegenständen benutzten, die dafür vorgesehen waren, das Leben aufgeräumt und ordentlich im Griff zu haben. Die meisten der Sachen, die sie bestellte – einschließlich der Töpfe –, kosteten mehr, als sie sich eigentlich leisten konnte, doch das Reihenhaus, das das Schicksal für sie bereithielt, musste voll ausgestattet werden. Und Träume waren nicht billig zu haben.

Also bestellte sie, wovon sie träumte, und verstaute die ungeöffneten Kisten sorgfältig in einer Abstellkammer.

»Welchen Sinn haben Töpfe, wenn man nicht mit ihnen kochen kann?«, fragte Leyda.

»Sie sind zu gut für diesen Ort. Ich kann es nicht erklären«, sagte Alma.

»So wie wir?«, fragte Leyda. Alma antwortete nicht.

—

Billie Rowan traf in letzter Minute in der Turnhalle an der School Street ein. Sie machte sich gar nicht erst die Mühe, einen Sitzplatz zu suchen, und lehnte sich an der Tür an die Wand. Als sie sich in der Menge umsah, fühlte sie sich leicht und frei. Ihre Stimmung war so hell, dass schon der einfache Akt des Schließens ihres Regenschirms sie zum Lächeln brachte. Wegen des Sturms hatte ihre Mutter eingewilligt, einige Stunden auf die Kinder aufzupassen, und Billie war selig, einmal für sich allein zu sein. Es war so eine seltene Gelegenheit, dass sie es feiern musste, also hatte sie sich die Zeit genommen und sich schick gemacht, etwas, was sie seit Monaten nicht mehr getan hatte. Warum Make-up und Schmuck anlegen, sagte sie sich, wenn niemand da war, der es sah? Aber heute Abend hatte sie sogar das schäbige Kopftuch abgenommen, das in letzter Zeit immer ihre Cornrows bedeckte. Sie war sich fast sicher, dass niemand die Stellen sehen konnte, wo der Stress ihre Haare ausgedünnt hatte.

Sie war gestresst, weil John wieder im Gefängnis war – was außer ihr niemanden sonderlich überraschte. Er hatte ein Paar mit einem Messer bedroht mit der Absicht oder auch nicht, es auszurauben, und war zu achtzehn Monaten in der Cayuga Correctional Facility verurteilt worden, was eine fünfstündige Busfahrt von Yonkers entfernt lag. Dort war er auch, als ihre Tochter Shanda May Santos geboren wurde, und diesmal eilte Billie mit ihrem Neugeborenen nicht in den Warteraum des Gefängnisses, so, wie sie es mit dem kleinen Johnny getan hatte. Wenn John so viel daran lag, seine Tochter zu sehen, dachte sie, hätte er einen Weg gefunden, sich aus allem Ärger rauszuhalten.

Sie war wütend auf John, doch sie war noch nicht mit ihm durch. Im Gegenteil, er füllte fast alle ihre Gedanken. Wenn John nach Hause kommt, versprach sie sich, kann ich allein ins Badezimmer gehen. Wenn John nach Hause kommt, kann ich mit geschlossener Tür duschen. So viele Sätze in ihrem Kopf begannen mit »Wenn John nach Hause kommt …«. Wenn John nach Hause käme, würden sie ein richtiges Leben führen. Sie würden eine Familie sein. Die Kinder würden sich benehmen. Das Haus wäre sauber. Sie würde kochen lernen. Er hätte einen Job. Nichts würde so sein wie vorher. Nichts würde so sein wie jetzt.

Sie versuchte positiv zu denken, doch die Stecknadeln der

Wirklichkeit drangen immer wieder auf sie ein. In den drei Jahren, die John und Billie zusammen waren, war er insgesamt weniger als sechs Monate zu Hause gewesen. Er hatte noch nie ihren Geburtstag mit ihr zusammen verbracht. Er kannte seinen Sohn kaum und seine Tochter gar nicht, und Billie fragte sich, wie gut sie und John sich kannten. Sie besaß kein einziges Foto von dem Mann, das nicht im Gefängnis aufgenommen worden war.

In einem seiner letzten Briefe hatte er seine Ziellosigkeit als Schicksal umdefiniert. Es wäre sein Schicksal gewesen, das ihn ins Gefängnis gesteckt hatte, und sein Schicksal würde für ihn sorgen, wenn er wieder herauskäme. Kurz nach diesem Brief hatte Billie das Bewerbungsformular für die Lotterie ausgefüllt. Sie vertraute auf dasselbe Schicksal. Es würde ihren Namen aus der Bingotrommel ziehen und ihr ein neues Leben, einen neuen Anfang geben. Sie glaubte genauso glühend an die Fantasievorstellung, John könne rechtschaffen sein, wie sie die ganzen Jahre an seine Beteuerungen geglaubt hatte, dass er nie wirklich etwas Falsches getan hätte.

—

Als Peter Smith kurz vor acht Uhr zum Mikrofon ging, wurde die Menge verhältnismäßig ruhig. Ein Baby begann zu weinen, und die Mutter steckte ihm schnell einen Schnuller in den Mund. Es gab ein paar Nieser, etwas Geräusper und eine knappe Handvoll zappeliger Kinder, doch insgesamt war es leise genug, um zu hören, wie sich die Bingotrommel drehte.

Smith verschwendete kaum Zeit damit, sich vorzustellen, bevor er das erste gefaltete Papier aus der Trommel zog. »Nummer eins, Delphina Page.« In der Menge sprang die Trägerin des Namens auf und führte auf ihrem Platz einen kleinen Freudentanz auf. Name für Name wurde aus der schier bodenlosen Trommel gezogen, und jeder wurde mit Jubel oder Tränen beantwortet, oder einer Faust, die siegreich in die Höhe gestreckt wurde.

»Nummer neun, Doreen James.« Doreen vergrub ihr Gesicht in den Händen, damit Jaron sie nicht weinen sah.

»Nummer dreiundvierzig, Billie Rowan.« Billie grinste ein paar Minuten in die Runde, dann rannte sie glücklich und triumphierend durch den Regen nach Hause.

Die Trommel drehte sich weiter, und der Geräuschpegel im Saal stieg an. Smith musste fast ins Mikro brüllen. Alma hörte kaum, wie er den Namen ihrer Schwester aufrief. »Nummer einundsiebzig, Dulce Manzueta.« Das bedeutete, Almas Nichten gingen. Ihre erwachsenen Nichten, die bereits Jobs hatten und eigene Wohnungen und nicht jeden Nachmittag zu Hause eingesperrt verbringen mussten. Alma bedachte ihre Schwester mit etwas, was ein glückliches Lächeln sein sollte, und griff dann nach der Hand ihrer eigenen Tochter.

Genau dort hielt Smith die Trommel an. Er hob die Hände und bat um Ruhe. »Die ersten einundsiebzig Namen sind ausgewählt worden«, sagte er. »Es gibt im Moment nur einundsiebzig Häuser, und die sind jetzt voll. Wir ziehen weiter Namen, aber alle anderen werden auf der Warteliste stehen.« In der Menge machte sich Niedergeschlagenheit breit. Der Applaus, der jeden Namen begrüßte, war nur halbherzig, und die Luft im Raum fühlte sich drückend schwer an. Leute, die bereits ihre Antwort hatten, begannen zu gehen. Alma wäre ihnen gern gefolgt.

»Nummer hundertsiebenundsechzig«, sagte Smith schließlich. »Alma Febles.«

Leyda sprang von ihrem Sitz auf, so wie sie den ganzen Abend kurz davor gewesen war. Sie schlang die Arme um den Hals ihrer Mutter und schluchzte.

»Sie haben unseren Namen gezogen, sie haben unseren Namen gezogen«, stammelte sie durch ihre Tränen. Ihre Mutter streichelte dem kleinen Mädchen einfach nur den Rücken. Sie brachte es nicht übers Herz, ihr direkt jetzt das mit der Warteliste zu erklären.

Mary Dorman saß am pockennarbigen Holztisch des Konferenzraumes der Grinton I. Will Library, machte sich Notizen auf dem Block vor sich und tat so, als ob das, was sie gerade hörte, einen Sinn ergab. Sie hätte alles für eine Tasse Kaffee gegeben. Es stand zwar ein Kaffeeautomat auf dem Regal neben der Tür, doch der war immer leer. Es gab auch einen Fernseher und einen Videorecorder, aber die waren beide nicht an den Strom angeschlossen. Mary vermutete, dass Bob all diese Geräte jeden Abend ausschaltete, um jede Ablenkung zu vermeiden und dass man nichts anderes tun konnte, als ihm zuzuhören. Was einfacher gewesen wäre, dachte sie, wenn sie eine Ahnung hätte, *worüber* er redete. Ziemlich sicher war sie nur, dass es wenig mit den neuen Sozialwohnungen zu tun hatte.

Bob war Robert Mayhawk, der einige Wochen zuvor mit einem Telefonanruf in ihr Leben getreten war. Es war ein kurzes Gespräch gewesen, keine zehn Minuten, doch manchmal ist nicht mehr nötig, um alles zu ändern.

»Sie kennen mich nicht«, hatte Bob Mayhawk gesagt, »aber Sie wurden mir von jemandem empfohlen, der meint, sie würden perfekt zu einem Projekt passen, an dem ich gerade arbeite. Es geht um die neuen Sozialwohnungen.« Er schien zu befürchten, dass sie einfach auflegen könnte.

»Ich würde mich sehr freuen«, fuhr er fort, »wenn Sie sich einfach kurz anhören, was ich zu sagen habe.«

Mayhawk erklärte, er leite das *Housing Education Relocation Program*, auch bekannt als HERE, das vom Amt für Wohnungswesen beauftragt worden sei, die neuen Mietern beim Einzug in die Reihenhäuser zu begleiten. Es gäbe eine Orientierungsphase, sagte er, Schulungen, die jeder besuchen müsste, bevor man den Umzug erlaubte. Es würden nun Freiwillige gesucht (viel später sollte sie erfahren, dass es ein bescheidenes Honorar dafür gab), die bei dieser Orientierungsphase halfen. Deshalb der Anruf. Ob Mary wohl Interesse hätte?

Sie war *sehr* interessiert. Während der Monate, in denen die ersten Reihenhäuser eintrafen, hatte Mary sich oft dabei erwischt, wie sie über die Menschen nachdachte, die dort einziehen würden. Bei den Versammlungen von *Save Yonkers* war immer nur über die Auswirkungen auf das Wohnviertel durch die Zuzügler geredet worden, aber nie von den Auswirkungen des Viertels auf die Neuankömmlinge. Wie es wohl wäre, fragte sie sich, an einem Ort zu leben, an dem man nicht erwünscht war? Es gab Gerüchte auf der Ostseite, dass Bewaffnete den Einzug begleiten würden, besonders jetzt nach der Rohrbombe, und dass sich Hausbesitzer rund um die neuen Reihenhäuser Waffen kauften – nur für alle Fälle. Wie konnte man allen Ernstes von Menschen erwarten, dass sie sich mit diesem Wissen in ihrem neuen Zuhause gut einlebten? Der Plan des Richters war mehr als nur ein Angriff auf das Gemeinwesen, entschied sie, er richtete gleich in zweifacher Hinsicht Unheil an. Er war nicht nur grausam gegenüber den alteingesessenen Anwohnern in der Nachbarschaft der jeweiligen Grundstücke, sondern auch gegenüber den Mietern, die für den Einzug ausgesucht wurden.

Sie hatte diese Überlegungen einer Reihe von Leuten anvertraut, und einer von denen hatte offensichtlich darüber mit Bob Mayhawk gesprochen. Er stellte während des Telefonats praktisch keine Fragen zu ihrer eigenen Person, wobei Mary nicht glaubte, dass es ihn nicht interessierte, sondern dass er bereits das meiste wusste. Eigentlich stellte er nur eine einzige Frage, gegen Ende des Gesprächs, und dabei ging es weniger um die Vergangenheit als vielmehr um die Zukunft: »Wie denken Sie heute über die neuen Sozialwohnungen?«

»Ich denke, es ist falsch«, antwortete Mary. »Ich glaube nicht daran. Aber sie sind jetzt da. Und die Menschen, die dort einziehen, hatten nichts mit dem zu tun, was davor passiert ist, und sie tun mir leid. Ich finde nicht, dass man ihnen für irgendetwas die Schuld geben sollte.«

»Also würden Sie sich an unserem Projekt beteiligen.«

»Ja«, sagte sie. »Das würde ich gern.«

Er wirkte erleichtert. Mary fragte sich, wie viele andere er wohl schon angerufen hatte.

—

Das erste Treffen, wie auch alle anderen, die in den vergangenen Wochen folgten, fand in der *Grinton I. Will Library* statt. Bob Mayhawk, schlank und elegant, mit kurzgeschnittenem, graumeliertem Haar und dem Auftreten eines Ex-Marines, hatte sich als einer der seltsamsten Menschen herausgestellt, die Mary je kennengelernt hatte. Während seines ersten Anrufes hatte er durchblicken lassen, dass er sich um die Geheimhaltung Sorgen machte. Bei näherer Betrachtung erwies sich diese Besorgnis als Besessenheit. »Erzählen Sie niemandem davon, was Sie hier tun«, instruierte er sein Team, »und stellen Sie mir auch keine Fragen über diese Arbeit.« Mary war davon ausgegangen, dass ihr erstes HERE-Treffen eine Art Informationsveranstaltung sein würde, dass sie erführe, *was* sie *wann* in diesem neuen Job tun würde. Als sie aber an diesem ersten Abend nach Hause kam, wusste sie kaum mehr als zuvor. Mayhawk sagte, er werde ihnen erst dann sagen, was sie wissen mussten, wenn sie es wissen mussten.

Seitdem hatte er sie bei jedem Treffen aufgefordert, eine Reihe von Gedankenspielen und Rätseln zu lösen, die alle dem Buch entnommen waren, das er geschrieben und selbst veröffentlicht hatte. Es hieß *Mayhawk's Law*, hatte einen schlammbraunen Schutzumschlag, auf den der Titel in goldenen Buchstaben gedruckt war, und war voller befremdlicher Geschichten. Bei einer ging es um eine Familie, deren Oberhaupt entschied, welches der drei Kinder das Familienunternehmen erben sollte. Jedes Kind gab eine kurze Zusammenfassung seiner Qualifikationen ab. Auf welches davon, fragte Mayhawk, fiel schließlich die Wahl? Bei einem weiteren Rätsel ging es um einen Wettlauf, an dem ein Gepard, ein Strauß, eine Gazelle und ein Gnu teilnahmen. Nachdem er ihnen zu jedem Tier sinnfreie Informationen lieferte (die Gazelle hatte einen schmerzenden Knöchel, das Gnu nahm nie den östlichen Weg), wies Mayhawk die Gruppe an »zu ermitteln, welches Tier welchen Weg nahm und in welcher Reihenfolge die Tiere das Rennen beendeten«.

Mary wusste, dass sie Mayhawk, HERE sowie die Geparden und Gnus jederzeit hätte verlassen können, aber irgendetwas, vielleicht das Rätselhafte an der ganzen Sache, zog sie jeden Abend wieder an. Sie konnte seine skurrilen Ratespielchen nie lösen, obwohl sie irgendwann verstand, dass die Moral der meisten lautete: »Unterstelle nichts!« Sie nahm sich diese Lehre zu Herzen, allerdings nicht so, wie Mayhawk es beabsichtigt hatte. Statt sich zu fragen, wie die Gazelle sich die Knöchel verletzt haben könnte, fragte sie sich, was sie über Bob Mayhawk alles nicht wusste und was sie nicht unterstellen sollte.

In dem kurzen Lebenslauf auf der Rückseite seines Buches hieß es, er sei an der Wall Street »Spezialist für Unternehmensinvestitionen« gewesen und Gründer des *Center for Personal Strategic Planning*, wo Seminare über »Motivation, Zielsetzung und Zielerreichung« angeboten würden. Außerdem sei er Wirtschaftsprofessor an der *State University of New York* gewesen.

Dass er einen wirtschaftswissenschaftlichen Hintergrund hatte, erschien Mary logisch. Er hatte die Autorität eines Geschäftsmannes, von jemandem, der Verantwortung trug. Seine Kleidung war leger, doch auf eine einstudierte Art und Weise, als würde er sich große Mühe geben, es so aussehen zu lassen, als gäbe er sich keine Mühe. Seine ganze Art war formal und kühl. Mary konnte sich nicht vorstellen, dass er viele enge Freunde hatte. Selbst sein Gesicht war ein Rätsel. Obwohl sein Haar bereits ergraut war, wirkte seine Haut jugendlich. Wie alt war er?, fragte sich Mary. Schwarzen, dachte sie, sah man ihr Alter nie an.

Das war natürlich die größte Überraschung gewesen. Als Mayhawk angerufen hatte, war sie überzeugt gewesen, er sei weiß, und sie hatte auch angenommen, dass die anderen des Programms weiß waren – Leute aus der Nachbarschaft oder Leute, die für *Municipal Housing* arbeiteten. Wer sonst sollte den neuen Bewohnern beibringen, wie man auf der weißen Seite der Stadt lebte?

Stattdessen war Mayhawk schwarz, genau wie seine Assistentin, Verna Earl, und der Rest des Teams, der aus Vernas Tochter Dee, Dees Freund Jeff Clark und Bea Clark, die nicht mit ihm verwandt war und in Schlobohm lebte, bestand.

Es gab nur noch ein anderes weißes Gesicht im Raum, und obwohl es vertraut war, war sich Mary nicht sicher, ob es komplett freundlich gesinnt war. Lucille Lantz war die Gründerin einer Anti-Sozialbau-Gruppe namens *People's Union* gewesen. Genau wie Mary beschrieb sie ihren Kampf gegen die Sozialbauten als einen prinzipiellen und nicht rassistisch motivierten. »Es geht darum, dass es unfair ist«, sagte sie immer in ihrer tiefen, verrauchten Stimme. »Während ich mich abrackern muss, um in Ost-Yonkers meine Miete zu zahlen, wird anderen erlaubt, in derselben Gegend in besseren Wohnungen zu niedrigeren Mieten zu wohnen.« Für Lucille war das Stichwort *Miete*. Die *People's Union* war eine Splittergruppe, die sich aus dem Gezanke zwischen den Hauseigentümern von *Save Yonkers* und Leuten wie Lucille ergeben hatte, die nur Mieter auf der Ostseite waren. Doch es war nicht Lucilles ehemalige Loyalität zu einer rivalisierenden Gruppe, weswegen Mary sich unwohl fühlte. Es war Lucille selbst.

Eine kleine Frau, angespannt wie eine Sprungfeder, die so eng gerollt war wie ihre rotbraune Dauerwelle, und die heißer brannte als ihre ständige Zigarette. Lucille war eine von denen, die dauernd gegen etwas protestierten. Vor den Sozialbauten war es der Desegregationsplan der Schule (sie war damals Vorsitzende des Eltern-Schüler-Ausschusses). Davor eine Kampagne, um die Regeln für Pflegeverhältnisse zu ändern (sie und ihr Mann Paul hatten neben ihren eigenen vier Kindern über die Jahre Dutzende Pflegekinder in Obhut genommen).

Jeder Kampf machte sie unverschämter, ausgebuffter und politischer. Mit der Zeit änderte sie auch ihren Namen, damit es ihrem Zweck diente. Lantz, entschied sie, war ein netter, österreichischer Name, hatte jedoch in Yonkers kein Gewicht. »Lantz, wie ungewöhnlich«, sagten die Verkäufer, wann immer sie mit einem Scheck bezahlte. Ihr Mädchenname, Rizzetta, war nie Anlass zu Kommentaren und brauchte keine Erklärung. »Wenn ich versuche, die Aufmerksamkeit von jemandem zu gewinnen, der Italiener ist, ist es blödsinnig, Lantz zu benutzen«, sagte sie sich und begann ihre vielen Briefe an die Redakteure mit »Lucille Rizzetta Lantz«. »Die Leute, die diese Stadt regieren, heißen Vellela, Spano, Martinelli und Spallone«, sagte sie, »und ich soll Lantz benutzen?«

Ungefähr das Einzige, was Mary und Lucille gemeinsam hatten, war ihre Einsicht, den Kampf gegen die Sozialbauten verloren zu haben. Doch selbst auf dem Weg zu diesem gleichen Rückschluss gingen die beiden vollkommen unterschiedliche Wege. Während Marys Desillusion sich schleichend eingestellt hatte, war Lucilles sehr plötzlich und sehr öffentlich zutage getreten.

An dem Abend vor der Abstimmung des Stadtrates, ob man sich den Anordnungen von Judge Sand fügen sollte, hatte sich der Vorstand der *People's Union* in Lucilles Wohnung getroffen. Der Rat würde einknicken, da waren sich alle einig, und daher machte Lucille einen in ihren Augen pragmatischen Vorschlag. »Es wird Zeit, dass wir den Tatsachen nüchtern ins Auge sehen«, sagte sie. »Wir müssen eine Möglichkeit finden, wie wir das mit den Sozialwohnungen zum Funktionieren bringen.«

In der verschwurbelten Welt einer Protestbewegung sind solche Worte blanke Provokation, und alle Anwesenden fingen an zu brüllen. Bis dahin hatte Lucille geglaubt, dass Menschen im Ärger Dinge sagen, die sie gar nicht so meinen. Als sich der Tumult in ihrem Esszimmer endlich wieder gelegt hatte, war sie jedoch zu der Überzeugung gelangt, dass Menschen im Zorn genau das sagen, was sie wirklich meinen, aber normalerweise diszipliniert genug sind, es für sich zu behalten.

»Schon sehr bald werden Leute ihre Jobs verlieren«, argumentierte Lucille. »Yonkers steht kurz davor, eine Grenze zu überschreiten, die man nicht überschreiten sollte.«

»Das ist ein Opfer, das man bringen muss«, schallte es ihr entgegen.

»Klar«, meinte Lucille trocken. »Es ist ja auch nicht *euer* Opfer. Ihr sitzt da gemütlich auf euren Sesseln und habt gut reden, weil es ja nicht um euer Gehalt geht. In manchen Familien arbeiten Mutter *und* Vater bei der Stadt, und die werden alles verlieren! Ich kann doch von niemandem verlangen, mir zuliebe sein Gehalt aufzugeben!«

»Man muss Opfer bringen«, insistierten sie.

»Es wird die Stadt zugrunde richten«, entgegnete Lucille.

»Wenn die hier drüben wohnen, das wird die Stadt zugrunde richten.«

»Nicht so sicher wie eine Eine-Million-Dollar-Strafe jeden Tag.«

»Vielleicht willst du sie ja als Nachbarn haben, aber ich will das bestimmt nicht.«

Lucille hatte Sorge, dass die Glasplatte ihres Esstisches unter den vielen darauf schlagenden Fäusten zerspringen könnte. Am Ende des Abends hatte sie ihr Amt niedergelegt, und von den meisten anderen Vorstandmitgliedern hörte sie seitdem nie wieder etwas. Die Lokalzeitung brachte einen kurzen Artikel über ihren Rücktritt. Lucille wartete den Tag darauf, dass ihr Telefon in einem fort klingelte und alle bettelten, »Komm zurück, wir brauchen dich«, aber niemand rief an.

Bis sich schließlich Bob Mayhawk meldete. Während ihres ersten Telefonats war sie noch misstrauisch gewesen, besonders als Mayhawk sich weigerte zu sagen, wer sie für diesen Job vorgeschlagen hatte. »Freunde«, hatte er gesagt, doch Lucille glaubte nicht, dass sie noch Freunde hatte. Sie war als ein Zeichen des Wandels ausgewählt worden, als Beweis dafür, dass die Opposition nicht nur geschlagen worden, sondern sogar konvertiert sei. Ihr kamen diese Videotapes von Kriegsgefangenen in den Sinn, die unter Zwang ihre Heimatländer anprangern.

Wenn das Mayhawks Spiel war, entschied Lucille, dann würde sie mitspielen. Wenn sie die neuen Sozialwohnungen schon nicht von außen verhindern konnte, würde sie die Sache eben von innen im Auge behalten. Seit dem Abend, an dem sie aus der *People's Union* ausgetreten war, hatte sie keine einzige öffentliche Versammlung mehr besucht. Es fühlte sich gut an, ein neues Ziel zu haben. Aber, ermahnte sie sich, das hier war nicht mehr ihr Kampf. Sie würde sich nie wieder so tief in etwas hineinziehen lassen wie 1988. Diesmal war sie nur Gast, eine Zuschauerin.

Diese Distanz verlieh ihr eine Freiheit, die Mary spürte, jedoch nicht verstand. Mary hatte längst aufgehört, Mayhawk Fragen zu stellen, als Lucille es immer noch tat. Er gab auch Lucille keine Antworten, aber im Unterschied zu Mary schien ihr das nichts auszumachen. Genauso wenig beeindruckten Lucille die Rätsel von *Mayhawk's Law*. Der Strauß hat das Rennen gewonnen, verkündete sie. Die Gazelle kam als Zweite durchs Ziel, der Gepard war Dritter und das Gnu Letzter. Die schmerzenden Knöchel der Gazelle waren völlig irrelevant für das Ergebnis, zusammenhanglos, eine falsche Fährte. »Sich niemals von Nebensächlichkeiten ablenken lassen«, sagte Lucille und fasste damit locker den geheimnisvollen Sinn der Übung zusammen. Mayhawk nickte.

Marys erste Unterhaltungen mit Lucille waren unbeholfen. Obwohl ein Außenstehender annehmen könnte, die beiden Frauen hätten viel gemeinsam, konnte Mary zunächst nur ihre Unterschiede sehen. Die eine war eine Führungspersönlichkeit, die andere eine Mitläuferin. Eine blühte bei Konfrontationen förmlich auf, während die andere ihren Geschmack daran völlig verloren hatte. Die eine war sich sehr sicher, was ihre Sicht der Welt betraf, die andere zweifelte an ihrer eigenen Urteilskraft. Lucille war eine selbstbewusste, zweifelsfreie und streitlustige Frau, dachte Mary. Und sie selbst? Sie war fügsam, verunsichert und auf der Suche.

Und doch sind, wie Mayhawk sagen würde, die Dinge nicht immer so, wie sie erscheinen. Schon richtig, der Kampf gegen die neuen Sozialwohnungen hatte Mary aus einer Beobachterin in eine Aktivistin verwandelt. Er hatte auch Lucille umgetauft – zuerst Lantz, dann Rizzetta und schließlich wieder zurück. Doch Wandel ist ein Prozess, kein Ziel, und der nächste Teil des Kampfes, nämlich das Bemühen, den Wohnungsbau erfolgreich abzuschließen, würde wieder völlig neue Transformationsprozesse mit sich bringen.

»Unterstelle nichts!«, wie Bob Mayhawk sagen würde.

Erst nachdem sie sein Klassenzimmer verlassen hätte, würde Mary zu verstehen beginnen, was das bedeutete.

Eine Exkursion

Als Mary Dorman ankam, bildete sich Ecke Ashburton und Broadway, ein paar Gehminuten von Schlobohm entfernt, eine Schlange. Beim Anblick der Menge zog Mary ein gefaltetes Stück Papier aus der Tasche, schüttelte es auf und überflog schnell die Reihen mit den Namen. Offensichtlich standen viel mehr Leute an, als auf der Liste standen. Der Brief von *Municipal Housing* hatte jedem Mieter eine Zeit zugewiesen – eine Gruppe am Morgen, eine am Nachmittag, zwei Gruppen heute und zwei morgen. Doch da es die erste Gruppe war und alle so begierig darauf, einen Blick auf ihre Zukunft zu erhaschen, hatten sie scheinbar beschlossen, die Anweisungen zu ignorieren.

In dem Brief hatte auch »keine Kinder« gestanden, doch es wimmelte nur so vor Kindern. Und es hieß ganz klar, dass nur ein Mitglied eines jeden Haushaltes zur Besichtigung der Reihenhäuser mitfahren könnte, doch niemand schien allein gekommen zu sein. Billie Rowan hatte ihren Bruder mitgebracht, weil sie auf die Sicht eines Mannes Wert legte, denn es würde ja auch Johns Zuhause sein. Norma O'Neal war mit ihrer Freundin Phyllis da, die bei so vielen anderen Gelegenheiten ihre Augen ersetzte. Almas Schwester Dulce hatte ihre Tochter Rita mitgebracht, damit sie ihr auf der Fahrt alles ins Spanische übersetzte.

Ein paar Minuten später kam der Bus – ein eleganter Luxus-Reisebus statt des quietschgelben Schulbusses, den Mary eigentlich erwartet hatte. Die Sitze waren blau und samtig, die Scheiben dunkel getönt, und vorne gab es sogar ein Mikrofon. Es war, als hätte jemand mit einigem Einfluss befürchtet, es könnte eine vorbelastete Botschaft senden, wenn ein paar Dutzend Leute, die meisten davon Schwarze und Latinos, in einen waschechten Schulbus gepackt und quer durch die Stadt kutschiert würden.

Mary begriff, dass jeder Schritt das Potenzial zum Stolpern hatte. Seit sie vor einigen Wochen den Job begonnen hatte, fühlte sie sich zunehmend unwohler und unbeholfener – war verwirrt, wenn Bob in der Nähe war, und gehemmt in Gegenwart der Mieter. Dieses zweite Elend war erst vor wenigen Tagen deutlich geworden, als Bob dem HERE-Team die erste offizielle Aufgabe stellte: Er schickte sie in der Sozialwohnungssiedlung von Tür zu Tür, um diejenigen zu befragen, die in die neuen Reihenhäuser einziehen würden.

Mary rechnete damit, dass sie Angst empfinden würde, doch stattdessen fühlte sie sich nur weiß. Fast sechzig Jahre lang hatte sie sich selbst immer nur als Mensch gesehen – nicht als *weißen* Menschen, sondern einfach nur als Mensch. Nicht einmal während der schlimmsten Phase des Kampfs gegen die Sozialwohnungen, als auf so vielen Protestveranstaltungen rassistische Bemerkungen fielen, hatte für ihr Selbstverständnis der Begriff Rasse eine Rolle gespielt. Sie gehörte einer Religion an, ja. Sie war Teil einer familiären Abstammungslinie, ja. Aber die Farbe ihrer Haut war nie ein Kriterium gewesen.

Als sie jedoch die Flure der Mietskasernen in Schlobohm entlangging, begann sie sich so zu sehen, wie die Mieter sie wahrscheinlich sahen. Weiß. Mittelschicht. Irisch-katholisch. Anständig. Was mussten sie darüber hinaus noch wissen? Sie konnte das Blau ihrer Augen hinter der klobigen Kassenbrille fast spüren, und ihr Haar schmerzte quasi vor Silbergrau.

Wäre das alles nicht so neu gewesen, dann wäre sie vielleicht einen Schritt zurückgetreten und hätte das Offensichtliche gesehen – dass es sich als Schwarzer in einer weißen Welt genau so anfühlte. Dieses ständige Bewusstsein, in ihrer eigenen Haut zu leben, war das, was die Mieter der Reihenhäuser jeden Morgen empfinden würden, wenn sie aus ihrer Tür traten und in ein Wohnviertel hinausgingen, in dem ihr Gesicht ihre Adresse annoncierte. Doch Mary hatte nie einen Hang zur Philosophie gehabt, und als sie in Schlobohm von einer Wohnung zur nächsten ging, war sie in Gedanken ganz woanders. Wenn diese Mieter sie anblickten und nur eine in ihren Gewohnheiten und Überzeugungen festgefahrene weiße Lady sahen, wie sollte sie dann ihren Job erledigen? Und wenn sie das nicht hinbekam, warum störte sie das auf einmal so?

Im Verlauf der Befragungen stieg ihre Befangenheit und sie wurde sich ihrer Worte, ihrer Vermutungen und ihres Tonfalls immer stärker bewusst. Viel zu häufig griff sie in ihrer Wortwahl leicht daneben.

»Alles ist so sauber«, sprudelte es in den ersten Wohnungen aus ihr heraus, erstaunt darüber, dass es dort nicht so schmuddelig und ranzig war wie auf den Fluren. »Man kommt aus diesem ekelhaft dreckigen Flur, und mit einem Mal ist man in dieser schönen Wohnung, diesem netten Zuhause«, sagte sie. »Bei Ihnen ist alles so sauber.«

Sie meinte, das wären nette Worte, bis sie es schließlich einmal zu viel sagte. »Jawoll«, erwiderte eine Frau, »wir geben uns Mühe, die Bäder ein Mal pro Woche zu reinigen, ob nötig oder nicht.« Die Bemerkung traf ins Schwarze, und Mary kam sich klein und dumm vor.

Besorgt darüber, wieder in ein Fettnäpfchen zu treten, blieb Mary während des ersten Teils der Busfahrt angeschnallt und hielt den Mund, bis sie den Saw Mill überquerten. Erst als sie ihr vertrautes Viertel Lincoln Park sah, fühlte sie sich sicher genug, um das Mikrofon zu ergreifen.

»Wir fahren soeben an der St. John's Church vorbei«, erzählte sie über das Gebäude, das der Straße ihren Namen gegeben hatte. »Ich gehe dort zur Kirche.«

Rita Manzueta beugte sich vor und übersetzte für Dulce: *»Esta iglesia se llama St. John's«*, sagte sie. *»Pienso que es Catolica.«* Ob ihre Mutter denn jeden Sonntag die Fahrt auf die Westseite auf sich nehmen würde, um mit Tante Alma in die Kirche zu gehen, fragte sich Rita. Oder bedeutete ein neues Zuhause auch eine neue Kirche, wie zum Beispiel St. John's?

»Das da ist *Morley's Supermarket*«, fuhr Mary von ihrem Platz aus fort. »Es ist ein guter Supermarkt. Die Leute dort sind sehr nett.«

»Das da drüben ist unsere Pferderennbahn, der *Yonkers Raceway*«, fuhr sie fort. »Ich bin froh, dass die Reihenhäuser hier gebaut wurden, denn als das hier nur ein leerstehendes Grundstück war, haben die Leute, die von der Rennbahn kamen, hier immer ihren Müll weggeworfen. Jetzt, wo die Reihenhäuser hier stehen, machen sie das vielleicht nicht mehr.« Niemand lachte über ihren unangebrachten Witz.

Der Bus bog von der Central Avenue auf die Clark Street ein, wo die erste Grundsteinlegung stattgefunden hatte und Mary zum ersten Mal klargeworden war, dass der Kampf vorüber war. Der Fahrer bremste ab, hielt jedoch nicht an. Die Mieter drückten sich an die Scheiben auf der rechten Seite, wie Passagiere in einem Flugzeug über dem Grand Canyon. Für die meisten war es das erste Mal, dass sie die Reihenhäuser sahen.

»Die sind wunderschön«, schwärmte Phyllis Norma vor, die zwar nur das Grün der Bäume und das helle Gelb der Gebäude sehen konnte, aber dennoch mochte, was sie sah.

Das Stimmengewirr im Bus wurde lauter. Mary hörte auf zu reden, weil sowieso niemand zuhörte.

»Das ist sozialer Wohnungsbau? Solche Sozialwohnungen habe ich ja noch nie gesehen.«

»Ich werd mir ein paar Blumen pflanzen.«

»Vielleicht kriegen meine Kids 'ne Schaukel.«

»Da ist genug Platz für einen Grill. Man kann seine eigenen Barbecues veranstalten.«

»Ich möchte mal wissen, warum die uns nicht aus dem Bus aussteigen lassen. Wenn wir in die Gegend hier ziehen dürfen, warum dürfen wir dann nicht auch dort rumlaufen?«

Sie würden schon bald herumlaufen, erklärte Mary, nur jetzt noch nicht. Dann gab sie dem Fahrer Anweisungen, an den vier anderen Baustellen vorbeizufahren. Zuerst in die Trenchard Street, dem ehemaligen Gelände der School 4. Mary hatte an einer Geburtstagsparty für das Gebäude teilgenommen, komplett mit spitzen Hüten, Kerzen und einem Geburtstagskuchen, und sie hatte sein Dahinscheiden so sehr betrauert, als wäre es ein Mensch gewesen. Jetzt war die School 4 verschwunden, und an ihrer Stelle standen dort achtundzwanzig Reihenhäuser. Mary konnte sich kaum noch daran erinnern, wie das Schulgebäude ausgesehen hatte.

»Sehen Sie, wie bequem Sie es zum öffentlichen Nahverkehr haben?«, sagte Mary, schüttelte die Erinnerungen ab und zeigte auf eine Bushaltestelle in der Nähe der Reihenhäuser. »Der Zwanziger-Bus kommt direkt hier vorbei.«

Als Nächstes kam die Wrexham Road mit weiteren achtundzwanzig Wohneinheiten, eingefasst von stattlichen Apartmenthäusern, und praktisch um die Ecke des efeubewachsenen Sarah Lawrence College. Während der Monate der Bauarbeiten war diese Baustelle der Lieblingsort von Graffiti-Sprayern gewesen, die offenbar ganz besonders die riesigen Felsbrocken liebten – sie waren zu groß, als dass sich ihre Beseitigung gerechnet hätte –, die zwischen den Reihenhaus-Grüppchen sozusagen Wache standen. *Death to Sand* lautete eine beliebte Botschaft. Oder *Yonkers Forever.* Doch als der Bus vorbeifuhr, sah sie nichts von dieser gesprühten Wut. Man hatte die Graffiti genauso komplett beseitigt wie die School 4.

»Wir sind ganz in der Nähe vom Cross County Shopping Centre«, sagte Mary. »Es ist nur ein paar Stationen mit dem Bus entfernt.«

An der Helena Avenue standen vierzehn Wohneinheiten in einer Straße mit Einfamilienhäusern. Eine Straße fast genau wie Marys. »Es ist sehr ruhig hier«, war alles, was sie sagte.

Schließlich ging es nach Whitman, mit achtundvierzig Reihenhäusern die größte der Siedlungen und jene, die Mary am wenigsten gefiel. Sie wirkte isoliert, ohne richtige Nachbarn, zu sehr wie die Sozialbausiedlungen, die sie ersetzen sollte.

»Hier können wir aussteigen und einen Blick hineinwerfen.«

Mary stieg zuerst aus, wartete dann unten an den Stufen und half dem einen oder anderen Kleinkind. »Ist das hier der Ort, wo die Bombe hochgegangen ist?«, fragte eine junge Mutter und zögerte einen Augenblick, bevor sie den Bürgersteig betrat. »In welchem Haus war das?«

Nicht die, die sie besuchen würden. *Municipal Housing* hatte zwei Musterhäuser geöffnet, weit entfernt von dem inzwischen reparierten Haus, in dem die Bombe hochgegangen war. Fast eine halbe Stunde lang linsten die Mieter in jeden Resopalschrank, nickten anerkennend angesichts des glänzenden Linoleums, des zweitürigen Kühlschranks, des Gasherds, des Edelstahl-Spülbeckens und der Eichentreppen. Sie benutzten sogar die Badezimmer.

Im oberen Stockwerk gingen Norma und Phyllis im Flur auf und ab, taten so, als wäre es dunkel, und machten sich Sorgen, dass Norma, die Treppen nicht gewöhnt war, nachts falsch abbog und die zwölf Stufen hinunterfiel. »Du könntest eines dieser Gatter einbauen«, schlug Phyllis vor. »Diese Kindersicherungen.«

Unten ging Billie Rowan im Wohnzimmer umher und maß die Größe aus. Überall um sie herum beschwerte man sich, dass vier mal vier Meter zu klein seien, doch Billie verkündete fröhlich, dass ihr das egal sei. Die einzigen Möbelstücke, die sie besaß, waren ein Bettgestell, eine Matratze und das tragbare Laufställchen, das sich Johnny und Shanda als Kinderbett teilten. »Ich habe sowieso nichts, um diese Zimmer zu füllen«, sagte sie und ging trotzdem hin und her, in erster Linie, weil die meisten anderen das auch taten. »Wenn man nichts hat, dann passt alles.«

In der Küche öffnete und schloss Doreen James die Gartentür. Sie fühlte sich in ihren großen Händen unsolide an, genau wie Sheila und die anderen von READY es vorausgesagt hatten. Doreen war auch eine Lücke unter der Haustür aufgefallen. Und die Fensterrahmen wirkten billig, als würden sie sich mit der Zeit verziehen. Sie dachte darüber nach, die Mängel der »vergnügten weißen Lady« mitzuteilen, die für die Fahrt verantwortlich war, unterdrückte jedoch den Impuls schnell. Sie rüttelte wieder an der Gartentür und fragte sich, ob Jaron sich erkälten würde, wenn es in den Reihenhäusern zog wie Hechtsuppe.

Draußen schritten Rita und Dulce den eingezäunten Garten ab – vier Schritte breit, neun Schritte lang. Nicht annähernd so groß, wie es vom Bus aus ausgesehen hatte, aber doch deutlich mehr Grünfläche, als sie in Schlobohm hatten. Sie könnten einen kleinen Grill in den Garten stellen. Alma könnte Virgilio, Leyda und Frankie sonntags zum Abendessen mitbringen.

Während Rita und Dulce hin und her und vor und zurück wanderten, kam ein weißes Pärchen heran, von denen Rita annahm, dass sie in einem der umliegenden Einfamilienhäuser wohnten, und beobachtete sie von der anderen Seite des Zaunes aus. »Das hier wird ein Alptraum«, meinte die Frau zu ihrem Begleiter. Rita übersetzte es nicht für ihre Mutter.

—

Mary lächelte, als der Bus nach Schlobohm zurückkehrte. Es hatte Spaß gemacht, diese Frauen durch die Stadt zu fahren und ihnen dann, wie eine gute Fee, ihre Häuser zu präsentieren. Sie fand immer noch, dass die Sozialbauten ein Fehler wären und dass Judge Sand unrecht hatte, doch sie stellte fest, dass sie sich für diese Menschen freute, deren Leben sich wegen dieses Fehlers ändern würde. Ihre Aufregung war ansteckend, und auf der Heimfahrt gab sie jedem, der fragte, ihre Telefonnummer, damit sie sie bei Fragen anrufen konnten.

Als sie aus dem Bus stieg, verging ihr das Lächeln ein wenig. Lucille wartete auf dem Bürgersteig, wippte auf den Fußballen, während sie die letzten Züge ihrer Zigarette rauchte, und guckte genervt. Mayhawk hatte Mary die Vormittagstour gegeben und Lucille die Nachmittagstour. Lucille zeigte auf die lange Menschenschlange und all die Kinder und fragte: »Wer sind all die Leute? Was tue ich? Schmeiße ich sie aus dem Bus, wenn sie nicht auf der Liste stehen?«

Mary zuckte die Achseln. »Habe ich nicht gemacht. Sie passen alle rein. Erzähle es einfach nicht Bob.«

»Warum sich mit Anweisungen aufhalten?«, fragte Lucille, als Mary wegging.

Die Frage war mehr als nur eine müßige Beschwerde. Lucille sah in der Unfähigkeit der Mieter, sich an Regeln zu halten, eine eher kosmische Unfähigkeit, ihre Leben unter Kontrolle zu bekommen. Wie Mary war sie in den Siedlungen von Tür zu Tür gegangen und von der Sauberkeit und Ordnung in den meisten Wohnungen beeindruckt gewesen. Ihr wurde mit einem Schlag klar, dass diese Mieter, die sie lange als Feinde angesehen hatte, eigentlich Gefangene ihrer eigenen Wohnungen waren. Doch trotz dieser Einsicht, dieses neuen Mitleids, verzieh sie nicht alles.

»Die Wohnungen sind sauber, aber was ist mit draußen? Die Flure? Die Treppenhäuser?«, fragte sie sich. »Ich wohne selbst in einer Wohnung. In meinen Fluren liegt nicht überall Müll.«

Sie wusste, dass es schick war zu glauben, was Oscar Newman glaubte, dass die Gebäude schuld seien. Aufgrund ihrer eigenen Erfahrung war sie jedoch anderer Meinung. Vor Jahrzehnten, nach dem Zweiten Weltkrieg, war Lucille an einem Ort genau wie Schlobohm aufgewachsen – jedoch ganz anders. Die Martin-Ray-Siedlungen, die gegenüber der Grinton I. Will Library standen, waren während desselben Baubooms entstanden, der zu den ersten Sozialbausiedlungen in Yonkers geführt hatte. Ihre Spielkameraden im Martin Ray waren alles Kinder zurückgekehrter Veteranen, und die Siedlungen waren saubere, nachbarschaftliche Orte, voller Versprechen. Es gab damals ein Stigma – »Sie nannten uns Kriegsbrut« –, doch harte Arbeit und gutes Benehmen reichten, damit sich eine Familie hocharbeiten und wegziehen konnte. Von diesem Versprechen war hier nichts zu spüren, fand Lucille.

Nein, es waren weder die Gebäude, noch war es das Stigma, in diesen Gebäuden zu leben, glaubte sie. Es lag daran, wie die Menschen auf ihre Umgebung reagierten, nicht an der Umgebung selbst.

»Ich bin keine Rassistin, aber ich habe Vorurteile«, hatte sie damals, 1988, oft gesagt, und das vergangene Jahr hatte ihre Ansicht nicht geändert. »Ich sehe, dass es von Gruppe zu Gruppe unterschiedliche Charakteristika gibt. Das ändert man nicht, indem man sie auf die andere Seite der Stadt verfrachtet. Ich bin in den Sozialbausiedlungen gewesen. Ich habe die scheußlichen Gebäude gesehen. Die Einschusslöcher. Die verbarrikadierten Fenster. Der Gestank dort. Wer zerstört diese Gebäude? Tut mir leid. Aber es ist nicht der Vermieter. Der Vermieter uriniert nicht in den Flur.«

Lucille wusste, dass die einzigen Mieter, die bei der Lotterie mitmachen durften, diejenigen waren, deren Wohnungen ordentlich und sauber waren und die ihre Miete pünktlich zahlten. Sie hatte gehofft und angenommen, dass es Leute waren, die sehr wahrscheinlich ihr eigenes Leben im Griff hatten. Doch die Menschenmenge und die Anwesenheit der Kinder deuteten auf etwas anderes hin. Mary entschuldigte die Regelverstöße mit der Begeisterung der Leute. Lucille sah dieselbe Begeisterung und freute sich darüber, doch sie sah sie auch als Bestätigung von etwas, was man durch etwas so Triviales wie einen Umzug in einen anderen Stadtteil nicht ändern konnte.

Alle passten in den überdimensionierten Bus, und Lucille begann mit ihrer Fahrt. Auch sie verbrachte zwei Stunden an den Musterhäusern, hörte dieselben Fragen, reagierte aber anders.

»Die Wohnzimmer sind so klein«, sagten die Mieter.

»Ohne Möbel wirkt alles kleiner«, antwortete Lucille. Im Stillen dachte sie: ›Wenn du einen Zollstock mitgebracht hättest, wüsstest du genau, was hineinpasst.‹

»Bekommen wir Fliegengitter?«, fragten sie.

»Ich kann nachfragen«, sagte sie.

Sie dachte: ›Meine Wohnung ist im ersten Stock. Ich habe keinen Garten direkt vor meiner Küche.‹

Als sie die leeren Hüllen für die Klimaanlagen sahen, fragten sie, ob *Municipal Housing* Klimaanlagen bereitstellen würde. Als sie oben in die kleine Wäschekammer schauten, fragten sie nach Waschmaschinen und Trocknern.

»Sie müssen Ihre eigenen mitbringen«, sagte sie.

›Ich bin auch Mieterin‹, dachte sie. ›Als ich in meine Wohnung gezogen bin, habe ich nicht gesagt: ›Gebt mir dies, gebt mir das. Ich war froh, eine Wohnung gefunden zu haben, in der Kinder gestattet waren.‹

Als der Fahrstuhl in den zweiten Stock des *Walsh Road Senior Center* ruckte, versuchte Oscar Newman guter Laune zu bleiben. Optimismus war jedoch nicht immer einfach, so eingequetscht er hinten in der winzigen Fahrstuhlkabine war, ein großer Weißer umringt von sechs schwarzen Frauen – eine Herausforderung für die Kapazität der schwachen und ineffizienten Maschine. Die heutige Orientierungsveranstaltung sollte um 19:00 Uhr beginnen, doch es war schon deutlich später und die Lobby war immer noch mit Frauen gefüllt, die darauf warteten, nach oben zu fahren. Newman war zu diesem Treffen gekommen, damit sein Wohnungsbauplan in der Spur blieb. Dies war kein vielversprechender Anfang.

Eigentlich lag das Orientierungsprogramm nicht in Newmans Aufgabenbereich. Smith hatte die gesamte Kontrolle des Mietertrainings an Bob Mayhawk übergeben, den Newman noch nicht einmal kennengelernt hatte. Newman hatte das Gefühl, Smith hielte ihn und Mayhawk voneinander fern, doch bis vor kurzen kümmerten Newman die Details der Orientierungsphase zu wenig, als dass ihm das etwas ausgemacht hätte. Er war zufrieden damit, sich um die Details der Reihenhäuser selbst zu kümmern, und überließ die Auswahl der Mieter Smith und diesem mysteriösen Mayhawk. Newman hielt sich bewusst raus und hätte das auch weiter getan, wenn sich Washington nicht kürzlich eingeschaltet hätte.

Einige Tage zuvor hatten HUD-Beamte Peter Smith darüber informiert, dass entgegen früherer Versprechungen keine öffentlichen Mittel für die Umzüge der Mieter bereitstünden. *Municipal Housing* hatte Angebote von den ortsansässigen Umzugsfirmen angefordert. Die Kosten waren atemberaubend hoch, möglicherweise, weil die Umzugsfirmen Angst hatten, die Sozialsiedlungen der Westseite zu betreten. HUD weigerte sich, *Municipal Housing* zu diesen Konditionen die Kosten zu erstatten – die ungefähr bei tausend Dollar pro Haushalt lagen –, und ohne Bundesmittel gäbe es *gar kein* Geld, da das Budget von *Municipal Housing* die zusätzlichen 200.000 Dollar nicht abdeckte.

Das Hin und Her zwischen Wohnungsamt und HUD drohte den gesamten Umzugsprozess lahmzulegen, bei dem es ohnehin bereits zu Verzögerungen gekommen war. Newman wollte die Mieter so schnell wie möglich in den Reihenhäusern haben, um weiteren Vandalismus zu vermeiden, und die billigste Lösung für diese aufkommende und unerfreuliche Krise, dachte er, war, die Mieter zu bitten, Teile oder den gesamten Umzug selbst zu bezahlen. »Sie ziehen nicht das erste Mal in ihrem Leben um«, wandte er gegenüber Peter Smith ein, »und ich wette, dass sie dafür kein Umzugsunternehmen engagieren werden. Aller Wahrscheinlichkeit nach haben sie irgendwelche Verwandten, die ihnen für ein paar Bier und einen Fünfziger dabei helfen.«

Also war Newman hier, um den Mietern die schlechte Nachricht zu überbringen. Smith hatte Bob Mayhawk angerufen und ihn vor Newmans Plänen gewarnt. Als der Fahrstuhl endlich im zweiten Stock angekommen war, ging Newman hinüber zum zugigen Gemeinschaftsraum. Mayhawk stand vorne im Saal, wirkte fahrig und starrte erbittert auf die Uhr – eine Körpersprache, die Newman davon abhielt, hinüberzugehen und hallo zu sagen. Er wusste auch ohne einander vorgestellt zu werden, wer Mayhawk war, und er vermutete, das Mayhawk auch alles über ihn wusste.

Erst gegen halb acht konnte die Veranstaltung beginnen. In der einen Hand das Mikrofon, in der anderen eine Auswahl an Papieren, kündigte Mayhawk an, das Thema des heutigen Abends sei »Der Mietvertrag«. Dann begann er aus dem Beispielvertrag vorzulesen und erklärte Zeile für Zeile, Wort für Wort, was es bedeutete. Es wäre, sagte er, derselbe Mietvertrag, der bereits von *Municipal Housing* für die Vermietung auf der Westseite benutzt würde. Mit anderen Worten, die meisten hatten bereits einen solchen Vertrag unterzeichnet, den er jetzt so bedächtig sezierte. Doch das alles jetzt nochmals durchzugehen, sei erforderlich, sagte er, weil »wir nicht davon ausgehen können, dass Sie, nur weil Sie einen Mietvertrag unterschrieben haben, auch wussten, was darin steht«.

Newman, der fast ganz hinten im Saal saß, war erschüttert. Das hier war kein Training. Das hier bereitete niemanden auf irgendetwas vor. Er war überrascht, dass ein Afroamerikaner wie Mayhawk bereit war, diese neuen Mieter in ihre neuen Häuser zu schicken, ohne dass sie eine Ahnung dessen hatten, was sie dort erwarten könnte. Wenn Newman dafür verantwortlich wäre, hätte er ihnen die Dinge klar und deutlich dargelegt, ohne Zuckerhäubchen oder großes Drumherumgerede.

»Sie leben jetzt in einer Gemeinschaft mit ungeschriebenen Gesetzen«, würde er sagen. »Selbst wenn das Ihr eigener Vorgarten ist, läuft man im Vorgarten nicht im Badeanzug herum und man nimmt auch im Vorgarten kein Sonnenbad im Liegestuhl. Das können Sie hinten machen, aber nicht vorne. Warum? Weil es eine Regel ist. Sie müssen wissen, dass Sie unter ständiger Beobachtung Ihrer weißen Mittelschicht-Nachbarn stehen werden.« Dann würde er direkt zum Punkt kommen. »Verhaltensweisen, die die weißen Mittelschicht-Nachbarn untereinander tolerieren, werden sie bei Ihnen nicht tolerieren. Also müssen Sie sich möglicherweise etwas mehr anstrengen, bis sie sich beruhigt haben und Sie akzeptieren. Das war bisher für jede ethnische Gruppe in diesem Land der Fall, die je aus einem Arbeiterklasse-Viertel in ein Mittelschicht-Viertel gezogen ist. Und auch für Sie wird es nicht anders sein. In anderen Gesellschaften macht man sich darüber keine Gedanken, weil keiner aus der einen Gesellschaftsschicht in die andere umzieht. Aber das ist Teil des *American Way*.«

Mayhawk sagte nichts dergleichen.

»Das Management willigt ein, gemäß dem aktuellen Versorgungsplan, der im Verwaltungsbüro ausliegt, die folgende Grundversorgung bereitzustellen: Wasser, Heizung, Elektrizität und/oder Gas«, sagte er stattdessen.

Als Mayhawk bei Abschnitt 17 des zweiten Paragrafen des Mietvertrages angekommen war, fragte sich Newman, ob Smith tatsächlich Mayhawk angerufen hatte und ob Mayhawk überhaupt je vorhatte, ihn zu Wort kommen zu lassen? Vielleicht hatte Mayhawk ihn ja auch gar nicht gesehen? Da die geringe Möglichkeit bestand, dass dies der Fall sein könnte, stand Newman auf und begann, sich langsam nach vorne vorzuarbeiten. Mayhawk hörte nicht auf zu reden. Schon bald stand Newman nur einen knappen Meter neben ihm, eine schweigende Präsenz, die einer Vorstellung bedurfte. Also stellte Mayhawk ihn vor und trat dann zur Seite.

Newman verschwendete keine Zeit mit Höflichkeiten und erklärte direkt, dass das Wohnungsamt gehofft hatte, den Mietern den Umzug zu bezahlen, die Kosten jedoch viel zu hoch seien und HUD nicht willens wäre, sie zu genehmigen.

»Wie viele von Ihnen könnten es sich leisten, dreihundertfünfzig Dollar zu bezahlen, oder die Hälfte?«, fragte er und hörte sich etwas zu sehr wie ein Auktionator, der das Eröffnungsgebot verkündet, an.

Sieben Hände wurden gehoben.

»Wie viele könnten dann dreihundertfünfzig Dollar aufbringen, wenn die Alternative bedeuten würde, dass sie nicht ins Haus einziehen könnten?«

Neunzehn Hände wurden gehoben, darunter Norma O'Neals. Sie würde einen Weg finden.

»Und wenn Sie sechs Monate hätten, um es abzubezahlen?«

Zweiunddreißig Hände gingen hoch, einschließlich der von Billie Rowan. Sechs Monate waren eine lange Zeit. Dann wäre John schon wieder zu Hause.

»Mehr als sechs Monate?«

Ein paar weitere Hände gingen hoch.

»Wenn es hundert Dollar kosten würde, wie viele könnten es sich dann leisten?«, fragte Newman.

»*Cien dolares para mover*«, sagte Rita zu ihrer Mutter und drängte sie, die Hand zu heben. Einhundert Dollar. Sie durften diese Chance nicht für einhundert Dollar aufs Spiel setzen.

Mary Dorman, die auf Anweisung von Mayhawk an der Veranstaltung teilnahm, war wütend. Was glaubte dieser Mann, wer er war, dass er sich hier so aufführen durfte wie auf dem Basar, mit den Leben der Menschen spielte, und auf ihrer Chance auf Hoffnung und Flucht herumhackte?

Auch Lucille Lantz war über den Nebenauftritt verärgert. Warum saßen diese Leute einfach nur herum und ließen das alles über sich ergehen?, fragte sie sich. Warum standen sie nicht auf und übernahmen die Kontrolle über ihr Leben? Sie stand hinter Newman, aber voll im Blick des Publikums, und begann mit beiden Händen die Luft zu fächeln und gestikulierte wild, dass die Leute ihre Hände unten lassen sollten.

Mary schloss sich ihr an. Sie lachte beinahe laut los, als sie sich vorstellte, welches Bild sie beide abgaben: zwei normalerweise respektable Frauen, die wie verrückt mit den Armen wedelten und dabei in dem heißen, stickigen Saal ordentlich ins Schwitzen kamen. Wie war sie hierher geraten?, fragte sie sich. War es einfach nur ein Reflex, hervorgerufen durch die Jahre, in denen sie gegen alles gewesen war, was Oscar Newman machte? Oder ging es viel tiefer als das? Fing sie an, die Dinge aus einer anderen Perspektive zu sehen?

Schließlich brachte Newman die Auktion mit einer ausladenden Handbewegung zum Ende. »Wie viele von Ihnen können ihren eigenen Umzug organisieren?«

Im ganzen Saal wurden die Hände gehoben, insgesamt vierundsechzig. Doreen weigerte sich, ihre zu heben. Wie konnten sie es wagen, die Regeln derart zu missachten?

Dann wechselte Newman das Thema. Besser alles in einem Rutsch abhaken, dachte er sich. Der Bauträger hätte einen Fehler gemacht, sagte er. An die Stelle, die für die Waschmaschine und den Trockner vorgesehen war, passe nur ein Modell, ein »gestapeltes Kombigerät, mit der Waschmaschine unten und dem Trockner oben. Wenn wir es einrichten könnten, dass Sie nur hundert Dollar für ein solches Kombigerät zahlen würden und wir übernehmen den Rest, wer könnte sich das leisten?«

Nur zwei Hände gingen hoch.

»Wenn Sie mit Ihrer Miete monatlich fünfzehn Dollar abzahlen und das Wohnungsamt die Geräte installiert, wie viele könnten es sich dann leisten?«

An diesem Punkt begann das Geschimpfe.

»Wie hoch wird die Miete denn sein?«, rief jemand.

»Das hängt von Ihrem Einkommen ab, wie heutzutage immer beim öffentlichen Wohnungsbau.«

»Wie lange werden wir die fünfzehn Dollar zahlen müssen?«

»So lange, wie Sie in dem Haus wohnen«, sagte Newman.

Diese Antwort erntete Buhrufe, doch mit anschwellendem Geräuschpegel hoben sich auch dreiundfünfzig Hände.

»Wenn Sie in einen Waschsalon gingen, würden Sie pro Woche zehn oder sogar fünfzehn Dollar ausgeben, von dem Umstand mal ganz abgesehen, den das macht«, schrie Newman gegen den Lärm. Mayhawk hatte ihm zwar die Bühne überlassen, nicht jedoch das Mikro.

»Warum können wir die Waschmaschinen, die wir bereits haben, nicht in die Küche stellen?«, fragte eine Frau. Newman hob die Hände und gestikulierte Hilflosigkeit. Sie hatten gesehen, wie groß die Küchen waren, und sollten von daher selbst wissen, wieso.

Kurz darauf ging Newman, zufrieden, dass er alles Nötige erklärt hatte und der Zeitplan für die Stadthäuser eingehalten werden konnte. Sein Abgang brachte jedoch kaum mehr Ruhe in den Saal, und Mayhawk war den größten Teil der Veranstaltung mit dem Versuch beschäftigt, die Menge zu beruhigen. Als sich das als aussichtslos erwies, tat er etwas, was Mary noch nie bei ihm erlebt hatte: Er beendete eine Sitzung fünfzehn Minuten früher als vorgesehen.

—

Die Orientierungsveranstaltung Nummer drei fand am selben Ort statt, was bedeutete, dass derselbe überfüllte Fahrstuhl erneut für einen verspäteten Beginn sorgte. Das Thema war »Instandhaltungen«. Oscar Newman war nicht dabei. An seiner Stelle waren weitaus freundlichere Vertreter von Con Edison, der Sanitärabteilung und dem Instandhaltungsbüro des Wohnungsamtes dabei, die erklärten, wie man die Thermostate regulierte, den Rasen mähte, die Fenster reinigte und den Müll hinausbrachte.

Nach einer sehr langen Stunde kündigte Mayhawk an, dass

nun Fragen gestellt werden könnten. Davon gab es viele, jedoch nur wenige Antworten.

»Wo lagern wir die Rasenmäher?« Die neuen Häuser hatten natürlich keine Garagen.

Der Mann vom Instandhaltungsbüro hatte keine Ahnung, wollte sich aber erkundigen.

»Dürfen wir die Wände streichen?«

»Nur mit einer gebrochen weißen, matten Farbe, so wie's jetzt ist.«

»Was ist mit Hochglanz?«

»Die Vorschriften verlangen matte Farbe.«

»Die Vorschriften hatten auch nie Kinder, die überall rumkritzeln, wo sie nicht sollen. Glänzende Farbe kann man besser abwischen.«

»Ich prüfe das.«

»Dürfen wir Blumen pflanzen?«

»Sie dürfen Blumentöpfe draußen hinstellen, aber Sie dürfen nichts in den Boden pflanzen.«

»Keine Blumen?«

»Die Regeln verbieten alles, bei dem man Löcher in den Boden graben muss.«

»Keine Büsche?«

»Es sind schon Büsche vorhanden.«

»Was ist mit Plastikblumen?«

»Da es keine Dauerbepflanzung ist, vermute ich mal ja, aber Sie sollten versuchen, es geschmackvoll zu gestalten.«

»Also sagen die Regeln, obwohl es unser Zuhause ist, ist es das eigentlich gar nicht?«

»Ich werde mich erkundigen und mich mit der Antwort bei Ihnen melden.«

—

Bei Veranstaltung Nummer vier ging es um Fragen der Sicherheit, die Häufigkeit von Polizeistreifen und Nachbarschaftswachen.

»Auf der Westseite sind die Streifenwagen mit zwei Mann besetzt, auf der Ostseite nur mit einem«, sagte der Vertreter der Polizei.

»Warum müssen wir uns das hier anhören?«, flüsterte jemand.

»... bei Problemen verständigen Sie die Polizei und versuchen nicht, die Sache selbst zu regeln ...«

»Die behandeln uns wie Dumpfbacken«, flüsterte jemand in den hinteren Reihen.

Wieder fragte Mayhawk, ob noch jemand eine Frage hätte.

»Müssen die Weißen auch lernen, wie sie gute Nachbarn werden?«

Es gab einigen Applaus.

»Und wenn wir lernen müssen, *sie* zu akzeptieren, müssen sie dann auch Kurse besuchen, wo sie lernen, *uns* zu akzeptieren?« Stärkerer Applaus.

»Was ist *Neighborhood Watch*? Wen beobachten die? Mich?« Gelächter und Gejohle.

»Müssen wir die Straßenseite wechseln, wenn wir Weiße kommen sehen?«

»Ich habe diese weißen Typen im Fernsehen gesehen, bei diesen Ratssitzungen, und es sah aus, als ob sie diejenigen wären, die ein paar Manieren lernen müssen.«

An der Stirnseite des Saales lauschte Mayhawk dieser Welle der Frustration und gab dann die einzige Antwort, die er geben konnte – und die niemanden wirklich zufriedenstellte.

»Das sind alles wichtige Punkte. Im Moment sind keine Kurse für diejenigen geplant, die in unmittelbarer Nachbarschaft der neuen Reihenhäuser leben. Vielleicht wird es in absehbarer Zeit eine solche Möglichkeit für sie geben. Wir werden sehen, was wir tun können.«

—

Schließlich endete die Orientierungswoche. Die Mieter hörten mehr als sie hören wollten über Nebenkosten, Freizeitmöglichkeiten, welche Supermärkte auf der Ostseite Lebensmittelmarken annahmen und welche Busse sie zurück zur Westseite brachten. In den letzten Minuten des letzten Treffens ergriff Dee Earl, eine von Mayhawks Assistentinnen, das Mikrofon, um einige abschließende Ratschläge zu geben.

Auf diesen Moment hatte man fast ein Jahrzehnt hingearbeitet, und Mary erwartete, dass Dee die Versammlung mit etwas Dramatischem beenden würde, vielleicht alle daran erinnern würde, was für ein langer Kampf es gewesen war, den Bau dieser neuen Häuser durchzusetzen, und welch gewaltige Bedeutung es hatte, zu den ersten Bewohnern zu gehören. Doch damit hatte Dees Botschaft absolut gar nichts zu tun. Stattdessen sprach sie davon, wie der Umzug das Leben jedes Einzelnen verändern könne, und Mary wurde mit dem Paukenschlag einer unerwarteten Akzentverschiebung bewusst, dass die Reihenhäuser für die Mieter gar kein historisches Ereignis waren. Für sie waren sie schlicht und einfach ihr neues Zuhause.

»Jeder von Ihnen ist aus einem bestimmten Grund hier«, sagte Dee. »Sie wollten gern etwas für sich und Ihre Familien tun. Und Sie wollten etwas daran ändern, wo Sie wohnen.«

»Während der kommenden Wochen«, fuhr sie fort, »werden Sie einige wichtige Entscheidungen treffen müssen. Sie haben damit angefangen, als Sie darüber nachgedacht haben umzuziehen. Deswegen sind Sie hier. Wollen Sie das immer noch? Sie müssen alles, was Sie hier gehört und erfahren haben, gegeneinander abwägen, um zu entscheiden: Sind Sie bereit für diesen Umzug?«

Jetzt war es an Lucille, überrascht zu sein. Diese Frau redete so, als gäbe es eine Entscheidung, die zu treffen sei. Als ob die Mieter tatsächlich die Chance ablehnen könnten, von diesem Ort in die Sicherheit der Ostseite zu ziehen. Fühlten sie sich nicht alle glücklich, von der Bingotrommel ausgewählt worden zu sein? Warum sollte irgendjemand diesen Gewinn ablehnen?

»Viele von Ihnen haben mit dem Programm begonnen und gesagt: ›Ich bin bereit. Kein Wenn und Aber. Ich bin bereit.‹ Genau so müssen Sie sich fühlen. Das ist die Entschiedenheit, die Sie für diesen Schritt benötigen. Zweifel oder Unentschlossenheit haben hier nichts zu suchen. Wenn Sie an diesem Schritt zweifeln, werden Sie Schwierigkeiten bekommen. Wenn Sie nicht sicher sind, dass Sie alles haben, was Sie brauchen, um in der neuen Umgebung zu überleben, werden Sie Schwierigkeiten bekommen.«

»Die Menschen und Dinge in Ihrer nächsten Umgebung werden anders sein«, sagte sie mit lauter werdender Stimme. »Und anders heißt nicht unbedingt besser. Sie werden einige ernste Entscheidungen treffen müssen, die sich auf Ihr weiteres Leben auswirken werden. Sind Sie darauf vorbereitet, diese Veränderungen vorzunehmen?«

Langsam begannen Mary und Lucille zu verstehen. Sie hatten so viele Jahre damit verbracht, vor den Reihenhäusern Angst zu haben, dass sie gar nicht gemerkt hatten, dass auch die neuen Mieter allen Grund hatten, vor ihnen Angst zu haben. Die Demonstrationen, die Rohrbomben. Was für weitere Gefahren lauerten auf der Ostseite? Dies war die Chance, ein Wohnviertel zu verlassen, wo Nachhauskommen gleichbedeutend war mit Dreck und Angst. Doch das tauschten sie ein gegen ein Viertel, wo nach Hause zu kommen auch Vorurteile und Hass bedeuten würden.

»Es hat viele Diskussionen darüber gegeben, was verfügbar ist und was nicht«, schloss Dee. »Waschmaschinen, Umzugskosten. Berechtigte Fragen. Aber was am Ende zählt, sind Ihre Prioritäten. Was genau wollen Sie? Die Antwort wird für jede einzelne Person in diesem Saal eine andere sein.«

Einzug

Es war kurz vor 2:00 Uhr morgens. Norma O'Neal war erschöpft, doch ihr Sohn Dwayne und seine Frau Libby gingen einfach nicht. Sie saßen auf der wenigen Sitzfläche, die in Normas brandneuem Wohnzimmer zur Verfügung stand, umgeben von unausgepackten Kartons, redeten über Belanglosigkeiten und versuchten, ihr Gähnen zu unterdrücken. Dwayne war zum Abendessen in der Trenchard Street angekommen, kurz vor Sonnenuntergang, und nun wurde es bald wieder hell, und sie waren immer noch da.

»Du hast wirklich eine Menge Zeugs«, sagte Dwayne zum dritten Mal an diesem Abend. »Diese Umzugsleute haben sich ihr Geld wirklich verdient.«

Norma war selbst zum Nicken zu müde. Es war erst zwei Tage her, seit die Umzugsleute alle sorgfältig verpackten Sachen aus ihrer alten Wohnung abgeholt und quer durch die Stadt gekarrt hatten. Doch so wie die Zeit sich anscheinend mit den jeweiligen Umständen ausdehnte und verkürzte, so schien die Norma O'Neal, die in Schlobohm gelebt hatte, bereits Lichtjahre von der Norma entfernt zu sein, die hier in diesem brandneuen Reihenhaus lebte.

Trotz Oscar Newmans Mahnung musste sie nicht für ihren eigenen Umzug bezahlen. Peter Smith half dabei, mit dem *Department of Social Service* einen Deal abzuschließen, und so zahlten, wie Norma sich ausdrückte, »die Leute vom Sozialamt«. (Smith fand letztendlich auch Geld im Budget von *Municipal Housing* für die Waschmaschinen und Trockner.) Um Leistungen des *Social Services* in Anspruch nehmen zu können, mussten zwar stets drei Angebote eingeholt werden, also ging Tasha zu drei Umzugsunternehmen, die in der Nähe lagen, und betete die Eckdaten ihrer Mutter herunter: fünf möblierte Zimmer, zwei Dutzend Kisten, alles ist vorher verpackt. Ein Fahrstuhl in der alten Wohnung. Treppen in den ersten Stock im neuen Haus. In jedem Unternehmen erhielt Tasha einen versiegelten Umschlag mit einem Angebot darin. Diese drei Umschläge wurden an die Verwaltung des *Social Services* weitergeleitet, wo irgendwo irgendwer eine Firma auswählte und Normas Umzug organisierte.

Sie wäre in ihrem neuen Leben gerne mit mehr angekommen. In der Orientierungswoche hatten so viele Leute um sie herum – viel zu viele, wenn es nach Norma ging – darüber geredet, was sie alles zurücklassen würden. Alles, sagten sie, würde neu sein. Sie beschrieben das geplante rote Leder für das Wohnzimmer und das dunkle Holz, das sie für ihr Schlafzimmer auswählen würden. Norma machte sich keine Illusionen, sich so etwas leisten zu können. Sie hatte es so gerade eben geschafft, die Möbel abzubezahlen, die sie besaß. Das meiste davon hatte sie gekauft, kurz bevor sie ihr Augenlicht fast ganz verloren hatte und irgendwann dann auch ihren Job. Die Schlafzimmereinrichtung mit dem passenden Kopfteil, der Kommode und den Nachtschränken hatte sie vor fünf Jahren für 1.600 Dollar gekauft. Die Hälfte davon direkt und den Rest in monatlichen Raten von 50 Dollar. Die dreiteilige Schrankwand, mahagonifarben gebeizt, mit den großen Glastüren und der schimmernden Messingverzierung hatte sie vor sechs Jahren für 800 Dollar erworben, ohne Anzahlung, 50 Dollar pro Monat. Zwei Fernseher, den Küchentisch mit vier passenden Stühlen, Tashas Bett und Kommode – alles war alt, und alles zog mit ihr um. Das Einzige, was sie seit dem Verlust ihres Augenlichts gekauft hatte, war die Gefriertruhe in der Küche, erstanden bei *Trader Horn* für 250 Dollar, genau in der Woche, als sie ihren ersten Berufsunfähigkeitsscheck erhalten hatte. Sie war groß genug, um Lebensmittel für einen Monat aufzunehmen, was ihr die wöchentlichen Fahrten zum Markt ersparte. Zurückgelassen hatte sie nur einen Teil der beigen Couchgarnitur aus Samt – ebenfalls für 1.600 Dollar bei *Almo's* Möbelladen an der Main Street –, von dem sie befürchtete, dass er nicht in ihr neues Reihenhaus passen würde. Also schenkte sie ihrem jüngeren Sohn und seiner Freundin den Zweisitzer und einen Sessel, während sie das große Sofa behielt.

Wie sich herausstellte, hätte alles wunderbar hineingepasst. Sie hätte nicht auf das Genöle im Bus hören sollen, wie klein die Zimmer wären. Wenn sie auf ihre innere Stimme statt auf die jungen Mädels gehört hätte, die keine Ahnung hatten, dann hätte sie vom ersten Tag an ein komplett eingerichtetes Wohnzimmer gehabt. Die Garnitur war natürlich ein bisschen abgenutzt, denn all ihre Dinge nutzten sich schneller ab, als sie sollten. Keines ihrer Möbelstücke war so hochwertig hergestellt, wie sie es sich gewünscht hätte, und sie wusste, dass sie für zu wenig zu viel bezahlt hatte. Doch das war nur ein weiterer Nachteil, wenn man in einer Gegend wohnte, in der die Händler wussten, dass man keine andere Wahl hatte. Sie hatte gelernt zu flicken und zu vertuschen, und sie war mit Sicherheit nicht bereit, etwas Neues zu kaufen – außer vielleicht die Gartenmöbel, die Pat Williams bei *Bradlee's* gesehen hatte. Einen Glastisch, vier Stühle und einen rosa-weißen Sonnenschirm. Alles zusammen kostete 600 Dollar, als Pat es das erste Mal gesehen hatte, doch Normas Neffe, der dort arbeitete, sagte ihr, dass die Preise für Gartenmöbel nach dem Wochenende des 4. Juli um die Hälfte gesenkt würden. Und bei *Bradlee's* gab es auch einen kleinen Grill. Wäre es nicht nett, Leute zu sich zum Barbecue einzuladen?

»Mama? Woran denkst du, Mama?« Dwayne redete immer noch. »Sind die Nachbarn nett?«

»Ich hatte noch nicht viel mit ihnen zu tun«, antwortete Norma. Warum gingen sie nicht nach Hause?

»Ein paar Leute haben ihre Köpfe durch die Tür gesteckt, als die Umzugsleute da waren, und gefragt, ob sie reinkommen und es sich ansehen dürften«, erzählte sie weiter, da er eine längere Antwort zu erwarten schien. »Leute aus der Nachbarschaft, denke ich. Weiße.«

»Hast du sie reingelassen?«, fragte Dwayne, und Norma hörte die Wachsamkeit in seiner Stimme.

»Ich vermute, sie waren einfach neugierig.«

»Ma, lass hier keine Leute rein. Man kann nie wissen.«

»Die Umzugsleute waren hier. Und Caroline. Ich war nicht in Gefahr.«

»Wie läuft es mit Caroline?«, fragte er. Caroline war ihre neue Pflegerin.

»Gut. Gut«, sagte sie und fragte sich, wieso er heute Abend so nervös war und wann er nach Hause gehen würde.

»Und die Leute, die die Braille-Schrift am Herd befestigt haben?«

»Die kommen nächste Woche. Sie sagten, sie könnten jederzeit kommen, als ich ihnen erzählte, ich sei umgezogen.« Aber das wusste er natürlich schon. Das war der Teil ihres neuen Lebens, der ihr am besten gefiel. Jemand würde kommen und ihr beibringen, wie man auf den Verkehr horchte, wenn man eine Straße überquerte, und wie man die Herdknöpfe mit den Fingern las.

Kein weiteres Warten auf die Dunkelheit, um zu prüfen, ob der Herd noch an war, indem man das Küchenlicht ausschaltete und dann schaute, ob die Platte noch rot glühte.

»Dann ist also alles in Ordnung, Ma?«

»Oh, ja. Alles okay«, sagte Norma.

Dann sagte Libby etwas – es schien wie das erste Mal seit Stunden.

»Ich glaube nicht, dass sie zurückkommen«, sagte sie und schaute ihren Mann an.

»Wer kommt nicht zurück?«, wollte Norma wissen.

»Ich denke, sie sind fort«, sagte Libby.

»Wer ist fort?«, fragte Norma wieder.

Dwayne zögerte lange, bevor er antwortete.

»Als wir kamen, haben wir das Auto vorne geparkt«, sagte er schließlich. »Und ein vollbesetzter Wagen ist an uns vorbeigefahren und hat etwas Hässliches gesagt.«

»Was haben sie gesagt?«

»Ich bin sicher, dass sie fort sind.«

»Was haben sie gesagt?«

»Libby hat recht, sie werden nicht wiederkommen.«

»Was haben sie *gesagt*?«

»Geh nach Hause, Nigger.«

»Oh. Ich verstehe.«

»Wir dachten, wir bleiben eine Weile hier, um sicherzugehen, dass mit dir alles okay ist.«

»Hier ist alles in Ordnung. Geht jetzt.«

Doch nachdem sie gegangen waren, schlief sie überhaupt nicht gut. Ihr Körper schmerzte vor Erschöpfung, doch ihr Geist war hellwach vor lauter Möglichkeiten.

—

Zu Doreens Erleichterung schlief Jaron in seinem neuen Zimmer am Gaffney Place schnell ein. Das Trödeln und Klammern, das sie erwartet hatte, war ausgeblieben. Er legte einfach nur seinen Kopf auf das Kissen, und damit gut. Eine einfache, vertrauensvolle Geste, die Doreen zu sagen schien: »Das Bett ist dasselbe, Mommy ist dieselbe, der Gute-Nacht-Kuss ist derselbe.«

Doreen wünschte sich, sie würde sich genauso behaglich fühlen, denn in ihrer Entschlossenheit, noch einmal neu anzufangen, hatte sie alles bis auf das Bett, die Kommoden und den Küchentisch zurückgelassen. »Das bleibt hier«, hatte sie den Umzugsleuten mindestens ein Dutzend Mal erklärt, als sie anfingen, das Sofa in Richtung Fahrstuhl zu tragen. »Lassen Sie das hier«, sagte sie wieder und wieder, als sie versuchten, den passenden Sessel rauszutragen. Möbel, Schnickschnack, selbst einige Klamotten blieben in der Wohnung zurück, als sie Schlobohm das letzte Mal verließ. Sollte *Municipal Housing* schauen, was sie damit machten.

Infolgedessen war das Wohnzimmer des neuen Reihenhauses komplett leer. Jaron hatte den Tag damit verbracht, vor Freude darin herumzudüsen – hüpfend, sich drehend und im Kreis rennend. Dann wechselte er die Szene, rannte in den Garten und tat dort dasselbe. Seine Mutter hatte ihm zugesehen und sich dabei sicher und darin bestätigt gefühlt, das Richtige getan zu haben. Doch nun schlief er, und die Leere des Wohnzimmers hallte von den Wänden wider, der Garten war dunkel und wirkte bedrohlich, und Doreen kamen Zweifel. Vorgestern hatte jemand einen Stein durch die Fensterscheibe des Hausmeister-Wagens geworfen. Sheila und die anderen bei READY hatten darüber mit den Zungen geschnalzt. Hatte sie recht gehabt, sie zu ignorieren?

Doreen war hierher gezogen, um Jaron zu beschützen, doch in dieser unbekannten Welt, so nah auf der Karte, aber so fern in allen Dingen, die dort, wo sie vorher gelebt hatte, eine Rolle gespielt hatten, war sie überraschend unsicher, wo sie anfangen sollte. Die Aufsicht des Jungen in Schlobohm war physischer Art gewesen – Fass den dreckigen Handlauf im Treppenhaus nicht an, starr nicht auf den schreienden Mann, lass die Crack-Ampulle liegen, geh nicht raus, ohne Mommys Hand zu halten. In diesem neuen Zuhause, mit seinen Rasenflächen, Bäumen und Recycling-Tonnen hatte sie das Gefühl, ihn vor Worten und Gedanken abschirmen zu müssen, irgendwie seine Gefühle zu schützen und seine innere Welt.

Weil man alte Angewohnheiten nicht so schnell ablegt, begann sie, das Problem kommunal anzugehen. Sollte sie eine Petition in Umlauf bringen, in der sie einen erhöhten Schutz forderten? Ein Komitee bilden, um über eine Nachbarschaftswache nachzudenken? Sie hörte schnell damit auf. ›Kümmere dich um Doreen und Jaron‹, dachte sie. ›Beschütze uns beide.‹

Zu diesem Zweck hatte sie bereits zwei neue Stockbetten in das winzige obere Schlafzimmer gequetscht, damit ihre Schwester Barbara dort einziehen konnte. Wenn *Municipal Housing* jemals dahinterkommen sollte, würde man sie alle auf die Straße setzen, aber Doreen fackelte nicht lange und lud Barbara ein, bei ihr zu wohnen. »Sie können einen doch nicht zwingen, die eigene Familie wegzuschicken?«, sagte Sadie Jefferson. Es war schwer, eine Vorschrift zu respektieren, über die sich sowieso jeder hinwegsetzte und die vor allem verhinderte, dass sie sich sicher fühlte.

Ihre Schwester war also hier, damit es sicherer war. Warum stand Doreen dann aber ängstlich im leeren Wohnzimmer? Sie ging die paar Schritte in die Küche und kramte einige Minuten in den unbekannten Schubladen herum, bis sie gefunden hatte, was sie, wie ihr eben erst klarwurde, jetzt brauchte.

Das Steakmesser fühlte sich in ihrer schweren Hand bestärkend und genau richtig an, als sich ihre Finger darum schlossen. In Schlobohm war ihr nie in den Sinn gekommen, mit einem Messer unter der Matratze zu schlafen.

Mit dem Messer in der Hand ging sie langsam die Treppe hinauf, doch hielt dann inne, drehte sich um und ging zurück durch die Küche und hinaus in den Garten, in dem bereits Jarons Spielzeug verstreut herumlag. Aus den leeren Umzugskartons hatte er sich ein Haus gebaut, oder ein Fort oder Ähnliches. Ein Topf, den er sich in der Küche erbettelt hatte, lag auf einem angeknacksten Holzlöffel, den Doreen eigentlich hatte wegwerfen wollen. Neben einigen Bällen erblickte Doreen das, wonach sie gesucht hatte –

den Baseballschläger aus Aluminium, den ihr Vater Jaron im Jahr zuvor zu Weihnachten geschenkt hatte.

Mit dem Messer in der einen Hand und dem Baseballschläger in der anderen trat sie zurück in ihr winziges Haus. Sie schloss die Tür hinter sich ab, drehte den Türknauf und vergewisserte sich, dass die Tür fest verschlossen war. Wieder oben, legte sie das Messer unter die Matratze, den Schläger unters Bett, und sich schlafen.

—

»Happy birthday to me, happy birthday to me«, summte Billie Rowan vor sich hin, als sie die Stufen im Gaffney Place 115 hinauf- und hinunterging. Dies war der erste Ort, an dem sie lebte, der eigene Stufen hatte, und sie war ganz fasziniert davon. Sie packte langsam aus, Stück für Stück, und schüttelte von jedem Teller, Topf und Haarbürste das Zeitungspapier ab, in dem die Sachen verpackt waren.

Wie herrlich, am eigenen Geburtstag umzuziehen, dachte sie, mit Kisten voller Überraschungen, die man auspacken konnte. Es spielte keine Rolle, dass ihr einziges Geschenk zu ihrem fünfundzwanzigsten Geburtstag fünf Dollar von ihrer Mutter waren, die in einer Hallmark-Karte steckten. Von John war noch nichts gekommen, und von den Kindern konnte man ja wohl kaum erwarten, dass sie einkaufen gingen. Also müssten ihre eigenen Sachen reichen, und sie verspürte eine kindliche Aufregung, wenn das Zeitungspapier abfiel und etwas zum Vorschein kam, was in ein Schlafzimmer oder ins Badezimmer gehörte, weil das ein weiterer Spurt die Treppen hoch und wieder hinunter bedeutete. Sieben Stufen hoch. Pause. Drehung. Weitere sechs Stufen hoch, und man war oben. Diese dreizehn Stufen machten es zu einem richtigen Haus, nicht nur einer weiteren Wohnung. Und, nur vielleicht, führte ein richtiges Haus zu einem richtigen Leben, mit einem Mann, der zu Hause war statt im Gefängnis, und mit zwei Kindern, die auch noch etwas anderes konnten, als ihr ständig auf die Nerven zu gehen.

»Du wirst diese Stufen eines Tages verfluchen«, hatte ihre Mutter gewarnt. Doch es war lange her, seit sie auf ihre Mutter gehört hatte.

Als es Zeit zum Abendessen wurde, waren ihre paar Kisten mehr oder weniger ausgepackt und es gab keinen Grund mehr, die Stufen hoch und runter zu laufen. Sie und die Kids aßen Frühstücksflocken (sie müsste dringend bald einkaufen gehen), setzten sich im Schlafzimmer auf ihr Bett und schauten fern.

Einige Minuten vergingen, als Billie ein Geräusch bemerkte, das nicht vom Fernseher zu kommen schien. Sie ging die Stufen hinunter, diesmal langsam, eher angespannt als vergnügt, doch konnte weder in der Küche noch im Wohnzimmer etwas Ungewöhnliches feststellen. Sie öffnete die untere Abstellkammer. Nichts. Die Gartentür. Nichts. Die Haustür. Nichts. Alles war still – so still, dass ihr das Öffnen und Schließen all dieser Türen wie eine grobe Ruhestörung vorkam.

Sie ging wieder nach oben und ließ sich auf dem Bett nieder, als sie ein zweites Geräusch hörte, anders als das vorherige, aber genauso unvertraut. Sie ging wieder nach unten, und wieder fand sie nichts. Das Problem, dachte sie, waren nicht die Geräusche, es war die Stille. Sie konnte sich nicht erinnern, je an einem so stillen Ort gewesen zu sein. Dann folgte ein weiteres Geräusch, eine weitere Suche, ein viertes Geräusch und eine vierte Suche. Schließlich schaltete sie den Fernseher ab und begann, einige ihrer frisch ausgepackten Sachen – Zahnbürsten, Windeln für die Kinder und saubere Unterwäsche – in eine Tasche zu packen.

Sie würde zu ihrer Mutter nach Schlobohm fahren, entschied sie. Schließlich war es ihr Geburtstag. Ihre Mutter würde ihren Geburtstag mit ihr zusammen verbringen wollen. Und Shanda und Klein Johnny würden sich dort wohler fühlen. Es wäre ja nur für eine Nacht. Es sei denn, natürlich, wenn sie all diese Einkäufe erledigen würde – Lebensmittel, vielleicht ein paar neue Sachen für Johns erste Nacht zu Hause –, und die einzigen Läden, die sie wirklich kannte, waren auf der Westseite.

Vielleicht würde sie auch morgen bei ihrer Mutter bleiben.

Ratsmitglied Nick

Es war früher Morgen, als Nick in einem Plastikeimer, der ursprünglich mit Fertigspachtel gefüllt gewesen war, zuerst das Pulver mit Wasser anrührte und ihn dann ans Ende der langen Zufahrt hinuntertrug. Er und Michael (der schon ein oder zwei Mal Zement gemischt hatte und ihn hätte warnen müssen) drückten einen langen Eisenpfosten in die schlammige Mixtur. Dann wechselten Nick, Michael und Nay sich damit ab, den schweren Pfosten festzuhalten, wobei sie sich alle Mühe gaben, ihn senkrecht zu halten, während die Mischung unendlich langsam aushärtete.

Es dauerte, und Nay ging immer mal wieder zurück ins Haus, um Sandwiches zu holen, dann Zeitschriften und schließlich Sonnencreme. Am frühen Nachmittag versuchte Nick, den Eisenpfosten mit Hilfe eines improvisierten Gerüsts aus Ästen und Zweigen abzustützen, aber das hielt nur wenige Minuten.

All diese Anstrengungen nur für ein Straßenschild, auf dem »Wasicsko Lane« stand. Es war grün-weiß, wie alle offiziellen Schilder in Yonkers, und selbst bei näherem Hinsehen wirkte das Ding echt. Doch das war es nicht. Michael hatte eine Firma gefunden, die auf Nachahmungen spezialisiert war, und hatte es seinem Bruder und seiner Schwägerin geschenkt, damit ratlose Lieferanten das versteckte Haus finden konnten.

»Man sollte nicht bis zu seinem Tod warten müssen, damit eine Straße nach einem benannt wird«, hatte Michael gewitzelt, als er Nick beim Auspacken der Schachtel zusah.

Damals war Nick gerührt und amüsiert zugleich gewesen, doch jetzt war er müde und ihm war heiß, und alles war nur noch schrecklich peinlich. Das Ende seiner Zufahrt war von der Yonkers Avenue gut einzusehen, direkt neben einer Ampel, und jedes Mal, wenn Autos anhielten, starrten die Fahrer herüber, winkten und hupten. Da er das Schild mit beiden Händen krampfhaft festhielt, konnte er nicht zurückwinken. Sie mussten ihn für einen ziemlichen Vollidioten gehalten haben, wie er dort stand und einen Pfosten umarmte.

Vielleicht dachten sie aber auch, das Schild wäre echt. In diesem Fall sah er nicht aus wie ein Idiot, sondern wie ein Egoist, der eine Straße nach sich selbst benennt. Hatte er nicht ziemlich viel Kritik einstecken müssen, als er auf sein Nummernschild WASICSKO prägen ließ? Schlimmer noch, was, wenn sie glaubten, er wollte, dass sie das gefakte Schild für echt hielten? Dann sähe er aus wie ein Egoist und Schwindler.

Genau genommen hatte er überhaupt kein Interesse an der Bestätigung, die ein Straßenschild einbrächte. Bei Baubeginn der ersten Reihenhäuser hatte Nay diesen Vorschlag gemacht, und Nick hatte ihn vehement verworfen.

»Wär's nicht toll«, sagte sie, »wenn man sie nach dir benennen würde?«

»Nein«, hatte Nick geantwortet. »Das wäre gar nicht toll. Man fängt an, alles Mögliche nach einem zu benennen, wenn man erledigt ist oder tot.« Wenn man ihn fragte, würde er die Ehre freundlich, aber bestimmt ablehnen.

Aber niemand hatte je diese Frage gestellt.

Ihm wurde schmerzlich bewusst, dass ihn in letzter Zeit hinsichtlich vieler Dinge niemand irgendwas gefragt hatte. Wider seine Erwartungen war er nicht in Terry Zaleskis inneren Zirkel aufgenommen worden. Er war auch nicht wie andere Ratsmitglieder zur Lotterie eingeladen worden, einigen war sogar die Ehre erwiesen worden, ein paar Namen aus der Bingotrommel zu ziehen. Er *war* zu einem kleinen Festakt eingeladen worden, bei dem man einigen Mietern einen symbolischen Schlüssel überreichte, doch er musste sich einen Platz im Publikum suchen, während Leute wie Terry Zaleski auf dem Podium Reden hielten.

Ein paar Tage nach diesem Festakt waren Nick und Nay zu einer Zigarrenfahrt aufgebrochen, um die neuen Mieter in den Reihenhäusern willkommen zu heißen. Er hatte an Türen geklopft, Hände geschüttelt und war zu Besichtigungen mehrerer halb eingerichteter Häuser eingeladen worden. Alle Mieter waren sehr höflich gewesen, doch sie schienen ihn nicht zu kennen und hatten keinen Schimmer, was er dafür getan hatte, dass sie dort leben konnten. Es plagte ihn, dass die einzigen Leute, die sich noch an ihn erinnerten, die wütenden, unversöhnlichen Wähler wären, mit denen er sich für den Rest seiner Karriere auseinandersetzen müsste.

Es wurde Abend auf dem Bürgersteig der Yonkers Avenue. Irgendwann war der Pfosten nicht länger weggekippt, wenn man ihn losließ, und Nick hatte eine Schaufel geholt. Er hatte ein Loch in den steinigen Boden gegraben und dann mit Blasen an den Händen den Eimer dort hinein gerollt und mit Erde bedeckt.

Im schwindenden Tageslicht stand er jetzt neben Nay und starrte auf das Schild. »Wasicsko Lane.« Der Pfosten hatte einen leichten Schlag, und ein überhängender Ast verbarg einen Teil seines Namens.

Vorgarten-Meetings

Aus jedem Grund gab es ein Treffen. Mary Dormans wochenlange Gedankenspiele in der Will Library und die weiteren Orientierungswochen im *Walsh Senior Center* waren nur der Anfang gewesen. Nun hatte Bob Mayhawk jedem Mitglied des HERE-Teams eine eigene Reihenhaussiedlung zugeteilt, in der wöchentliche Treffen abgehalten wurden. Meetings, erinnerte sie ihr Mann Buddy freundlich, waren nicht das wahre Leben. Sie hatten jedoch begonnen, Marys Leben zu bestimmen, und würden für die nächsten Monate auch Teil des Lebens in den Reihenhäusern sein.

Mary war für die Clark Street zuständig, in fußläufiger Entfernung zu ihrem Haus, und sie hielt ihr erstes Treffen auf einem schmalen Rasenstück zwischen zwei Häuserreihen ab. Es war nicht das nette Beisammensein, das Mary geplant hatte, und auch nicht die Art von Treffen, die sie gewöhnt war. Während ihrer Zeit bei *Save Yonkers* und danach bei den *Concerned Citizens* hatte immer jemand sein Wohnzimmer zur Verfügung gestellt, und in der Regel auch seine Kaffeekanne. Kameradschaft war nicht der Sinn und Zweck dieser Zusammenkünfte gewesen, wenngleich sie auch nicht gänzlich unbedeutend war. Das Gefühl, irgendwo hinzugehören, mischte sich mit dem Gefühl, ein Ziel zu haben, bis sich nicht mehr klar sagen ließ, was von beidem sie immer wieder zu diesen Treffen zog.

In der Clark Street gab es jedenfalls kein Gefühl von Kameradschaft und auch kein Zielbewusstsein. Sie hatte an allen achtundzwanzig Türen geklingelt, und keine einzige Person war bereit gewesen, für das Meeting als Gastgeber zu fungieren. Vermutlich weil sie keine Möbel besitzen, dachte sie zuerst, oder weil sie davon ausgingen, Knabberzeug besorgen zu müssen. Doch inzwischen vermutete sie einen tieferliegenden Grund. In den Siedlungen waren die Wohnungen Zufluchtsorte – man riss nicht einfach die Türen auf und bat Fremde herein. Nachbarn konnten eine Quelle der Freundschaft, genauso gut aber auch der Gewalt sein. Und Meetings hatten sie als Veranstaltungen erlebt, bei denen man von anderen belehrt wurde, und keine, auf denen man Gedanken und Ideen teilte.

Also gab Mary die Suche nach einem Wohnzimmer auf und ließ sich stattdessen für ihr Meeting auf dem frisch gepflanzten Rasen in der strahlenden Junisonne nieder, dankbar dafür, dass er teilweise im Schatten lag. Mary war die Erste, die sich setzte, froh darüber, kein Kleid zu tragen, und hoffte, dass ihre Khakihose vor dauerhaften Flecken verschont blieb. Als alle sich gesetzt hatten (trotz der Nachrichten, die sie unter allen Türen durchgesteckt hatte, kamen nur fünf Bewohner), versuchte sie zu erklären, warum das nächste Treffen drinnen stattfinden sollte.

Sie ging es pragmatisch an.

»Wir können hier nicht mehr lange draußen sitzen«, sagte sie. »Der Winter steht vor der Tür. Sie müssen sich abwechselnd in Ihren Häusern treffen.«

Keiner meldete sich freiwillig.

Sie versuchte es mit einem philosophischeren Ansatz. »Sie müssen sich gegenseitig kennenlernen«, sagte sie, »und zwar nicht nur, weil wir unsere Treffen nicht weiter hier draußen auf der Straße abhalten können. Sie haben jetzt ein anderes Leben als die Leute auf der Westseite, aber Sie haben auch andere Probleme als die Leute auf der Ostseite. Sie bilden eine eigene kleine Gemeinschaft, und Sie werden rein gar nichts erreichen, wenn Sie sich nicht kennenlernen. Sie müssen sich ja nicht mögen, aber Sie sollten sich kennenlernen, denn Sie brauchen einander.«

Das schien zu wirken. Carolyn Dunclay, eine alleinerziehende Mutter mit einer behinderten Tochter, hob schüchtern die Hand und sagte, alle wären in der nächsten Woche bei ihr zu Hause willkommen.

Mary genoss diesen winzigen Sieg für einen Augenblick und fragte dann, ob es in den Häusern irgendwelche Probleme gäbe. Zuerst füllte sich die Liste mit einer Reihe kleiner Handwerksaufträge. Bei einem funktionierte der Herd nicht. Bei einem anderen war ein Loch neben dem Schloss der Hintertür. In einem der oberen Badezimmer ließ sich das Wasser nicht anstellen. »Neubau-Probleme«, nannte Mary das und versprach, alles an Peter Smith weiterzuleiten. Das war ja einfach, dachte sie. Vielleicht hatte Bob Mayhawk sich geirrt und es war gar nicht nötig, sich jede Woche zu treffen.

Sie wollte schon zum Ende kommen, als die Frauen anfingen, darüber zu reden, »den Nachbarn mal Manieren beizubringen«. Die Verärgerung, die bei den Worten mitschwang, machte deutlich, dass manche »Neubau-Probleme« zu ihrer Beseitigung mehr benötigten als einen Schraubenschlüssel oder einen Anruf oder sogar einen Strategiewechsel. Die Nachbarn, erfuhr Mary, hatten es sich zur Angewohnheit gemacht, auf ihren Hauseingangsstufen zu sitzen und die Neuankömmlinge böse anzustarren, was zur Folge hatte, dass diese sich hinter geschlossenen Türen und vorgezogenen Gardinen in ihren Häusern verkrochen.

In den Sozialwohnungssiedlungen hatten sie aus Angst vor Waffen und Drogen ihre Kinder nicht aus dem Haus gelassen. Waren sie hierhergezogen, nur um die Türen wieder zu verbarrikadieren, diesmal allerdings gegen weniger greifbare Gefahren?

Mary wusste nicht, was sie ihnen sagen sollte. Der Gepard und das Gnu hatten sie auf so etwas nicht vorbereitet. Wie eine Mutter, die versucht, ihren Kindern Ratschläge zum Umgang mit einem Schulhofrabauken zu geben, erzählte sie ihnen alles, was ihr gerade einfiel, und hoffte, dass manches davon nützlich klang.

»Keine Angst«, sagte sie. »Ich wohne hier, und ich werde nicht zulassen, dass Sie Probleme bekommen.«

»Wissen Sie, was ich glaube«, sagte sie. »Ich glaube, dass Sie einfach netter sind als die auf der anderen Straßenseite. Sie würden nicht in Ihrem Haus sitzen und dort hinüber starren.«

»Also ich an Ihrer Stelle«, sagte sie, »würde mich gar nicht darum scheren. Wenn Sie sie sehen oder an ihnen vorbeigehen, dann lächeln Sie einfach und sagen hallo. Wenn sie nicht zurückgrüßen, auch gut. Aber Ihnen kann dann niemand vorwerfen, nicht höflich zu sein.«

Genau das machten sie ja, antworteten sie. Aber es würde nicht funktionieren. Und nicht nur das. Da wäre auch noch das Problem mit den Hunden. Jeden Morgen und jeden Abend ließen zwei Nachbarn ihre Hunde über die frisch bepflanzten Vorgärten laufen und dort ihr Geschäft machen, als wäre es immer noch unbebautes Gelände und die Reihenhäuser nie gebaut worden. Die besagte Frau hatte drei große weiße Pudel. Der Mann besaß einen bulligen Rottweiler. Mary, die selbst einen Mischling aus Schäferhund und Labrador besaß, war sicher, dass es sich dabei um eine Form von Protest handelte, denn andernfalls würden die Besitzer ihre Hunde einfach auf der Straße spazieren führen. Wieder gab sie einen Rat, von dem sie wusste, dass er wahrscheinlich niemandem half.

»Wenn Sie es sehen«, schlug sie vor, »könnte man sie doch bitten, die Freundlichkeit zu besitzen, ihre Hunde bitte wieder auf die Straße zu rufen. Wenn Sie es nicht sehen, nehmen Sie sich einfach eine alte Zeitung oder so etwas und heben es selbst auf. So mache ich das auch immer, denn man will das ja nicht in seinem Garten haben.«

—

Lucille war für die Reihenhäuser Trenchard Street und Gaffney Place eingeteilt, wo früher die School 4 stand und in denen nun Norma

O'Neal, Billie Rowan und Doreen James zu Hause waren. Wie Mary fand Lucille niemanden, der bereit war, das Meeting bei sich zu Hause stattfinden zu lassen. Also saß sie mit den Mietern draußen auf dem heißen Asphalt. Der Platz hatte den Vorteil, dass alle ihre umhertollenden Kinder im Auge behalten konnten, die sich den frisch gepflasterten Bereich zum Spielplatz auserkoren hatten. Aber es war unbequemer und öffentlicher, als Lucille es sich gewünscht hatte.

Sie hielt sich nicht lange damit auf, sich vorzustellen. Jeder kannte sie von den Orientierungswochen, und je weniger sie sagte, desto unwahrscheinlicher war es, dass sie in Sätze hineinstolperte, die sie eigentlich gar nicht sagen wollte. Sie eröffnete das Treffen mit einem nervösen Witz. »Ich vermute, ich sollte mich dafür entschuldigen, dass ich weiß bin und Italienerin«, scherzte sie und fuhr sich kurz mit den Händen durch ihre struppigen, rostbraunen Locken. Sie war erleichtert, als einige lachten.

»Gibt es bei irgendjemandem Probleme?«, fragte sie und blätterte in ihrem Notizblock zu einer weißen Seite um. Während sie auf die unausweichliche Liste von Beschwerden wartete, wackelte sie mit ihrem Stift zwischen Daumen und Zeigefinger, stellte sich darauf ein, gleich genervt zu sein, und versuchte es nicht zu zeigen.

Es gab Beschwerden – gleich mehrere Seiten. Doch es war nicht das erwartete »Mehr-mehr-Gejammer«, und ihre Reaktion war daher komplexer, als sie es geplant hatte. Die Probleme, von denen diese Frauen sprachen, waren *echte* Probleme, fand auch Lucille, und sie stellte fest, wie sie sich in ihre Lage versetzte.

»Küche«, stand auf ihrer Liste, »Fettspritzer vom Herd hinterlassen Flecken. Könnte *Municipal Housing* am Herd einen Fliesenspiegel anbringen?«

Berechtigte Frage, dachte Lucille.

»Treppen«, stand dort weiter, »sind aus unbehandeltem Holz, schwer zu reinigen. Könnten die Stufen lackiert werden?«

Auch diesen Vorschlag fand Lucille sehr vernünftig.

»Noch etwas?«, fragte Lucille und war neugierig, welche weiteren Pannen in dem 26 Millionen schweren Bauprojekt zutage kamen.

»Die Rasenmäher…«, sagte jemand, doch bevor die Frau weiterreden konnte, kam vom Parkplatz ein lauter Schrei. Zwei Bobby-Cars waren kollidiert, und von dort, wo die Mütter saßen, war es nicht möglich festzustellen, welche Kinder beteiligt waren und ob eines verletzt war. Die Frauen gingen zum Unfallort hinüber, ohne große Eile, was darauf schließen ließ, dass es nicht das erste Mal war. Lucille blieb, wo sie war, und sah zu, wie Doreen James Jaron hochhob und ihm dann einen Kuss auf jedes Knie gab.

Diese Geste faszinierte Lucille, nicht weil es etwas Besonderes war, sondern genau im Gegenteil. Als die Frauen zurückkamen, starrte Lucille sie an: Alles Frauen, alles Mütter, und alle standen für das, was sie mal am meisten gefürchtet hatte. Während andere sich dem Sozialbau-Kampf anschlossen, weil sie ihre Immobilien schützen oder die Drogendealer draußen halten wollten, hatte sich Lucille im Namen der Moral angeschlossen. Der öffentliche Wohnungsbau, dachte sie, wurde von Familien genutzt, die nicht so waren, wie Familien eigentlich sein sollten – alleinerziehende Mütter mit zu vielen Kindern, üblicherweise von verschiedenen Vätern, ohne Interesse an einer Ehe, und noch nicht einmal mit genug Anstand, sich wegen ihrer Situation zu schämen. Leute, die die grundlegenden Regeln von Heim und Familie missachten, glaubte sie, würden auch alle anderen Regeln missachten. Sie konnte solche Leute nicht in der Nähe ihrer Kinder wohnen lassen. Und jetzt kamen diese Mütter gerade auf sie zu, und Lucille durchzuckte die Erkenntnis, dass »richtig« und »falsch« nicht mehr so einfach zu unterscheiden waren wie damals.

Wer anderen eine Grube gräbt, fällt selbst hinein, lautete ein Sprichwort, und 1990, zwei Jahre nach den Protesten und zwei Jahre vor Bezug der neuen Reihenhäuser, wurde Lucilles jüngste Tochter schwanger. Sie war damals erst neunzehn und immer noch auf dem College. Der Vater des Babys war jemand, der schnell aus ihrem Leben verschwand und den Lucille am liebsten nie mehr wiedersehen würde.

Abtreibung war nie wirklich eine Option. Familie Lantz hielt gar nichts davon. Lucille und ihr Mann Paul gingen von Anfang an davon aus, dass sie das Enkelkind großziehen würden, und kurz nachdem das Baby geboren war, wurden Lucille und Paul zum Vormund und ihr geordnetes Leben stand kopf. Nun stapelten sich Disney-Videos in Lucilles Wohnzimmer, Magnetbuchstaben schmückten ihren Kühlschrank, und so ziemlich überall lagen Stofftiere. Das zweijährige Mädchen wusste, dass Lucilles Tochter »Mommy« war und dass Lucille und Paul »Grandma und Grandpa« waren. Sie wusste auch, dass sie einen Daddy hatte, der aber nicht in der Nähe lebte.

Auf einer Volkszählungsliste, das wusste Lucille, würden diese Frauen, die sich gerade wieder auf dem Parkplatz setzten, in derselben Spalte stehen wie ihre Tochter: alleinerziehende Mutter, nie verheiratet gewesen. Doch als sie sie anstarrte und sie musterte, konnte sie nicht akzeptieren, dass die Frauen aus den Siedlungen und ihre Tochter irgendetwas gemeinsam hätten. Diese Frauen hatten nichts mit ihrer Tochter zu tun, fand sie, und ihre Kinder hatten nichts mit ihrer Enkelin zu tun. Sie glaubte daran, weil sie es musste. Wenn sie ihre Welten in ihrem Kopf nicht trennen konnte, wozu war der ganze Kampf dann gut gewesen?

Doreen setzte sich Jaron auf den Schoß und bemerkte, wie Lucille sie anstarrte. Sie fragte sich, was sie von dieser Frau halten sollte, die wechselweise hilfsbereit oder schroff abweisend war. Doreen hatte eigentlich nicht zu diesem Treffen kommen wollen. Unabhängig von ihrer Loyalität READY gegenüber hatte sie sich geschworen, an solchen Treffen nicht mehr teilzunehmen, weil dabei nie irgendetwas herauszukommen schien. Sie war nur hier, weil Lucille bei ihr geklingelt und sie gebeten hatte, der Sache noch mal eine Chance zu geben, aber was sie bislang gesehen hatte, gab ihr den Glauben nicht zurück. Die Listen, die Lucille aufstellte, würden ans Wohnungsamt weitergeleitet werden, wohin Doreen ihre eigenen Listen jahrelang geschickt hatte.

»Wo waren wir stehengeblieben?«, fragte Lucille.

»Bei den Rasenmähern«, sagte Doreen.

»Ich denke, da kann ich weiterhelfen«, sagte Lucille und erklärte, dass sie den Inhaber von *Marden Hardware*, das mehr oder weniger um die Ecke von den Reihenhäusern lag, überredet hatte, den neuen Mietern einen Rabatt auf Schläuche, Sprinkler, Rasenmäher und andere Gartenartikel zu geben.

»Fragen Sie nach Howard«, sagte sie. »Er ist sehr hilfsbereit.«

Doreen biss die Zähne zusammen und versuchte, ihren Mund zu halten. Das Problem ist nicht, die Rasenmäher zu kaufen, dachte sie. Ich arbeite. In ihrem momentanen Job als Busbegleiterin verdiente sie zwar nicht viel, aber sie würde sich ja wohl in einem Laden zurechtfinden.

»Wir wissen, wo man welche bekommt«, platzte sie laut heraus. »Das Problem ist, dass *Municipal Housing* keine Möglichkeit gibt, sie zu lagern.«

Und nicht nur das, sagte sie, es gäbe auch keine Gartentore. »Wenn man also seinen Vorgarten gemäht hat, rollt man das Teil durchs Haus, um hinten den Garten zu mähen. Ich will keinen dreckigen Rasenmäher durch mein Haus schieben.«

»Das Wohnungsamt leiht einem einen Rasenmäher«, schlug jemand vor.

»Ja, tut es«, sagte Doreen. »Doch man muss den ganzen Weg zu Walt Whitman fahren, um ihn abzuholen, das heißt Bus fahren plus ein Mal umsteigen. Und im Bus kann ich das Ding nicht hierher zurückbringen, also kann man ihn nur holen, wenn man ein Auto hat. Und dann muss ich mit dem Ding immer noch durch das Haus.«

»Als der Hausmeister letzte Woche gekommen ist, um vorne zu mähen, habe ich ihm ein bisschen was extra gegeben und er hat auch hinten gemäht«, sagte jemand anderes.

»Mein Junge kann sich stattdessen auch etwas verdienen und mäht euch den Rasen«, sagte eine der wenigen Mütter eines Teenagers.

»Dein Junge macht nie die Arbeit, die du gesagt hast«, blaffte eine angebliche Freundin der Mutter. »Du bietest ihn immer an, aber er hat keine Lust zu irgendwas.«

Lucille versuchte die Unterhaltung auf ein ergiebigeres Thema umzulenken. Beinahe hätte sie gefragt: »Hat hier irgendwer ein Auto?«, doch dann verkniff sie sich die Frage im letzten Moment, weil sie meinte, es würde die Unterstellung mitschwingen, dass wahrscheinlich sowieso keiner ein Auto besaß. Mayhawk hatte sie vor Unterstellungen gewarnt. Zu leicht konnte das missverstanden und übelgenommen werden. Sie korrigierte sich in Gedanken und fragte stattdessen: »Wer hat ein Auto?« Das klang optimistischer und positiver. Zwei Frauen hoben die Hände.

»Wie wär's«, schlug Lucille vor, »wenn einer sich den Rasenmäher ausleiht und dann so vielen anderen Mietern wie möglich die Chance gibt, ihren Rasen ebenfalls zu mähen. Sie würden sich gegenseitig helfen.« Keine perfekte Lösung, das war ihr schon klar, aber es war zumindest ein Anfang – ein aktiver Vorschlag als Gegenpol zur Passivität der Beschwerden. Obwohl einige Frauen im Kreis zustimmend nickten, sah Lucille keine große Chance, dass sie gemeinsam einen Mäher ausleihen würden. Doreen sah gar keine.

John kommt nach Hause

Billie hatte gehofft, alles würde an dem Tag perfekt werden, an dem John aus dem Gefängnis kam, und für eine Weile war es fast so. Sie wachte an jenem Tag früher auf als gewöhnlich und wickelte ihr Haar in den neuen afrikanischen Schal, den sie extra für diese Gelegenheit gekauft hatte. Sie rückte die wenigen Möbelstücke im Haus zurecht und wünschte dabei, sie hätte mehr davon und dass die Zimmer etwas mehr wie ein Zuhause wirkten. Sie hatte es geschafft, Tisch und Stühle für die Küche zu kaufen, ein Bett aus zweiter Hand für Klein Johnny und ein neues Gitterbett für Shanda. Doch in ihrem eigenen Zimmer – und bald auch Johnnys – gab es nur ein Bett und einen Fernseher, und im Wohnzimmer nur Versprechen und Träume.

Als John schließlich eintraf, ging sie mit ihm von Zimmer zu Zimmer und zeigte ihm, was es bereits gab und was vielleicht einmal dort stehen könnte. Sie machte sich Gedanken, das Reihenhaus in ihren Briefen nicht gut beschrieben zu haben, denn bei allem, was er sah, machte er große Augen vor Überraschung.

»Das ist schön. Das kann ja gar nicht wahr sein. Das gaukeln sie einem nur vor«, staunte er. »Sag mir, dass sie mir nicht im Hirn rumpfuschen.«

»Nein, Baby«, antwortete sie, begeistert darüber, dass er so begeistert war, denn vielleicht würde er nun bleiben. »Wirklich, Baby. Das ist unseres. Das hier ist unser Zuhause.« Dass John nicht im Mietvertrag stand und daher kein offizielles Recht hatte, dort zu leben, war Billies Ansicht nach bürokratisches Gefasel, das nichts mit dem wahren Leben zu tun hatte.

In den ersten Tagen war alles so, wie Billie es sich erhofft hatte. John war rund um die Uhr zu Hause und half ihr mit den Kindern und dem Haushalt. Es war ganz anders als ihr Leben in Schlobohm – keine Gang, die versuchte, John wegzulocken, keine »Komm raus«-Pfiffe von der Straße. Mit der Zeit jedoch empfand Billie Johns Abende zu Hause genauso aufreibend wie die Nächte, in denen er früher unterwegs gewesen war. Hier war er nun, nach all den einsamen Monaten, mit seiner eigenen Meinung.

»Warum haben die Kinder keine feste Zeit, zu der sie ins Bett gehen?«, fragte er eines Abends kurz vor Mitternacht, als er Leidenschaft mit ihr teilen wollte anstatt Elternleben und feststellte, dass Johnny und Shanda noch hellwach waren.

»Sie gehen ins Bett, wann sie wollen«, antwortete Billie. »Spätestens um ein Uhr morgens sind sie müde.« Es war ein sinnvolles Arrangement, sagte sie, denn »wenn ich sie früher ins Bett stecke, schlafen sie nicht, also muss ich immer wieder hingehen und ihnen Ohrfeigen geben, also warte ich, bis sie müde sind.«

»Warum hängen sie den ganzen Tag nur zu Hause rum?«, fragte er eines Spätnachmittags, als die Kinder immer noch in ihren Pyjamas vor dem Fernseher hockten.

»Sie haben einen festen Plan«, sagte sie. Normalerweise wachten sie gegen Mittag auf, sagte sie, frühstückten dann etwas und schauten Cartoons, bis um eins *All my Children* anfing, gefolgt von *One Life to Live* um zwei, und schließlich *General Hospital* um drei. Dann fütterte Billie sie erneut und ließ sie eine Weile im komplett leeren Wohnzimmer herumlaufen. Schließlich war irgendwann Zeit fürs Abendessen, und im Anschluss sahen alle fern, bis sie einschliefen.

»Warum spielen sie nicht mit den anderen Kindern?«, wollte er wissen. »Oder draußen?«

Hätte sie ja versucht, erklärte sie. Johnny nahm sein ferngesteuertes Auto mit, Shanda ihren Plastiklaster. Doch es klappte nie. Irgendwann fingen sie an, sich zu schlagen, und die anderen Mütter gäben immer Billies Kindern die Schuld, also, sagte sie, »spielen sie unter sich«.

Billie machte John keinen Vorwurf, wenn er die Kinder für undiszipliniert und total durchgedreht hielt, denn sie war derselben Ansicht. »Meine Kinder sind schräg drauf«, dachte sie. »Meine Kinder haben was Besonderes. Die haben was, was andere Kinder nicht haben. Manchmal sind die irre schräg.« Das war schon von Geburt an so, entschied sie. Und es war auch nicht direkt förderlich, dass ihr Vater nie da gewesen war, um ihnen mal zu zeigen, wer der Boss war.

Genau das sagte sie John auch während ihrer ersten Streitereien, aber dann setzte er sich dicht neben sie auf die Treppe, sah ihr honigsüß in die Augen und erklärte ihr, wie er es immer tat, dass nichts davon seine Schuld sei. Er wollte gern mit ihr zusammen sein, sagte er und klang schwer getroffen, wie sie was anderes von ihm denken könnte. Die Bullen hätten ihn ferngehalten. »Eines will ich jetzt mal klarstellen«, sagte er dann immer. »Denk immer daran, ich hab nichts davon je absichtlich gemacht.«

Billie erwischte sich dabei, wie sie sich entschuldigte.

»Tut mir leid«, sagte sie. »Ist nicht deine Schuld.«

Sie stritten nie wieder darüber. Stattdessen spielten sich ihre Scharmützel auf ungefährlicherem Boden ab. Warum ließ er seine schmutzige Wäsche immer auf dem Badezimmerboden liegen? Warum trug sie immer so enge Hosen, dass sie »alles zeigte, was sie hatte«? Warum hatten die Kinder keine feste Bettzeit?

John störte ihr Genörgel nicht sonderlich. Er sah es als Zeichen von Billies Liebe, die sie zu spüren glaubte.

Billie wiederum hielt sich nicht lange damit auf, dass sich ihr Traum eines perfekten Neuanfangs in Luft auflöste. Zankereien waren ihr vertraut, und sie war daran gewöhnt. So war es eben zwischen ihnen. Selbst wenn sie für einen flüchtigen Augenblick geglaubt hatte, es könnte anders sein, überraschte es sie nicht, wenn dem nicht so war.

Nur der Ort, an dem sie lebten, hatte sich verändert. Sie selbst nicht.

Ein hübsches Haus

An dem Morgen ihres College-Abschlusses an der School 29 in Yonkers sah Almas Tochter Leyda zauberhaft aus, und auch das Wetter war herrlich. Beide, Leyda und der Himmel, trugen das gleiche Blau. Ihr Kleid, ein Geschenk ihrer Tante, war aus einem fließenden Satinstoff, und Jahre später erschauerte sie vor Peinlichkeit bei dem Gedanken daran, wie erwachsen sie sich darin gefühlt hatte. An den kostbaren Stoff war vorsichtig eine weiße Nelke gesteckt worden, ihr erstes Ansteckstäußchen. Jedes Mädchen der Klasse trug eines – ein Geschenk ihres Lehrers.

Die Zeremonie war auf angemessene, kitschige Art wunderschön, und Leyda wünschte, sie würde nie enden. Hinterher gingen Alma, Leyda, Frankie, Virgilio und die versammelte Mannschaft an Tanten, Neffen und Nichten zu *Sizzler*, um dort Mittag zu essen. Offensichtlich hatten alle anderen Familien der sechsten Klasse dieselbe Idee. Das Restaurant war so überfüllt und der Service so langsam, dass Alma leise hoffte, vom Schicksal doch noch gerettet zu werden, indem sich das Essen so lange hinauszögerte, bis keine Zeit mehr für die Nachmittagspläne wäre.

Doch irgendwann waren die Steaks gegessen, die Rechnung bezahlt und das Unvermeidbare konnte nicht länger aufgeschoben werden. Es war das erste Mal, dass Alma ihre Kinder mit auf die

Ostseite nahm, um das neue Reihenhaus ihrer Schwester anzusehen.

Der Nachmittag, den sie dort verbrachten, war überraschend angenehm. Alma spürte einen neidvollen Stich, als sie das Haus das erste Mal betrat und die Stufen sah, die Küche und das Schlafzimmer, das ganz allein Dulce gehörte. Alles war kleiner, als sie es sich vorgestellt hatte, aber irgendwie viel hübscher. Dieses Wort musste sie während der ersten Minuten in dem neuen Haus mindestens ein Dutzend Mal benutzt haben.

»Es ist so hübsch. Alles ist so hübsch. So anders.«

Die Erwachsenen setzten sich nach drinnen, einige ins Wohnzimmer, wo die Pflanzen am sonnigen Fenster prächtig gediehen, und einige in die Küche, um den neuen Holztisch. Sie sprachen Spanisch, redeten über nichts Bestimmtes und behielten die Kinder im Auge, die von Zimmer zu Zimmer rannten und etwas spielten, zu dem nur sie allein die Regeln kannten.

Immer wieder mal standen Dulce oder Rita auf und schenkten jemandem Kaffee nach oder bürsteten einige Krümel weg oder brachten einen Teller zum Spülbecken, und Alma zuckte angesichts dieser einfachen Tätigkeiten als stolze Hausherrin jedes Mal zusammen. *Ihre* Kaffeetassen zu füllen, *ihren* Tisch zu säubern, *ihre* Teller in *ihr* Spülbecken zu stellen. *Ihre* Gäste in *ihrem* Heim zu begrüßen. Während sie diese Dinge taten, schienen sie ein wenig aufrechter zu stehen und ein wenig leichter zu lächeln, zumindest erschien es Alma so. Wenn ein Raum sauber und ordentlich ist, fühlen sich diejenigen, die ihn betreten, sauberer und ordentlicher. Ein Schrubber hatte durch Dulces Leben geputzt. Alam sehnte sich nach ihrem eigenen, reinigenden Start.

Sie dachte an die Abstellkammern zu Hause in Schlobohm voll unzähliger Küchengeräte, die sie voller Hoffnung und einem Ratenzahlungsplan gekauft hatte. Was mit einem Karton voller Töpfe begonnen hatte, war zu einem Zwang, einer Manie geworden, und obwohl sie bei der Lotterie vorerst leer ausgegangen war, hatte sie noch einen Oster Cool Touch Toaster und dann ein Set

Onida-Edelstahl-Besteck für vier Personen gekauft, nicht zu vergessen eine elektrische Bratpfanne von Faberware.

Je näher Dulces Einzug rückte, umso mehr füllte Almas Abstellkammer sich langsam mit Messbechern und Salz- und Pfefferstreuern. Sie kaufte eine Vorrichtung für Frischhaltefolie, Aluminiumfolie und Papiertücher. Sie besaß ein dreißigteiliges Mikrowellen-Set, obwohl sie keine Mikrowelle besaß. Bei einem Garagenverkauf fand sie ein versilbertes Tablett, und sie kaufte es, weil es zu der Kristall-Salatschale mit dem Silberrand passte, die sie auf dem Flohmarkt gefunden hatte. Sie war besonders stolz auf ihren Zehn-Tassen-»Mister Coffee«, trotz der Tatsache, dass sie nie Kaffee trank.

»Es ist nur für Gäste«, erklärte sie. »Für den Besuch, den ich bekomme.«

Als es so weit war, dass Dulce Schlobohm verließ, passte nichts mehr in Almas Abstellkammer, und sie begann ihre ungeöffneten Käufe überall in der Wohnung zu verteilen. Es gab eine Kiste mit Perkal-Bettwäsche, rosa Blumen auf einem beigefarbenen Hintergrund, die in ihrem Schlafzimmer auf dem Boden stand, und ein Set Eierbecher unter dem Bett.

Sie war nicht eifersüchtig – sagte sie sich so lange, bis sie es selbst glaubte. Sie freute sich wirklich für ihre Schwester und wünschte sich nicht, dass man Dulce irgendetwas wegnahm. Alma wollte einfach nur das Gleiche für sich selbst. Sie wollte sich in Dulces ruhigem, eigenem Schlafzimmer einschließen und ins Bett gehen.

Nach ein paar Stunden im Reihenhaus ging Alma zu ihren Kindern, um ihnen mitzuteilen, dass es Zeit sei, nach Hause zu gehen. Sie fand sie im Garten, wo sie versuchten, am Maschendrahtzaun hochzuklettern, selbst Leyda in ihrem Satinkleid. Leyda und Virgilio gingen auf Almas Bitte hin brav ins Haus und begannen sich zu verabschieden. Nur Frankie weigerte sich, es ihr leichtzumachen.

»Ich will nicht zurück zu uns nach Hause«, sagte er anklagend. »Ich will hierbleiben, in diesem hübschen Haus.« Alma, die gegen ihr eigenes, überwältigendes Verlangen ankämpfte, für immer zu bleiben, musste ihren wütenden Sohn aus der Tür zerren.

Ein Besuch, an den man sich erinnert

Die Türklingeln waren eines von vielen Dingen, die in den Reihenhäusern chronisch defekt waren. Wenn man sie drückte, klingelten sie, aber es war ein eher leiser, zaghafter Ton, der nur selten jemanden an die Haustür holte. Thomas Downer versuchte es ein paar Mal ohne Ergebnis, klopfte dann laut und wartete. Weniger als eine Minute später tauchte das Gesicht einer Frau aus einem Fenster im oberen Stockwerk auf, die Nase ans Fliegengitter gepresst.

»Wer ist da?«, fragte die Frau, von der Downer annahm, dass es Billie Rowan war.

»Thomas Downer«, antwortete er. »Ich bin der Bewährungshelfer von John Mateo Santos und möchte ihm einen Besuch abstatten.«

Das Gesicht verschwand, und Downer hörte eine Menge Geschlurfe und Gebrülle, die Art von Geräuschen, die häufig die Hintergrundmusik seiner Ankunft an der Tür des auf Bewährung Entlassenen bildete. Geduldig stand er draußen – während man drinnen alles herrichtete –, in dem Wissen, dass er bald hineingelassen würde, nicht weil er willkommen war, sondern weil sie keine andere Wahl hatten. Währenddessen betrachtete er die Reihenhäuser.

Downer, schroff, korpulent und graumeliert, war seit über einem Jahrzehnt Bewährungshelfer, und er hatte selten einen Hausbesuch in einem so hübschen Haus gemacht. Wirtschaftskriminelle – speziell die, die wegen Unterschlagung verurteilt worden waren – hatten öfter mal schöne Häuser, aber keine so einfachen Diebe wie John Santos.

Technisch gesehen hatte Downer das Recht, John aus diesen Reihenhäusern zu schleifen und direkt wieder einzubuchten. Weniger als drei Wochen draußen, und schon hatte er die Regeln gebrochen. Als John entlassen wurde, hatte er seine Adresse mit 132 Bruce Avenue angegeben, der Wohnung seiner Mutter, Carolina Santos. Downer hatte einen seiner üblichen Überraschungsbesuche dort gemacht, eine Vorausplanung, falls John »es versauen« würde und von der Polizei festgenommen werden müsste. Downer hatte sich den Grundriss der Wohnung notiert, wo sich alle Schlafzimmer, Wandschränke und Fenster befanden, wo irgendwelche Hintertüren waren, wo Johns Zimmer sein würde und ob es Hunde gäbe. Die Wohnung wurde überprüft und freigegeben. Während seines ersten Treffens mit John hatte Downer klargestellt: »Wenn du planst, hier auszuziehen, dann fragst du mich. Vorher.«

Aber jetzt bezweifelte Downer, dass John je beabsichtigt hatte, in der Bruce Avenue zu wohnen. Alles wies darauf hin, dass er hier lebte, bei Billie Rowan am Gaffney Place. Das war für den Officer nicht weiter überraschend. Er hatte gelernt, sich von seinen Entlassenen ein schnelles Bild zu machen, und seiner Meinung nach war John Santos »unnatürlich liebenswürdig«. Während ihres ersten Treffens, vierundzwanzig Stunden nach Johns Entlassung, hatte der Mann ihn angelächelt und zustimmend genickt, während Downer die Bewährungsauflagen erklärte. »Finde einen Job oder geh zur Schule, füge dich zufälligen Drogen- oder Alkoholtests, halte dich von ›bekannten Kriminellen‹ fern und hole dir eine Erlaubnis, bevor du eine Reise außer Landes unternimmst oder sich deine Adresse ändert.«

›Was für ein kleiner Betrüger‹, dachte Downer damals, als er John lächeln sah. ›Er ist so: Ja, ja, ja. Ja, Sir. Nein, Sir.‹ Die Erfahrung hatte John vorsichtig gemacht bei Leuten, die »gefügig sind und allem zustimmen, was man sagt«. Normalerweise, hatte er festgestellt, war das nur Fassade.

Als er vor Johns neuem Zuhause stand, wusste er jedoch, dass er den Mann nicht dafür auffliegen lassen würde, weil er gegen die Auflagen verstoßen hatte. Er beschränkte sich schon lange darauf, nur die Kämpfe auszufechten, die etwas bedeuteten, und selbst von der Eingangstreppe aus konnte er erkennen, dass dies eine bessere Umgebung war als die, die bereits auf der Westseite genehmigt worden war. Worin bestand der Sinn, jemanden mit Gewalt davon abzuhalten, an einen Ort umzuziehen, an dem er bessere Chancen hatte?

Es war John selbst, der schließlich die Tür öffnete. Er bat Downer herein, stellte ihm Billie vor, die in der Nähe der Küche stand und mit jeweils einer Hand auf dem Kopf eines Kindes versuchte, diese stillzuhalten. Downer sagte hallo und hielt Ausschau nach Spuren physischer Gewalt an ihr oder den Kindern. Das wäre Grund genug, John direkt wieder ins Gefängnis zu schicken.

Dann bat er, sich einmal umsehen zu dürfen, und Billie machte eine Führung, begann mit der kleinen Küche (Downer machte sich im Hinterkopf eine Notiz bezüglich der Gartentür) und dem Wohnzimmer (keine Möbel, aber der Boden war sauber). Im Obergeschoss merkte Downer sich sorgfältig, welches das Schlafzimmer von Johnny Jr. und Shanda war. (Wenn ich eines Morgens dort reinkommen müsste, möchte ich ungern die falsche Tür auftreten und Kinder verängstigen, dachte er, sagte es aber nicht.) Er fragte auch genau nach, wo John schlief, denn aus diesem Grund war er hier. Er schaute den Schlafzimmerschrank durch, wo er Männerbekleidung fand, die so aussah, als würde sie John passen. Er öffnete die Schubladen, zählte nach, wie viele Kissen auf dem Bett lagen, und stellte fest, dass sich zwei Menschen das Zimmer teilten. Im Bad schenkte er den Toilettenartikeln besondere Aufmerksamkeit (zwei Zahnbürsten, Rasierzeug). Es war, entschied er, sehr offensichtlich, dass John Santos hier wohnte.

Wieder unten, erklärte er Billie die Regeln. »Ich komme manchmal vorbei. Vielleicht frühmorgens. Vielleicht spätabends. Ich muss überprüfen, dass er hier lebt. Dass es hier keine Drogen und keinen Alkohol gibt. Und keine illegalen Aktivitäten irgendwelcher Art. Sind Sie damit einverstanden, mich jederzeit in Ihr Haus zu lassen?«

Billie nickte und hoffte, der Mann würde nicht allzu oft kommen. Er war eine Erinnerung an Johns Vergangenheit, einer Zeit, die sie versuchte zu vergessen.

»Sind Sie damit einverstanden, dass Mr Santos bei Ihnen wohnt?«

Sie nickte wieder. Eine einfache Geste. Sie konnte sich damals nicht vorstellen, wie Downers Gedächtnis eines Tages ihr neues Leben zerschmettern würde.

Kurz darauf ging Downer. Als er die Reihenhäuser entlang in Richtung seines Wagens ging, stellte er fest, dass er ungewöhnlich optimistisch war. Es gibt ein Sprichwort unter Bewährungshelfern: »Ein Drittel deiner Leute schafft es wegen dem, was du für sie tust, ein Drittel schafft es trotz dem, was du tust, und ein Drittel schafft es nicht, egal was du tust.«

Er begann zu glauben, dass John Santos es schaffen könnte. Er hielt ihn immer noch für einen kleinen Betrüger, der ihn und sich selbst hinsichtlich seiner Pläne belog. Doch das Glück konnte sogar Betrügern helfen. Mit dem Umzug hierher, dachte Tom Downer, war dem Betrüger vielleicht der Schritt in eine bessere Zukunft geglückt.

Hunde, Abflüsse und Entscheidungen

Marys zweites Mietertreffen fand drinnen statt, in Carolyn Dunclays Haus, und es war ein Erfolg. Carolyn sorgte für Mineralwasser und Kaffee und stellte einen Teller kleiner Sandwiches hin und einen weiteren mit in winzige Scheiben geschnittenem, eingelegtem Gemüse. In der Mitte des Sofatisches stand eine Schale mit Eiswürfeln, umgeben von Papptellern und Pappbechern. Mary hatte auf dem Weg zum Treffen an einer Bäckerei gehalten und eine Schachtel Hefeteilchen mit Schokolade mitgebracht. Dieses Treffen fühlte sich an wie eine kleine Party.

Neun Leute füllten das Wohnzimmer, und Mary, die eine Woche lang die Listen einstudiert hatte, kannte die meisten beim Namen. Der erste Punkt war, den Treffpunkt für das nächste Meeting festzulegen. Als Cynthia Napper, eine der wenigen verheirateten Frauen in den Reihenhäusern, sich direkt freiwillig meldete, unterdrückte Mary einen Jubel.

Als Nächstes ging es um die Wahl der Vertreter dessen, was idealerweise die Mietervereinigung der Clark Street werden würde. Per Anweisung von Bob Mayhawk mussten sie für jede Siedlung eine Vorsitzende wählen, eine stellvertretende Vorsitzende und eine Schriftführerin. Vom Erfolg ihres zweiten Treffens beflügelt, entschied Mary, dem Plan noch ihre eigene Note zu geben, und fügte eine Schatzmeisterin hinzu.

»Wenn Sie jede Woche ein Treffen bei jemandem zu Hause abhalten, dann hat vielleicht in einer Woche jemand nicht genug Geld für das, was Sie auftischen möchten«, sagte sie. »Auf diese Weise kann jeder fünfzig Cent einzahlen, und die Schatzmeisterin verwahrt das Geld.«

Die Probleme, die beim zweiten Treffen angesprochen wurden, waren im Wesentlichen dieselben wie beim ersten Mal, wenn auch mit leicht veränderten Details. Die Hunde benutzten die Vorgärten immer noch als Toilette. Die Nachbarn der gegenüberliegenden Straßenseite starrten sie immer noch mit versteinerten Gesichtern an. Cynthia Napper erzählte von ihrer ersten Nacht im Haus, als sie aus dem Fenster schaute und ein junges Mädchen aus den benachbarten Apartmenthäusern sah, die den metallenen Abfallbehälter aus Cynthias ebenerediger Mülltonne – Newmans Lieblings-Konstruktion – heraushob und dann nach Hause flitzte. Cynthias Mann öffnete die Tür und brüllte dem Mädchen hinterher, die weiter weglief. Die starrenden Nachbarn saßen einfach nur auf ihren Verandas. Niemand tat etwas, um das Mädchen daran zu hindern. Cynthia war davon überzeugt, dass die Erwachsenen das Mädchen überhaupt erst hingeschickt hatten.

Die neue Schriftführerin schrieb alles auf, und Mary versprach, die Liste am nächsten Morgen direkt zu Peter Smith zu bringen. Sie war sicher, dass Cynthia einen neuen Abfallbehälter bekäme, sagte sie. Und vielleicht könnte Smith einen Polizeibeamten vorbeischicken, um mit ihnen über das Hundeproblem zu sprechen. Was das Starren anging – wenn Mary einen Weg fände, Leute davon abzuhalten zu reden und zu starren, könnte sie den auch für ihr eigenes Leben gut gebrauchen.

—

Lucilles zweites Meeting war nicht so erfolgreich. Ein weiteres Mal saßen sie draußen auf dem Parkplatz, obwohl dieses Mal ein paar mehr Mieter teilnahmen und sie ihre eigenen Stühle mitgebracht hatten.

Sie versuchte nach Mayhawks Plan vorzugehen und eine Wahl abzuhalten, doch als sie um Freiwillige bat, wollte niemand eine der Positionen.

»Ohne Freiwillige können Sie keine eigene Mietervertretung bilden«, sagte Lucille und sah in die Runde. Ihr Blick stoppte bei der Person, die ihr noch als wahrscheinlichste Kandidatin erschien, diejenige, die Lucille für sich »die Redselige« nannte.

»Sehen Sie nicht mich an«, sagte Doreen. »Ich will niemanden vertreten.«

»Sie wären dabei ja nicht allein«, meinte Lucille. »Es wird noch weitere Vertreter geben.«

Doreen sah sich im Kreis um. »Ich sehe aber keine anderen«, sagte sie.

»Ich denke, dass Sie das gut könnten«, sagte Lucille.

»Ich glaube nicht, dass ich interessiert bin.«

»Also gut«, sagte Lucille mit einer so gequält schwungvollen Stimme, dass sie nicht wie ihre eigene klang. »Warum denken wir nicht alle noch mal in Ruhe darüber nach und verschieben die Wahl auf später?«

Mit großer Erleichterung bemerkte sie einen grünen Oldsmobile, der tuckernd in einer der gegenüberliegenden Parkbuchten gehalten hatte. Tony DiPopolo war angekommen. Bob hatte sie gedrängt, die lokalen Bürgerinitiativen zu diesen Treffen einzuladen, und DiPopolo war eindeutig Mitglied einer Bürgerinitiative. Sie hatte ihn eingeladen, weil sie dachte, ein Gastredner könnte verhindern, dass das Ganze zu einer weiteren Nörgelrunde ausartete. Während er vom Wagen herüberkam, fragte sie sich, wie sie ihn am besten vorstellen könnte.

»Tony vertritt die *Cross County Homeowners Association*«, sagte sie, »die hiesige Haus- und Grundbesitzervereinigung.« Dann, leise, solange er noch außer Hörweite war, fügte sie hinzu, dass er oft rassistische Dinge von sich gab, aber das würde vermutlich keine Rolle spielen, da sie wahrscheinlich ohnehin Schwierigkeiten hätten, ihn zu verstehen. DiPopolos starker italienischer Akzent, gepaart mit seiner stakkatoartigen Sprechweise, bewirkte, dass ohnehin nur wenige Menschen ihn bei der ersten Begegnung verstanden.

»Man muss sich daran gewöhnen«, flüsterte Lucille. »Wenn man sich total konzentriert, ist er für eine Weile klar und deutlich zu verstehen, aber dann verliert man wieder den Faden.«

Wovon sie der Gruppe besser nichts erzählte, war der eine, denkwürdige Augenblick kurz nach Beendigung der Wohnungsbau-Krise, als Tony DiPopolo sehr deutlich von allen verstanden wurde. Während einer Ratssitzung stand er auf und stellte sich vor, obwohl ihn alle Anwesenden kannten. »Mr Mayor«, sagte er, »ich heiße Anthony DiPopolo. Ich vertrete die *Cross County Homeowners Association*. Mr Sheingold«, fuhr er fort und richtete seine Aufmerksamkeit auf einen Reporter der Lokalzeitung, der über die verfahrene Situation berichtet hatte und zufällig Jude war. »Warum kommen Sie ins Rathaus?«, wetterte DiPopolo. »Warum verziehen Sie sich nicht einfach, Sie Lügner? Woher kommt all dieses jüdische Gequatsche in der Stadt – Michael Sussman, Mr Oxman und dieser, wie heißt er noch, Oscar Newman … Wir geben dem Staat Israel neun Milliarden Dollar. Jedes Jahr, von 1948 an bis heute geben wir 348 Millionen Dollar … Das sind die weißen Liberalen … Ihr habt die Tageszeitungen. Ihr habt die Banken. Wieso sagt ihr den Leuten nicht die Wahrheit? Seit vierzig Jahren diskriminieren wir euch, Mr Sheingold? Warum verzieht ihr euch nicht einfach und geht zurück nach Israel, wo ihr herkommt? … Ihr weißen Liberalen, ihr benutzt doch eure Verwandten aus politischen Gründen. Es ist mir doch scheißegal, was zum Teufel ihr seid, vielen Dank auch. Wir sind in dieser Stadt geboren … Wer weiß, wer diese Stadt regiert? Die weißen Liberalen, das weiße Israel. Was ist mit der Presse, Mr Sheingold? Wer macht die Zeitung? Sind das alles Ihre Landsleute? Ich sehe da nie italienischstämmige Amerikaner und auch keine irischstämmigen Amerikaner. Ihr wollt nichts anderes als Judge Sand, den Gott. Aber ihr müsst der Wahrheit ins Auge sehen, okay? Der schwarze Amerikaner, der ist in der Minderheit … Er wird zur Mehrheit, und die weißen Amerikaner in Yonkers, USA, die werden dann zur Minderheit. Und das ist die simple Wahrheit.«

Lucille war verständlicherweise überrascht, als dieser selbe Tony DiPopolo ankündigte, dass seine Bürgerinitiative gern ihren Teil dazu beitragen würde, dass sich die Reihenhausbewohner in ihr neues Zuhause einlebten. Sie fragte sich, ob er das Ganze heute mit anderen Augen sähe oder es nur Taktik wäre. Er ließ sie nicht lange im Ungewissen. Nachdem er Lucille gedankt hatte, dass sie ihn zu diesem Treffen eingeladen hatte, wandte er sich an die Frauen und sagte ihnen, sie sollten Demonstranten wie ihm dankbar dafür sein, das Gericht gezwungen zu haben, Reihenhäuser zu bauen anstatt Hochhäuser. Dann beschuldigte er sie, bei den Anti-Establishment-Songtexten des Rappers *Iced Tea* ihre Hand im Spiel zu haben. Auch die Ausschreitungen in Los Angeles wären irgendwie ihre Schuld. Sein Monolog ging zum Thema Kinderhort über, und er sagte, er verstünde nicht, warum irgendwer hier am Gaffney Place überhaupt einen Kinderhort bräuchte, weil ja von ihnen sowieso keiner arbeite.

»Ich arbeite, vielen Dank auch«, blaffte Doreen ihn an. »Ich erledige Arbeiten, die Ihnen das Kreuz brechen würden.«

Weiter so, Mädel, dachte Lucille. Vielleicht kann ich euch doch noch überreden, beim Mieterrat mitzumachen.

Nachdem DiPopolo seine Sprüche abgelassen hatte, verschwand er nach Hause, und Lucille wappnete sich für den Aufruhr, den sie nun erwartete. Doch der blieb aus. Die Mieter verbrachten kaum mehr als ein paar Minuten damit, ihn mit vulgären Ausdrücken abzukanzeln, und ließen das Thema dann fallen, als hätten sie von ihm nichts anderes erwartet und wären über sein Verhalten nicht sonderlich überrascht gewesen.

Nur Lucille war weiter verärgert. Sie würde nie mit jemandem so sprechen. Oder doch? Hatte sie? Ihre eigenen Worte waren nie so harsch wie Tonys, aber sie hatte ganz klar in Meetings gesessen und bei seinen Worten gejubelt. Sie hatte jahrelang seinen Reden zugehört und war nie darüber verärgert gewesen. Schlimmstenfalls hatte sie festgestellt, dass er übertrieb und es als Teil des Kampfes entschuldigt, ein gutmeinender Kreuzritter, der ein bisschen überzogen hatte oder etwas zu emotional geworden war, im Namen der Sache.

Als sie 1988 das erste Mal die Niederschrift von DiPopolos Hetzrede las, hatte sie irgendwie Mitleid gehabt. ›Der arme Tony‹, hatte sie gedacht. ›Er meint es nur gut. Er merkt einfach nicht, wie rassistisch er klingt.‹ Nun, als sie in der Trenchard Street saß, fielen ihr die Worte des Mannes wieder ein und klangen in ihren Ohren ganz anders, und sie wusste, dass nicht die Worte sich verändert hatten, sondern sie selbst. Ist es möglich, etwas »gut zu meinen«, wenn die zugrundeliegende Motivation Rassismus war?

Nachdem der Besuch fort war, machte sie mit ihrem Meeting weiter, und ein weiteres Mal listeten die Mieter ihre Beschwerden auf: Rasenmäher, Fliegengitter, Con-Ed-Rechnungen, Waschmaschinen und Trockner. Lucille hatte das alles schon mal gehört. Sie kannte die Probleme so genau, dass sie sie schon selbst auflisten konnte. Doch anstatt von der Wiederholung genervt zu sein, machte es sie das erste Mal traurig.

Ja, diese Frauen hatten sich schon mal beschwert. Doch offensichtlich hatte niemand zugehört, denn es hatte sich nichts geändert. Genau so, wie sie das, was Tony sagte, schon mal gehört hatte, doch damals hatte sie es nicht entsetzt oder gestört, da sie gar nicht wirklich zugehört hatte.

Eine Frau namens Rose Campbell ergriff das Wort. Rose war eine der Mieterinnen, die Lucille am liebsten mochte. Winzig, schüchtern und absolut sicher, dass sie bei der geringsten Regelverletzung sofort aus ihrem neuen Haus geworfen werden würde, weswegen sie jeden Tag Stunden damit zubrachte, um ihr Reihenhaus herum sauberzumachen, die Bürgersteige zu fegen und den Müll fremder Leute aufzuheben. Als sie eines Tages einen Brief von *Municipal Housing* erhielt, der eine obligatorische Hausinspektion am Mittwoch zwischen 9:00 und 12:00 Uhr ankündigte, nahm sie sich den halben Arbeitstag ohne Bezahlung frei und wartete.

Als die Inspektoren um 14:00 Uhr immer noch nicht gekommen waren, rief sie bei *Municipal Housing* an, wo man ihr sagte, dass die Inspektionen für diesen Tag um 14:00 Uhr beendet worden seien und man sie, wenn möglich, für den nächsten Tag auf die Liste setzen würde.

»Aber ich habe einen Brief, darin steht, dass es heute ist«, sagte sie.

Bringen Sie ihn vorbei und zeigen Sie ihn mir, wurde ihr gesagt.

»Aber das bedeutet Bus fahren, plus ein Mal umsteigen, und ich habe zwei kleine Kinder«, sagte sie.

An diesem Abend ging Lucille verstört nach Hause – von Tony DiPopolo und Rose Campbell, der Apathie und den Beschwerden und von der Tatsache, dass scheinbar niemand dem anderen mehr zuhörte. Einige Tage später rief sie bei *Municipal Housing* an. Mit verstellter Stimme, wie sie es in Protestzeiten gelernt hatte, benutzte sie den Namen einer der Mieterinnen statt ihres eigenen und bat, zu jemandem durchgestellt zu werden, der ihr helfen könnte. Sie verbrachte eine sehr lange Zeit in der Warteschleife, bis schließlich die Verbindung unterbrochen wurde.

Sie versuchte es an diesem Nachmittag mehrfach, und jedes Mal benutzte sie einen anderen Namen und beschrieb ein anderes Problem. Die Leute, mit denen sie sprechen wollte, waren immer entweder nicht an ihrem Platz oder sie telefonierten. Sie wurde ständig weitergeleitet und hing endlos in den Warteschleifen. Sie hinterließ einige Nachrichten, doch niemand rief sie zurück. Sie bekam auf keine einzige Frage eine Antwort.

—

Drei Tage vor Marys dritter Mieterversammlung regnete es sintflutartig und das Entwässerungssystem in der Clark Street stellte sich als völlig unzureichend heraus. Durch das Gefälle des Grundstücks ergossen sich Wassermassen aus den Gärten auf der einen

Seite in die Gärten auf der anderen Seite, wo sie dann tagelang als Pfützen standen.

Unsicher, was sie den Mietern sagen sollte, schlug sie vor, einen Brief an Peter Smith zu schreiben. Bob Mayhawk hätte solchen Aktivismus nicht gutgeheißen, aber es fühlte sich richtig an.

»Ich bin nicht sicher, was er tun kann, aber bestimmt schickt er Techniker her, damit sie etwas dagegen unternehmen.« Und das glaubte sie auch. Anders als Lucille hatte sie den Glauben an die guten Absichten von *Municipal Housing* noch nicht verloren.

Der Brief wurde geschrieben, und obwohl er mit einer Beschwerde über die Überflutung begann, wurde er schnell zu einer Chronik weiterer Probleme. Für Mary las er sich wie die Unabhängigkeitserklärung.

An Peter Smith, Executive Director
Municipal Housing Authority
Von den Mietern der Clark und Loring Street

Die Mieter der Clark und Loring Street möchten die Municipal Housing Authority gern über folgende Probleme informieren:

1. *Die Abflüsse in den Gärten der Häuser an der Clark Street reichen nicht aus, um den Wasserablauf des natürlichen Gefälles von den Gärten der Loring Avenue zu bewältigen. Durch das gesammelte Regenwasser sind die Gärten voller Matsch, der nur sehr schwer trocknet.*
2. *Die Gärtner mähen vollkommen willkürlich die Gärten und Vorgärten mancher Mieter und anderer nicht. Da sich viele von uns keine Rasenmäher leisten können, beantragen wir, dass der Service bleibt, aber allen Mietern zur Verfügung steht.*
3. *Wir beantragen die Klärung der Regelung für Kabelfernsehen. Viele Mieter hätten gern Kabelfernsehen, doch uns wurde vom Kabelanbieter mitgeteilt,*

dass wir ein Jahr lang kein Kabelfernsehen haben könnten, weil wir in Sozialbauten leben. Das verstehen wir nicht.

4. *Techniker sind ohne Erlaubnis in unsere Häuser gegangen, was nicht den Regeln der MHA entspricht.*
5. *Die Mieter über den Behindertenwohnungen haben keinen Zugang zu irgendeinem Garten. Wir bitten darum, Gartentore einzubauen, um den Zugang zu den Gärten zu gewährleisten. Diese Tore können sehr einfach eingebaut werden, da es Eckhäuser sind.*
6. *Die Mieter, die über den Behindertenwohnungen leben, haben nur einen Eingang. Ist das kein Risiko im Brandfall? Wenn es brennen sollte, haben sie nur einen Ausweg.*

Vielen Dank für Ihre Zeit bezüglich der oben genannten Angelegenheiten.
Mit freundlichen Grüßen,
die Mieter, Clark und Loring Street, Yonkers, N.Y., The Judge Albert Viarillo Townhouses

Mary versprach, Peter Smith den Brief am nächsten Morgen direkt vorbeizubringen. Erhitzt von der potentiellen Wirkung des ersten Briefes, entschieden die Mieter, direkt noch einen zweiten an den Mann mit dem Rottweiler zu schreiben, der seinen Hund immer noch durch die Vorgärten laufen ließ.

Wir, die Bewohner der Clark-Street-Reihenhäuser, würden Sie gern darüber informieren, dass Ihre Hunde auf unseren Grundstücken ihre Ausscheidungen hinterlassen. Bitte nehmen Sie Rücksicht und führen Sie sie auf der Straße spazieren, wenn Sie an unseren Häusern vorbeigehen. Erlauben Sie ihnen nicht, auf unseren Rasen zu urinieren oder zu koten, wenn sie vorbeigehen. Vielen Dank, die Mieter der Clark-Street-Reihenhäuser

Mary versprach, auch diesen Brief auszuliefern, obwohl sie vermutete, dass sie dieses Versprechen nicht würde halten können. Niemand in der Gruppe kannte den Namen des Mannes. Sie nahmen an, dass er in der Belmont Avenue lebte, möglicherweise im ersten Stock eines der Apartmenthäuser, weil sie ihm einmal gefolgt waren und gesehen hatten, wie kurz nachdem er das Haus betreten hatte, das Licht in einem Fenster des ersten Stocks angegangen war. Doch die einzige sichere Möglichkeit, den Brief seinem Empfänger zuzustellen, bestünde darin, ihn vor den Reihenhäusern abzupassen und ihm den Brief direkt zu geben. Indes, alles hatte seine Grenzen, auch dieser Job.

—

Lange bevor Mary und Lucille es erwartet hätten, kündigte Bob Mayhawk an, dass ihre Beteiligung am Sozialbauprojekt beendet sei.

»Einfach so?«, fragte Mary.

»Der Job ist erledigt.«

»Sie meinen, das Geld ist aufgebraucht?«, wollte Lucille wissen.

»Ich meine, der Job ist erledigt.«

Mehr als diese Antwort erhielten sie nicht.

Die Entscheidung, aus welchem Grund auch immer, ergab für Lucille einen Sinn. »Wir hatten eine Rolle zu spielen, und die haben wir gespielt«, sagte sie. Eine Rolle, auf die sie stolz war, aber die nun beendet sei. »Wir können sie ja nicht auf ewig an der Hand halten.«

Mary verkündete jedoch, sie würde nicht gehen, was Mayhawk auch immer sagen werde. Sie würde die Reihenhäuser weiter besuchen, zu den Mietertreffen gehen und helfen, wenn sie darum gebeten würde. »Ich kann sie nicht einfach fallen lassen, tut mir leid«, sagte sie. »Ich kann nicht einfach sagen: *So, jetzt macht mal, ihr seid nun auf euch allein gestellt.*«

Mary fand, dass Lucille die Bewohner im Stich ließ. Lucille dachte, dass Mary alles zu nah an sich heranließ. Jede spürte für sich, dass die jeweils andere eine Position vertrat, die man nicht verstand. Mary hatte beim HERE-Programm als Mitläufer angefangen und sich zum Anführer entwickelt. Sie brauchte weder einen Hank Spallone noch einen Bob Mayhawk, die ihr sagten, was sie denken oder tun sollte. Ganz auf sich gestellt, tat sie mehr Gutes für ihre umkämpfte Stadt, als die Demonstrationen je geschafft hatten. Lucille hingegen hatte voller Antworten angefangen und blieb nun mit nichts als Fragen zurück. Sie war fest entschlossen gewesen, Abstand zu halten. Doch nun war sie so nah am Geschehen dran, dass ihr Blick verschwamm und sie das Gefühl hatte, den Unterschied zwischen ihrem Leben und dem der Mieter aus den Augen zu verlieren.

Nachdem Mayhawk sein Programm beendet hatte, ging Lucille nach Hause. Mary ging in die Clark Street. Dort wartete Arbeit auf sie.

Als Antwort auf den Brief der Mieter hatte Peter Smith einen Captain der Polizei gebeten, an diesem Abend an dem Mietertreffen teilzunehmen, um zu sehen, ob man etwas wegen der Hunde unternehmen könnte. Fest entschlossen, ein anständiges Meeting durchzuführen, begann Mary, an Türen zu klopfen und die Leute daran zu erinnern zu kommen. Wenn niemand zu Hause war, hinterließ sie eine Nachricht. Um 19:00 Uhr an jenem Abend war das designierte Wohnzimmer voll.

Mary begann damit, dem Captain das Problem zu erklären. »Die Leute gehen mit ihren Hunden entlang der Vorgärten Gassi und lassen die Hunde dabei über den Rasen laufen. Ich vermute mal, dass sie ihren Hunden erlaubt haben, darüber zu laufen, als es noch ein leeres Grundstück war. Und jetzt lässt eine Lady ihre drei Pudel im schönen Vorgarten dieser Lady hier ihr Geschäft verrichten.«

Während sie redete, kam die Frau, über die sie gerade sprach – die Besitzerin der Pudel –, zufällig vorbei. Mary zeigte sie dem Polizisten, der seinen Deputy hinausschickte, um mit ihr zu reden. Die Zurückbleibenden unterhielten sich zwar weiter, doch niemand passte wirklich auf. Alle taten so, als würden sie nicht am liebsten aus dem Fenster sehen.

Nach einer gefühlten Ewigkeit kam der Lieutenant zurück und sagte nur, er hoffe, es käme nicht wieder vor. Kurz darauf kam der Mann mit dem Rottweiler vorbei. Vielleicht weil er die Anwesenheit der Polizei bemerkte, führte er seinen Hund auf der Straße entlang und achtete darauf, wie es sich gehört hinter seinem Liebling sauberzumachen.

Billies Neuigkeiten (III)

Mit einer heftigen Welle aus Übelkeit und Verzweiflung wurde Billie klar, dass sie wieder schwanger war. Es war das dritte Mal in vier Jahren, dass ihr das mit einem Gefühl von Abscheu bewusst wurde, und sie fragte sich, wie es wäre, über eine Schwangerschaft glücklich zu sein. Dieses Mal, genau wie bei den letzten beiden Malen, fühlte sie sich bei dem Gedanken elend.

John, das wusste sie, würde wollen, dass sie dieses Baby bekam, und zwar noch heftiger, als er die anderen beiden haben wollte. Er herrschte über das Reihenhaus, als wäre es seine persönliche Errungenschaft, etwas, das ihm gehörte. »Der perfekte Ort für eine Familie«, sagte er, stolz darauf, hier zu leben, obwohl alle anderen wussten, dass er immer noch drüben wohnte. Das war das Problem, wusste Billie. Dies war vielleicht der perfekte Ort. Aber sie waren nicht die perfekte Familie.

Die Streitereien, die begonnen hatten, als John nach Hause kam, waren über die Monate schlimmer geworden. Sie stritten sich wegen der Klamotten, die er im Bad liegen ließ, und wer an der Reihe war, den Müll rauszubringen.

»Ein Schuh liegt hier und der andere dort drüben«, brüllte Billie eines Nachmittags. »Warum hebst du deine Schuhe nicht auf?«

»Dafür habe ich eine Frau«, brüllte er zurück. »Damit sie hinter mir aufräumt.«

Sie stritten sich wegen Geld, darum, welche Sorte Seife sie kauften, und wegen der Kinder.

»Du versaust sie«, sagte er. »Du lässt sie machen, was immer sie wollen, und dann schreist du sie an und schlägst sie. Das ist nicht der richtige Weg, denn du verwirrst sie damit, und sie werden emotional gestört.«

»Sie werden gestört«, giftete sie, »weil ihr Vater ständig im Knast sitzt.«

Billie war sich sicher, dass ein weiteres Baby die Streitereien nur noch verschlimmern würden, doch sie war sich auch sicher, dass John da anderer Meinung war. »Ich werde mich ändern«, würde er sagen. Oder: »Ein Baby wird unsere Beziehung festigen.« Oder: »Lass uns heiraten.« Oder: »Wenn es geboren ist, kümmere ich mich darum; und du musst gar nichts tun.«

Als sie es nicht länger hinausschieben konnte, erzählte sie es ihm. Er sagte all die Dinge, die sie vorausgeahnt hatte – und noch etwas.

»Es hat funktioniert«, gluckste er und erklärte mit einem breiten Grinsen, wie er Sabotage am Kondom betrieben hatte, damit sie schwanger würde.

Es war ein Test.

»Ich hatte das Gefühl, dass du mich nicht mehr liebst«, sagte er. »Also wollte ich sehen, ob die Liebe immer noch da ist. Weißt du warum? Du hast immer gesagt ›Ich wollte diese Kinder nie‹. Das habe ich dir übelgenommen. Ich wollte sehen, ob es stimmt.«

Jetzt hatten Billie und John etwas Neues, über das sie sich streiten konnten.

»Ich bin noch nicht bereit für ein weiteres Kind«, sagte sie.

»Wie könntest du etwas zerstören, was wir beide gemacht haben?«, brüllte er.

Billie wusste, er meinte: was *er* gemacht hatte.

»Noch ein Kind wird mir zu viel«, sagte sie.

»Wie kannst du Leben zerstören? Du zerstörst damit Leben«, sagte John. »Vergiss meine Gefühle für das Baby und dass wir uns wieder näherkommen. Gott sagt uns auf diese Weise: Das Leben muss weitergehen.«

John wusste, dass Billie sich wegen Gott gerne den Kopf zerbrach. Obwohl sie keine religiöse Frau war, hatte sie immer geplant, eines Tages der Kirche beizutreten, wenn sie das Gefühl hatte, sie sei es wert. Es gab seltene Momente, in denen sie sich unerwartet ruhig oder glücklich fühlte, und sie dachte, so müsse es sein, wenn man die Anwesenheit Gottes spürt. Und ein oder zwei Mal glaubte sie, sie hätte ein Wunder erlebt, wie an dem Tag, an dem sie kein Geld und keine Pampers hatte und sie gedankenverloren in die Tasche einer Jacke griff und einen Fünf-Dollar-Schein fand. Aber das waren die Ausnahmen zu ihrem üblichen Gefühl, noch nicht gut genug für die Religion zu sein.

Ihre Angst vor Gott und ihre Liebe zu John vernebelten ihre Entscheidungsfähigkeit. Sie vereinbarte einen Termin in einer örtlichen Klinik, doch ging wieder, ohne Abtreibung. Danach erzählte sie John eine Woche lang jeden Abend, dass sie das Baby bekommen würde. Sie legten sich zusammen hin und stupsten zärtlich ihren Unterleib an und redeten von »Füßchen, Jäckchen und Näschen«. Doch jeden Morgen danach wachte Billie auf, drückte ihre Hand gegen dieselbe Schwellung und dachte: »Was mache ich hier? Ich kann dieses Baby nicht bekommen. Ich will dieses Baby nicht. Ich werde mit diesem Baby nicht fertig.«

Eine Woche nach ihrem ersten Termin machte sie einen zweiten. Sie erzählte John nichts. Sie wachte an diesem Morgen früh auf, brachte die Kinder zu Johns Mutter und ließ eine Abtreibung vornehmen.

Doreen findet ihre Stimme wieder

Doreen James saß auf dem Parkplatz von Gaffney Place, ihr großer Körper balancierte auf dem schmalen Holzstuhl, den sie aus ihrer Küche dorthin geschleppt hatte, und wartete auf den Beginn des Meetings. Die Umstände hatten ihr eine neue Verantwortung übertragen – diesmal war sie die Vorsitzende dieser Mietervereinigung. Es hatte nie eine richtige Wahl für diese Position gegeben, aber Lucille hatte angerufen und gesagt, sie würde nicht mehr zu den Meetings kommen, und da Doreen von allen in Trenchard und Gaffney die meiste Erfahrung hatte, dachte Lucille, es wäre sinnvoll, wenn sie den Job übernähme. Doreen war überrascht, wie aufgeregt sie über den Titel war. Doch sie war auch entschlossen, sich diese Aufregung nicht anmerken zu lassen.

Sie hatte sich für dieses Treffen so sorgfältig vorbereitet, wie sie konnte, fest entschlossen, die Sache nicht so zu leiten, wie Lucille es getan hatte, oder wie sie selbst damals in Schlobohm. Sie würde zum Beispiel nicht damit anfangen zu fragen, ob irgendjemand ein Problem hätte. Natürlich hatten sie Probleme. Wenn alle sie auflisten dürften, säßen sie am Nachmittag noch da. Stattdessen machte sie ihre eigene *kurze* Liste der Probleme, die sie alle deswegen ausgewählt hatte, weil sie eine Idee hatte, wie man sie lösen könnte.

Als die anderen Frauen sich gesetzt hatten, begann Doreen mit dem einfachsten Punkt auf der Liste – einer Party. Es war eine Antwort darauf, dass die wenigen organisierten Aktivitäten drüben auf der Westseite für sie nicht verfügbar waren. Es kam vor, dass die Kinder nach Hause kamen und verkündeten: »Mommy, wir fahren ins Playland«, weil ihre Freunde drüben in Schlobohm erzählt hatten, dass *Municipal Housing* einen Ausflug veranstaltete. Als ihre Mütter dann anriefen und nachfragten, stellten sie fest, dass die Busse nur für diejenigen waren, die auf der Westseite lebten.

»Das ist nicht in Ordnung, wir gehören auch zum öffentlichen Wohnungsbau«, hatte Doreens Nachbarin Anna Sheets einige Tage zuvor in Doreens Wohnzimmer geschimpft. »Du bist die *Vor-sit-zen-deee*«, sagte sie und betonte jede Silbe mit Sarkasmus. »Du musst das in Ordnung bringen.«

Eine Party auf dem Parkplatz wäre zwar kein Ausflug ins Playland, wusste Doreen, doch ihr gefiel die Idee, etwas Besonderes für die Reihenhäuser zu veranstalten. Es musste einen Weg geben, diese Frauen zusammenzubringen.

»Wir könnten für unsere Kinder ein Barbecue veranstalten, bevor sie wieder in die Schule gehen«, schlug sie der Gruppe vor.

»Das ist eine gute Idee«, sagte jemand.

»Ihr könnt meinen Grill benutzen«, sagte Anna. »Ich benutze ihn nicht.«

Doreen wollte unterstreichen, dass das hier mehr war als nur Gerede. »Ich spreche davon, dass wir wirklich zusammenkommen«, sagte sie. »Und die Sachen machen, die man als Nachbarn eben zusammen macht.«

»Wir könnten zumindest zusammen feiern«, sagte Anna. »Wegfahren geht nicht.«

»Lasst uns eine Kasse einrichten«, schlug Doreen vor. »Wenn ihr je 5 Dollar geben würdet, oder Essensmarken, wenn ihr grüne Marken geben wollt ...«

»Warum bringt nicht jeder etwas zu essen mit«, fragte Anna, »und wir ersparen uns die ganze Diskussion?«

Die Idee kam eine Weile gut an, bis jemand fragte, wie sie sichergehen wollten, dass »nicht alle das Gleiche mitbringen, wie zum Beispiel Hot Dogs«. Gruppenorganisation und Partyplanung waren Fähigkeiten, die in den Sozialbauten selten gefragt gewesen waren, und diese Frauen waren etwas aus der Übung. Nach langer Diskussion hatte Doreen die Idee, eine Liste könnte das Problem lösen. Wenn jeder eintrug, was er mitbrachte, schlug sie vor, könnte man das vermeiden.

Sie legten den Termin auf den Sonntag des Labor-Day-Wochenendes und vereinbarten, dass alle sich mit ihren Grills, Stühlen und Essen auf dem Parkplatz trafen.

»Wir dürfen den Parkplatz eigentlich gar nicht benutzen«, sagte Doreen. »*Municipal Housing* hat uns einen Brief geschickt. Sie wollen nicht, dass die Kinder auf dem Parkplatz herumrennen. Aber das ist mir egal. Kinder brauchen einen Ort, wo sie herumrennen können.«

Punkt eins war genauso gelaufen, wie Doreen es geplant hatte, also ging sie zu Punkt zwei über.

»Lasst uns über die Con-Ed-Rechnungen sprechen«, sagte sie.

Einen Monat nachdem sie eingezogen waren, erhielten die Mieter per Post ihre erste Nebenkostenabrechnung, etwas, was die meisten von ihnen bisher nie gezahlt hatten, weil in den Sozialbauten Heizung und Strom in der Miete enthalten gewesen waren. Während der späten 1980er jedoch hatte HUD die Regeln geändert und verlangt, dass alle neuen Wohneinheiten mit eigenen Thermostaten ausgestattet waren. Es war der Versuch, Energie zu sparen, und Geld, und um die Mieter darin zu schulen, ein Auge auf die Heizkosten zu haben. Doch während der Orientierungswochen war von diesen zusätzlichen Kosten keine Rede gewesen und die Mieter empfanden das unerwartete Eintreffen der Con-Ed-Rechnungen einfach nur als unfair.

Als die Monate vergingen und immer weitere Con-Ed-Rechnungen eintrudelten, drehten sich alle Gespräche in den Reihenhäusern um die Nebenkosten, und sie waren auch auf Doreens erstem Mietertreffen ein heißes Thema.

»Sie messen mit zweierlei Maß«, sagte Anna. »Warum sollten wir etwas bezahlen, was die Leute auf der anderen Seite der Stadt nicht bezahlen?«

Das hier war eine härtere Nuss als die Labor-Day-Party, aber Doreen hatte den Punkt auf ihre Agenda gesetzt, weil sie einige Male direkt mit Peter Smith telefoniert hatte, und sie hatte einige Antworten und ein paar Ideen.

Municipal Housing konnte nicht einfach die Verantwortung für die Nebenkosten der Mieter übernehmen, erklärte Peter ihr. Die neuen bundesstaatlichen Regeln, sagte er, erforderten, dass die Mieter die Rechnungen selbst bezahlten. Dieselben Regularien erlaubten den Wohnungsämtern jedoch, die Miete zu senken, um die Rechnungen auszugleichen. Der »Mietnachlass« für ein Reihenhaus mit drei Zimmern, sagte er, würde 109 Dollar sein, und für ein Haus mit vier Zimmern 129 Dollar.

Doreens Erklärungen machten keinen ihrer Zuhörer froh. Das wusste sie, denn sie hatten die Heizung noch nicht angestellt und ihre Rechnungen lagen bereits jeden Monat zwischen 70 und 80 Dollar. Die Summe, die *Municipal Housing* anbot, würde die Kosten im Winter nicht decken.

»Warum müssen wir die Rechnung denn überhaupt bezahlen?«, fragte Anna erneut.

»Sie bezahlen das meiste davon«, sagte Doreen. »Und wenn du den Verbrauch unten hältst, auf 109 Dollar oder so, dann bezahlen sie alles.«

»Wie sollen wir das denn schaffen bei den Ritzen unter der Tür? Man kann unter der Tür durch nach draußen schauen. Es zieht schon jetzt wie Hechtsuppe. Wenn es richtig kalt wird, werden wir erfrieren.«

Doreen nahm die Kappe ihres Stiftes ab. »Wie viele von euch haben Ritzen unter der Tür?«

Fast alle hoben die Hände. Doreen schlug den nächsten Schritt ihres Plans vor.

»Vielleicht solltet ihr alle Peter Smith anrufen und es ihm mitteilen«, sagte sie. »Es ist gut, dass wir miteinander darüber sprechen, aber ich denke, je mehr von uns bei Peter Smith anrufen, desto eher passiert etwas. Notiert euch seine Nummer: 793-8400. Ruft an und fragt nach Peter Smith. Sagt ihm, euch sei kalt und ihr könntet euch die Heizkosten nicht leisten. Sagt ihm, dass sie mit unterschiedlichem Maß messen. Sagt ihm, es wird eine Menge kranker Babys geben und die Leute werden anfangen, Petroleum-Heizungen zu benutzen …«

»Sagt ihm, wir frieren uns den Arsch ab«, blaffte Anna.

»Bleibt höflich«, warnte Doreen.

Auf der anderen Seite des Parkplatzes fiel Doreen ein Wagen auf. Nur wenige Mieter besaßen ein Auto, und die meisten Fahrzeuge und ihre Besitzer kannte sie. Dieses Auto gehörte keinem von ihnen, aber sie hatte es schon einmal gesehen.

Der Fahrer stieg aus und ging auf die Gruppe der Frauen zu. So klein, dünn und vogelähnlich wie er war, kam auch er ihr irgendwoher bekannt vor.

»Mein Name ist Tony DiPopolo«, sagte er, und sein unverwechselbarer Akzent frischte Doreens Gedächtnis wieder auf. Sie fragte sich, wie er sich unterstehen konnte, wieder bei ihnen aufzukreuzen. *Sie* hatte ihn ganz bestimmt nicht eingeladen. Doch sie hielt sich an den Rat, den sie Anna eben erst gegeben hatte, und versuchte ihr Bestes, höflich und freundlich zu bleiben.

Es war nicht leicht. Die Unterhaltung hatte noch nicht richtig begonnen, da kehrte DiPopolo zum Hauptmotiv seines letzten Besuchs zurück, indem er erneut seine Überzeugung formulierte, die meisten der Reihenhausbewohner würden nicht arbeiten.

»Ich glaube, es geht Sie nichts an, wer hier arbeitet und wer nicht«, sagte Doreen. »Wir sind alle Menschen, wie auch immer wir uns um unsere Kinder kümmern.«

»Ja, ja«, pflichtete DiPopolo bei. »Sie sind ein Mensch. Ich bin ein Mensch. Genau darauf will ich doch hinaus.«

Doreen war verwirrt.

»Also bekämpfen Sie uns nicht mehr?«, fragte sie.

DiPopolo schüttelte energisch den Kopf, doch für Doreens Gefühl nicht wirklich überzeugend.

»Wie sollte ich gegen Sie kämpfen?«, fragte er. »Es gibt nichts mehr zu kämpfen. Der Kampf ist vorbei.«

»Sind Sie für uns oder gegen uns?«, fragte jemand.

»Ich bin für Sie«, antwortete er. »Was reden Sie da? Wir wollen zusammenarbeiten.«

Doreen war nicht sicher, ob sie wirklich zusammenarbeiten wollte, und sie war sich überhaupt nicht im Klaren, in Bezug auf was dieser Mann zusammenarbeiten wollte, andererseits glaubte sie fest daran, dass jeder eine Chance verdiente zu beweisen, dass er sich geändert hatte, also zuckte sie mit den Schultern und brachte das Gespräch wieder auf die Heizkosten. Es dauerte nicht lange, da schaltete DiPopolo sich ein.

»Warum sollten Sie die Heizkosten bezahlen?«, brüllte er in dem Versuch, sich gegen das halbe Dutzend anderer Stimmen Gehör zu verschaffen. »Ihnen gehören die Häuser doch gar nicht. Sie können sich das nicht leisten. Ich übernehme das für Sie. Schreiben Sie alles auf, was Sie haben wollen, schreiben Sie's auf einen Zettel, und den bringe ich dann zum Minister, ich tipp's sogar persönlich ab. Ich werde zu allen Politikern gehen, zu den Ratsmitgliedern, den Kongressabgeordneten, zum Bürgermeister und zu Peter Smith, und gemeinsam werden wir sagen: ›Wie können Sie von diesen Leuten erwarten, das zu bezahlen?‹ Wir stehen zusammen. Und wenn uns keiner zuhört, dann gehen wir ans Fernsehen und die Presse.«

Dieser Monolog brachte Doreen völlig aus dem Konzept. Die Worte klangen schon richtig, aber irgendwas an dieser Geschichte fühlte sich völlig falsch an.

»Sie sagen, Sie wollen uns vertreten, richtig?«, sagte sie langsam und versuchte den Finger auf das Problem zu legen, noch während sie sprach.

»Möchten Sie das denn?«, fragte DiPopolo überrascht. »Ich habe in ein paar Wochen einen Termin mit dem Bürgermeister. Wir könnten dann mit ihm reden. Bei dem Termin geht's zwar eigentlich um was völlig anderes, wissen Sie, es geht um die Kinos drüben auf dem Gelände des *Cross County Shopping Centers*. Da sollen fünf Kinos hin. Wir wissen nicht, was für Leute sich dann dort rumtreiben werden. Jede Menge Teenager. Das müssen wir verhindern.«

Plötzlich wusste Doreen, was sie gestört hatte.

»Darf ich Sie mal etwas fragen?«, sagte sie vorsichtig, aber bestimmt. »Ich möchte Ihnen nicht zu nahe treten, aber warum sind Sie eigentlich so gegen alles? Warum machen Sie alles nieder, bevor es überhaupt richtig angefangen hat? Sie lassen noch nicht mal etwas entstehen, bevor Sie schon draufhauen. Diese Teenager benötigen gewisse Dinge, sie müssen etwas zu tun haben, damit sie nicht nur herumlungern und Ärger machen. Das ist alle Male besser, als auf der Straße abzuhängen.«

Die Runde nickte zustimmend.

»Klingt doch so, als wäre das gut für die Wirtschaft in der Stadt«, sagte jemand anderes. »Ich höre immer, dass die Stadt unbedingt neue Unternehmen braucht.«

»Ich finde auch, das klingt doch wie ein guter Ort für ein Kino«, meinte ein anderer. »Für uns wär das näher, und wir müssten nicht mehr den weiten Weg runter zur Central Avenue.«

Damit muss jetzt Schluss sein, dachte Doreen. Wir lassen uns nicht mehr von Außenstehenden vorschreiben, wie wir zu leben haben. Sie sah Tony DiPopolo direkt an. »Wenn Sie es wirklich ernst meinen, wollen wir Ihre Hilfe«, sagte sie entschieden. »Aber Sie werden uns nicht vertreten. Wir vertreten uns selbst. Wenn Sie mit dem Bürgermeister reden, oder mit wem auch immer, dann möchten wir, dass Sie mit einem unserer Delegierten gehen, damit wir immer genau wissen, was Sache ist.«

»Wir werden zusammen hingehen, ihm alles sagen, was Sie gesagt haben, und ich werde Ihnen dann berichten«, willigte DiPopolo schnell ein – ein Mann, der sich gegen den öffentlich geförderten Wohnungsbau gewehrt hatte, wurde jetzt von einer Frau in seine Schranken verwiesen, die ihm die Stirn geboten hatte und eingezogen war.

»Nein«, korrigierte Doreen ihn. »Sie brauchen uns nichts zu berichten, denn wir werden einen unserer Delegierten schicken, und unser Delegierter wird uns dann berichten. Ich möchte nicht, dass Sie gleich mit einem Missverständnis von hier fortgehen. Sie müssen uns nicht über das Treffen berichten, weil wir unsere Delegierte schicken werden, und sie wird alles erklären. Sie sind nur da, um uns zur Seite zu stehen und den Rücken zu stärken. Vertreten werden wir uns selbst.«

Der Anfang vom Ende

Die Erinnerung ist selektiv, und Ruhm macht süchtig. Eine Kombination, die Nick Wasicsko erlaubte, die Hitze des Rampenlichts zu vergessen und sich nur an den Adrenalinschub zu erinnern, im Zentrum des Ganzen zu stehen. Je mehr die eine Erinnerung verblasste, umso verlockender wurde die andere. Nick war entschlossen, diesen Rausch wieder spüren zu wollen.

Hatte er seine fünfzehn Minuten bereits gehabt? Falls ja, dann war das nicht genug gewesen. Würde er je wieder die jährliche Ansprache zur Lage der Stadt halten? Würden ihn dabei elf Fernsehkameras filmen? Er war erst dreiunddreißig. Er war nicht bereit zu akzeptieren, das Ende schon erreicht zu haben.

Er hatte gehofft, einen Teil des Ruhmes zurückgewinnen zu

können, oder zumindest etwas von dem Verbundenheitsgefühl, wenn er wieder im Rat saß. Doch beim täglichen Kontakt mit Terry Zaleski fühlte er sich nicht wie ein Mitspieler, sondern eher als Außenseiter. Dazu fühlte er sich noch wie ein Idiot, weil er wirklich geglaubt hatte, es könnte anders sein. Zaleski, gewählt, weil er ein unbeschriebenes Blatt war, entpuppte sich als verschlossener und schwieriger Mann. »Wir haben ihn unterstützt, weil er ein guter Bürgermeister werden wollte, aber irgendwann unterwegs hat er wohl beschlossen, Elliot Ness zu sein«, sagte Jim Surdoval, der als einer der Ersten zugunsten von Terry Nicks Lager verlassen hatte. Zaleski schien überall Korruption zu wittern und brachte unzählige Ermittlungsverfahren auf den Weg. Es konnte gar nicht ausbleiben, dass die Presse davon erfuhr und jemandes guter Ruf vernichtet wurde, was nach Nicks Überzeugung überhaupt der eigentliche Zweck der Nachforschungen war.

Er war sicher, Zielperson der einen oder anderen dieser Untersuchungen gewesen zu sein. Die Stadtratsvorsitzende Vincenza Restiano war sicher, ebenfalls unter Beobachtung zu stehen, und dieser nagende, beunruhigende Verdacht wurde schon bald die Grundlage einer höchst ungewöhnlichen Freundschaft. Nick war ein Mann, der nur wenige Freunde hatte. Vor Restiano war keiner seiner bisherigen Freunde ebenfalls Politiker. Aber Vinni Restiano war keine typische Politikerin aus Yonkers – unabhängig von der Tatsache, dass in Yonkers immer nur Männer das Sagen gehabt hatten. Noch ein wenig durcheinander, emotional und nervös in dieser neu geschaffenen Position, brauchte sie Nicks Hilfe. Der Job der Stadtratspräsidentin war im Grunde nichts anderes als Nicks alter »Bürgermeister«-Posten, nur mit einem anderen Namen. Schon bald verbrachte Nick mehr Zeit in ihrem Büro als in seinem eigenen, entwarf Strategien und spielte mit ihr sogar durch, wie sie eine anstehende Ratssitzung leiten konnte. Nicks Getränk der Wahl war inzwischen Sambuca, und die Präsidentin fing an, immer eine Flasche in ihrer Bürobar vorrätig zu haben.

Sie sprachen über mehr als nur das *Wie* in der Politik, sie ließen auch das *Warum* nicht aus. Restiano war bis 1987 Ratsmitglied gewesen, jenem explosiven Jahr, in dem Nick zum Bürgermeister gewählt worden war und sie ihren Sitz an Nicholas Longo verloren hatte, weil sie für eine Anerkenntnis votiert hatte und er eben nicht. Daher wusste sie, wie es war, wenn Träume wegen der eigenen Überzeugung platzten. Sie verstand auch, wie unvollständig Nick sich ohne diese Träume fühlte, und sie hatte selbst diese Angst gespürt, sich vielleicht nie mehr komplett zu fühlen.

Einmal vertraute sie ihm an, sie sei nach ihrer Niederlage 1987 so mutlos gewesen, dass sie verstehen könnte, wenn Menschen darüber nachdachten, sich das Leben zu nehmen. »Vom Wahlabend bis Weihnachten habe ich darüber nachgedacht«, sagte sie. Der Menschenschlag, der sich zur Politik hingezogen fühlt, würde irgendwann beginnen, die Wahlstimmen mit Liebe zu verwechseln, und es schmerzte sie, sich in den Tagen nach ihrer Niederlage in der Öffentlichkeit zu zeigen. »Sie haben nicht gesagt: Vinni, ich liebe dich, Vinni, ich liebe dich, Vinni, ich liebe dich«, sagte sie.

Im Verlauf der Monate redeten Nick Wasicsko und Vinni Restiano über Politik und über das Leben und mehr und mehr über Terry Zaleski. Obwohl sein kürzlich zurückliegender Sechsundzwanzig-Stimmen-Sieg ihm keinen Anlass gab, seinen Instinkten zu vertrauen, glaubte Nick, dass Zaleski bei der nächsten Bürgermeisterwahl geschlagen werden konnte. Die Wähler, glaubte er, hätten bald genug von seiner »Ermittlungspolitik«, und Nick plante, in den Startlöchern zu stehen, wenn es so weit war. Er würde nie wieder für Terry Zaleski seinen Platz freimachen.

Teils aus schlechter Laune, teils strategischen Überlegungen folgend, begann Nick eine Serie von öffentlichen Geplänkeln mit dem Bürgermeister. Im September 1992 war er in ein besonders hässliches Scharmützel verwickelt, einem komplizierten Tauziehen um die *Yonkers Parking Authority*, der für Parkraumbewirtschaftung zuständigen Behörde. Wer das Geld hat, hat auch die Macht, das gilt in jeder Stadt. Und die *Parking Authority* erwirtschaftete jedes Jahr mit Bußgeldern wegen Falschparkens, Parkgebühren und den dreißig städtischen Parkhäusern 2,5 Millionen

Dollar. Nicks Bruder Michael war Vorstandsmitglied der *Parking Authority*, ein Job, den Nick ihm noch vermittelt hatte, bevor er aus dem Amt geschieden war. Eines der ersten Dinge, die Zaleski als Bürgermeister tat, war Nick zu fragen, ob er Michael um Unterstützung bitten könne, den Vorsitzenden der Behörde – John Zakian, einer von Angelo Martinellis Unterstützern, der Mann, den Zaleski gerade erst besiegt hatte – von seinem Posten zu entfernen.

Zu dem Zeitpunkt, als Zaleski seine Bitte formulierte, arbeitete auch Nay bei der *Parking Authority.* Ihr direkter Chef war John Zakian, was sie in eine prekäre und ungemütliche Lage versetzte. Nick, der immer noch beweisen wollte, dass er ein Teamplayer war, kam der Bitte nach und sorgte für die Entlassung von Zakian, selbst wenn er damit den Job seiner Frau gefährdete. Jetzt, neun Monate später, versuchte Nick zu demonstrieren, dass er eben *kein* Teamplayer war. Er war sein eigener Herr, und die *Parking Authority* tanzte nach seiner Pfeife, wenn er es wollte. Robert Jean, Zakians Nachfolger, war ein umgänglicher Verwaltungsmann, der Nick nie irgendwas getan hatte. Aber hier ging es um Politik, es war nichts Persönliches, und Nick und Michael machten sich daran, andere Vorstandsmitglieder dahingehend zu beeinflussen, dass Bob Jean aus dem Amt entfernt würde. Einige Regelwidrigkeiten in der Formulierung seines Arbeitsvertrags anführend, argumentierten sie, dass man ihn aus dem Amt wählen und durch John Zakian ersetzen sollte.

Inzwischen war Nay, die immer noch bei der *Parking Authority* war, sehr zufrieden, für Robert Jean zu arbeiten. Sie erfuhr erst von dem Plan ihres Mannes, einen weiteren Chef von ihr zu verdrängen, als sie eines Morgens in einem Zeitungsartikel las, Nick glaubte, die Behörde würde unter Bob Jeans Aufsicht nicht gut geleitet. Sie zitierten Nick, der sich darauf berief, dass seine Frau Nay es ihm erzählt hätte.

»Du versuchst mich ans Kreuz zu nageln, oder?«, fragte Nay, die ihm nie etwas Derartiges erzählt hatte, dessen war sie sich sicher.

Er versprach ihr, dass ihr Job nicht gefährdet sei. »Wenn John zurückkommt«, sagte er, »wird er froh sein, dich zu haben.«

Terry Zaleski wollte jedoch John Zakian nicht zurück. Ihm wurde klar, dass dies Teil eines größeren Plans war, und den wollte er aufhalten, jetzt. Die Stadtrat-Wahlen hatten einen anderen Zeitrhythmus als die Bürgermeisterwahlen, und Zaleski stellte Nick gegenüber klar, dass er in einem kurzen Jahr seinen Sitz im Rat würde verteidigen müssen, zwei Jahre bevor er Zaleski bei der Bürgermeisterwahl herausfordern konnte. Der Bürgermeister schickte ihm die Nachricht, dass ihm harte Vorwahlen bevorstünden – dafür würde Zaleski sorgen –, wenn Nick das Gerangel um die *Parking Authority* nicht beendete.

Als er sah, wie wichtig dieses Gezanke für Zaleski geworden war, machte Nick noch entschlossener, es nicht zu verlieren. Es machte ihm Spaß. Die Kampfabstimmung im Vorstand der *Parking Authority* war vielleicht nicht mit der aufregenden Spannung des Sommers 1988 zu vergleichen, aber es war dennoch ein Adrenalinrausch.

Als er merkte, dass Nick nicht nachgeben würde, versuchte Zaleski es mit einem Kompromiss. Er würde Robert Jean absetzen, sagte er, und die Suche nach einem neuen Kandidaten anstoßen – alle außer John Zakian.

Sicher, dass er die Stimmen hinter sich hatte, die er brauchte, um seinen Willen durchzusetzen, lehnte Nick es ab, über einen Kompromiss zu reden. Stunden vor der Abstimmung am 19. September schickte Zaleski Jim Surdoval zum Haus auf dem Berg, um zu versuchen, mit Nick zu reden. Dieser war begeistert darüber, dass Zaleskis Truppen nun tatsächlich zu ihm kamen, und erhöhte den Einsatz, indem er sich weigerte, die Tür zu öffnen. Jim Surdoval rief ihn vom Autotelefon aus an, doch Nick ging nicht ran. Irgendwann fuhr Surdoval wieder, und die Wasicskos fuhren zum Treffen. Nick witterte bereits den Sieg. Nay befürchtete, ihr Mann hätte den Verstand verloren.

Nervös verfolgten sie, wie Michael Wasicsko eine Resolution vorlegte, die eine Liste mit Beschuldigungen gegen Robert Jean enthielt – darunter Befehlsverweigerung, Pflichtverletzung und Überschreitung der Befugnisse – und seine Entlassung und die Wiedereinsetzung von John Zakian forderte.

Jean las seine Verteidigungsrede vom Blatt ab und ging detailliert auf jeden Vorwurf ein. Langsam dämmerte es Nay, dass er den Großteil des angeblichen Fehlverhaltens ihr in die Schuhe schob. Sie war viel zu wütend, um ein Wort herauszubekommen. Michael versuchte etwas zu sagen, doch weit kam er damit nicht.

»Du versuchst, ihm die Kehle durchzuschneiden«, brüllte ein Vorstandsmitglied, das auf Jeans Seite stand. »Lass ihn ausreden.«

Zu guter Letzt stimmte der entscheidende Mann, von dem Nick sicher war, seine Stimme in der Tasche zu haben, in der Abschlusswahl dafür, den aktuellen Behördenleiter im Amt zu belassen. Robert Jeans Antworten auf die Anschuldigungen hätten ihn überzeugt, sagte er.

Zwei Wochen später feuerte Robert Jean Nay Wasicsko.

»Im Wesentlichen haben wir das Arbeitsverhältnis aufgelöst, weil sie unserer Meinung nach nicht nur inkompetent war, sondern alles ihr Mögliche getan hat, um den reibungslosen Ablauf des Amtes zu sabotieren«, sagte er einem Zeitungsreporter, der über den Fall berichtete.

Die Wasicskos sprachen tagelang kaum ein Wort miteinander. Sie rumorten schweigend in ihrem großen Haus herum und starrten auf die Renovierungsarbeiten, die sie nun nicht fertigstellen konnten, weil Nay kein festes Einkommen mehr hatte.

»Wie konntest du nur mit unserem Leben Politik spielen?«, fragte sie ihn.

Er versprach nicht, damit aufzuhören. Er versprach lediglich zu gewinnen, wenn er das nächste Mal spielte.

Dann wurde die Stelle des stellvertretenden *City Clerk* frei, eine Position, die im Grunde unmittelbar Nicks enger Freundin Vinni Restiano unterstand. John Spencer, ein Republikaner, der ebenfalls mit Terry Zaleski uneins war, schlug Nay für die Aufgabe vor. Über mehrere Tage erschienen dann Artikel und Leitartikel, in denen die Ernennung ein nepotistischer Interessenkonflikt genannt wurde, da der *City Clerk* für den Stadtrat arbeite. Diese Vorwürfe machten Nay nichts aus, allerdings nicht etwa, weil sie ein dickes Fell bekommen hätte, sondern weil sie ihrer Meinung nach unrichtig und haltlos waren.

»Es ist ganz klar ein Interessenkonflikt«, erklärte sie Nick.

Doch das schien in Yonkers noch nie eine Rolle gespielt zu haben. Nick enthielt sich der Stimme. Vinni bearbeitete den Stadtrat an seiner Stelle. Und schon bald hatte Nay mit 4 zu 2 Stimmen einen neuen Job.

Süßes oder Saures

Als Doreen in Schlobohm wohnte, war Halloween kein Problem. Sie ignorierte es einfach. Im ersten Jahr ihres Einzuges klebte sie ganz naiv lächelnde Papierkürbisse und grinsende Papphexen an ihre Tür, doch innerhalb weniger Tage verschwand die Dekoration.

Später sah sie sie wieder, wie sie an der Tür von jemand anderem klebten und sie auslachten. Es war eine nachhaltige Lehre, warum die Leute in Schlobohm, wenn sie überhaupt dekorierten, sich auf ihre Fenster beschränkten. Danach bereitete sie nichts mehr für Halloween vor. Jedes Jahr klingelten ein paar Kinder an ihrer Tür, doch sie hatte keine Süßigkeiten für sie und tat so, als wäre sie nicht zu Hause.

Mit ihrem Umzug in den anderen Teil der Stadt wurde Halloween zu einem Gewirr von Entscheidungen. Was würde sie Jaron über »Süßes-oder-Saures« erzählen? Wenn sie mit ihm von Tür zu Tür ging, sollte sie sich dann auch über die Grenzen der Reihenhäuser hinweg trauen? Wenn sie es tat, wie würden die Nachbarn reagieren, wenn sie ihren kleinen, schwarzen Jungen sahen? Wenn sie es nicht tat, wie erklärte sie ihm dann ihre Angst, die sie dazu brachte, die angrenzende Welt auszuschließen? Und wie rechtfertigte sie es vor sich selbst?

Eine Weile lang spielte sie mit dem Gedanken, eine Party zu

veranstalten – ein Weg, den Kindern etwas zu tun zu geben, damit sie nicht merkten, was sie *nicht* taten. Andererseits hatte sie auch gedacht, die Labor–Day-Party wäre eine gute Idee, und als der Tag kam, war sie die Einzige, die erschien. (Das Treffen mit Peter Smith, um über die Con-Ed-Rechnungen zu sprechen, verflüchtigte sich auch irgendwie.) Doch sie hatte zugestimmt, die Vorsitzende der Mietervereinigung zu sein, und es fühlte sich nicht richtig an, diesen Feiertag einfach so vorbeiziehen zu lassen.

Mangels einer besseren Idee rief sie bei *Municipal Housing* an und bat um Hilfe. Das Budget der Behörde, stellte sie fest, beinhaltete eine gewisse Summe Geld für Feiertagsfestlichkeiten in jeder Siedlung. Für Halloween erhielten die Reihenhaussiedlungen Trenchard Street und Gaffney Place fünfundsiebzig Dollar. Als Vorsitzende konnte Doreen entscheiden, wie das Geld ausgegeben wurde, solange sie es mit Quittungen belegte.

Am Tag vor Halloween war Doreen im *Sam's Club*-Discount in Elmsford, wo sie ihren Einkaufswagen mit Maxi-Paketen von *M&Ms, Bit o' Honeys* und *Twizzlers* vollpackte. Die Gesamtsumme belief sich auf 74,95 Dollar, und Doreen bewahrte die Quittung sorgfältig auf. »Ich denke, ich stecke mir die fünf Cents ein und sorge für ein bisschen Wirbel«, dachte sie, faltete den Zettel und steckte ihn in ihre Jackentasche.

Sie und Jaron verbrachten den 30. Oktober in ihrem Wohnzimmer, wo sie die Süßigkeiten in kleine, braune Papiertüten steckten. Das Letzte, was sie hinzufügten, waren Mini-Trinkpäckchen mit einem undefinierbaren Saft, den Doreen abfällig »gepanschtes Wasser« nannte, die *Municipal Housing* als Bonus gespendet hatte. Am nächsten Morgen klopfte Doreen an jede Tür und zählte die Bewohner durch. »Wenn ihr nur ein Kind habt, gebe ich euch zwei Tüten«, sagte sie. »Wenn ihr zwei Kinder habt, gebe ich euch vier Tüten.« Das Ergebnis war ein umgekehrtes »Süßes-oder-Saures«; anstatt dass die Kinder zu den Süßigkeiten gingen, kamen die Süßigkeiten zu ihnen.

—

Während Doreen am Halloween-Morgen von Tür zu Tür ging, war Mary drüben in der Clark Street und besuchte Pam Johnson, die Mieterin, bei der das nächste Treffen stattfinden sollte. Es war zu Marys Gewohnheit geworden, einige Tage vor diesen Meetings vorbeizuschauen, im Sinne einer kleinen, freundlichen Erinnerung. Als sie am besagten Morgen ankam, fand sie Pam in ihrem Wohnzimmer vor, wo sie auf einem Stuhl stand und Papp-Geister an die Decke klebte. Das Sofa war übersät mit Papierservietten, Papptellern und -bechern.

»Für das Treffen?«, fragte Mary vollkommen überrascht über so viel Enthusiasmus.

»Für die Party«, nuschelte Pam mit einer Rolle Tesafilm zwischen den Zähnen.

Sie kletterte herunter und erklärte, dass die Party eine Idee in letzter Minute gewesen sei, eine Reaktion – die einzige, die ihr einfiel – auf ein »Problem«, das ihre jüngere Tochter zu Beginn der Woche gehabt hätte. Die vierjährige Anita Johnson hätte mit ihrem Spielzeug in ihrem Vorgarten gesessen und »kümmerte sich um ihren Kram«, sagte Pam, als ein »kleines weißes Mädchen« von gegenüber – sie wohnte in einem der Häuser, deren Besitzer sich angewöhnt hatten, sie anzustarren – Anita gefragt hätte, ob sie nicht zu ihr herüberkommen wollte.

Pam hatte ihre Tochter zum Bürgersteig gebracht und ihr über die verschlafene Einbahnstraße geholfen, bevor sie zu ihren Stufen zurückgekehrt war und den Kindern beim Spielen zugeschaut hatte. Sie schienen gut miteinander auszukommen, sagte Pam, doch kurz darauf sei Anita zu ihr an den Bordstein gerannt gekommen und habe kreischend verlangt, dass Pam sie nach Hause holte.

Pam hatte nie eine Erklärung bekommen, was passiert war, aber sie schaffte es, ihrer Tochter ein paar grob umrissene Fakten zu entlocken, und die reichten ihr.

»Das kleine weiße Mädchen hat angefangen, sie zu beschimpfen, und gesagt, sie könnte nicht mit ihr spielen, weil sie schwarz und dreckig sei«, sagte Pam. »Sie dürfte nicht mit schwarzen Kindern spielen. Ich habe ihr gesagt, das Mädchen wüsste nicht, wovon sie redet.«

Bis zu diesem Augenblick war Pam in der Clark Street glücklich gewesen. Sie war aus einer sanierungsbedürftigen Wohnung in der School-Street-Siedlung hergezogen. Ihre frühere Wohnung hatte keine Heizung gehabt und kein heißes Wasser, sie hatte sie 700 Dollar im Monat gekostet und war zwei Monate nachdem sie ausgezogen war abgerissen worden. Nichts an ihrer alten Gegend würde sie vermissen, hatte sie am Tag ihres Auszugs gedacht. Doch in der alten Nachbarschaft hatte sich nie jemand geweigert, mit ihrer Tochter zu spielen, weil sie schwarz war.

»Ich wollte sie rumlaufen und ›Süßes-oder-Saures‹ sammeln lassen«, erklärte sie Mary, während sie eine Tüte mit orangefarbenen Ballons aufriss. Anita sollte ein Geist sein und ihre acht Jahre alte Schwester Valentina eine Hexe. Eine schwarz, eine weiß. »Aber ich kann sie jetzt nicht draußen herumlaufen lassen«, sagte sie. »Ich kann nicht zulassen, dass man sie so abweist.«

In den Tagen nach der verbalen Ohrfeige für ihre Tochter organisierte Pam eine Party. Eine Nachbarin brachte die Skelette, die die Wände und Decken zierten, andere steuerten die Ballons bei, den Kuchen, die Servietten, Pappteller und Becher und die glasierten Äpfel. Von *Municipal Housing* kam das Geld für die Hot Dogs und die Limonade.

»Wir haben alle aus den Reihenhäusern eingeladen«, sagte Pam. »Ich fühle mich schlecht. Ich hätte gern ein paar Kinder von gegenüber eingeladen. Wahrscheinlich sollte ich das. Ich weiß, ich sollte. Was du nicht willst, das man dir tut… Die andere Wange hinhalten. Ich kann nicht.«

Nach Hause finden

Am Tag nach Thanksgiving saß Norma in ihrem Schlafzimmer und stellte mit einem Vergrößerungsglas in der Hand fröhlich ihre Einkaufsliste für Weihnachten zusammen. »Ma«, unterbrach

Tasha sie vom Türrahmen aus, »ich muss dir etwas sagen. Aber du darfst nicht böse sein, versprochen?«

Norma schaute hoch, auf die verschwommene, von hinten angeleuchtete Kontur ihrer Tochter. »Kommt darauf an, was es ist«, sagte sie.

»Ma, wie würdest du es finden, wenn du noch ein Enkelkind bekommst?«, sagte Tasha schließlich.

»Ich habe schon drei«, sagte Norma. Ihr war noch nicht ganz klar, wohin das hier führte.

»Aber wie wäre es, wenn du noch eines bekämest?«

»Noch eins?« Und dann begriff sie. »Tasha, du bist doch nicht *schwanger*?«

»Doch.«

»Wie weit?«

»Vierter Monat.«

»Warum hast du mir nichts erzählt?«

»Weil ich es nicht wusste.«

»Du lügst«, sagte Norma, aber sie sagte es freundlich, denn sie erinnerte sich, wie sie ihrem eigenen Vater von der Schwangerschaft geschrieben hatte, und sie war fest entschlossen, ruhig zu bleiben. »Du lügst. Du hast es gewusst.«

Mit neunzehn war Tasha nicht viel älter als Norma, als die mit Dwayne schwanger gewesen war. Anders als Norma war Tasha noch nicht mit der Highschool fertig, immerhin in der zwölften Klasse. Norma hatte sich darüber Gedanken gemacht, ob Tasha glücklich war, seit sie auf die andere Seite der Stadt gezogen waren. In Gaffney Place lag sie altersmäßig genau dazwischen – viel älter als die ältesten Kinder, und ein paar Jahre jünger als die jüngste Mutter –, und es fiel ihr schwer, Freunde zu finden. Doch bis zu diesem Novembermorgen hatte Norma sich keine Gedanken über die Zukunft ihrer Tochter gemacht. Trotz aller Versuchungen in Schlobohm waren Bruce und Dwayne zu den Männern herangewachsen, die Norma sich gewünscht hatte, mit Collegeausbildungen und Berufen, die ihre Mutter stolz machten. Sie war davon ausgegangen, dass es mit Tasha genauso laufen würde.

Sie gab sich immer noch Mühe, ruhig zu bleiben, und bat Tasha, ihren Bruder Dwayne anzurufen, der sein Bestes getan hatte, in Tashas Leben die Lücke zu füllen, die der Vater hinterlassen hatte.

»Du musst es ihm sagen«, sagte Norma und gab ihrer Tochter das Telefon. Es war ein Rat, den sie bedauern würde. Dwayne begann sofort darauf zu bestehen, dass Tasha abtreiben ließ, woraufhin Norma ihr den Hörer aus der Hand riss.

»Ich halte nichts von Abtreibungen! Das habe ich noch nie!«, brüllte sie, damit Dwayne sie gut hören konnte. »Unter meinem Dach lässt Tasha keine Abtreibung durchführen.«

Gegen Abend hatte sie sich so weit beruhigt, dass sie sich zutraute, mit Tasha vernünftig zu reden.

»Ich sag's, wie's ist«, sagte sie. »Ich halte nichts von Abtreibungen, aber ich kann dir nicht sagen, was du tun sollst. Du bist jetzt fast zwanzig. Falls du abtreiben willst, musst du das alleine durchziehen. Ich werde nicht mitkommen. Wenn du dieses Baby kriegst, kann ich dir helfen. Ich werde dir nicht sagen, lass es abtreiben, nur damit du es mir dann später irgendwann um die Ohren haust, ich hätte dich zu einer Abtreibung gezwungen. Ich werde dir aber auch nicht sagen, behalt das Baby, damit du mir dann später sagst: ›Tja, ich hab das Baby nicht gewollt.‹«

Irgendwann später rief Normas jüngerer Sohn Bruce an.

»Ma«, sagte er, »ich kenne eine Frau, die abgetrieben hat und die mit Tasha reden will.«

Nur wenige Minuten später rief die junge Frau selbst an und erzählte Norma von einer angeblich sauberen und sicheren Klinik in White Plains, nur eine kurze Busfahrt entfernt. Sie bot an, Tasha zu dem Beratungstermin zu begleiten. »Die zeigen einem Bilder von dem Eingriff, und dann kann sie sich selbst entscheiden, was sie tun will.«

Tasha sagte, sie wolle hingehen, und die Frau vereinbarte einen Termin für sie, doch an dem fraglichen Samstagmorgen schneite es stark, ein außergewöhnlich früher Schneefall, und die Frau konnte sie nicht abholen. Das ganze Wochenende verlor niemand ein Wort über Abtreibungen oder Babys. Tasha blieb die meiste Zeit auf ihrem Zimmer, und Norma beschloss, sie nicht zu stören.

Am Montagmorgen kam Tasha an den Frühstückstisch und sagte ihrer Mutter, sie wolle das Baby bekommen. Norma konnte den Ausdruck auf dem Gesicht ihrer Tochter nicht erkennen, doch ihre Stimme klang sehr jung und sehr verängstigt.

»In Ordnung«, sagte Norma. »Ich werde alles in meiner Macht Stehende tun, um dir zu helfen.«

—

Norma hatte während ihrer gesamten Schwangerschaft mit Tasha unter morgendlicher Übelkeit gelitten, aber Tasha hatte diese Veranlagung nicht von ihrer Mutter geerbt und sprang begeistert auf Normas Vorschlag an, in ein Restaurant zu gehen und das ungeborene Baby zu feiern. Es würde keine Feier im wahrsten, glücklichsten Sinne des Wortes werden. Norma wusste, was Tasha noch bevorstand, und sie wusste, wie hart es werden würde. Aber sie wusste auch, dass es keinen Sinn hatte, sein »Schicksal« zu verfluchen. Was passiert war, war passiert, und dann ging man einfach weiter. Sie wollte, dass Tasha etwas bekam, was die neunzehnjährige Norma nicht gehabt hatte. Und ein Abendessen zur Feier des Anlasses war ein Anfang.

Wohin sollten sie gehen? Obwohl es bereits sechs Monate her war, seit sie auf die andere Seite der Stadt gezogen waren, kannte Norma ihr neues Viertel nur wenig. Sie sagte, es sei ihr schlechtes Augenlicht, das sie zu Hause hielt, doch sie wusste, dass das nicht stimmte. Drüben auf der Westseite hatte sie sich mithilfe vollkommen Fremder ihren Weg durch die Läden des Getty Squares gesucht, und den Weg zur Arbeit fand sie durch Tasten und Geräusche. Hier auf der Ostseite war ihre Umgebung sicherer, und dank der Angestellten der *Guild* waren ihre Sinne besser trainiert. Trotzdem war sie noch nie im Supermarkt gewesen, der nur drei Blocks entfernt lag. Trotz aller richterlicher Anordnungen und all den Millionen von Dollar, die für die Reihenhäuser ausgegeben wurden, lief Normas Realität darauf hinaus, dass sie sich auf der Ostseite nicht zu Hause fühlte. Ein Richter konnte öffentlichen Wohnungsbau anordnen, doch er konnte kein Zugehörigkeitsgefühl oder das Wesen der Nachbarschaft verordnen, und Norma hatte keines davon gefunden.

Als sie Tasha fragte, wo sie feiern könnten, erwartete sie deshalb, ihre Tochter würde das *Sizzler* im Einkaufszentrum auswählen, eines der Restaurants, in denen sie vor ihrem Umzug gewesen waren. Stattdessen schlug Tasha das *Clam House* vor, eine Institution in Yonkers und nur ein paar Blocks von ihnen entfernt. Norma kannte es, obwohl sie noch nie drinnen gewesen war. Auf den täglichen Spaziergängen mit ihrer Tagespflegerin konnte sie immer die Musik und das Gelächter hören. Sie liebte Musik, und sie liebte Fisch und Meeresfrüchte. Also betraten Tasha und sie einige Tage später das Clam House.

Direkt nach Betreten des Restaurants wusste Norma, dass sie einen Fehler gemacht hatte. Das Restaurant war kleiner, als sie sich vorgestellt hatte. Die Tische standen enger beieinander und vermittelten ein Gefühl von Intimität. Sie fühlte sich wie ein Eindringling, obwohl sie nicht genau sagen konnte, wo hinein sie eindrang. Es fühlte sich nur einfach nicht wie der Ort an, an dem sie sein wollte. Als die Kellnerin Norma und Tasha zu ihrem Tisch führen wollte, blieb Norma stehen, und die Frau fragte, ob etwas nicht in Ordnung sei. »Ich denke, wir werden nicht bleiben«, sagte Norma, und Tasha wäre vor Scham fast im Boden versunken.

»Sie sind hier herzlich willkommen«, sagte die Kellnerin und lächelte unsicher.

»Nein danke«, sagte Norma. Dann fiel ihr Tasha ein, und sie änderte ihre Meinung. »Wir möchten etwas zum Mitnehmen«, sagte sie.

Norma bestellte Fish and Chips. Tasha bestellte einen Hamburger-Teller. Sie warteten, während die Kellnerin ihre Styroporschachteln packte, und Norma spürte den fragenden Blick ihrer Tochter auf sich. Das hier *war* Tashas Zuhause, wurde Norma klar. Während Norma sich unsicher und fehl am Platz fühlte, triumphierte Tasha auf diesen Straßen und in diesen Läden mit einem trotzigen Selbstbewusstsein, das sagte: »Das hier ist jetzt auch MEINE Wohngegend.« Und Tashas ungeborenes Baby, nun, das würde der wirkliche Test werden. Wenn die Dinge so liefen, wie Norma sie erhoffte, würde das Kind die Ostseite nie als Minenfeld sehen, so wie Norma es tat, oder wie einen Süßwarenladen, wie Tasha. Es wäre nicht triumphierend oder trotzig, oder dankbar hier zu wohnen. Es würde einfach hier *leben*.

Tasha trug das warme Abendessen aus dem *Clam House* nach Hause und fragte sich, aber nicht ihre Mutter, warum sie unbedingt hatte gehen wollen. Norma versuchte nicht, es zu erklären. Als Tasha den Tisch gedeckt und das Essen angerichtet hatte, hob Norma ihr Glas Wasser und prostete ihr zu. »Mein Baby bekommt ein Baby«, sagte sie. »Das hier ist ein schönes Haus für ein Baby.«

Kennenlernen der Pudel-Lady

Es war noch keine 8:00 Uhr und Anita Johnson stand an dem großen Wohnzimmerfenster, wie sie es beinahe jeden Morgen tat, und wartete darauf, dass ihre Mutter Valentina für die Schule fertigmachte. Anita fühlte sich selbst mehr als bereit für die Schule, doch sie war erst vier, und auf die drängenden Bitten ihrer kleinen Tochter sagte ihre Mutter immer, sie müsste noch bis zum nächsten Jahr warten.

Die glückliche Valentina war schon in der zweiten Klasse und fuhr jeden Morgen mit dem Schulbus in ein Reich, von dem Anita nur träumen konnte. All diese Kinder zum Spielen. Je mehr Spielkameraden, desto besser, lautete Anitas Weltsicht.

»Anita liebt jeden«, sagte Pam Johnson gern über ihre sonnige, offenherzige Tochter, die die Veranlagung ihrer Mutter geerbt hatte. »Und alle lieben Anita.«

Sie hatte früher jeden Tag mit ihren Cousinen und den anderen Kindern gespielt, auf die ihre Tante aufpasste, aber das war damals, als sie noch in der Wohnung gewohnt hatten, bevor sie in das Reihenhaus umgezogen waren und als ihre Mutter noch arbeitete. Vom Reihenhaus aus bedeutete die Fahrt zur Wohnung ihrer Tante eine Busfahrt mit einem Mal Umsteigen, oder fünf Dollar pro Strecke fürs Taxi. Pam versuchte, auf der neuen Seite der Stadt für Anita eine Kindertagesstätte zu finden, doch sie fand nichts, was sie sich leisten konnte, und das Sozialamt übernahm die Kosten nicht. Also kündigte Pam ihren Job und verbrachte die Zeit mit ihrer Tochter.

Für Anita war das schön. Sie liebte ihre Mutter. Doch sie war sich sicher, dass es nicht so spaßig war, wie zur Schule zu gehen und all diese Kinder zu treffen. In den Reihenhäusern waren ein paar Kinder in ihrem Alter, aber nicht annähernd genug. Das eine Mal, als sie versucht hatte, mit dem weißen Mädchen von gegenüber zu spielen, hatte es sie beschimpft und sie zum Weinen gebracht. Seitdem ließ ihre Mutter sie nicht mehr die Straße überqueren.

Als sie am Fenster stand und lauschte, wie Pam Valentina zur Eile antrieb, konnte Anita das Haus des kleinen Mädchens sehen. Sie stellte sich vor, in dem Teil ihres Gehirns, den sie für So-tun-als-ob benutzte, wie sie die Straße überquerte, an die Haustür des kleinen Mädchens klopfte und sagte: »Hey, lass uns was spielen.«

An einem Morgen wie diesem, wenn Valentina besonders lahm war, konnte Anita auch die Pudel-Lady sehen. Sie kam um die Ecke, dann die Straße entlang und ging an Anitas Haus vorbei. Sie kam jeden Morgen, und wann immer Anita konnte, beobachtete sie sie. Sie hatte drei Hunde an der Leine, zwei weiße und einen sandfarbenen, der auf Anita fast rosa wirkte. Anita hatte Angst vor Hunden, doch in erste Linie vor denen in ihrer alten Siedlung. Sie dachte, diese Hunde hier würde sie eventuell mögen – so flauschig und vergnügt wie sie waren. Sie fragte sich, ob die Lady vielleicht erlaubte, dass sie sie streichelte.

Anita wusste, dass ihre Mutter die Pudel-Lady nicht besonders mochte. Es war irgendwas damit, dass die Hunde die Reihenhausgärten als Toilette benutzten. An diesem Morgen, als die Frau und ihr Hundetrio in Sichtweite kamen, entschied Anita, sie zu bitten, dass sie das lassen sollte. Sie und die Pudel-Lady könnten Freundinnen sein. Sie trat vom Fenster weg, öffnete die Haustür und trat ohne Jacke hinaus in die spätherbstliche Kühle. Sie hüpfte förmlich den Weg hinunter.

»Ich heiße Anita, darf ich deine Hunde streicheln?«, fragte sie.

Die Frau nickte. »Streichle ihnen den Rücken. Das mögen sie«, sagte sie.

Anita schaute auf. »Warum sprichst du so?«, fragte sie.

»Ich komme aus einem Land namens Kolumbien«, antwortete die Frau. »Das ist ganz weit weg von hier.«

Anita beugte sich zu den Hunden hinunter, streckte die Hand aus und tätschelte den, der am dichtesten vor ihr stand, zögerlich hinter seinem Kopf und lächelte strahlend. Dann zog sie ihre Hand schnell fort und versteckte sie hinter ihrem Rücken. Die Hunde waren weich und seidig, genau wie sie es sich vorgestellt hatte. Sie wollte ihre Hand noch einmal ausstrecken und sie streicheln, doch die Hunde hatten begonnen, an ihren Leinen zu zerren, und die Pudel-Lady war langsam weitergegangen. Als sie ging, rief sie Anita ein »Auf Wiedersehen« zu.

»Tschüs«, antwortete Anita und fügte hoffnungsvoll hinzu: »Bis morgen.«

Weihnachten

Zwei Tage vor Weihnachten, kurz bevor es dunkel wurde, kam Almas Nichte Rita vorbei, um ihre Tante in Schlobohm zu besuchen. Es war Monate her, seit sie das letzte Mal in der Siedlung gewesen war, in der sie aufgewachsen war. In den sechs Monaten seit sie und ihre Mutter in das Reihenhaus umgezogen waren, waren sie höchstens zwei oder drei Mal wieder in Schlobohm gewesen.

Leichte Gewissensbisse wegen des Fernbleibens hatten sie nun hergeführt, ein Umweg auf dem Nachhauseweg von der Schule, wo sie als pädagogische Hilfskraft arbeitete. Schuldgefühle vermischten sich mit Feiertagsstimmung. Sie hatte gerade ihren Gehaltsscheck eingelöst, und angesichts der dreihundert Dollar in einem Umschlag in ihrer Handtasche fühlte sie sich reich und spendabel. Genau so wirkte die Einkaufstüte, die mit einem halben Dutzend Geschenke gefüllt war, die sie zu ihrer Überraschung von einigen ihrer Schüler erhalten hatte.

Sie betrat das Gebäude ihrer Tante Alma durch den Hintereingang, weil dieser am dichtesten an den Fahrstühlen lag, denn sie hatte keine Lust, die unhandliche Einkaufstüte die Treppe hinauf zu schleppen. Als sie die schwere Metalltür öffnete, hörte sie Schritte hinter sich, zuerst gedämpft, dann lauter, das Geräusch von mehreren laufenden Leuten. Sie drehte sich um und sah, dass sie auf sie zurannten.

»Vier Kids«, erzählte sie den Polizisten kurze Zeit später. »Es waren *Kids*. Dreizehn, vierzehn, vielleicht fünfzehn Jahre alt.«

Sie konnte sich nicht erinnern, noch Zeit zum Schreien gehabt zu haben, bevor sie auch schon von hinten gepackt wurde, mit etwas, das sie nicht sehen, aber dafür nur zu gut spüren konnte, einen Schlag auf den Schädel bekam und dann mit dem Kopf voran gegen die Betonwand gestoßen wurde. So schnell sie gekommen waren, so schnell waren sie auch wieder verschwunden. Und mit ihnen ihre Handtasche und ihre Tüte mit Geschenken.

Noch Wochen danach wurde sie von Alpträumen heimgesucht. Die Details unterschieden sich, doch in allen wurde sie gejagt. Wenn sie wach war, ärgerte sie sich ununterbrochen – nicht nur über die »Kids«, sondern auch über sich selbst. Wenn sie zurückdachte, war sie sich fast sicher, sie bereits am Getty Square bemerkt zu haben, und dass die sie beobachtet hatten, als sie den Scheck einlöste, um ihr dann nach Hause zu folgen. Sie hatte zugelassen, dass sie ihr folgten. Das Leben in den Reihenhäusern hatte ihre Instinkte abgestumpft, ihre Abwehr geschwächt und sie verführt, Dinge zu tun, von denen sie genau wusste, dass sie sie lieber nicht tun sollte. Während ihrer Jahre in Schlobohm hatte sie sich den Gang von jemandem angewöhnt, mit dem man sich besser nicht anlegte, und sie hatte auch gelernt, wie man sich anziehen musste, damit man nicht zum Opfer wurde. Sie hatte es gehasst, all diese Regeln zu lernen, doch jetzt war sie stinksauer auf sich, weil sie offenbar das alles vergessen hatte. Sie würde nie wieder allein nach Schlobohm zurückkehren.

Die Polizeibeamten fanden ihre Handtasche auf dem Dach des Hauses ihrer Tante, doch sie war leer. Die Tüte mit den Geschenken wurde nie gefunden. Wochenlang fragte sie sich, was wohl in all den süßen, kleinen Schachteln gewesen war. Sie hatte sie nicht ausgepackt. Sie hatte damit bis Heiligabend warten wollen.

—

Am Nachmittag vor Weihnachten kam Pam Johnson nach Hause, nachdem sie den Tag bei ihrer Mutter auf der anderen Seite der Stadt verbracht hatte. Sie, Anita und Valentina zogen gerade ihre Jacken aus, als eine Nachbarin spürbar aufgeregt und schrecklich neugierig an der Tür klopfte.

»Eine Lady war hier und hat nach dir und den Mädchen gesucht«, sagte die Nachbarin. »Die Lady mit den Pudeln.«

Pam hatte die Pudel-Lady, die Anita so liebte, zwar oft gesehen, aber nie kennengelernt. Anita redete inzwischen ununterbrochen von der Frau, und Pam wusste fast nichts von ihr. Sie wusste zum Beispiel nicht, dass der Name der Pudel-Lady Lillian Cadavid lautete, dass sie vor vierunddreißig Jahren aus Kolumbien dort hingezogen war und dass sie in der einen Hälfte ihres Zweifamilienhauses, was um die Ecke lag, ihre drei Kinder – zwei Töchter und einen Sohn – großgezogen hatte. Pam wusste nicht, dass die drei Pudel – die Martini, Brandy und Alexander hießen – überhaupt keine Pudel waren, sondern Bichon Frisés, die als Welpen zwischen 800 und 1.200 Dollar kosteten, oder dass jeder davon ein Geschenk zu einem Weihnachtsfest oder Geburtstag gewesen war. Und mit Sicherheit wusste sie nicht, dass Lillian es witzig fand, dass ihre Bichons »nicht besonders freundlich zu schwarzen Hunden sind«. Zu anderen Hunden, sagte sie immer mit einem halb unterdrückten Kichern, seien sie »sehr freundlich. Wenn es ein kleiner weißer Pudel ist, spielen sie zusammen. Aber ein schwarzer Hund – nein.«

Genauso wenig kannte Lillian Pams Namen. So sehr sie Anita mochte, hatte sie nie nach dem Nachnamen des Mädchens gefragt, obwohl sie sich fast täglich vor Anitas Reihenhaus trafen. Lillian hielt es für besser, ihn nicht zu wissen. ›So oft hat eine Mutter einen anderen Familiennamen als das Kind. Das ist so verwirrend und kann peinlich werden‹, dachte sie. In der Anonymität liegt auch eine gewisse Distanz, glaubte sie. »Ich werde nicht ihre Freundin«, dachte sie. »Und ich lade sie nicht zum Tee ein.«

Lillian wusste nicht, dass Pam eine der Mieterinnen war, die sich im ersten Sommer in den Reihenhäusern bei der Polizei über die »Pudel« beschwert hatte. Und Pam wusste nicht, dass Lillian sich uneinsichtig zeigte, als der Beamte sie am Abend des Treffens auf der Straße ansprach.

»Ich zahle Steuern, und ich kann nicht erkennen, dass die Straße jemandem gehört«, sagte sie. »Diese Leute in den Häusern da, denken die, ich mache das, weil sie jetzt hier wohnen? Nun, was sie nämlich nicht wissen, ist, dass ich hier immer langgehe. Ich will nicht von jemandem verdrängt werden. Ein paar Tage lang habe ich gedacht: ›Wo kann ich denn jetzt mit meinen Hunden Gassi gehen, wo doch jetzt hier diese Häuser stehen?‹ Aber dann habe ich mir gesagt: ›Nein, du bleibst schön bei deiner alten Route.‹ Und das habe ich dann auch gemacht.«

Alles, was Pam wusste, alles, was sie wissen musste, war, dass Lillian freundlich zu Anita und Valentina war, und Anita mit ihrer Hilfe ihre Angst vor Hunden überwunden hatte. Zu wissen, dass weiße Nachbarn freundlich sein konnten, machte die anderen weißen Nachbarn weniger beängstigend.

Alles, was Lillian wissen musste, war, dass Anita etwas Besonderes war. Dass es ihren Morgenspaziergang netter machte, wenn sie am Straßenrand stand und darauf wartete, die »Pudel« zu streicheln. Lillian hatte sich vor den Reihenhäusern gefürchtet, sogar dagegen demonstriert, doch durch Anita fand sie nun, die Reihenhäuser seien doch nicht so schlimm.

Ungefähr eine Stunde, nachdem die Nachbarin ihnen erzählt hatte, die »Pudel-Lady« sei da gewesen, kam Lillian wieder vorbei. Dieses Mal waren Pam und ihre Töchter zu Hause und Lillian gab ihnen die kleinen Weihnachtsgeschenke, die sie gekauft hatte – kleine Tüten mit Süßigkeiten und Haarschleifen –, die mit einem höflichen Dankeschön in Empfang genommen wurden. Alle – Pam, Lillian, Anita und Valentina – standen im Türrahmen, während die Geschenke überreicht und erhalten wurden.

Pam lud Lillian nicht ein hereinzukommen. Und Lillian hatte das nicht erwartet.

—

Zwei Tage nach Weihnachten ging Virgilio einkaufen. Es war einer der wenigen Augenblicke, die er außerhalb von Almas Sichtweite verbringen konnte. Er hatte die Anweisung, einige Lebensmittel für seine Mutter abzuholen, und er hatte einen kleinen Umweg geplant, um sich ein Stück Pizza zu kaufen. Er hatte einen selbstbewusst federnden Gang, und das nicht nur, weil er für eine Weile sein eigener Herr war, sondern auch wegen der jungfräulich weißen Nikes an seinen Füßen, zwei Tage alt, das erste Mal damit draußen auf der Straße.

Eine Woche vor Weihnachten hatte er seine Mutter um neue Turnschuhe gebeten, und anstatt zu sagen nein, seine wären noch in Ordnung, ein bisschen schmutzig und abgetragen vielleicht, aber noch gut, hatte sie ja gesagt, er bekäme sie zu Weihnachten. Er hatte sich dafür bedankt, und ein zweites Mal, als er die Schuhe zu Weihnachten auspackte, doch er fand nicht, dass etwas, was man brauchte, als Geschenk zählte. Ein Geschenk sollte etwas sein, das man sich wünschte.

Als er aus Schlobohm hinaus den Hügel hinauflief und über die Turnschuhe und Pizza nachdachte, bemerkte er einige Kids einige Meter vor ihm, älter und unbekannt. Sie sahen einander an, und dann ihn. Seine Schritte verlangsamten sich und verloren ihr Federn.

»Welche Größe haben deine Turnschuhe?«, fragte einer der Jungs.

»Warum willst du das wissen?«, fragte Virgilio, sah sie direkt an und versuchte, nonchalant und knallhart rüberzukommen. Er war in Schlobohm noch nie angegriffen worden, doch er wusste, dass sich das bald ändern würde.

»Los, wir nehmen die Schuhe«, sagte ein anderer Junge. »Nimm die scheiß Schuhe.«

»Zehneinhalb«, sagte Virgilio und fing an zu rennen. Die Turnschuhe trommelten hart auf den Asphalt.

Die Jungs folgten ihm nicht. Seine Nikes hatten möglicherweise die falsche Größe.

»Seine Füße sind zu groß, seine Füße sind zu groß«, sagte Alma mit einem Lachen, das an Hysterie grenzte, als Virgilio zu Hause ankam, aus der Puste und ohne Lebensmittel. »Sie haben ihn wegen seiner großen Füße in Ruhe gelassen.«

Später schimpfte sie mit ihm. »Wenn du nicht zu was Besonderem gehen wolltest, hättest du deine neuen Turnschuhe nicht tragen sollen«, sagte sie. Sie musste glauben, dass der Zwischenfall durch etwas ausgelöst worden war, was er getan hatte, etwas, was sie ihm für die Zukunft verbieten könnte.

»Sind doch nur Turnschuhe«, maulte Virgilio nicht besonders überzeugend, als er die Schuhe von den Füßen schleuderte und in eine Ecke seines engen, nicht aufgeräumten Zimmers kickte.

1993

Der Mord

Die Schreie in der 28 Lamartine Terrace im Südwesten Yonkers', in einer Nachbarschaft, die zwischen relativ sicher und etwas beängstigend pendelte, begannen kurz vor 20:00 Uhr. »Hilfe, er bringt mich um! Helft mir, ich sterbe!«, schrie Helen Sarno, eine Siebzigjährige, die im sechsten Stock wohnte. Sie hatte dichtes, weißes Haar und eine stolze Haltung. Ihre Nachbarn, von denen sie viele kannte, nannten sie »Miss Helen«.

»Hilfe, er bringt mich um!«

Das Ehepaar ein Stockwerk tiefer war schon im Halbschlaf, als es sie hörte. Sie zogen ihre Sachen an, griffen sich ihr Baby und rannten ein Stockwerk höher, um der Ursache des Schreiens nachzugehen.

»Helft mir, ich sterbe!«

Der Mann, der auf demselben Flur wie Miss Helen wohnte, wollte gerade mit seinem Hund spazieren gehen, als er sie hörte. Er scheuchte sein Haustier zurück in die Wohnung, brüllte seiner Stieftochter zu, sie solle die Polizei alarmieren, und rannte hinüber zu Miss Helens Wohnungstür.

»Hilfe, er bringt mich um, zu Hilfe, ich sterbe!«

Ein weiterer Nachbar auf dem Flur rasierte sich gerade, als die Schreie anfingen, und er raste in Unterhosen hinaus, mit dem Rasierschaum noch im Gesicht und einem Baseballschläger in der Hand.

Gemeinsam hämmerten sie gegen die Tür und brüllten: »Lass sie in Ruhe!« und »Mach die Tür auf!« Kurz darauf sagte eine männliche Stimme von drinnen: »Es ist okay. Ich bin der Sohn, wir streiten uns gerade.«

»Helft mir!«, schrie Miss Helen wieder. Das waren die letzten Worte aus der Wohnung. Schon bald wurden die Schreie zu einem Stöhnen. Minuten später verstummte auch das Stöhnen. Das einzige Geräusch, was die Nachbarn hörten, war das Klopfen ihrer eigenen Fäuste gegen die Tür.

Weitere Zeit verging. Fünf Minuten, vielleicht zehn, und dann, plötzlich, wurde die Tür aufgerissen und ein Mann stürmte auf den Flur. Es war ein junger Latino, ungefähr zwanzig Jahre alt, leicht gebaut, ungefähr 1,65 m und 55 Kilo. Er trug eine Jacke, grüne Jeans, einen roten Pullover und Timberland-Stiefel, die voller Blut waren. Auf dem Kopf trug er eine weiße, flauschige Wintermütze – vielleicht ein Versuch, sich zu tarnen? Mit einer schnellen Bewegung knallte er die Tür hinter sich zu, wodurch sie sich schloss und die Nachbarn davon abhielt, in die Wohnung zu stürmen.

Er setzte an, um die Männer auf dem Flur herum zu rennen, doch es war zu eng und seine einzige Chance war sich durchzuboxen. Sie packten ihn, doch er versuchte zu fliehen, also hieben sie mit ihren Fäusten und dem Baseballschläger auf ihn ein. Er kroch einige Meter, verlor dabei seine Mütze, und sie packten ihn wieder. Dann wand er sich aus seiner Jacke und ihren Griffen und rannte das Treppenhaus hinunter.

Als er das Haus durch den Vordereingang verließ, hielt gerade ein Streifenwagen, der auf den Notruf des Nachbarn hin gekommen war, und die Beamten sahen einen Latino in grünen Jeans, einem roten Pullover, Timberland-Stiefeln auf dem Bürgersteig gehen, ohne Jacke. Es war zu kalt an diesem Januarmorgen, drei Tage nach Neujahr, um ohne Jacke hinauszugehen. Eine junge Frau lehnte sich aus dem Fenster eines oberen Stockwerks, zeigte auf den Mann und brüllte: »Das ist der Typ, das ist er! Halten Sie ihn auf!« Der Mann flitzte um die Ecke zur Rückseite des Gebäudes, und die Beamten folgten ihm. Er wurde in die Enge getrieben und nach kurzer Rangelei in Handschellen abgeführt.

»Ich wollte nur der Lady helfen«, sagte er. »Die behaupten, ich hätte ihr was antun wollen.« Als die Beamten ihn in den Streifenwagen setzten, hielt die Frau im Fenster anerkennend ihren Daumen hoch.

In der Zwischenzeit war ein dritter Beamter nach oben gegangen, erfuhr von den Nachbarn, was passiert war, und versuchte, die Wohnungstür zu öffnen. Dann kletterte er auf die Feuerleiter eines angrenzenden Gebäudes, um es am Küchenfenster zu probieren. Auch das war verschlossen, doch er konnte durch die Gardine in die Küche sehen und blickte in einen blutgetränkten Raum. Der Boden war fast komplett mit einem sich ausbreitenden, tief dunkelroten, klebrig und ekelhaft aussehenden Kreis überzogen, in dessen Mitte ein Eispickel lag.

Der Beamte bat um eine Decke, die er mit einer Hand über das Fenster hielt, während er mit der anderen Hand die Glasscheibe einschlug. Dann kletterte er auf den Küchentisch, sprang über die Blutlache und folgte zwei Paar Fußabdrücken durch einen kleinen Flur in das Schlafzimmer. Dort sah er die ältere Dame, Helen Sarno, zusammengesunken auf dem Boden, an eine Seite des Bettes gelehnt. Sie war bekleidet mit einem blutgetränkten Hausmantel. Auf dem Bett lag eine offene Brieftasche, die eine Cafeteria-Club-Karte des St. Joseph's Medical Center enthielt, einen Busfahrplan, eine Rabattkarte der Stadt für Senioren, einige Lebensmittelgutscheine und dreizehn Dollar und sechzehn Cents. Ihre leblose Hand krallte sich um eine kleine, schwarze Geldbörse. Später fanden die Detectives darin einen Rosenkranz.

Der Beamte eilte zur Tür, öffnete sie und ließ die Sanitäter hinein. Sie konnten nichts mehr tun. Helen Sarno war an fünf Stichwunden gestorben – in Gesicht, Hals, Brustkorb und eine im Rücken. Die Wunde im Hals durchtrennte Drosselvene und Luftröhre. Die Wunde auf dem Rücken durchbohrte die Lunge bis ins Herz. Diese Wunde war knapp zwölf Zentimeter tief, was bedeutete, dass der Eispickel praktisch bis zum Griff versenkt worden war.

Die Detectives gingen mit einigen Nachbarn hinaus, wo sie sich den Verdächtigen auf der Rückbank des Streifenwagens ansehen sollten. Einer nach dem anderen starrte durch das Fenster und sagte: »Das ist er.« Kurz darauf wurde der Gefangene zur

Polizeistation gebracht, wo ihm seine blutige Kleidung als Beweisstück abgenommen wurde und er einen Gefängnisoverall bekam. Die Schnitte an seinem Kopf und den Händen wurden fotografiert und dann verbunden. Er wurde erkennungsdienstlich behandelt und anschließend einem ersten Verhör unterzogen.

Nach seinem Namen gefragt, antwortete er: »John Mateo Santos.«

Nach seiner Adresse gefragt, sagte er: »115 Gaffney Place.«

—

Am nächsten Tag berichtete die Zeitung über das heroische Verhalten von Helen Sarnos Nachbarn, und Johns Adresse war schon bald das Gesprächsthema Nummer eins auf der Ostseite. John Santos. Nun hatte die abstrakte Angst der Hausbesitzer einen Namen. Er stand für all die Mörder und Drogendealer, die, ganz sicher, von der anderen Seite der Stadt importiert worden waren. Dass der Mord an Helen Sarno auf der Westseite stattgefunden hatte, in der Nähe der Hochhäuser, nicht auf der Ostseite bei den Reihenhäusern, war nichts als eine vernachlässigte Marginalie, die sich in der allgemeinen Empörung verlor.

Die öffentliche Wut richtete sich auf alles, egal ob es einen Sinn ergab oder auch nicht. Es wurden Rufe nach der Todesstrafe für John Santos laut, obwohl es im Staat New York zu dieser Zeit keine Todesstrafe gab. Man verlangte den Rücktritt von Peter Smith. Mehr als ein Politiker schlug vor, dass an den Reihenhäusern Monitore angebracht würden, um festzuhalten, wer zu Besuch kam und wie lange er blieb. Es wurde gefordert, dass die Reihenhäuser dichtgemacht werden sollten und das ganze Projekt als Misserfolg erklärt würde.

Mary Dorman bekam die volle Wucht der Wut zu spüren. Wenige Tage nach Johns Festnahme fand ein Meeting der *Lincoln Park Taxpayers Association*, Marys Vereinigung, statt, und sie wurde demonstrativ nicht eingeladen. »Mary Dorman hat uns angelogen«, rief ein früherer Freund von ihr. Und genau genommen hatte Mary das auch. Nicht wissentlich, aber signifikant. Sechs Monate lang hatte sie ihren Nachbarn versichert, dass *Municipal Housing* die neuen Reihenhäuser penibel überwachte und dass jeder, der Ärger machte, prompt entfernt würde. Die Mietverträge von *Municipal Housing*, hatte sie Kritikern erzählt, waren stets an eine Kündigungsfrist von dreißig Tagen gekoppelt, was bedeutete, dass man sich schnell und einfach um Querulanten kümmern konnte. Doch die neuen Geschichten über John Santos besagten auch, dass zum aktuellen Zeitpunkt kein einziger Mieter die Reihenhäuser verlassen musste.

Natürlich bekam auch Billie Rowan die Hitze zu spüren. Zwei Wochen nach Johns Inhaftierung wurde sie mit der Kündigung ihres Hauses am Gaffeny Place konfrontiert. Ihre Zukunft in den Reihenhäusern war nicht wegen Johns Tat gefährdet – noch nicht einmal die beschränkten Vorschriften des *Housing Departments* machten einen Erwachsenen dafür verantwortlich, was ein anderer getan hatte – doch seine Tat brachte ans Licht, dass er dort gewohnt hatte. John stand nicht in Billies Mietvertrag, er sagte den Polizeibeamten jedoch, er würde in den Reihenhäusern wohnen. Wenn er dort lebte, war das ein Kündigungsgrund.

Billie Rowan wurde beschuldigt, das zu tun, was die Leute überall im sozialen Wohnungsbau taten und was ein großer Prozentsatz ihrer Nachbarn in den Reihenhäusern tat – mit den Männern ihres Lebens ohne Trauschein oder Mietvertrag zusammenzuleben. Offiziell waren drei Männer in drei verschiedenen Mietverträgen in der Trenchard Street und am Gaffney Place aufgeführt, aber inoffiziell und unverfroren waren überall Männer, zu jeder Stunde. Sie lagerten ihre Kleidung in den unterdimensionierten Einbauschränken, schliefen in Schlafzimmern, in die kaum ihre Doppelbetten passten, aßen ihre Mahlzeiten in den beige-auf-beigen Küchen, wurden auf Telefonen angerufen, die nicht auf ihren Namen liefen, und, abhängig davon wie vorsichtig sie waren, erhielten ihre Post am gemeinschaftlichen Schlüsselbriefkasten am Straßenrand, zu dem sie gar keinen Schlüssel haben durften.

Sie waren dort, weil die Frauen, mit denen sie zusammen waren, sich nicht um die Regeln kümmerten. Genau wie Doreen James ihre Schwester in den Anfangsmonaten gebeten hatte, zu ihr zu kommen, und sie dann nie mehr bat, wieder auszuziehen, hatten ihre Nachbarinnen in den meisten Fällen entschieden, dass es ihre Privatsache wäre, mit wem sie ihr Leben teilten, und ihren Vermieter nichts anging. Es war eine Haltung, die Peter Smith beunruhigte, nicht weil er sie nicht ändern konnte, sondern weil er sie komplett nachvollziehen konnte, was es für ihn umso schmerzlicher machte, die Kündigung durchzusetzen.

Die Statuten im öffentlichen Wohnungsbau schrieben vor, dass alle *dauerhaften* Mitglieder eines Haushaltes im Mietvertrag aufgelistet sein mussten, womit Menschen gemeint waren, die wirklich dort lebten und die auch in absehbarer Zukunft dort leben würden. Aber für zu viele Frauen in den Siedlungen war Dauerhaftigkeit eine Frage der Definition. War John ein dauerhafter Teil von Billies Leben? Oder machte er lediglich Zwischenstopps während eines längeren Aufenthaltes im Zuchthaus? Verließ er sie für mehrere Tage hintereinander, ohne ihr zu sagen, wohin er ging? Sie wusste, dass sie jeden Morgen aufwachen könnte und er wäre fort, und sie wäre nicht die einzige ihr bekannte Frau, die so plötzlich und sporadisch allein gelassen würde. Warum sollte man *Municipal Housing* sagen, dass etwas beständig sei, wenn man sich selbst nicht sicher war?

Aber Regeln waren Regeln, und trotz Peter Smiths Mitgefühl heuerte seine Behörde einen Ermittler an, um mutmaßlichen Schwindlern auf die Schliche zu kommen. Es gab keinen Mangel an Tipps, denen die Ermittler nachgehen konnten, da die Leute auf der Warteliste für Sozialwohnungen – eine Liste, die eintausendfünfhundert Namen und fünf Jahre lang ist – häufig Leute, die bereits in Sozialwohnungen lebten, verpetzten. Die Fertigstellung der Reihenhäuser hatte diesen Trend nur noch verstärkt.

Trotz einer reichlichen Auswahl an Hinweisen waren die Anschuldigungen normalerweise jedoch unmöglich nachzuweisen. Die Behörde schickte dem beschuldigten Übeltäter aufgrund der Vorwürfe eine Vorladung zu einer »informellen Konferenz«, und der Übeltäter kam fast immer mit dem Beweis, dass der »Geliebte« – der Ausdruck, den die Rechtsanwälte der Behörde bevorzugten – wirklich und ehrlich woanders wohnte. Jedes Jahr hielt das Wohnungsamt an die 180 informelle Anhörungen ab, die andere Gründe hatten als nicht gezahlte Miete. Von diesen wurden nur zwölf bis fünfzehn je gekündigt.

Eine von diesen, vermutete Peter Smith, würde Billie Rowan sein. Er hatte keine andere Wahl, als das Verfahren gegen sie in Gang zu setzen. Zu viele Leute beobachteten diesen Fall aufmerksam und verlangten, dass ein Exempel an jemandem statuiert würde.

Am 15. Januar unterzeichnete Smith einen Brief an Billie Rowan, in dem er sie darüber informierte, dass sie Anspruch auf eine Anhörung zu den Vorwürfen vor einem Mieterrat hatte. Man warf ihr vor, heiß es in dem Schreiben, »Paragraf 6 Absatz B des Monatsmietvertrages verletzt zu haben, der Folgendes besagte: Der Mieter stimmt zu, diesen Mietvertrag weder abzutreten noch unterzuvermieten oder den Besitz des Geländes zu übertragen. Er wird ohne vorherige schriftliche Genehmigung der Hausverwaltung weder Pensionsgäste noch Mitbewohner beherbergen. Nach unserem besten Wissen und Gewissen: John M. Santos wurde am 3. Januar 1993 wegen Mordes mit bedingtem Vorsatz verhaftet und angeklagt, und als Adresse gab er 115 Gaffney Place an. Mr Santos wird in Ihrem Mietvertrag nicht als Mitglied Ihres Haushaltes aufgeführt.«

Als Smith den Brief unterzeichnete, wusste er, dass er der Verhandlung nicht beiwohnen würde. Billie hatte zwei kleine Kinder, und er ging davon aus, dass dieser Fall ihm das Herz brechen würde. Er würde das den Rechtsanwälten seiner Behörde überlassen.

Doreen erhebt ihre Stimme

»Was ist los mit dem Amt für Wohnungswesen?«, fragte Doreen James wütend, während sie sich abmühte, ihren voluminösen Körper in Mary Dormans Kleinwagen zu zwängen. Sie wartete eine mögliche Antwort gar nicht erst ab. »Warum macht die Stadt so was? Bestraft sie für eine Sache, die ihr Typ getan hat? Sie hat gesagt, er hätte dort nicht gewohnt. Die sollten sie in Ruhe lassen. Sie ist eine nette Person, und sie hat zwei Kinder. Sie hat doch keinen Ärger gemacht. Warum verschwenden sie ihre Zeit damit, sie zu quälen?«

Bei dem Meeting, zu dem Mary und Doreen fuhren, ging es offiziell nicht um die Sozialbauten. Es war das erste einer Serie von Nur-auf-Einladung-Meetings, die Bürgermeister Zaleski abhielt, eine in jedem Quadranten der Stadt, um sich anzuhören, was die Nachbarschaftsvertreter auf dem Herzen hatten. Ein paar Tage zuvor hatte ein Assistent des Bürgermeisters Mary gebeten, die Mietervertretung der südöstlichen Reihenhaussiedlungen zu kontaktieren, und Mary hatte Doreen angerufen und ihr angeboten, sie hinzufahren.

»Meiner Meinung nach ist er ein Arschloch, weil er ihre Adresse angegeben hat«, sagte Doreen, die den Fokus ihres Ärgers abrupt vom Wohnungsamt auf den mutmaßlichen Mörder gelenkt hatte. »Unsere Männer sind nicht so dumm, ihre Frauen und Familien einem Risiko auszusetzen. So viele Typen werden geschnappt und nennen als ihre Adresse das Obdachlosenasyl für Männer.«

Mit anderen Worten schützte ein Mann in dieser Welt seine Lieben am besten, indem er abstritt, dass es seine waren.

»Sie stellen Regeln auf, als wären wir Kinder«, sagte Doreen. »Man behauptet, sie hätte die Regel gebrochen, weil es im Mietvertrag heißt keine Untermieter oder Ähnliches. Aber ich habe ihren Mietvertrag heute gelesen. Darin steht, dass Heizung und Warmwasser in der Miete enthalten sind. Bei uns sind sie das nicht. Warum geben sie ihr einen Mietvertrag, in dem Heizung und Warmwasser enthalten ist, und sobald sie irgendeine scheiß Regel verletzt, ist sie raus, aber sie dürfen ihre Regeln brechen?«

—

Der große Saal im *Scotti Community Center* war mit einem Dutzend runder Tische gefüllt, an dem jeweils sechs bis acht Stühle standen. Mary und Doreen saßen an einem Tisch an der hinteren Wand und sahen zu, wie sich der Saal füllte. Die Obrigkeit in persona zu konfrontieren, ist schwerer als in der Theorie, und Doreen war deutlich stiller als noch im Wagen. Es war fast nur Mary, die sprach.

»Das ist der Bürgermeister, an dem Tisch dort hinten, und die Leute, die bei ihm sitzen, sind seine Behördenleiter – Polizei, Feuerwehr, Öffentlichkeitsarbeit, all so etwas«, sagte sie und machte eine verbale Führung durch den Saal, überhaupt nicht überrascht, dass sie fast alle wiedererkannte, aber nur mit wenigen Kontakt pflegte. An Marys Tisch saß niemand außer Mary, Doreen und Carolyn Dunclay, die Mieterin aus der Clark Street, die mutig genug gewesen war, die erste Gastgeberin von Marys Meetings zu sein. »Nur ich und diese beiden sehr schwarzen Frauen«, dachte sie und fühlte sich zunehmend unsicherer angesichts der auffällig leeren Stühle an ihrem Tisch. Sie redete und zeigte und betete Namen herunter, als könne sie die freien Plätze füllen, indem sie die Stille füllte.

Schließlich kam Sister Mary Alice aus der St. John the Baptist Church herüber und gesellte sich zu der kleinen Gruppe. Mary sprang dankbar auf, stellte der Schwester Carolyn und Doreen vor, und ging dann zu dem Tisch mit den Erfrischungen auf der gegenüberliegenden Seite des Saales, um für ihre inzwischen ansehnliche Gruppe einen Teller Kekse zu holen.

Sie war erst wenige Schritte gegangen, als sie auf Tony DiPopolo traf, den Vertreter der *Cross County Homeowners Association*. »Peter Smith muss diese Frau in der Trenchard Street rauswerfen«, sagte er, ohne sich mit Smalltalk aufzuhalten. »So etwas können wir hier nicht zulassen.«

»Wir müssen warten und herausfinden, was passiert ist«, sagte Mary. »Es ist nicht fair, Tony, sie nur wegen schlechter Publicity rauszuwerfen. Die arme Frau hat zwei Kinder. So etwas macht man einfach nicht.«

—

Das Meeting begann mit vierzigminütiger Verspätung, weil die Vertreter der *Lincoln Park Taxpayers Association*, die Gruppe, von der Mary kürzlich links liegen gelassen wurde, noch nicht erschienen waren. Sie waren immer noch nicht da, als Zaleski schließlich von seinem Tisch an der Stirnseite aufstand und das Ziel der Zusammenkunft damit beschrieb, »gemeinsam Wege zu finden, die Stadt noch besser zu machen«, und jeden seiner Behördenleiter bat, kurz zu sagen, wer sie seien und was sie machten. Als sie damit durch waren, stand der Bürgermeister auf und bat jeden im Saal, sich vorzustellen und zu sagen, von welcher Organisation er kam. Es war wie auf dem Career Day in Yonkers.

Mary unterstützte Doreen. »Wenn du an der Reihe bist, steh einfach auf, nenn deinen Namen und sag, dass du eine Vertreterin von Trenchard bist«, flüsterte sie. Und Doreen stand auf, doch stellte sich stattdessen als die Vertreterin der Andrew Smith Townhouses vor, was, das hatte Mary vergessen, der offizielle Name der Siedlung war.

Dann war Mary an der Reihe. Als sie aufstand, stieg ein Hauch Panik in ihr auf. Was sollte sie sagen, für wen *sie* hier war? Ihre offizielle Rolle im HERE-Programm war seit sechs Monaten beendet. Konnte sie immer noch sagen, sie wäre eine Vertreterin von HERE? Ihr Verhältnis zur *Lincoln Park Taxpayers Association* war bestenfalls getrübt, doch konnte sie trotzdem sagen, dass sie die Vereinigung vertrat, da niemand aus der Gruppe da war, um ihr zu widersprechen?

»Ich bin Mary Dorman«, sagte sie. »Ich bin aus Lincoln Park, doch ich vertrete hier nicht die Organisation. Ich bin Teil des HERE-Teams, dem Sozialbau-Umsiedelungsteam, und ich bin hier, um die Mieter der Sozialwohnungen auf der Ostseite zu vertreten.«

Als Nächstes eröffnete der Bürgermeister die generelle Diskussion über Vorschläge und Sorgen. Zuerst wurde viel über Graffiti geredet. Dann gab es eine längere Diskussion über Schülerlotsen. Zaleski erklärte geduldig die Finanzlage und die Personalengpässe, die die Stadt davon abhielten, die beiden Probleme zu lösen. Während er sprach, kamen mehrere Mitglieder von *Save Yonkers* herein und nahmen in der Nähe der Tür Platz. Obwohl er weiterredete, wirkte der Bürgermeister auf Mary für einen Augenblick alarmiert.

Auch sie war alarmiert. Sie kannte diese Leute und hatte Sorge, dass sie hier waren, »um die Sache mit dem Mord anzusprechen«.

Im Anschluss an ihre öffentliche Erklärung, auf Seiten der Mieter zu stehen, fühlte sie sich knallhart und wehrhaft. »Wehe, wenn ihr Ärger macht«, dachte sie und starrte die Gruppe von *Save Yonkers* zornig an. »Denn wenn ihr das macht, stehe ich auf und haue euch eine rein.«

—

Der Mord wurde ein Thema, jedoch nicht vonseiten *Save Yonkers*.

Weil sie es leid war, über Graffiti und dergleichen zu hören, hob Doreen James ihre Hand, blieb auf ihrem Platz sitzen und sagte das, weswegen sie hier war. Sowie sie zu reden begann, verstummten alle im Saal, und so blieb es auch, bis sie fertig war.

»Ich möchte über die Kommentare der beiden Gentlemen des Stadtrates reden«, sagte sie und bezog sich auf einen Bericht, den sie tags zuvor in den Abendnachrichten gesehen hatte, bei dem es um die Reaktionen auf den Mord ging.

»Die Mieter in den neuen Häusern sind sehr aufgebracht über das, was diese Herren da sagen. Uns gefallen ihre Vorschläge nicht, die Häuser zu überwachen, zu kontrollieren, wer uns besucht und solche Dinge. Wie würden sie reagieren, wenn man dasselbe über sie sagt? Ich bin sicher, sie wären auch verärgert. Die Mieter sind anständige Leute, und die Mieterin, der wegen dieser Sache eventuell gekündigt wird, auch. Dieser Mann, Santos, hat nicht am Gaffney Place gewohnt, und man sollte nicht davon ausgehen, dass es so war, nur weil er das behauptet hat.«

Mary hörte zu, stolz und erleichtert. »Sie war großartig«, beschrieb Mary die Rede später gegenüber Buddy. »Eloquent. Und ihr Englisch war großartig. Ich glaube nicht, dass sie irgendwelche stilistischen oder grammatikalischen Fehler gemacht hat, was das angeht, und darüber war ich froh, denn ich wollte, dass sie wirklich gutes Englisch spricht und es nicht vermurkst, so, wie sie das manchmal tun.«

Als Doreen fertig war, stand der Polizeipräsident auf und sagte, ja, Doreen habe recht, der fragliche Mann sei kürzlich aus der Haft entlassen worden und es sei sehr wahrscheinlich, dass er nirgendwo wirklich wohnte. Auch die Beamten des zweiten Reviers meldeten sich zu Wort und sagten, es gäbe von keiner der Siedlungen etwas Ungewöhnliches zu berichten.

Dann hob Doreen wieder die Hand und fragte, ob die Polizei bei den neuen Siedlungen regelmäßig Streife fahre, und der Behördenleiter sagte, ja, es führe ständig jemand Streife. Warum, fragte er, wolle sie das wissen?

»Weil ich sie noch nie gesehen habe, außer bei Problemen«, antwortete Doreen. »Niemand kommt vorbei, nur um einmal zu schauen, wie es uns geht.«

Und wo sie gerade bei Graffiti wären, sagte sie, als der Leiter der Polizeibehörde unbehaglich guckte, ob die Beamten wüssten, dass »im Park gegenüber von Trenchard die Kids rumhängen, Graffiti sprühen und wahrscheinlich Drogen nehmen, und zwar nicht die Kinder aus der Trenchard, weil unsere Kinder noch nicht so alt sind, sondern die Kids aus der Nachbarschaft?«

Der Behördenleiter und der Beamte des zweiten Bezirks berieten sich kurz und sagten dann, nein, das hätten sie nicht gewusst, aber »jemand wird sich darum kümmern«. Doreen zuckte mit den Schultern, eine Geste, die eloquenter war als ihre Rede, ihr übliches Achselzucken, das sagte: »Das glaube ich erst, wenn ich es sehe.«

Die Unterhaltung ging zu anderen Leuten und anderen Themen über, doch Mary bekam nichts davon mit. Sie war zu sehr damit beschäftigt, das Treiben um ihren Tisch herum zu beobachten. Zuerst kam der Beamte des zweiten Bezirks zu Doreen, gab ihr seine Karte und sagte: »Wenn Sie irgendwelche Probleme haben, rufen Sie uns bitte an. Wir sind wirklich daran interessiert, wie es bei Ihnen so läuft. Es braucht nicht erst Ärger zu geben, bevor Sie uns anrufen.«

Dann kam ein Mann herüber, den Mary von ihren Demonstrationen her kannte – und der sie hochmütig ignoriert hatte, seit sie sich vor einigen Monaten dem Sozialbauprogramm angeschlossen hatte –, um mit Doreen zu sprechen. Er lobte ihre Worte und schlug vor, Fotos von den Graffiti auf ihrem Spielplatz zu machen, als Beweis des Problems. Mary war sprachlos. »Das war einer der Fanatiker gewesen«, sagte sie, während sie in der Küche Buddy alles erzählte. »Ich habe keine Ahnung, wie sie ihn rumgekriegt hat.«

Schließlich erschien Tony DiPopolo an Doreens Seite. Er stand nur knapp einen Meter von Mary entfernt, und ihm musste klar sein, dass sie jedes Wort mithörte. Ohne Mary anzusehen, lobte auch er Doreens Wortmeldung. »Was Sie über diese arme Frau gesagt haben, war sehr freundlich«, sagte er. »Nun, wenn er nicht dort gewohnt hat, dann hoffe ich, werfen sie sie nicht hinaus.«

Die Angst, die niemals vergeht

Am Tag nach dem Bürgermeistertreffen warf jemand die Scheibe von Nicks Büro im dritten Stock ein.

»Wahrscheinlich ein Dummerjungenstreich«, sagten die Polizeibeamten ihm, und er bemühte sich, daran zu glauben.

Am nächsten Morgen wurden Nick und Nay um 7:30 Uhr vom Klingeln des Telefons geweckt. Es war nicht ihr Privatanschluss, sondern der andere, der im Telefonbuch von Yonkers stand und den die Stadt bezahlte. Eine Vergünstigung, die allen gewählten Abgeordneten zuteilwurde, damit sie besser erreichbar erschienen. Vom Bett aus hörte er die gedämpfte Aufnahme des Anrufbeantworters, und jeder Gedanke an weiteren Schlaf endete, als der fanatische Anrufer seine Nachricht hinterlassen hatte.

Etwas über eine tote Katze – ihre Katze? – und ein Auto. Sie zogen sich Pullover an, schnürten die Winterstiefel zu, hüllten sich in Mützen, Handschuhe und Schals und gingen hinaus.

Der Wagen war am Fuße ihrer langen Einfahrt geparkt, wie den ganzen Winter über, eine Vorsichtsmaßnahme im Falle eines plötzlichen Schneesturms. Sie mussten daher fast den ganzen Weg bis zum Bürgersteig hinuntergehen, bevor sie sahen, was jemand ihnen sehr deutlich zeigen wollte: Auf der Windschutzscheibe lag eine rotbraune Tigerkatze, eine aus einer Gruppe von Streunern, die Nick während dieses besonders kalten Winters adoptiert hatte.

Die Katzen kamen nie ins Haus, denn der Hund biss sie und sie brachten Nay zum Niesen. Doch jeden Abend nach dem Essen brachte Nick ein Stück Aluminiumfolie mit Resten hinaus und legte es neben die Eingangstür. Außerdem hatte er im Schuppen einige Decken auf den Boden gelegt, damit die Tiere einen einigermaßen warmen Ort hatten, an dem sie schlafen konnten.

Nun war eine dieser Katzen tot – die, die aussah wie die Katze aus der *Nine-Lives*-Werbung der Firma Morris – und starrte sie aus leeren Augen an. Er wollte das Tier nicht anfassen, doch von dort, wo er stand, konnte er eine Wunde in der Kehle des Tieres sehen und eine andere im linken Bein – zwei runde, blutige Kreise. Weder Nick noch Nay hatten je zuvor eine Schusswunde gesehen. Sie hatten keine Zweifel, dass sie jetzt welche sahen.

Neben der gefrorenen Kreatur lag ein abgenutzter Lederhandschuh – ein Arbeitshandschuh, den Nick in der Garage neben ihrem Haus aufbewahrte. Der Handschuh machte ihnen mehr Angst als die grausige Katze. Wäre er nicht dort gewesen, hätten sie das Ganze als einen merkwürdigen Zwischenfall abtun können, der nicht gegen sie gerichtet war. Doch der Handschuh machte diese Hoffnung zunichte. Der Handschuh machte deutlich, dass jemand oben bei ihnen auf dem Hügel gewesen war, bei ihrem Haus. Und noch wichtiger, es machte deutlich, dass jemand ihnen zeigen wollte, dass er dort gewesen war.

»Du gehst ins Haus, ich kümmere mich um das hier«, sagte Nick. Nay rannte zurück ins Haus.

Einige Minuten später kam die Polizei. Sie machten ein paar Fotos, stellten ein paar Fragen und trugen die Katze fort.

»Sie denken, es ist ein böser Streich«, berichtete Nick, nachdem sie gegangen waren.

»Jemand hat den Handschuh aus unserer *Garage* geholt«, sagte Nay und hatte Angst – trotz der Alarmanlage, mit Sensoren an den Fenstern und einem Bewegungsmelder, die sie vor Jahren während ihrer ersten Sanierungsphase installiert hatten. »Wenn jemand in die Garage kommt, dann kommt er auch ins Haus.«

»Sie haben sie umgebracht, weil sie dachten, es wäre meine Katze«, sagte Nick. »Ich habe schon mal Gewehrpatronen mit der Post bekommen, aber …«

Der Satz hing eine Weile unbeendet in der Luft, weil niemand diesen Gedanken laut beenden wollte.

Billies Anhörung

Am Morgen ihrer Kündigungs-Anhörung nahm Billie Rowan den Bus Nummer 20 die Central Avenue hoch. Sie hatte ihre Mutter überredet, einige Stunden auf Shanda aufzupassen, doch zwei Kinder waren der Mutter zu viel, also hatte sie Johnny mitgenommen.

Er schlief im Bus ein und wachte auch nicht auf, als Billie ihn in das gedrungene, senffarbene Backsteinhaus trug, dem Hauptsitz von *Municipal Housing*. Er schlief auch die ganze Fahrstuhlfahrt über, und den Gang über den schäbigen Flur zu dem Konferenzzimmer, und er schlief weiter, als sie ihn vom einen Arm auf den anderen hievte, während sie sich achselzuckend von ihrem Wintermantel befreite. Sie wagte nicht, ihm die Jacke auszuziehen, aus Angst, dass er dabei dann doch aufwachte. Also nahm sie Platz und rückte ihren zusammengerollten, träumenden Jungen auf dem Schoß zurecht.

Als diejenigen, die über sie richten würden, hereinkamen, gurrten sie voller Sorge um den kleinen Jungen. »Warum legen Sie ihn nicht auf den Boden? Wäre es dort für ihn nicht viel bequemer?«, fragten sie, doch Billie verneinte. Sie wollte deutlich machen, dass es genau dieses Kind war, dessen Haus sie versuchten wegzunehmen, doch je weniger sie sagte, desto besser, spürte sie. Während der nachfolgenden Befragung hielt sie Johnny an sich gedrückt, ein Schutzschild, gewickelt in Parka und Handschuhe.

Die beiden nahmen am Kopfende des Tisches in der Nähe der Tür Platz. »Es ist wie ein Abendessen an der Central Avenue«, dachte sie, »und sie sind alle hier, um *mich* zu verschlingen.« Den Vorsitz dieses Festmahls hatten zwei weiße Männer, die aussahen wie Rechtsanwälte. Sie stellten sich vor, doch Billie sah keinen Grund, sich ihre Namen zu merken. Entlang des Tisches saßen fünf Frauen, von denen die meisten aussahen wie sie selbst. Selbe Hautfarbe, ungefähr dasselbe Alter, vermutlich alle auch Mütter. Sie waren die Mitglieder des Mieter-Gremiums, die über ihre Zukunft entscheiden würden.

Billie war erleichtert, dass sie zwei davon schon kannte. Sie ging fest davon aus, dass sie sich aus diesem Schlamassel herausreden könnte, wenn sie nur mit den Leuten reden könnte, die sie verstünden. Sadie Young Jefferson, die sich wie der Boss der Gruppe zu benehmen schien, war tatsächlich mal ihr Boss gewesen, als sie vor Jahren während eines Arbeitsbeschaffungsprogramms eine Ausbildung als Telefonistin in einem städtischen Büro absolviert hatte. Neben Sadie saß Caliope James, auch Mitglied von READY und Doreens Großtante. Als John verhaftet wurde, hatte Doreen zu Billie gesagt: »Ruf an, wenn du etwas brauchst.« Vielleicht könnte Doreen letztendlich doch helfen.

Der Mann, der der leitende Rechtsanwalt zu sein schien, eröffnete das Meeting, indem er erklärte, Billie sei »fristlos gekündigt worden, da sie gegen Paragraph 1, Paragraph 6B, Paragraph 11 und Paragraph 21 ihres Mietvertrages verstoßen habe. Der Kernpunkt sei, dass sie mit einer Person zusammengelebt habe, die sie nicht ihrer Mieteraufsicht gemeldet hat, was unter bundesstaatlicher Regelung gemeldet werden müsse, um die exakte Höhe der Miete festzulegen.«

Entsprechend der Regularien des Wohnungsamtes bezüglich des Verfahrens zu einer fristlosen Kündigung, erklärte er, habe Billie zuerst das Wort und solle nun ihre »Beweise vorlegen, welche den Befund der *Housing Authority* widerlegen, aufgrund dessen ihr fristlos zu kündigen ist«. Dann bat er darum, dass Billie vereidigt würde, genau wie im Film. Anschließend wurde ihr gesagt, nun wäre sie an der Reihe zu reden.

»Man hat mir gesagt, mir würde fristlos gekündigt, weil John Santos bei mir gewohnt hätte, was nicht stimmt.« Sie hielt Johnny mit einer Hand fest und zog mit der anderen ein gefaltetes Blatt Papier aus der Tasche. »Er wurde entlassen, und sein Wohnort war 132 Bruce Avenue. Ich habe hier ein Papier, auf dem das steht. Und ich finde, mir sollte nicht gekündigt werden, wenn er nicht bei mir wohnte. Was für Beweise Sie auch immer haben, er hat nicht bei mir gewohnt.«

Sie übergab dem Rechtsanwalt den Brief, der ihn entfaltete, las, und nicht sonderlich beeindruckt aussah. Zum ersten Mal fragte sich Billie, ob sie vielleicht besser einen eigenen Anwalt mitgebracht hätte, oder zumindest einen Freund.

»Hier steht nur, dass er am 12. August in seinem Entlassungsbescheid dem State of New York Executive Department Division of Parole angegeben hat, er würde bei seiner Mutter, Carolina Santos, in der 132 Bruce Street wohnen«, sagte der Rechtsanwalt. »Beabsichtigen Sie, Carolina Santos als Zeugin anzugeben?«

»Ja«, sagte Billie. »Sie kommt hierher«, sagte sie mit so viel Zuversicht, wie sie vortäuschen konnte, da sie noch nicht einmal auf die Idee gekommen war, Carolina darum zu bitten. Sie hielt einen Augenblick inne und entschied, so wenig wie möglich zu lügen. »Wenn ich sie dazu bewegen kann herzukommen, oder wenn sie eine schriftliche Erklärung abgibt, die ich dann beglaubigen lasse oder so, dann würde ich das tun«, sagte sie.

Sadie ergriff das Wort. Sie hörte sich für Billie wärmer an als der Rechtsanwalt, doch nicht annähernd so mitfühlend, wie Billie gehofft hatte. »Kennen Sie diesen Mann eigentlich?«, fragte Sadie. »Kennen Sie den Mann, von dem hier im Brief die Rede ist?«

Es war ein Tonfall, der zu sagen schien: Sag uns, dass du diesen Mann noch nie gesehen hast, Billie, und das alles hier ist direkt vorbei. Aber Billie wusste, dass sie damit nie davonkommen würde.

»Ja«, sagte sie.

»Woher kennen Sie ihn?«

»Er ist mein Freund. Er ist der Vater meiner beiden Kinder.« Das sah vielversprechend aus, dachte Billie. Vielleicht konnte sie ihnen erklären, wie sie versucht hatte, mit John ein Leben aufzubauen, versucht hatte, sie zu einer Familie zu machen, vielleicht wäre das wichtiger als der Mietvertrag. Aber eine andere Mieterin unterbrach Sadie und brachte das Gespräch zurück auf den Brief, den Billie als einziges Beweisstück mitgebracht hatte.

»Nur weil auf einem Stück Papier steht, er hätte gesagt, dass er dort wohnen würde, heißt das doch noch lange nichts«, sagte sie. »Ich könnte auch sagen, ich lebe in Washington D.C.«

»Ich verstehe«, sagte Billie. »Aber ich bin jetzt hier, weil er gesagt hat, er hätte meine Adresse versehentlich angegeben, und deswegen will man mir kündigen.«

Caliope James fragte: »Wenn er in der 132 Bruce Avenue gewohnt hat, warum hat er dann Ihre Adresse angegeben?«

»Wahrscheinlich unter Schock oder so«, sagte Billie. »Ich habe mit ihm gesprochen, und er hat gesagt, er hätte einfach so geantwortet.«

»Warum«, fragte der Rechtsanwalt, »würde er eine Adresse angeben, wenn er dem Bewährungshelfer schriftlich angegeben hat, er würde in der 132 Bruce Ave wohnen?«

»Wie ich gesagt habe, er wurde gerade wegen Mordes festgenommen.«

Sadie mischte sich ein und versuchte, so kam es Billie vor, einen Ausweg anzubieten. »Hat er sich je in Ihrem Haus aufgehalten?«, fragte sie.

Billie konnte ihnen mit Sicherheit nicht die Wahrheit sagen.

»Also, nein. Er ist oft zu Besuch da gewesen. Er war ständig wegen der Kinder und meinetwegen da.«

»Aber er hat nie bei Ihnen gewohnt?«

»Nein, er hat dort nie gewohnt.«

Der Rechtsanwalt sah aus, als wüsste er es besser. »Haben Sie irgendjemandem erzählt, dass Mr Santos bei Ihnen wohnt?«

»Nein.«

»Haben Sie es Ihrem Sozialarbeiter erzählt?«

Billie dachte an den Glaskasten beim Sozialamt, wie sie dort mit John gesessen und ein Formular nach dem anderen ausgefüllt hatte, um ihn als »wesentliche Person« ihres Haushalts zu erklären. Eine Unterschrift nach der anderen, ihre und dann seine, um zu bestätigen, dass sie zusammenlebten, ihre Mahlzeiten zusammen kochten. Kurz nach der Abtreibung war sie mit ihm dorthin gegangen, um diese Änderungen durchzuführen. Es war kein Baby, aber sie dachte, es würde beweisen, dass sie ihn immer noch liebte. Und die zusätzlichen vierundachtzig Dollar im Monat, die seine Anwesenheit einbrachte, taten auch nicht weh. Sie halfen, die Rechnungen zu bezahlen, und gaben John das Gefühl, er sei der Herr im Haus.

Natürlich hätte ihr klar sein sollen, dass dieser Anwalt das herausfinden würde.

»Ja oder nein«, sagte der Rechtsanwalt, während sie zögerte. »Haben Sie es Ihrem Sozialarbeiter erzählt?«

»Nein, habe ich nicht.«

»Haben Sie es dem Bewährungshelfer von Mr Santos gesagt?«

All diese Besuche im Reihenhaus, um John zu überprüfen. Natürlich wusste er auch davon.

»Nein.«

»Sie haben keinem dieser Leute erzählt, dass er bei Ihnen wohnt?«

»Nein.«

»Als Sie Ihre Sozialhilfe abgeholt haben, haben Sie da beim *Department of Social Service* angegeben, dass Mr Santos bei Ihnen wohnt?«

»Also, nein.«

»Erhalten Sie unter Umständen zusätzliche Sozialhilfe, weil Mr Santos angeblich bei Ihnen wohnt?«

»Wenn er zu Hause war, ja, dann habe ich Sozialhilfe für ihn erhalten.«

»Haben Sie also dem Sozialamt mitgeteilt, dass er bei Ihnen wohnt oder nicht? Sie stehen unter Eid.«

»Ja«, sagte Billie leise. »Ja.«

Sie versuchte zu argumentieren, dass John nicht wirklich in der 115 Gaffney wohnte, aber dass das Geld aus persönlichen Gründen, die sie nicht erklären könnte, zu ihr kam anstatt zu ihm. Warum, fragte der Anwalt, wurde dann der monatliche Scheck auf Billie ausgestellt? Warum erhielt John keinen separaten Scheck, sondern stattdessen erhielt Billie ihren monatlichen Scheck, erhöht um die Summe von vierundachtzig Dollar, nachdem Johns Name hinzugefügt worden war?

Darauf hatte sie keine Antwort, denn es gab darauf nur eine mögliche Antwort, und die wollte sie nicht aussprechen. Johns Geld war Teil ihrer Sozialhilfe, weil John Teil ihres Haushalts war. Stattdessen sagte sie schwach: »Wenn ich gewusst hätte, dass es unter Vorgabe falscher Tatsachen oder so etwas war, hätte ich es so nicht gemacht.«

Doch der Anwalt ließ das Thema nicht auf sich beruhen. »Wie lange bekommen Sie schon Sozialhilfe?«, fragte er.

»Vielleicht zwei oder drei Jahre.«

»In dieser Zeit haben Sie das *Department of Social Service* mehrfach aufgesucht, um Auskunft zu geben im Zusammenhang mit der Höhe der zu erwartenden Beihilfe, richtig?«

»Ja.«

»Und man hat Sie beraten, inwieweit Ihnen Sozialhilfe zusteht, nicht wahr?«

»Ja.«

»Hat man Ihnen nicht auch gesagt, dass man Sozialhilfe ausschließlich für Menschen bekommt, die bei einem leben?«

»Also, nicht dass ich wüsste. Das ist schon lange her.«

»Wollen Sie mir etwa sagen, ich könnte Sozialhilfe für jemanden erhalten, der nicht bei mir wohnt? Wie kann Ihre Sozialhilfe angehoben werden, wenn Sie denen nur gesagt haben: ›Der wohnt nicht bei mir‹? So dumm sind Sie nicht. Sie leben seit zwei Jahren von der Sozialhilfe. Sie wissen genau, dass Sie nur dann eine Erhöhung beantragen können, wenn Sie denen sagen: ›Ich habe noch ein Kind, das bei mir lebt‹ oder ›Es ist noch jemand bei mir eingezogen, und ich brauche mehr Geld, um sie durchzukriegen.‹ Das wissen Sie doch.«

Billie sagte nichts.

Sadie sprach als Nächste, und jede Spur von Sympathie war aus ihrer Stimme gewichen. Ihr Blick glich dem einer strengen Lehrerin, die einen Störenfried fixiert. Das jüngste Projekt von READY war die Bildung eines Auswahlgremiums, um sicherzustellen, dass nur den verantwortungsbewusstesten Bewerbern das Privileg gewährt wurde, in einem der Reihenhäuser zu leben, und Sadies Tonfall ließ keinen Zweifel daran, dass an Billie ein Exempel statuiert werden sollte.

»Lassen Sie mich es mal so erklären«, begann sie. »Die Leute, die Sie hier sehen, leben in öffentlich gefördertem Wohnraum. Daher wissen wir, wie man einen Antrag ausfüllt. Es ist nicht so, als kämen wir von einem anderen Stern und hätten keine Ahnung vom öffentlichen Wohnungsbau. Wir kennen uns in Sachen Sozialwohnungen aus, den Regeln und Vorschriften. Mit anderen Worten: Wir wissen, du hättest niemals Beihilfe für ihn bekommen, wenn er nicht bei dir wohnen würde, und wir wissen, dass du weißt, dass das gegen die Vorschriften verstößt.«

Von da ab wurde die Unterhaltung noch feindseliger. Klein Johnny fühlte sich an ihrer Brust ganz heiß an. Sie konnte nicht glauben, dass ihr klopfendes Herz ihn nicht aufweckte.

»Da er, wie ich annehme, im Gefängnis sitzt«, sagte Sadie, »hat sich das Sozialamt mit Ihnen in Verbindung gesetzt und die zusätzliche Summe wieder von Ihrer Sozialhilfe abgezogen. Oder bekommen Sie sie immer noch?«

»Nein«, erwiderte Billie, sie hätte den Geldfluss noch nicht gestoppt. »Ich mache gerade psychisch eine Menge durch. Ich bin einfach noch nicht dazu gekommen.«

»Mit anderen Worten«, sagte Sadie, »Sie bekommen immer noch Geld für ihn?«

»Ja.«

»Ist das legal?«, fragte der Anwalt deutlich interessiert.

»Nein«, antwortete Sadie.

»Nein«, bestätigte Billie. »Ich muss mich noch bei ihnen melden.«

Sadie nickte knapp. »Ich habe keine weiteren Fragen«, sagte sie.

»Haben Sie Ihrer Aussage noch etwas hinzuzufügen?«, wurde Billie gefragt, und sie verneinte.

Der Anwalt rief dann eine Reihe von Zeugen auf, die ausnahmslos für das Wohnungsamt arbeiteten und die alle bezeugten, dass jedem Mieter die Bestimmungen genau erklärt würden. Als Nächstes legte der Anwalt die Unterlagen des Sozialamtes vor, auf denen vier Personen aufgelistet waren, die zu Billies Haushalt gehörten: Billie selbst, John Santos, Shanda Santos und John Billie Santos Jr. Dann holte er Johns Bewährungshelfer Thomas Downer herein, der schilderte, wie John bei ihrem ersten Treffen »mich darüber informiert hat, dass er zu Ms Rowan in die 115 Gaffney einziehen werde«.

»Waren Sie davon überzeugt, dass er in der 115 Gaffney wohnte?«, fragte der Anwalt, und der Bewährungshelfer beschrieb seine Besuche in dem Reihenhaus, um nach John zu sehen.

»Absolut«, sagte der Beamte.

»Haben Sie Mr Downer gesagt, dass er dort wohnen würde und dass Sie einverstanden waren, dass er dort wohnte?«, fragte der Anwalt Billie.

»Ja«, erwiderte Billie, die inzwischen aufgegeben hatte. »Das habe ich ihm gesagt. Ja. Die Antwort lautet ja.«

Bei jeder Zeugenaussage wurde Billie daran erinnert, dass sie Fragen stellen könne, und jedes Mal antwortete sie, sie habe keine Fragen. Als man mit den Zeugen durch war, wandte sich Sadie an sie und fragte mit einer Mischung aus Neugier und Sorge: »Ms Rowan, wegen des Ernstes dieser Angelegenheit und weil Sie zwei Kinder haben und weil es durchaus möglich ist, dass Sie zwangsgeräumt werden – haben Sie nie darüber nachgedacht, jemanden mitzubringen, der Sie vertreten kann? Ich meine einen kostenlosen Rechtsbeistand oder etwas Ähnliches.«

»Also, nein«, antwortete Billie, die inzwischen sicher war, dass dies eine gute Idee gewesen wäre. »Ich wusste niemanden, den ich anrufen könnte.«

Der Rechtsanwalt begann, seine Papiere zusammenzulegen. »Ich habe keine weiteren Beweise vorzulegen«, sagte er, »und auch keine weiteren Zeugen. Ms Rowan steht es jetzt frei, vor diesem Gremium eine Erklärung abzugeben.«

Billie zuckte die Achseln. »Ich hab nichts zu sagen.«

Der Anwalt schon. »Zusammengefasst«, sagte er, dem Ausschuss zugewandt, »stelle ich fest, dass sie keine konkreten Beweise vorgelegt hat, die den Fakt untermauern, dass Mr Santos bei seiner Mutter gelebt hat und nicht bei ihr. Sie haben die nicht bestrittenen Aussagen dieser Zeugen und die entsprechenden Dokumente, aus denen hinlänglich hervorgeht, dass er tatsächlich bei ihr gewohnt hat. Ich hoffe daher, dass dieses Gremium einen entsprechenden Räumungsbefehl ausspricht.

So«, kam der Anwalt zum Ende. »Das war's. Sie haben dreißig Tage Zeit, um zu einer Entscheidung zu gelangen.«

Auf der Straße

Eine der städtischen Aufgaben, die die City of Yonkers zu überfordern scheint, ist das Schneeräumen. Die Tatsache, dass es in Westchester County normalerweise mindestens ein Mal pro Jahr sehr heftig schneit, scheint die Streu- und Räumungsfahrzeuge offenbar vor eine sehr große Herausforderung zu stellen. Während die Nachbarorte seit Tagen wieder schnee- und eisfrei sind, fahren die Autos in Yonkers immer noch auf graubraunen Teppichen, die vom Verkehr über die Zeit zu Eisplatten verdichtet werden.

Es ist nicht so, dass die Räumfahrzeuge nicht im Eisatz wären. Sie haben nur keinen großen Effekt. Statt die Straßen vom Schnee zu befreien, scheinen sie ihn nur hin und her zu schieben und platt zu walzen. Und die Straßen sind hinterher so glatt wie vorher. Die Unannehmlichkeiten resultieren regelmäßig in einer Flut von Briefen an die Redaktion der Lokalpresse, gefolgt von Erklärungen des *Parks Departments* (wobei häufig Wagen, die unerlaubt in engen Seitenstraßen parken, erwähnt werden) und den Versprechungen der Stadtverwaltung, dass man die Situation überprüfen werde.

Als also im März 1993 in Yonkers mehr als dreißig Zentimeter Schnee fielen, konnte man sich an seinen fünf Fingern ausrechnen, dass die Straße durch die Mitte der Andrew Smith Townhouses nicht ordentlich geräumt werden würde. Bemerkenswert war allerdings, wie gründlich sie nicht geräumt wurde. Zwei Tage nach dem Schneesturm, als die umliegenden Straßen zumindest eine Art verschneite Gasse hatten, die sich die Straßenmitte entlang grub, waren die Schneewehen am Gaffney Place immer noch hüfthoch. Die Räumfahrzeuge fuhren im Zickzack durch die Nachbarschaft, bogen jedoch nie bei den Reihenhäusern ein. Diejenigen, die dafür zuständig waren, hatten die neue Anschlussstraße noch nicht in den Schneeräumplan aufgenommen. Es war so, als würden die Reihenhäuser einfach nicht existieren.

—

Billie Rowan trottete an diesem Märzmorgen durch den Schnee zu ihrem Briefkasten. Sie hatte sich nicht die Mühe gemacht, einen Mantel anzuziehen, und bis sie sich zum Bürgersteig geplagt hatte und wieder zurück, zitterte sie und die Briefumschläge waren feucht.

Der erste, den sie öffnete, enthielt ihren Sozialhilfe-Scheck, gekürzt auf 479 Dollar pro Monat, da der Rechtsanwalt von *Municipal Housing* dem Amt schriftlich mitgeteilt hatte, John stünde sein Anteil von 84 Dollar nicht länger zu.

Der nächste auf dem Stapel war ein langer, handgeschriebener Brief von John, adressiert an Billie Santos. Wie die anderen, die er aus dem County-Gefängnis geschrieben hatte, war auch dieser hier optimistisch. »Bei ihm ist alles okay, weil seine Fingerabdrücke nicht auf dem Eispickel sind«, beschrieb sie ihn. »Sie wollen ihn trotzdem noch dabehalten, weil er ja dort war, als es passiert ist, also, ich weiß nicht, vielleicht wird er ja bald entlassen.« Sie war sich fast sicher, dass sie ihm glaubte, die Frau nicht umgebracht zu haben, doch sie war wahnsinnig wütend auf ihn. Wenn sie sich für ein drittes Baby statt einer Abtreibung entschieden hätte, wäre er auch bei diesem Kind im Gefängnis gewesen.

Der letzte Brief des Stapels war von *Municipal Housing*, und Billie dachte darüber nach, ihn direkt in den Müll zu werfen und so zu tun, als hätte sie ihn nie bekommen. Stattdessen riss sie ihn an der Seite auf und arbeitete sich durch einen zwei Seiten langen, dichten Juristen-Dschungel, der den Titel »Empfehlung des Anhörungsgremiums« trug. Die Information, die sie suchte, stand im letzten Absatz: »Nachdem alle Zeugenaussagen gehört wurden und alle schriftlichen Beweisstücke gesichtet … empfiehlt das *Resident Hearing Committee* die fristlose Kündigung von Billie Rowan, 115 Gaffney Place.« Man teilte ihr mit, dass sie bis zum Ende des laufenden Monats ausziehen müsse.

Sie wusste, dass sie sich dagegen wehren könnte, wenn sie wollte. Die Vergabe öffentlicher Gelder in jeglicher Form wird von einem ausgeklügelten, schwerfälligen Berufungsprozess begleitet, und Billie wusste, wie schlecht die Chancen standen, letzten Endes zu gewinnen – alle, die sie kannte, schienen zu verlieren –, doch der Kampf konnte sich lange hinziehen und man würde ihr gestatten, so lange im Reihenhaus wohnen zu bleiben, bis es vorbei war. Sie hatte nur nicht den Mumm, diesen Weg zu gehen. John würde bald wieder zu Hause sein, nahm sie an, und sie würde ihm wahrscheinlich verzeihen. Ihr Plan war, nicht zu kämpfen, sondern zu fliehen. Fort von Yonkers. Vielleicht nach South Carolina, wo sie entfernte, selten gesehene Verwandte hatte.

Mehrere Tage nach dem Schneesturm ging Billie die Wohnungsanzeigen durch, auf der Suche nach einer vorübergehenden Bleibe auf dem Weg in ihr neues Leben. Es überraschte sie nicht, dass sie sich nur wenige Wohnungen leisten konnte. Sie zahlte – oder genauer gesagt, das Sozialamt zahlte – 271 Dollar im Monat für ihr Reihenhaus. Johns Schwester Yolanda hatte eingewilligt, sich die neue Wohnung mit ihr zu teilen, also brauchten sie etwas, das groß genug für zwei Frauen und vier Kinder war. Eine Dreizimmerwohnung würde reichen, wenn einige der Kinder im Wohnzimmer schliefen. Sie konnten sich ungefähr 600 Dollar im Monat leisten. In Yonkers, das die niedrigsten Durchschnittsmieten im südlichen Westchester hat, lag die Durchschnittsmiete für eine Dreizimmerwohnung bei 889 Dollar, und selbst eine Zweizimmerwohnung lag bei einer Durchschnittsmiete von 682 Dollar – das war mehr, als sie sich leisten konnte.

Die meisten Anzeigen im Immobilienteil deuteten eine Welt an, die nichts mit Billies Leben zu tun hatte: Zweifamilienhäuser mit Garten; sieben Zimmer mit Balkon, drei Zimmer in einer Wohnanlage mit Fitnessstudio und Pool. Alles für mehr als 1.200 Dollar pro Monat. Die in der passenden Preisklasse – »2 ZI,frisch gestrichen, 659 $/Mon«, 2 ZI, gute Lage, Fahrst. 520 $/Mon« – waren zu klein. Die, die die richtige Größe hatten – »Charmante 4 Zi (2 SZ), Wohnküche, Fahrstuhl, 750 $ –, waren wiederum zu teuer. Und bei manchen, selbst wenn sie sie sich irgendwie leisten können würde, hätte sie keine Chance: »3ZI, nette Whng. in Privathaus, nahe Bhf. Berufstät. Paar bevorzugt, Referenzen erforderl.«

Ein paar andere Anzeigen waren eindeutig auf der Suche nach Leuten wie ihr und anderen, die DSS-Schecks vom *Department of Social Services* erhielten:

»YONKERS, DSS OK, Studio, 2, 3, 4 & 5 Zi-Whng, ab 500 $. DIREKTBEZUG. Natuzzi.«

»YONKERS, 2, 3, 4 & 5 Zi-Whng, DSS OK. Gute Ggd. Bitte Nachr. hntl.«

»YONKERS, 2, 3 & 4 ZiWG, 1A Zustd., ab 500 $. Direktbzg. Ridgeview Realty.«

Sie rief bei der letzten dieser Nummern an, die, die sich am meisten nach einer *echten* Wohnungsanzeige anhörte und die einzige war, die eine richtige Telefonnummer enthielt und nicht bloß einen Nachnamen von irgendjemandem, oder anonym, mit Anweisungen, eine Nachricht zu hinterlassen. Ein Makler namens Elias Rabady nahm das Gespräch entgegen und erzählte ihr, er hätte sich auf Wohnungen im Südwesten der Stadt spezialisiert. Nicht, dass er dort lebte – er wohnte mehrere Meilen entfernt im weitaus wohlhabenderen Ort Ardeley (Durchschnittsmiete für eine Dreizimmerwohnung: 1.083 Dollar). Doch er vertrat mehrere Hauseigentümer im Südwesten Yonkers' in den »Baum-Straßen« – Elm, Maple, Chestnut, Poplar, Ash. Billie kannte die Gegend gut. Dort lebten die Leute, bis sie das Glück hatten, sich für eine schäbige, laute und deprimierende Wohnung in Schlobohm zu qualifizieren.

Normalerweise, erklärte Mr Rabady streng, vermietete Ridgeview Realty nicht gern an alleinstehende Mütter mit Kindern, die sich eine Wohnung teilen wollten, denn »sie streiten sich, eine zieht aus, und dann rufen sie an und sagen, sie könnten die Miete nicht mehr bezahlen«. Doch diese Regel wurde regelmäßig gebrochen, denn alleinerziehende Mütter-Paare waren oft die einzigen Wohnungssuchenden, die bereit waren, in den Baum-Straßen zu leben. Also wurde Billie und Yolanda eine Vierzimmer-Wohnung in der 63 Oak Street gezeigt, ein heruntergekommenes, rotes Backsteingebäude ohne Fahrstuhl, das selbst Mr Rabady als »ein wenig schäbig« bezeichnete.

Vor der Haustür stapelte sich der Müll, und selbst an einem kalten Tag roch es abgestanden und nach Bratfett. Die Wohnung, eine von neun in dem Gebäude, war dunkel und beengt, aber relativ sauber. Es gab keinen Kühlschrank, doch die Heizung schien zu funktionieren und war in der Miete enthalten, die bei 650 Dollar pro Monat lag. Außerdem wurde eine Mietkaution verlangt sowie die Maklergebühr von 15 % der Jahresmiete oder 1.170 Dollar.

Billie und Yolanda sagten, sie würden sie nehmen. Mr Rabady füllte das *Shelter-Verification*-Formular aus, Abschnitt A, B und C, wie von *Social Services* verlangt, um die Zahlung zu gewähren. Er schrieb Billies Namen auf dem Antrag falsch – statt Rowan schrieb er Rowanne – und wies darauf hin, dass der monatliche Scheck an eine Postfachadresse zu senden sei, obwohl er gesagt hatte, der Eigentümer und seine Familie »leben direkt um die Ecke«.

Niedergeschlagen schleppte sich Billie nach Hause. Eine gefühlte Stunde lang saß sie im Dunkeln in der Küche. Die Kinder hatten noch kein Abendbrot gegessen, aber sie hatte keine Kraft, ihnen etwas zu kochen. Ihr fehlte die Kraft, sich zu bewegen. Als sie in Schlobohm lebte, hatte sie immer vermutet, dass es noch ein besseres Leben geben müsse. Nun *wusste* sie, dass es das gab. Früher war es einfacher gewesen, als sie nur vermuten konnte, was ihr fehlte. Wie konnte sie ein Leben in dem *Wissen* um das ertragen, was sie verloren hatte?

Am nächsten Morgen lief ihr am Briefkasten Doreen James über den Weg.

»Du machst Rückschritte«, belehrte Doreen sie, als Billie ihr von der Wohnung erzählte. »Du darfst nicht zulassen, dass sie dich zurückdrängen. Dein Mann hat dich reingelegt. Das passiert. Leg dich nicht selbst doppelt rein, indem du dich nicht verteidigst.«

Billie zog nicht in die Oak Street. Sie blieb einfach, wo sie war, selbst nach Ablauf der Frist am 31. März, trotz der Mitteilung, die sie per Post erhielt, dass *Municipal Housing* beim City Court beantragt hatte, die Zwangsräumung zu vollstrecken. Eine Gerichtsverhandlung, hieß es in dem Brief, sei für den 1. Mai festgesetzt worden. Zwei Tage vor der Verhandlung, am 29. April, rief Billie bei Westchester/Putnam Legal Services an, deren Nummer sie von Doreen James hatte. In überraschend kurzer Zeit wurden in ihrem Namen Papiere eingereicht, die die Zuständigkeit des Stadtgerichts für diesen Fall infrage stellten, und ihre Zukunft wurde auf unbestimmte Zeit auf Eis gelegt, während der Supreme Court von Westchester County die Anfechtung prüfte.

Sie rief Mr Rabady nie an, um ihm zu sagen, dass sie nicht in die Oak Street ziehen würde. Sie schickte ihm einfach kein Geld, und schon bald stellte er fest, dass sie und Yolanda nicht kommen würden. Kurz darauf schmiss er die Akte weg.

Norma O'Neal hatte Billie Rowan vor diesem Nachmittag, an dem sie mit Stift und Petition in der Hand vor Normas Tür stand, persönlich noch nicht kennengelernt. Norma hatte natürlich in den letzten Wochen viel über Billie gehört, seit die Verhaftung ihres Freundes sie zum Gesprächsthema am Gaffney Place machte.

»Ich weiß von Ihren Sorgen«, sagte Norma, nachdem Billie sich zögernd vorgestellt hatte. Norma hatte schon immer ein weiches Herz für Leute in Not, und sie bat Billie, hereinzukommen und sich zu setzen.

Auf dem Sofa sitzend erklärte Billie, dass ihr Rechtsanwalt vom *Legal Services* meinte, eine von den Nachbarn unterzeichnete Petition, in der stand, dass sie bleiben solle, könnte ihr helfen. Billie hatte den Text der Mitteilung selbst geschrieben, ganz oben auf der Seite, in runden, kunstvollen Buchstaben. Weil Norma die Worte nicht lesen konnte, las Billie ihr vor:

»Wir, die Unterzeichner«, stand da, *»sehen Billie Rowan nicht als Bedrohung für unsere Gemeinschaft an. Sie ist eine sehr liebenswerte und freundliche Nachbarin & sollte eine Mieterin der Andrew Smith Townhouses bleiben. Sie beschwert sich nie & zeigt für andere Mitgefühl. Wir denken, sie verdient noch eine Chance für sich und um ihrer Kinder willen, weil sie unter dem Unglück eines anderen Menschen leiden müssen.«*

Während sie las, schaukelte Norma das Körbchen ihres einen Monat alten Enkelsohnes Shaquille, den Tasha im Mai nach schweren Wehen und einem Notkaiserschnitt zur Welt gebracht hatte. Er war ein nörgeliges kleines Baby, und manchmal schrie er von Mitternacht bis zum Morgengrauen. In solchen Nächten ging Norma mit ihm auf und ab, dankbar dafür, dass es Gaffney Place war und nicht Schlobohm. Es fühlte sich so viel hoffnungsvoller an, hier ein Baby zu haben, wo man nicht das Gefühl hatte, die Zukunft herauszufordern, wenn man sie plante.

»Wenn man Sie zwingt zu gehen, ist das den Kindern gegenüber nicht fair«, sagte Norma zu Billie. Sie griff nach der Petition, und Billie legte sie ihr in die Hände. »Es ist nicht fair, wenn Kinder dafür bezahlen müssen, was andere Leute getan haben. Man kann nicht sagen, dass es Ihr Fehler ist, nur weil er Ihr Haus verlassen hat und irgendwo anders etwas getan hat«, fuhr sie fort. »Das wäre genau so, als wenn, sagen wir, Tasha auf die andere Seite der Stadt geht und dort jemanden umbringt. Schmeißt man mich dann deswegen aus diesem Haus?«

»Er hat nicht bei mir gewohnt«, sagte Billie. Diese Lüge kam ihr inzwischen leichter über die Lippen. »Er war ständig da, wegen seiner Kinder und allem, aber er hat bei seiner Mutter gelebt. Seine Adresse war die seiner Mutter.«

»Und vielleicht hat er manchmal übernachtet«, sagte Norma mit einem verschwörerischen Zwinkern. »Geht das irgendwen etwas an?«

Sie nahm den Stift, den Billie ihr anbot. In zitternder, übergroßer Handschrift unterzeichnete sie mit ihrem Namen.

Nick kandidiert ein letztes Mal

Nick begann den Sommer, wie er schon viele Sommer begonnen hatte – damit, zu entscheiden, ob er sich bei der nächsten Abstimmung wieder zur Wahl stellen sollte, und wenn ja, für welches Amt. Eine stadtweite Neueinteilung der Wahlkreise trat für die Wahl 1993 in Kraft, und so wie die Linien gezogen worden waren, lag Nicks Haus in einem Bezirk mit sehr vielen Latinos. Ein lokaler Aktivist stellte klar, dass er für diesen Sitz kandidieren würde, und Nick hatte nicht das Bedürfnis, ihn herauszufordern.

Die einzige andere Option, die er sah, war auf die andere Seite der Stadt umzuziehen, oder als City Judge zu kandidieren. Das Erste kam nicht in Frage. Er hatte bereits zu viel Geld in sein Haus gesteckt. Das Zweite war verlockend, doch als er an den Lenkungsausschuss der Demokraten herantrat und ihm von seinen Plänen erzählte, war die Antwort frostig. Das Komitee, das fast nur aus loyalen Anhängern Zaleskis bestand, sagte, es täte ihnen leid, aber es gäbe bereits einen starken Demokraten, der für diese Position kandidierte. Angesichts Nicks kriegerischer Beziehung zu Zaleski steigerte dessen ablehnende Haltung Nicks Entschlossenheit nur noch.

In der Hoffnung, am Ende am Bürgermeister vorbeizuziehen, wandte sich Nick an Vinni Restiano und bat sie um Hilfe. Er bat sie, seine »Petition mitzutragen«, eine übliche Praxis bei Lokalwahlen, bei der die Unterstützer eines Kandidaten Unterschriften für ihren Kandidaten sowie für einen zweiten Kandidaten sammeln. Genau genommen bat er sie um ihre Unterstützung, ihre Partnerschaft und war sprachlos, als er sie nicht erhielt. Da sie von seinen Plänen nichts gewusst hatte, hatte sie bereits einem anderen Kandidaten für die Position des City Judge ihre Unterstützung zugesagt, und sie beabsichtigte, ihr Wort zu halten.

Was als Nächstes passierte, war nach der Wahl das Thema vieler Debatten. So wie Nick es beschrieb, trat Jim Surdoval im Namen von Terry Zaleski mit einem Vorschlag an ihn heran. Es gab ein Amt, das perfekt zu Nicks Erfahrung und Talenten passte – der Präsident des Stadtrates. Wenn er Vinni Restiano in dieser Position herausfordere, würde der Bürgermeister ihn unterstützen.

Surdoval, im Gegenzug, wollte sich daran erinnern, dass der Vorschlag eines solchen Szenarios »eindeutig von Nick« gekommen sei, doch sie es »schnell aufgegriffen haben«. Zaleskis Büro hatte Wahlforschungsdaten, die zeigten, dass Nick viel weitreichender bekannt war als Restiano und wahrscheinlich die Vorwahl gewinnen würde. In der Hauptwahl schnitt Nick jedoch deutlich schwächer ab. Zaleski würde von einer Vorwahl zwischen Restiano und Wasicsko profitieren, indem er beide feindlichen Ratsmitglieder zur selben Zeit eliminierte, sagte Surdoval.

Die Tatsache, dass die Partei Restiano ihre Unterstützung bereits zugesagt hatte, schien weder Jim Surdoval noch Terry Zaleski zu stören. Diese Unterstützung war einige Monate zuvor gegeben worden, bevor das Budget verabschiedet worden war, und bevor Restiano abgestimmt hatte, das Veto des Bürgermeisters hinsichtlich des Budgets zu überstimmen, etwas, was Zaleski ihr nicht verzieh.

Die Tatsache, dass Restiano eine Freundin war und Nay im Rathaus eng mit ihr zusammenarbeitete, störte Nick, doch er hatte das Gefühl, keine Wahl zu haben. Er musste 1993 für ein Amt kandidieren, und dies schien das einzige verfügbare Amt zu sein. Augen zu und durch. Das Gehalt des Stadtratspräsidenten in Höhe von 46.507 Dollar war doppelt so viel wie das, was er jetzt verdiente. Zaleskis Angebot, ihn zu unterstützen, war kalkuliert, wusste er, aber er hatte schon vorher niedrige Erwartungen zu seinem Vorteil genutzt, und ihm gefiel die Idee, das Zaleski-Lager mit seinem Sieg zu schockieren. In der Zwischenzeit würde er versuchen, sich nicht vorzustellen, wie seine Petitionen von Zaleskis Unterstützern mitgetragen wurden.

Er willigte in den Deal ein.

Es Nay zu sagen, wurde hässlicher als erwartet. Sie kniete auf dem Boden vor dem Haus, als er nach Hause kam, und zog Unkraut aus dem Viereck, das eines Tages – darauf beharrte sie stur – ihr Garten sein würde.

»Ich werde in den Vorwahlen gegen Vinni antreten«, sagte er.

Sie sprang auf die Füße. »Bleib mir vom Leib«, sagte sie, knallte den Spaten und die Handschuhe auf den Boden und rannte zum Haus. »Ich will nichts mehr mit dir zu tun haben!«, brüllte sie. »Ich gehe und werde für Vinni arbeiten. Warum zum Teufel machst du so etwas?«

Die Kraft, es Restiano selbst zu sagen, brachte Nick nicht auf. Er wusste, dass die Neuigkeiten bis zu ihr durchdringen würden, und er war nicht überrascht, als einige Stunden später das Telefon klingelte. Sie rief aus ihrem Auto an, und Nick konnte nicht sagen, ob die Verbindung schlecht war oder ob sie geweint hatte.

»Du hast also eine Entscheidung getroffen«, sagte sie. »Was bist du nur für ein Feigling. Nimmst noch nicht einmal das Telefon und sagst es mir persönlich? Bei allem, was wir füreinander waren, obwohl wir Freunde gewesen sind.«

Nick fiel auf, dass sie von ihrer Freundschaft in der Vergangenheit sprach.

»Glaub nicht, dass es leicht wird«, warnte sie ihn. »Ich weiß, dass du tust, was du tun musst. Aber ich werde tun, was ich tun muss.«

Nick ging für einige Wochen mit seinem Plan nicht an die Öffentlichkeit, und als er es tat, hielt er keine formelle Pressekonferenz. Er kündigte seine Kandidatur an, indem er bei der Zeitung anrief und sagte: »Ich plane, für das Amt des Stadtratspräsidenten zu kandidieren.«

In dem Interview, das der Ankündigung folgte, wirkte er in Bezug auf seine Kandidatur halbherzig. Er stelle sich zur Wahl, sagte er, weil er »desillusioniert sei über die Arbeit dieser neuen kommunalen Verwaltungsspitze«. Restiano, sagte er, hätte in seinen Augen »einige schlechte Entscheidungen getroffen«, und die kommunalen Strukturen von Yonkers seien »an einem Punkt des Stillstands« angelangt. Er endete mit den Worten, »eine der Verbesserungen, die man vornehmen könnte«, wäre eine »erfahrene Person im Amt des Stadtratspräsidenten zu haben, die in der Lage sein würde, mit allen Parteien zusammenzuarbeiten, und die Führungsqualitäten besäße, um trotz unterschiedlicher Persönlichkeiten die Kommunalverwaltung effizient zu gestalten«.

Er hoffte, dass er schwungvoller klang, als er sich fühlte.

Alma sucht nach einem Zuhause, Pam findet es

Alma Febles verfolgte die Nachrichten über Billie Rowan aufmerksam, sah jeden Abend die neuesten Mitteilungen auf Yonkers Cable, hörte im Bus oder auf dem Markt dem Tratsch zu und versuchte dann, das Gehörte auf einer Matrix einzuordnen, was davon gut und was schlecht für sie war. In den Tagen nach John Santos' Festnahme, als Politiker und Hausbesitzer mit einer Wut aufschrien, wie Yonkers sie seit 1988 nicht mehr gesehen hatte, war Alma bestürzt. Sie wusste, dass noch 121 weitere Reihenhäuser gebaut werden sollten – irgendwann. Doch der Aufruhr über den Mord, befürchtete sie, bedeutete, dass »irgendwann« niemals eintrat.

Vor lauter Sorge um die Reihenhäuser verlor sie ihren Appetit. Sie warf sich stundenlang im Bett hin und her, schreckte dann plötzlich mitten in der Nacht auf und fand keinen Schlaf mehr. Sie weinte, wann immer sie dachte, die Kinder würden sie nicht hören. Sie lief auf und ab, grämte sich und ging fast daran kaputt.

Mit der Zeit verschlimmerte sich ihre Qual. Wenn Billie Rowan von *Municipal Housing* für schuldig befunden würde, sagte der Nachrichtensprecher, wäre sie die erste Ostseiten-Mieterin, die gezwungen würde auszuziehen. Ein freies Haus in einem Jahr, und es brauchte schon einen Mord, um das auszulösen. Also gäbe es keine neuen Reihenhäuser, da war sie sich sicher, und von den bestehenden Häusern würde keines frei. Es gab für sie keinen Ausweg mehr.

Zögernd und ängstlich begann sie, nach einer Wohnung außerhalb der Siedlungen zu suchen. Anders als Billie, die an Orten suchte, die sie sich leisten konnte, und beunruhigt darüber war, wie wenig sie für ihr Geld bekam, suchte Alma nach Orten, an denen sie wirklich leben wollte – Vierzimmer-Wohnungen in einer sicheren Gegend –, und war bedrückt davon, was sie kosteten.

Eine Freundin erzählte ihr von einer freien Mietwohnung gegenüber von Fitzgerald & Fitzgerald. Sie hatte zwei Schlafzimmer, doch sie waren groß, so dass sie und Leyda sich eines teilen konnten. Das Gebäude war sauber und sicher, mit einer Gegensprechanlage und neuer Auslegware in der Lobby. Mehrere Tage stand Alma vor der Tür ihres Büros, starrte auf das Gebäude und stellte sich vor, wie es wäre, einen Schlüssel aus ihrer Tasche zu nehmen und die Haustür aufzuschließen, mit dem Fahrstuhl zu fahren, andere Leute zu Partys einzuladen, es ihr Zuhause zu nennen. Eines Morgens, in einem Ausbruch an Entschlossenheit, wählte sie die Nummer, die ihre Freundin ihr gegeben hatte, und erfuhr, dass die Monatsmiete bei 825 Dollar lag.

Nach einer kürzlich erfolgten Gehaltserhöhung verdiente Alma bei Fitzgerald & Fitzgerald 360 Dollar die Woche, oder 18.720 Dollar pro Jahr plus einer gewissen Summe an Sozialleistungen für die Kinder. Sie hatte einen richtigen Job, einen dieser Jobs, bei denen Politiker immer dafür plädieren, ihn Frauen zu geben, die von der Sozialhilfe leben, und sie bekam keine Unterstützung mehr. Ihre Miete betrug 30 Prozent vom Bruttoverdienst, oder 532 Dollar pro Monat. Nach Abzug von Krankenkassenbeitrag und Steuern brachte sie 256 Dollar pro Woche mit nach Hause, oder 1.109 Dollar im Monat, was bedeutete, die Miete betrüge fast die Hälfte ihres verfügbaren Einkommens. Sie besaß keine Ersparnisse, da bei einer Philosophie der angepassten Miethöhe – nimm so viel, wie der Mieter zahlen kann – nichts für Ersparnisse übrigblieb. Daher war sie mit Sicherheit nicht in der Lage, 300 Dollar zusätzlich jeden Monat für eine neue Wohnung auszugeben.

Sie dachte kurz darüber nach, eine dieser Wohnungen trotzdem zu mieten, da ihre Kinder sie fast jeden Abend fragten, wann sie denn nun umziehen würden. Frankie, der Almas Regeln wegen nicht auf den Spielplatz von Schlobohm durfte, wurde immer blasser, pummeliger und zurückgezogener. Doch zumindest gehorchte er noch, wenn sie ihm sagte, er solle drinnen bleiben. Virgilio, ein Neuling an der Highschool, hatte angefangen, erst lange nach Schulende nach Hause zu kommen, und sagte dann nur, er sei mit »Freunden« unterwegs gewesen. Alma hatte nie einen dieser »Freunde« kennengelernt. Er lud sie nicht zu sich nach Hause ein, denn er erzählte ihnen nicht, wo er wohnte. Sie könnte noch einen zweiten Job annehmen, dachte sie, oder die Väter der Kinder um Unterstützung bitten. Vielleicht würde ihr das erlauben, dort zu leben, wo sie ihrer Meinung nach leben sollten, zumindest für eine Weile. Sie wusste, dass möglicherweise alles irgendwann um sie herum zusammenbrach und sie sehr wahrscheinlich in einer Sozialwohnung landen würde, doch sie hätte es zumindest versucht, wie ein Häftling, der weiß, dass er wieder geschnappt wird, doch wegen des kurzen Genusses der Freiheit trotzdem versucht zu fliehen.

Irgendwann gab Alma den Plan auf, nicht wegen des Geldes, sondern wegen der Regeln. Wenn sie aus Schlobohm ausziehen würde, verlöre sie ihren Platz auf der Warteliste für die Reihenhäuser. Sie hatte an der Lotterie als Mieterin einer Sozialwohnung teilgenommen, und wenn sie nicht länger Unterstützung vom Wohnungsamt erhielt, erfuhr sie, würde sie jede Chance verlieren, wie klein sie auch immer sein mochte, an den einen Ort zu ziehen, an dem sie nicht nur leben wollte, sondern den sie sich auch leisten konnte.

Als die Schule zu Ende war, schickte sie Frankie und Virgilio für den Großteil des Sommers nach Santo Domingo, wo jeder bei seinem eigenen Vater wohnte, die auch jeder das Ticket bezahlten. Sie machte sich ständig Sorgen, speziell um Frankie, doch sie sah keine andere Möglichkeit, als ihn ziehen zu lassen.

Anfang August, als sie im Beton und den Ziegelsteinen von Schlobohm quasi gebraten wurden, gab sie 300 Dollar aus, die sie nicht hatte, und flog mit Leyda nach Florida, dem billigsten Sommerziel, das sie finden konnte. Sie wohnten bei Freunden – Alma schlief auf dem Sofa und Leyda auf dem Boden – und schwammen im Ozean, doch auch der Ortswechsel konnte sie nicht aus der Depression holen, die seit John Santos' Verhaftung auf ihr lastete. Als ihre Söhne wieder zu Hause ankamen, waren sie gebräunt und ausgeruht. Frankie hatte stark abgenommen und sah mehr wie ein Teenie als wie ein molliger kleiner Junge aus. Er hatte jeden Tag draußen verbracht, sagte er, sei Fahrrad gefahren, hätte Ball gespielt und »Sachen gemacht, die Jungs so machen«.

—

Es war während dieser brutalen, sommerlichen Hitzewellen, in denen Pam Johnson ihr Reihenhaus am meisten liebte. Das Thermometer schwor, dass es auf der Westseite genauso heiß war wie hier auf der Ostseite, doch es fühlte sich um Längen kühler an. Der Unterschied hatte mit Sicherheit nichts mit einer Klimaanlage zu tun, denn das war hier ein genauso unerschwinglicher Luxus für sie, wie er es auf der anderen Seite der Stadt gewesen war. Jedes Reihenhaus hatte eine vorgefertigte Aluminiumhülle, in die man eine Klimaanlage stellen konnte, doch in sämtlichen Reihenhäusern der Clark Street waren nur eine oder zwei dieser Lücken damit gefüllt. In den Häusern, die den Reihenhäusern gegenüberstanden, die Häuser, die zuerst hier gewesen waren, ragten aus unzähligen Fenstern und Wänden Metallkästen heraus, die summend die Hitze vertrieben. Bei heißem Wetter gingen die Leute auf Pams Seite der Straße nach draußen, um sich abzukühlen, während die Leute auf der gegenüberliegenden Seite nach drinnen gingen.

An einem Tag im August, als es schon vor dem Mittagessen 38° Celsius waren, zog Pam das Planschbecken ihrer Töchter auf den Rasen des Vorgartens und füllte es mit Wasser. Sie stellte das Planschbecken nicht hinten in den Garten, da die Ingenieure es nicht für nötig gehalten hatten, in jeden Garten einen Abfluss zu installieren, so dass nach einem Nachmittag mit viel Geplansche das Gras so überflutet war, dass es Wochen dauerte, bis es wieder trocken war. Doch der Vorgarten hatte ein Gefälle Richtung Straße und es gab dort einen Wasserhahn, also spielten Anita und Valentina vor dem Haus.

Wie immer, wenn Pam das Planschbecken aufstellte, tauchten plötzlich von überall Kinder auf, in Badeanzügen, wenn sie welche hatten, oder in Shorts, wenn nicht. Und wie immer, wenn Pam das Becken füllte, linsten die Nachbarn von gegenüber aus ihren Fenstern, und manchmal von ihrer Veranda, sagten nichts und starrten nur.

Die Feindseligkeit dieser Nachbarn hielt immer noch an. Der Mann aus dem braunen Haus zum Beispiel, der die Kinder oft anbrüllte: »Geht nach Hause, geht nach Hause, ich will euch nicht auf dieser Straßenseite haben!« Doch es gab auch Anzeichen – vielleicht lag es an der Hitze – eines möglichen Tauwetters. Da war zum Beispiel die Pudel-Lady, die nach ihren Weihnachtsgeschenken mit Osterkörbchen gekommen war und dann Kleinigkeiten ohne Grund mitbrachte – Haarbänder, Malbücher und Haarspangen. Und der Mann mit dem Rottweiler, der damit aufgehört hatte, seinen Hund knurrend hinter der Plexiglas-Tür stehen zu lassen, was die Kinder vor Entsetzen in Schockstarre versetzte. Eines Tages ging Pam an ihm vorbei, als er mit seinem Hund spazieren ging, und er grüßte sie mit einem Nicken. Und kürzlich, als ein paar Kinder aus den Reihenhäusern an der Straßenecke mit einem Radio spielten, was einen anonymen Hausbesitzer dazu veranlasste, die Polizei zu rufen, kam der Mann mit dem Rottweiler aus dem Haus, um der Polizei zu sagen, die Musik sei eigentlich gar nicht zu laut.

Wenn Pam den Kindern beim Spielen zusah, sah sie reine Lebensfreude. Sie fragte sich, was die Nachbarn von gegenüber sahen, wenn sie dieselbe Szene betrachteten. Sie vermutete, dass die Nachbarn dachten, es wäre zu laut, oder zu öffentlich oder zu irgendwas, und sie wartete fast darauf, dass der Mann aus dem braunen Haus erschien und ihr das sagte. Das Geplansche ging schon eine halbe Stunde, als Valentina ins Haus rannte und dann zurückgerast kam, den Arm voller Plastikgefäße. Sie und Anita füllten sie am Wasserhahn und schleuderten ihren Freunden Wasserbögen entgegen. Bald waren alle mit Eimern, Tassen und eilig geleerten Mülleimern bewaffnet, und alle, Kinder und Erwachsene, waren durchweicht und fröhlich.

Die Wasserschlacht ging mindestens eine Stunde. Während dieser Zeit hielt Pam einen Augenblick inne und sah zufällig über die Straße. Die Nachbarn waren draußen auf ihren Bürgersteigen und Verandas, Dutzende von ihnen, standen trotz der bulligen Hitze dort und starrten. Doch der Ausdruck auf ihren Gesichtern war nicht das, was Pam erwartet hatte. Sie lächelten. Sie lachten sogar. Sie sahen aus, als wünschten sie, bei der Schlacht mitmachen zu können.

»Das hier ist *meine* Nachbarschaft«, dachte Pam plötzlich. »Genau *hier* lebe ich.« Dann übergoss sie Anita mit einem Eimer Wasser.

Doreen James machte sich Sorgen um ihre Schwester. Barbara war eindeutig krank, obwohl sie das Doreen gegenüber nicht zugeben würde. Sie blieb morgens lange im Bett liegen, ging wieder früh ins Bett, aß wenig, redete weniger und zuckte vor Schmerzen zusammen, wann immer sie still irgendwo saß.

Gegen Ende des Sommers begann Barbara, heftige Krampfanfälle zu bekommen, manchmal jeden Tag einen. Mitten im Gespräch fing sie plötzlich an zu zittern, dann zu zucken, dann rollten ihre Augen zurück, und sie sah aus, dachte Doreen, als wäre sie in Trance. Minuten später, wenn sie wieder bei Bewusstsein war, versuchte Doreen sie zu überreden, ins Krankenhaus zu gehen, doch sie weigerte sich jedes Mal.

Eines Nachmittags begleitete Barbara Doreen zu einer Routineuntersuchung. Arztpraxen machten sie immer nervös; es war ja schließlich in einer solchen Umgebung gewesen, in der sie erfahren hatte, dass ihr Verlobter gestorben war. Dieses Mal saßen die Schwestern gemeinsam im Wartezimmer, als Barbaras Krämpfe begannen. Doreen rannte los und holte eine Krankenschwester, und man behielt Barbara für einige Tage im Krankenhaus, aus dem sie jedoch ohne handfeste Diagnose wieder entlassen wurde. Als Doreen wissen wollte, was die Ärzte gefunden hatten, sagte Barbara es ihr nicht.

Anfang September lud Doreen die ganze Familie zu einem Grillabend ein, doch Barbara kam nicht aus ihrem Zimmer. Sie hatte schreckliche Schmerzen in den Beinen und fühlte sich zu schwach zum Gehen. Diesmal war sie einverstanden, ins Krankenhaus zu fahren, wo Doreen erfuhr, dass Barbaras Blutdruck gefährlich niedrig und, noch wichtiger, die Blutzirkulation in ihrem Bein fast vollständig blockiert war. Das Bein musste umgehend operiert werden.

Doreen blieb den Rest des Tages bei Barbara im Krankenhaus und ging erst, als es abends um 23:00 Uhr für Besucher schloss und die Krankenschwestern sie beinahe hinausgeworfen hätten.

»Wir sehen uns später«, sagte Barbara, als Doreen sich an der Tür umdrehte und ihr zum Abschied zuwinkte.

Die Operation war früh am nächsten Morgen, und Doreen konnte nicht dort sein. Ihre Mutter versprach anzurufen, wenn es vorbei wäre und Barbara wieder wohlbehalten auf ihrem Zimmer liegen würde. Gegen Mittag klopfte es an Doreens Haustür, und als sie öffnete, stand ihre Mutter auf der Schwelle. Sie wirkte angegriffen und verwirrt. »Ich muss dir etwas sagen«, begann sie. »Sie hat es nicht geschafft. Sie ist während der Operation gestorben. Sie war zu schwach.« Barbara James war erst vierunddreißig Jahre alt gewesen.

Als Doreen von der Beerdigung nach Hause kam, fand sie eine Mitteilung von Ed Con im Briefkasten, die sie warnte, dass der Strom abgestellt werden würde, weil ihre Rechnung überfällig wäre.

Wütend zerknüllte sie den Brief zu einem Ball und schleuderte ihn durchs Zimmer. Dann sank sie zu Boden und weinte Tränen der Trauer und Frustration, Tränen um ihre Schwester, aber auch um so viele andere Dinge – Dinge, von denen sie bis zu diesem Augenblick gar nicht wusste, dass sie sie verloren hatte.

»Ich will hier nicht mehr leben«, sagte sie laut. »Das hier ist nicht mein Zuhause.«

Über die nächsten paar Tage verebbten die harschen Gefühle, doch die Erkenntnis blieb. Sie wollte nicht hier sein. Doreen hatte Schlobohm nicht verlassen, weil sie es leid war zu versuchen, die Zustände dort zu verbessern, sondern weil sie es leid war, *allein* dagegen anzugehen. Sie war in die Reihenhäuser gezogen, weil sie gehofft hatte, dort wäre es anders, dass die Nachbarn zusammenhalten und alle Probleme lösen würden, die ihnen von der anderen Seite der Stadt gefolgt waren.

Zufriedenheit steht im relativen Verhältnis zu den Erwartungen, und an Gaffney Place hatte Doreen die höchsten Erwartungen gehabt. Norma O'Neal hatte nach einem Ort gesucht, der ein bisschen besser war als das, was sie hatte. Sie fand ihn, und trotz seiner Schwachstellen war sie zufrieden. Pam Johnson suchte einen sicheren Ort, wo ihre Kinder Wasserschlachten machen konnten und Spaß hatten. Auch sie war zufrieden. Doreen wollte viel mehr – Solidarität, ein Gemeinschaftsgefühl, eine Chance, Sadie Jeffersons Lehren in die Praxis umzusetzen, das Gefühl, etwas bewirken zu können.

»Ich dachte, dass die Leute hier zusammenhalten könnten«, sagte sie als eine Art Entschuldigung zu Sadie. »Aber die Leute halten nicht zusammen. Sie machen dasselbe, was sie auf der anderen Seite der Stadt gemacht haben. Ihren eigenen Kram.«

Sie verstand nicht, wie andere sich derart isolieren konnten. Als sie am Gaffney Place einzog, hatte auch sie zuerst versucht, eine Insel zu sein, nur Doreen und Jaron. Doch trotz bester Vorsätze hielt sie schon bald Meetings ab, schrieb Briefe und wehrte sich, so gut sie konnte. Manchmal funktionierte der Kampf, und Peter Smith gab sein Okay zu kleinen Verbesserungen, wie die neuen Fliegenschutzgitter, die diesen Sommer angekommen waren. Doch die meiste Zeit änderte sich gar nichts, und die Ed-Con-Rechnung war der höhnische Beweis dafür. Während ihrer letzten Monate hatte Barbara sie sanft dafür gescholten, nach etwas zu suchen, was nicht existierte. Auch die meisten Weißen ignorierten ihre Nachbarn, sagte sie.

Vielleicht hatte Barbara recht. Doreen allein konnte die Ansammlung von Reihenhäusern nicht in eine funktionierende Gemeinde verwandeln. Dies war kein Zuhause, und sie würde aufhören zu versuchen, es dazu zu machen. Aber sie würde nicht aufhören, nach einem Ort zu suchen, der ihr Zuhause war.

Mehrere Tage später, als genug Zeit vergangen war und sie sicher war, nicht aus einem Impuls heraus zu handeln, rief Doreen bei *Municipal Housing* an. Während sie wählte, fühlte sie die Ruhe, die nur eine feste Entschlossenheit einem gab. Valerie Carroll, die Leiterin der Mieteraufsicht, ging an den Apparat. »Ich möchte hier ausziehen«, sagte Doreen.

Valerie war überrascht. Sie hätte noch nie eine Anfrage durchgeführt, die Ostseite zu verlassen, sagte sie. Hunderte von Leuten warteten auf eine Chance, dort einzuziehen.

»Sie verstehen nicht«, sagte Doreen. »Ich bitte Sie nicht darum, die Ostseite zu verlassen.«

Valerie war sehr verwirrt.

»Ich möchte in die Dunbar Houses«, sagte Doreen über die kleine Enklave in Runyon Heights, wo Sheila lebte, wo Sadie lebte, wo Jaron schwarze Gesichter sehen würde, die in Mietshäusern lebten, nicht in Reihenhäusern. Vielleicht würde sie sich dann ein wenig mehr so fühlen, als würde sie dorthin gehören.

»Es gibt eine lange Warteliste«, meinte Valerie.

Doreen sagte, sie sei bereit zu warten.

Nick vs. Vinni

Nachdem Nick seine Kandidatur gegen Vinni Restiano in Gang gesetzt hatte, wurden die Ratssitzungen für ihn zu einer Qual. Sie erinnerten ihn an die schlimmsten Tage der Sozialbau-Pattsituation, außer dass jetzt statt des hitzigen Gebrülls eisiges Schweigen herrschte. Damals wie heute war er isoliert und auf sich gestellt. Dies war immer noch Restianos Ratssitzung, und seine Entscheidung in letzter Minute, das zu ändern, kam bei den meisten Leuten, die für sie arbeiteten, nicht besonders gut an. Anstatt sich während der Pausen der kühlen Blicke in den Hinterzimmern auszusetzen, stand er lieber allein draußen auf dem Flur.

Dort fand ihn eines Abends, gegen Ende der Vorwahl-Kampagnen, Mary Dorman. Er lehnte gegen eine Wand, die Hände in den Taschen, und starrte auf die abgenutzten Bodenfliesen.

»Wie halten Sie das aus«, fragte Mary, »wenn niemand mit Ihnen redet?«

»Es ist mir egal, ich bin es gewohnt«, sagte er und klang tatsächlich so, als meinte er das auch. »Aber«, sagte er, »es tut mir leid um meine Frau, denn das hier sind ihre Freunde.«

Es war ein hässlicher Wahlkampf geworden. Die beiden früheren Freunde hatten fast identische Stimmzahlen, was gepaart mit Restianos Gefühl, hintergangen worden zu sein, den Kandidaten nichts anderes übrigließ, als einander anzugreifen. Restiano beschuldigte Nick der Vetternwirtschaft – er hatte Nay für einen Rathaus-Posten vorgeschlagen –, auch wenn Restiano dafür selbst im Rat Lobbyarbeit betrieben hatte. Nick beschuldigte Restiano, mehr Republikanerin als Demokratin zu sein, obwohl er selbst dabei geholfen hatte, viele ihrer politischen Positionen zu formulieren. Als Vinni die Unterstützung von fast allen Gewerkschaften von Yonkers erhielt, beschuldigte Nick sie, eine Marionette spezieller Interessen zu sein, trotz der Tatsache, dass er in seinen vorangegangenen Wahlkampagnen die gleiche Unterstützung von denselben Gruppierungen erhalten hatte.

Restiano ließ keine Möglichkeit ungenutzt, Nick daran zu erinnern, dass sie die offizielle Unterstützung der Partei hatte, während er nur ein Bauer in Terry Zaleskis jüngstem Schachspiel war. »Ich bin die Kandidatin der Partei, die durch Zustimmung gewählt wurde«, erzählte sie ihrem Publikum. »Mein Gegner ist der Kandidat des Bürgermeisters, der aus Verzweiflung genommen wurde.«

In ihren wenigen gemeinsamen Auftritten wirkte sie verletzt und er defensiv. Während einer Fernsehdebatte eine Woche vor der Abstimmung sprach sie bitter von dem neuen, rein politischen Nick, jemanden, den sie nicht wiedererkannte und nicht mochte. »Du denkst nur an die nächste Wahl«, sagte sie. »Es ist Zeit, an die nächste Generation zu denken. Finde dich damit ab, Nick. Die Leute haben dich durchschaut.«

Nay war im Kreuzfeuer gefangen. Jeden Tag wurden ihr weitere Aufgaben ihres Jobs genommen und an andere im Büro übertragen. Zuerst bat man sie, damit aufzuhören, die Ratsprotokolle vorzubereiten, dann die Tagesordnung des Rates. Als Nächstes »riet man ihr ab«, Überstunden zu machen. Sitzungen wurden abgehalten, über die sie nicht informiert wurde, und ihr Name stand nicht mehr auf Aktennotizen, die sonst routinemäßig über ihren Tisch wanderten. Wenn sie fünf Minuten zu spät vom Mittagessen zurückkam, konnte sie sicher sein, dass es jemandem auffiel. Irgendwann blieb ihr als Aufgabe nur noch die Aushändigung von Formularen an Paare, die einen Trauschein brauchten.

Nachdem sie jeden Tag die Ehen anderer Leute an den Start gebracht hatte, kam sie nach Hause und weitete die Risse in ihrer eigenen.

»Ich habe es so satt, Teil dieses ganzen hässlichen, ekelhaften Schlamassels zu sein«, fuhr sie Nick an. »Ich habe für deine Politik bezahlt, als sie mich aus der *Parking Authority* geworfen haben. Und jetzt muss ich schon wieder dafür blechen? Vielleicht bin ich selbstsüchtig, oder ein Baby, aber ich bin hier nicht der Politiker, sondern du.«

»Es kotzt mich an«, schrie sie ihn an, »diese großartige Sache, zu der du dich entschieden hast, gegen Vinni Restiano anzutreten. Ich muss mit diesen Leuten zusammenarbeiten. Sie werden mich richtig bluten lassen. Und wenn du verlierst und sie gewinnt, dann war's das für mich, für meinen Job, für alles. Hast du darüber mal nachgedacht?«

—

Am Tag der Vorwahlen ging Nay nicht zur Arbeit. Das Büro des Stadtschreibers war für die Verwaltung der Abstimmung zuständig, und es würde merkwürdig aussehen, wenn die Frau eines Kandidaten für die Zählung der Stimmen verantwortlich wäre.

Vinni Restiano rief am Tag der Vorwahlen frühmorgens an, nachdem die Wahllokale geöffnet hatten. Nick stand unter der Dusche, doch er war nicht derjenige, mit dem Vinni sprechen wollte.

»Dein Mann hat mich aufs Kreuz gelegt«, zischte sie Nay an. »Wenn er mir das antun kann, dann kann er es auch mit dir so machen. Was ist ihm eigentlich überhaupt noch wichtig?«

Restiano legte auf. Als Nick hereinkam, fand er seine Frau, die mit entsetztem Gesicht den Hörer umklammert hielt. Sie wiederholte für ihn die Unterhaltung.

»Was ist dir wirklich wichtig?«, fragte sie ihn.

Er hatte darauf keine Antwort.

Nachdem die Wahllokale geschlossen hatten, gingen Nick und Nay zum Warten auf die Wahlergebnisse ins Restaurant *Manni-*

on's, ein Stammlokal der Politiker, in dem die Wände mit Fotos von Leuten übersät sind, die einander übertrieben freundlich die Hände schütteln. Es sollte eine Siegesfeier werden, doch ziemlich schnell wurde klar, dass es wenig zu feiern gab. Drei der vier Kandidaten, die von Zaleski unterstützt wurden, hatten das Rennen verloren, einschließlich Nick, der mit 363 von insgesamt 7.836 Stimmen hinter Restiano lag.

Er hatte alle Bezirke auf der Westseite gewonnen, sie alle auf der Ostseite.

Das einzige Rennen, das von einem Parteibeauftragten gewonnen wurde, war in Nicks altem Bezirk, wo Fernando Fuentes sich mit knappen zweiundzwanzig Stimmen Vorsprung, 553 zu 531, den Sieg erkämpft hatte.

Hank Spallone, der versucht hatte, wieder in den Rat zurückzukehren, gewann seine Nominierung durch die Republikaner fast mühelos, mit 647 zu 589 Stimmen. »Ich denke, es war wegen mir als Person und wofür ich stehe«, analysierte Spallone seinen Sieg. »Die Leute wollten mich zurück, weil ich immer getan habe, was ich gesagt habe.«

Um zehn Uhr gestand Nick seine Niederlage ein. Von einem Münzfernsprecher im *Mannion's* rief er bei Restiano zu Hause an, wo sie mit ihren Anhängern auf die Ergebnisse gewartet hatte, da sie zur Party ihrer eigenen Partei nicht eingeladen gewesen war. Sie war höflich, aber frostig, und unmittelbar nach dem Anruf verließ Nick das Restaurant. Auf der Heimfahrt sagten weder Nick noch Nay auch nur ein Wort.

Mütter und Kinder

Billie fand nicht, dass sie Shanda ungewöhnlich heftig ins Kinderbettchen geworfen hatte. Doch das kleine Mädchen prallte mit solch einem Stoß auf der Matratze auf, dass die tragenden Haken vom Rahmen abrissen und die Matratze auf den staubigen Holzboden krachte. Hysterisch kreischend sank auch Billie zu Boden.

Es waren schrille, durchdringende Schreie, bei denen Shanda in die Ecke flüchtete und Johnny aus seinem Zimmer gerannt kam. Er stand im Türrahmen und starrte auf seine heulende Mutter und seine zusammengeschreckte Schwester, bis Billie befahl: »Geh einfach weg. Lass Mommy in Ruhe.« Sie hatte Angst vor dem, wozu sie in ihrer Wut fähig wäre.

Shandas Wimmern hatte den Moment ausgelöst. Sie hatte den Großteil des Tages mit Wimmern zugebracht – ein hohes, monotones Geräusch, wie das Wehklagen eines Vogels – und weder Anbrüllen noch Bestrafungen oder Prügel hatten sie zum Verstummen gebracht. Billie hatte versucht, das Kind ins Kinderbett zu verbannen, als es zusammenbrach. Als die Holzstücke um sie herum zu Boden polterten, fiel auch in ihr etwas zusammen – Billies sorgsam konstruierte Geschichte, dass alles in Ordnung sei. Mit ihr war nichts in Ordnung. Sie kochte vor Wut, hatte Angst und war auf dem besten Weg draufzugehen. Sie verlor ihr Haar büschelweise. Ihr Blutdruck war noch höher als die ohnehin sonst schon besorgniserregend hohen Werte, und sie hatte aufgehört ihre Medikamente zu nehmen, weil sie sich durch die Nebenwirkungen hundeelend fühlte.

Bis zu dem Tag, an dem sie das Bettchen zerschmettert hatte, war Billie stolz auf die Tatsache, dass sie in all den Monaten seit Johns Inhaftierung nicht geweint hatte; stolz darauf, dass sie jedes weitere Stück demütigender Nachrichten mit einem tiefen Einatmen und einer Zigarette hingenommen hatte. »Heulen bringt gar nichts«, erklärte sie ihrer Mutter, die sie, so kam es Billie zumindest vor, zum Weinen ermunterte, sobald sie zusammen waren. »Heulen macht Sachen nicht wieder ganz, es macht sie nur nass.«

Stattdessen hatte sie herausgefunden – oder glaubte das zumindest –, wie sie mit Johns Abwesenheit fertig würde. Wenn die Kinder nach ihrem Vater fragten, erzählte sie ihnen nicht, wo er war, sondern beantwortete Shandas Verlangen nach »ihrem Daddy« mit einem schnellen Themenwechsel. Wenn sie gedrängt wurde, erzählte sie ihnen, die »Bad Boys« hätten ihren Vater mitgenommen, ein Konzept, das sie aus einer Fernsehshow kannten, die sie oft am späten Nachmittag guckten. Ihr war lieber, sie glaubten, John wäre in den Bildschirm gezerrt worden, als ihnen zu erklären, was ein Gefängnis war.

Einmal, und nur einmal, zweifelte Johnny wütend ihre Erklärung an, mit Informationen, vermutete Billie, die er von anderen Kindern auf der Straße bekommen hatte.

»Er ist eingesperrt«, sagte er höhnisch und mit zusammengekniffenen Augen.

»Nein«, sagte Billie, »die Bad Boys haben ihn geholt.« Johnny sah verwirrt aus, ließ das Thema jedoch fallen.

Johnny, der immer gern so tat, als ob er schoss, tauchte in imaginäre Gewalt ab, rannte durch das Haus und brüllte: »Ich bringe dich um. Ich erschieße dich.« Billie dachte, dass sie etwas dagegen tun sollte, war sich aber nicht sicher, was das sein könnte. Zuerst nahm sie Johnny seine Spielzeugpistole weg, doch er baute sich Ersatz aus seinem Sandwich, seinen Fingern oder was er sonst gerade in der Hand hatte. Also ging Billie in den Spielzeugladen und fand ein batteriebetriebenes Lern-Center, bei dem die Kinder eine Antwort auswählten, dann einen Knopf drückten und mit Klingeln und Piepen belohnt wurden. Das empfohlene Alter auf der Schachtel war »6 bis 10 Jahre«. Shanda war zwei. Johnny war drei. Billie kaufte das Spielzeug trotzdem und gab mehr Geld aus als geplant, in dem Glauben, etwas Teures würde ihre Kinder am besten erziehen.

Als sie die Maschine auspackte, wurde ihr klar, dass man die Karten lesen musste, und da weder Johnny noch Shanda lesen konnten, musste sie sich zu ihnen setzen, während sie spielten. Am ersten Tag waren sie davon ganz begeistert, doch Billie packte die Maschine nach einer Viertelstunde weg, da *All my Children* gleich begann. Kurz darauf brachte Billies Mutter Johnny ein Spielzeugauto mit, was ihm genauso gut gefiel wie das Lern-Center, und Billie war froh, dass er woanders spielte als bei ihr.

Billie wusste, dass sie nicht die Art Mutter war, die sie sein wollte. »Geduld, Geduld. Geduld und Geduld«, zählte sie auf, was sie nicht hatte. »Und ein Verständnis dafür, was die Kinder nicht können und was sie können. Und einfach Geduld.«

Sie wusste auch, dass sie nicht das Leben führte, das sie sich wünschte, ein Leben, in dem der Mann öfter zu Hause ist als alle paar Jahre. Ihr fiel keine reale Person ein, die tatsächlich so ein Leben hatte, doch sie glaubte trotzdem daran.

Nun jedoch, mit dem Kinderbett ihrer Tochter als Haufen vor sich liegen, erkannte Billie, dass sie mit der Kluft zwischen dem, was sie wollte, und dem, was sie hatte, nicht zurechtkam. In den Monaten seit Johns Verhaftung hatten diverse Leute, in dem Versuch ihr zu helfen, angedeutet, dass ihre Probleme zu groß wären, um allein damit fertig zu werden. »Ich brauche keinen Therapeuten«, hatte sie gesagt, nicht trotzig, sondern traurig. »Dies ist ein Problem, das ich selbst lösen muss. Sie könnten mir sagen: ›Sie müssen Ruhe finden‹, aber Sie leben nicht hier. Sie sehen nicht, was ich durchmache, und Sie fühlen nicht, was ich im Innersten fühle. Niemand kann mir helfen.«

—

Fast eine Stunde lang hatte Norma ihren Mund gehalten, während der fünf Monate alte Shaq quengelte und schrie und sich Tashas sämtlicher Bemühungen widersetzte, ihn zum Schlafen zu bringen. Irgendwann hörte sie über Shaqs Schreien hinweg Tasha zurückbrüllen, und Norma stand am Fuße der Treppe und befahl ihrer Tochter, hinunterzukommen.

»Gib mir das Baby«, sagte Norma.

»Nein«, antwortete Tasha mit rauer Stimme, ein Hinweis darauf, dass sie selbst auch geweint hatte.

»Gib mir das Baby«, sagte Norma, und Tasha gehorchte.

Norma nahm Shaq, der immer noch quengelte, mit in ihr Schlafzimmer und legte ihn mitten auf ihr Bett. Dann redete sie ein ernstes Wort mit ihm. »Was ist *los* mit dir?«, wollte sie wissen. »Grandma gefällt das nicht. Was denkst du, wer du bist?« Sie sagte die Worte wieder und wieder, ein ruppiges, aber freundliches Schlaflied, und irgendwann schlief das Baby ein.

Er schlief die ganze Nacht in Normas Bett, und am nächsten

Morgen redete sie mit der Mutter in einem ähnlichen Ton, wie sie mit dem Sohn geredet hatte.

»Tasha«, sagte sie. »Ich bin deine Mutter. Ich bin für dich da. Ich bin hier *bei* dir. Einige Mädchen haben keine Mutter oder niemanden, der sich um sie kümmert. Deswegen gibt es eine Menge junger Mädchen, die ihre Babys umbringen. Sie schaffen es nicht. Deswegen bin ich für dich da. Immer, wenn dir Shaq zu viel wird, kannst du ihn mir geben. Als ich euch alle hatte, als ich Dwayne und Bruce bekommen habe, hatte ich keine Mutter. Sie war tot. Ich hatte niemanden, der mir geholfen hat. Aber du hast mich. Immer wenn es zu schwer für dich wird, bring ihn in mein Zimmer.«

—

Am letzten Septembertag sah Alma ein Foto in der Zeitung, auf dem der Rohbau eines Reihenhauses von einem Kran auf sein Fundament gehoben wurde. Vierzehn neue Wohneinheiten der richterlich angeordneten Sozialbauten in der Midland und Teresa Avenue waren im Bau, schrieb der begleitende Artikel. Die Elemente der Häuser seien in Pennsylvania vorgefertigt worden und würden nun hier mit Bolzen auf Stahlträgern montiert, die zuvor in den Boden von Yonkers einzementiert worden waren.

Alma drückte die Daumen.

Am ersten Oktober las Alma einen Artikel in der Zeitung über eine Schießerei in einer Eingangshalle in Schlobohm. Ein sechzehn Jahre alter Junge war um 16:45 Uhr nachmittags von einem anderen Jungen, den er vom Basketballplatz kannte, in den Fuß geschossen worden. Es schien kein Motiv zu geben, stand in dem Artikel. Der Schütze hatte einfach einen Revolver herausgeholt, eine Patrone eingelegt, den Hahn gezogen und dem Opfer in den rechten Fuß geschossen.

Alma öffnete ihre Abstellkammer im Flur, die vor Küchengeräten, die sie vielleicht nie benutzen würde, überquoll, und trauerte.

Wenn sie noch einmal von vorn anfangen könnte, dachte sie, würde sie keine Kinder bekommen. Kinder bereiteten einem nur

Kopfschmerzen, hatte sie erfahren, und erinnerten einen ständig an das Leben, das man ihnen nicht geben konnte. Wenn sie alleine wäre, hätte sie genug, um in einfachen Verhältnissen, aber in Sicherheit zu leben. Warum hatte man Kinder, fragte sie sich, wenn man sich im Stillen jeden Tag für das bei ihnen entschuldigte, was ihnen fehlte?

Ein Held

Nay wurde am Morgen nach den Vorwahlen nicht gefeuert. Eine Tatsache, die den Wasicskos eine finanzielle Erleichterung brachte, aber keinen Seelenfrieden. Das letzte Mal, als Nay gefeuert wurde, hatte sie es bis in die Schlagzeilen geschafft, und das Ehepaar hatte ausreichend Respekt vor Vinnis politischem Geschick, um anzunehmen, dass sie bis zu ihrer Wiederwahl warten würde, bevor sie ihre Drohung wahrmachte. Diese Form von Publicity wäre ihr momentan nicht zuträglich. Und wahrscheinlich war es noch eine Bonus-Genugtuung für sie, Nick und Nay schwitzen zu sehen.

Die Küchenrenovierung war schon weit vorangeschritten, doch nun drehten sich die Unterhaltungen an der Wasicsko Lane nicht länger um die Dekoration der Küche, sondern wie sie sie bezahlen sollten. In den Nächten, in denen sie es schafften einzuschlafen, waren sie um 4:00 Uhr morgens wieder wach und machten sich Sorgen.

»Was machen wir nur, wenn du gefeuert wirst?«

»Was *können* wir tun?«

»Wir werden das Haus verlieren. Wie sollen wir das alles bezahlen?«

»Vielleicht können wir meine Eltern noch einmal bitten, uns auszuhelfen, bis wir wieder Jobs haben.«

»Ich habe ein ziemliches Schlamassel angerichtet, nicht wahr?«

Nick hatte mit seiner Jobsuche vorsichtig, aber doch optimistisch angefangen, wie es sich für einen Politiker ziemt. Er glaubte, er bekäme einen Job. Einen guten Job. Er hatte Talente, sagte er sich. Er war national bekannt. Man hatte Versprechungen gemacht. Er hatte Beziehungen.

Was er wollte, war einfach – in Yonkers bleiben, in einer Position mit Sichtbarkeit und Prestige. Seine Motive waren auch einfach – er hoffte, irgendwann, wieder als Bürgermeister zu kandidieren, oder vielleicht als City Judge, mit den Verlockungen eines Senators oder Gouverneurs immer noch in ferner Zukunft. Und sein Plan sah zuerst auch einfach aus. Er kontaktierte Terry Zaleski, der ihn an Jim Surdoval weiterleitete.

Er wusste, dass es in der Politik darum ging, niemals verzweifelt zu wirken, also sprach er Jim Surdoval mit einstudierter Nonchalance an.

»Nun, ich denke, wenn ich härter daran gearbeitet hätte, hätte ich die Sache gewinnen können.« Dann fügte er hinzu: »Also, was steht für mich als Nächstes an?«

»Zurzeit gibt es in der Zaleski-Verwaltung keine freie Position für dich«, meinte Surdoval.

Nick versuchte, sein Teamplayer-Pokerface aufzubehalten. »Macht mich zum Commissioner von was auch immer«, sagte er und hoffte, er würde entspannt klingen, als hätte er alles unter Kontrolle. Bei sich dachte er: Erfindet was. Ich habe ein Haus. Ich habe ein Darlehen. Ich habe Rechnungen, die ich begleichen muss.

»Es würde wie ein Schmiergeld dafür wirken, gegen Vinni angetreten zu sein«, sagte Surdoval. »Es würde nicht gut aussehen.« Er machte eine Pause und wurde weicher. »Ich schaue mal, was ich machen kann«, sagte er, bevor er Nick zur Tür begleitete.

Nick bot seine Hand an, und als sie sich Hände schüttelnd verabschiedeten, sagte er: »Wenn ich bei irgendetwas helfen kann, sag mir einfach Bescheid. Wenn ich irgendwelche Wahlkampf-Flyer aus der Druckerei abholen soll …«

Mitten im Satz stockte er. Wo war er gelandet, ein ehemaliger Bürgermeister, der sich anbot, Botengänge zu erledigen?

Zorn setzt oft Aktionen in Gang, und Nick, der wütend war, weil er von sich gedacht hatte, clever zu sein, und doch so naiv gewesen war, kam nach Hause und schrieb seinen Lebenslauf per

Hand, damit Nay ihn später abtippte. Er sei Finalist des *Profile in Courage Awards* gewesen, schrieb er von sich in der dritten Person, »für seinen mutigen Standpunkt gegenüber verärgerten Menschenmengen und Wählern, die gegen die richterlich angeordnete Aufhebung der Rassentrennung waren«, und er sei »der jüngste gewählte Bürgermeister einer U.S.-Großstadt gewesen, der nach sechs Amtsperioden eines Republikaners das Wahlergebnis zu seinen Gunsten gekippt hatte«.

Dann schrieb er Begleitbriefe zu seinem Lebenslauf. Es waren stolze, selbstbewusste Briefe, denn er erinnerte sich immer noch gut daran, wie sich das anfühlte.

Geehrter Mr Secretary, schrieb er an Henry Cisneros, Präsident Clintons Minister für Wohnungsbau und Stadtentwicklung,

> *von Ihren Bemühungen in Vidor, Texas, bin ich sehr angetan. Es ist erfreulich zu sehen, dass die Bundesregierung einen Teil der Last der Fairness auf sich nimmt, die allzu oft für die gewählten Abgeordneten politisch schwierig durchzusetzen ist.*
>
> *Ich war 1988 und 1989 Bürgermeister von Yonkers, als Federal District Judge Leonard B. Sand den Bau von 200 Sozialwohneinheiten auf der überwiegend weißen Ostseite von Yonkers anordnete. Als der gesamte Stadtrat von Yonkers im Fokus der breiten internationalen Aufmerksamkeit willens war, seine politische Basis zu befriedigen, habe ich im Alter von 28 Jahren die Bemühungen angeführt, die Anordnung des Gerichts zu befolgen und in Yonkers die öffentliche Ordnung aufrechtzuerhalten. Die Wähler zeigten mir 1989 ihr Missfallen, indem sie mir die Wiederwahl verwehrten.*
>
> *Die* New York Times *und die* Daily News *haben mich und meinen Standpunkt hingegen redaktionell unterstützt. Senator Moynihan nominierte mich 1991 für den John F. Kennedy Profile in Courage Award. Ich war einer der drei Finalisten dieses Jahres.*

Ermutigt von dieser Unterstützung, habe ich erfolgreich für einen Sitz im Rat als Vertreter meines Bezirkes auf der Westseite kandidiert. Letzte Woche bin ich bei der Wahl des Stadtratspräsidenten nur knapp unterlegen, habe den Westen gewonnen, aber den Ostern verloren. Trotz meiner erfolgreichen Bemühungen, gemeinsam mit HUD einen Großteil der gerichtlich angeordneten Bauten zu implementieren, sind die Bewohner der Ostseite nachtragend. Aufgrund meiner prinzipiellen Standpunkte in Sachen sozialer Wohnungsbau sind meine Aussichten auf Wahlerfolge nicht besonders groß, doch mein Engagement für den Staatsdienst bleibt davon unberührt.

Beigefügt erhalten Sie meinen Lebenslauf, in der Hoffnung, dass es bei HUD eine Aufgabe für mich gibt, die unter Ihrer Führung die Botschaft bekräftigt, dass hochwertiger sozialer Wohnungsbau zur Aufhebung der Rassentrennung oberste Priorität hat. Ich denke, dass ich als Anwalt mit einem nationalen Ruf für politische Courage und Engagement für fairen sozialen Wohnungsbau einen positiven Beitrag zu Ihrer Mission leisten kann. Ich danke Ihnen.

Es war unterzeichnet mit *Nicholas C. Wasicsko, Esq.*

Obwohl die Einzelheiten andere waren, schrieb er einen sehr ähnlichen Brief an Judge Sand, der eine bundesstaatliche Aufsichtsperson ernennen wollte, um die Abschlussphase des Sozialbau-Plans zu überwachen.

Da ich den eher kontroversen Teil Ihrer Sozialbau-Verfügung immer unterstützt habe, glaube ich, dass ich zur erfolgreichen Implementierung dieser Phase beigetragen habe, stand in einem Teil seines Briefes.

Meine unerschütterliche Courage angesichts einer vehementen Opposition fand nationale Anerkennung sowie den Respekt der Bürger von Yonkers, die einen fairen öffentlichen Wohnungsbau am nötigsten brauchen. Ich habe hart dafür gekämpft sicherzustellen, dass die errichteten Sozialbauten gemäß der Gerichtsanordnung bei den ortsansässigen Gemeinden akzeptiert wurden, indem die Baugrundstücke verstreut lagen, nicht zu dicht bebaut wurden und ansehnlich aussahen. Während diese Bemühungen erfolgreich waren, kostete mich meine Stellung im Fokus der Öffentlichkeit meine Wiederwahl.

Ende dieses Jahres werde ich aus dem öffentlichen Amt ausscheiden. Ich suche nach einer Stelle im öffentlichen Dienst, die mir erlaubt, meine Ziele, für die ich während meiner gesamten beruflichen Karriere gekämpft habe, Chancengleichheit und Fairness im Wohnungsbau und dem Rechtswesen, weiter zu verfolgen. Ich glaube, dass ich meine einzigartigen Erfahrungen einsetzen könnte, um den Erfolg des Anerkenntnisurteils sicherzustellen.

Bezahlbarer Wohnraum, wenn auch richterlich angeordnet, sollte nicht einen solchen blinden Widerstand hervorrufen, wie es in Yonkers geschehen ist. Das Ziel ist, öffentlich geförderten Wohnraum für die Schicht des Klägers und andere Bedürftige in Yonkers bereitzustellen. Ich glaube, über einzigartige Qualifikationen zu verfügen, um die Arbeit des Gerichts fortzuführen.

Dann fügte er noch hinzu: *Ich bitte mit allem Respekt darum, den Inhalt dieses Schreibens vertraulich zu behandeln, sollten Sie eine Untersuchung dieser Angelegenheit für nicht angezeigt halten. Vielen Dank. Nicholas C. Wasicsko, Esq.*

Dieser Brief und weitere wurden am 20. September 1993 verschickt, weniger als eine Woche nachdem Nick die Vorwahlen verloren hatte. In der zweiten Oktoberwoche, als er immer noch keine Antwort von irgendwem erhalten hatte, ging er wieder zu Jim Surdoval, der, wie versprochen, »geschaut hatte, was er tun konnte«, doch absolut nicht so, wie Nick gehofft hatte. Der Bürgermeister hatte Nicks Namen an den Abgeordneten Oliver Koppell weitergegeben, der für den Posten des New Yorker Generalstaatsanwalts nominiert war, und Nick für die Position eines stellvertretenden Generalstaatsanwaltes empfohlen. Er hatte ihn ebenfalls einer ganzen Reihe New Yorker Anwaltskanzleien empfohlen.

Anstatt von dieser Hilfe ermutigt zu sein, war Nick ängstlich und deprimiert. Er wollte keinen Job als Anwalt. Er hatte nie wirklich praktiziert, und er war vor Angst wie versteinert, dass er versagen würde. Die Tiefe dieser Angst wurde deutlich, als sein Onkel ihn bat – vielleicht um seinem Neffen, der Geld brauchte, einen Gefallen zu tun –, sein Testament aufzusetzen, und die Angelegenheit Nick fast verschlang. Er verbrachte einen kompletten Samstag in der Buchhandlung Barnes & Nobles, blätterte durch Fachliteratur, wie man ein Testament schrieb, und kam mit Büchern im Wert von einhundert Dollar wieder heraus. »Ich erinnere mich an nichts mehr davon«, sagte er, als Nay fragte, warum er ein kleines Projekt zu einer Lebenskrise machte. »Ich will es richtig machen«, sagte er.

Jeden Tag verwandelte sich der gerechte, motivierende Zorn, den er gefühlt hatte, immer mehr in Selbstmitleid und lähmende Angst. Er nahm immer noch an politischen Veranstaltungen teil, blieb jedoch eine Randfigur und fragte Bekannte: »Warum ist es immer so, dass die Leute, die das Richtige tun, am Ende die Gelackmeierten sind?« und »Glaubst du, meine politische Karriere ist vorbei?«

Er schickte weitere Briefe ab, doch während seine ersten Briefe selbstsicher und eloquent wirkten (selbst wenn sie ein wenig steif und ernst waren), schepperten diese nur so vor unechter Prahlerei. Er machte sich noch nicht einmal die Mühe, Korrektur zu lesen.

Ich schreibe aus Interesse an einer Tätigkeit als Anwalts-Lobbyist, hieß es in seiner aus drei Absätzen bestehenden Mitteilung an den Justitiar einer Firma, deren Anzeige er in der *New York Times* gefunden hatte.

Als ehemaliger Bürgermeister mit einer hohen Wiedererkennung bei Staatsbeamten glaube ich, dass ich von hohem Wert für Ihre Organisation sein kann. Ich kenne die Vorsitzenden der Senate Mental Hygiene und des Assembly Health Committees. Außerdem sind viele Staatsbeamte Bekannte von mir.

Obwohl mein beruflicher Hintergrund keine Erfahrung im Gesundheitsbereich aufweist, habe ich eine schnelle Auffassungsgabe; mit 28 Jahren wurde ich bereits zum Bürgermeister gewählt!

Ich stehe jederzeit für ein Vorstellungsgespräch zur Verfügung.
Vielen Dank.

Er bekam nie eine Antwort.

Eine Tragödie

Am Freitagmorgen, den 29. Oktober 1993, versuchte Nick Nay zu überreden, sich den Tag freizunehmen. Er lag um acht Uhr noch im Bett und sah zu, wie sie sich für die Arbeit anzog: blauer Rock, weiße Bluse, blau-weißer Blazer.

»Nimm dir ein verlängertes Wochenende frei«, sagte er. »Mach einen Spaziergang und sieh dir die Blätter an.«

»Die Blätter sind schon alle abgefallen, und ich habe keine Urlaubstage mehr übrig«, antwortete sie. »Vinni will mich raushaben. Wir sollten ihr keine Munition liefern.«

Also stand Nick auf, zog sich schnell an – grüne Hosen von Dockers, weiße Turnschuhe und den grünen Pullover, den Nay ihm in der Woche zuvor geschenkt hatte, um ihn aufzuheitern – und fuhr Nay zur Arbeit ins Rathaus. Sie redeten über Dinge, über die Mann und Frau reden, wenn sie an einem hektischen Tag ein paar Minuten Zeit zusammen erhaschen. Die Küchenschränke waren angekommen und lagen in ihren Kartons überall auf dem Küchenfußboden. Sie mussten Freitagabend einen Kühlschrank kaufen gehen. Samstagmorgen hatten sie einen Termin mit dem Fliesenleger im Haus. Es sah ganz danach aus, als würde Vinni Restiano die Wiederwahl locker gewinnen.

Auf dem Heimweg besorgte sich Nick die *New York Times* und den *Herald Statesman*, las Letzteren zuerst und suchte fieberhaft nach Neuigkeiten über die Ermittlungen wegen Veruntreuung bei der städtischen Wirtschaftsförderung, der *Industrial Development Agency*. Als Bürgermeister war er Vorstandsvorsitzender dieser Behörde gewesen, und in jüngerer Zeit Mitglied des Vorstandes, ernannt 1992 von Terry Zaleski, bevor ihre Beziehungen sich verschlechtert hatten. Die Untersuchung hatte bereits die offensichtliche Veruntreuung von Hunderttausenden von Dollar über mehrere Jahre hinweg aufgedeckt, und ein Angestellter aus den unteren Reihen der Behörde hatte zugegeben, sich davon einen Teil genommen zu haben. Jetzt nahmen die Ermittler des Bürgermeisters die Spesenkonten anderer Mitarbeiter der Behörde unter die Lupe. Nick wusste, dass er während seiner Zeit im Vorstand der IDA nichts Falsches getan hatte und nicht unter denjenigen war, denen Fehlverhalten vorgeworfen wurde. Doch in letzter Zeit wurde er von der Angst überwältigt, dass in der unkontrollierbaren Arena der Politik Schuldlosigkeit nichts war, mit dem man sich verteidigen konnte.

Ein paar Tage zuvor hatte er morgens einen Artikel über die Ermittlungen gelesen – einen, in dem sein Name überhaupt nicht auftauchte – und hatte Nay im Büro angerufen, war so aufgeregt, dass er kaum sprechen konnte. »Sie machen Unterstellungen und ruinieren damit Leuten das Leben!«, brüllte er ins Telefon. »Das ist nicht witzig. Ich frage mich, wie witzig sie es finden würden, wenn sie selbst an der Reihe wären.«

Nay konnte Nicks Rage nicht nachvollziehen, und seine kalte Angst alarmierte sie. »Nick, hör auf zu schreien, was ist los mit dir? Ich weiß, dass es verstörend ist, aber du musst dich beruhigen.«

An jenem Abend erzählte er ihr, er würde verfolgt, sagte jedoch nicht von wem. Er verbrachte Stunden in der Bibliothek, durchsuchte alte Zeitungsberichte auf Mikrofilm und konstruierte eine Chronologie, die er zu seiner Verteidigung nutzen konnte. Auf seiner Zeitleiste für den Abschnitt August, als die Neuigkeiten mutmaßlicher Veruntreuung für Schlagzeilen sorgten, schrieb er *»Leichenöffnung deckt Skandal auf«*. In dem für November vorgesehenen Raum schrieb er nur »?«.

Am Morgen des 29. Oktober jedoch gab es keine Neuigkeiten von den Ermittlungen, und er verbrachte einige Stunden mit Telefonanrufen, einschließlich mit seiner Sekretärin, die er bat, Eintrittskarten für ihn zu reservieren – zwei für ein *Human Rights*-Dinner am selben Abend und zwei für das Democratic City Annual Dinner zu Halloween. Kurz vor 11.00 Uhr tauschte er seine Dockers gegen Anzug und Krawatte, um seinen Pflichten als Ratsmitglied bei der Eröffnungszeremonie eines neuen County-Sozialamtes zu erfüllen. Er stand mit einer ehemaligen Hilfskraft, Kathy Spring, im hinteren Teil des Raumes und sie unterhielten sich über die IDA. »Es wird auf alle von uns auf die eine oder andere Art ein schlechtes Licht werfen«, sagte er ihr. Während der Zeremonie rief Bürgermeister Zaleski auf dem Podium Nicks Namen auf und stellte ihn dem Publikum vor. Nick winkte in die Menge und lächelte.

Die Zeremonie dauerte nicht länger als eine halbe Stunde, und Nick kehrte nach Hause zurück, zog wieder bequemere Kleidung an und arbeitete eine Weile mit Michael in der Küche, packte die Schränke aus und redete über die IDA. Er erzählte Michael, sicher zu sein, dass er verfolgt würde. Michael machte sich Sorgen, nicht wegen der Ermittlungen, sondern um Nick. Warum verlor dieser Mann, der schon Morddrohungen ertragen hatte, weil er die Sozialbauten unterstützte, angesichts etwas derart Belanglosen seine Fassung?

Um ein Uhr fuhr Nick zum Rathaus, um Nay zum Mittagessen abzuholen. Während ihrer Stunde im Broadway Diner beklagte er sich darüber, dass er verfolgt würde. Weil er sich sicher war, dass unter seine beiden Wagen Verfolgungssender montiert waren, hatte er vor, mit Michael die Wagen zu tauschen. Kurz vor zwei setzte er Nay am Rathaus ab.

Am frühen Nachmittag kam Michael ins Wohnzimmer, um Nick zu bitten, ihm beim Tragen einiger schwerer Küchenschränke zu helfen. Dort erblickte er seinen entsetzt aussehenden Bruder mit einer Waffe in der Hand. Nick raste aus der Tür und sagte nur, er hätte »etwas zu erledigen«. Er wollte Michael nicht sagen, wohin er ging.

Minuten nachdem er gegangen war, schickte Nay ihm eine Nachricht auf seinen Beeper. Er rief sie zurück und sagte, er sei in einer Telefonzelle ein paar Blocks von zu Hause entfernt. Er sagte, er würde direkt nach Hause fahren, um Michael zu helfen. Fünfundvierzig Minuten später fuhr er die Einfahrt zum Haus hoch, ließ den Motor laufen, rannte die Treppe hinauf und dann wieder hinunter. Er nahm Bargeld aus seiner Brieftasche, ließ die Brieftasche jedoch zurück. Dann zog er die Schlüssel zu seinem Chevy Geo und seinem Ford Taurus von seinem Schlüsselring und ließ auch den Schlüsselring zurück.

Den ganzen Nachmittag versuchte Nay ihn über den Beeper zu erreichen, weil seine Geschichten von Sendern und Verfolgern sie verängstigt hatten. Unsicher, ob sie sich Sorgen wegen seiner Sicherheit oder seiner geistigen Gesundheit machen sollte, wählte sie seinen Beeper mindestens zehn Mal an und drückte in regelmäßigen Abständen die Ziffern 9-1-1, ihr Code für einen Notfall. Er meldete sich nicht. Um 16.30 Uhr, als sie mit der Arbeit fertig war, stand sie an ihrem gewohnten Treffpunkt am Rathauseingang und wartete darauf, dass Nick sie abholte. Als dieser nicht kam, ging sie eine halbe Stunde später zum Ende der Rathauseinfahrt, und eine weitere halbe Stunde später rief sie Michael an und bat ihn, sie nach Hause zu fahren.

Während Nay auf Nick wartete, saß er auf im Oakland Cemetry auf einem Hügel, ungefähr zwei Blocks von seinem Haus entfernt und eine Meile vom Rathaus. Er saß gegen einen Baum gelehnt und schaute über den Friedhof, wo sein Vater und Großvater begraben lagen. Hinter den Gräbern konnte er die Palisades sehen, die vorm Hudson aufragten, die Doppelspitze der St. Casimir's Church und die Giebel des Rathauses.

Der Friedhof wurde geschlossen, und der Wärter Fedor Feciasko kam zu ihm hinüber und bat ihn zu gehen. Nick sagte, er würde gehen, und machte sich auf den Weg den Hügel hinunter, zu seinem roten Geo, mit dem WASICSKO-Nummernschild. Doch als der Wärter ein paar Minuten später wiederkam, war Nick wieder bei dem Baum und starrte hinunter auf Yonkers. Der Wärter beschloss zu gehen und dem ehemaligen Bürgermeister, den er vom Fernsehen her kannte, noch ein wenig Zeit zu lassen. Er wartete bis 17.15 Uhr, bis er Nick wieder ansprach, und wie beim ersten Mal machte sich Nick auf den Weg zu seinem Wagen.

Um 17.20 Uhr machte Feciasko eine letzte Runde den Hügel hoch, wo er, wie er den Dutzenden Polizeibeamten sagte, die schon bald über den Tatort schwärmten, »ihn da drüben liegen sah. Ich habe die Waffe in der Hand gesehen und das Blut.«

Nick Wasicsko hatte sich mit dem Revolver Kaliber .38, den er fast immer bei sich trug, in den Kopf geschossen. Nay konnte nicht glauben, dass er ihr keinen Abschiedsbrief hinterlassen hatte, jedenfalls wurde nie einer gefunden.

—

Innerhalb von Stunden begannen die Lobpreisungen.

Bürgermeister Zaleski sagte: »Es ist eine außergewöhnliche Tragödie. Die Menschen von Yonkers senden der Familie ihre tiefe Zuneigung und ihr Mitgefühl. Es ist einfach eine Tragödie. Ein unbeschreiblicher Verlust.«

Vinni Restiano: »Ich fühle mich wie nach einem Autounfall, bei dem der andere Fahrer gestorben ist. Obwohl wir in diesen letzten Vorwahlen politische Gegner waren, war Nick Wasicsko ein Freund, und ich bin schockiert, und seine Familie tut mir leid. Nick war ein wirklich intelligenter Mensch, und er hatte noch ein ganzes Leben vor sich. Er muss im Innersten wirklich tief verletzt gewesen sein, um sich so etwas anzutun. Es gab niemand Klügeren als ihn.«

Hank Spallone: »Schrecklich. Eine Tragödie. Eine echte Tragödie. Wir standen auf entgegengesetzten Seiten des politischen Spektrums, aber wir haben uns immer gut verstanden. Ich bin so schockiert. So ein feiner Mensch ist von uns gegangen. Die Folge daraus, dass ein Mensch versucht hat, absolut alles so gut zu machen, wie er nur konnte.«

Nicholas Longo: »Er hat die harten Zeiten mit viel Charakter und sehr viel Stärke überstanden. Er war standhaft. Ich muss mich fragen, was in den fünf Jahren passiert ist. Der Mann, der sich dem widersetzt hat, was 1988 passiert ist, war nicht derselbe Mann, der heute Abend auf den Oakland Cemetry gegangen ist.«

—

Nicholas Wasicsko war in der St. Casimir's Church getauft worden. Nay und er waren dort getraut worden, unter einem Kaleidoskop aus buntem Glas. Und an einem grauen und kalten Wahlmorgen war St. Casimir's Church der Ort, an dem um ihn getrauert wurde. Es war der erste Wahltag in fast einem Jahrzehnt, in dem sein Name in Yonkers nicht auf einem Wahlzettel stand.

Über tausend Menschen drängten sich in der Kirche, füllten die polierten Eichenbänke bis in den Eingangsbereich hinein, wo sie in ihren Mänteln während der einstündigen Messe tränenüberströmt standen. Fast jeder Kandidat für jedes lokale Amt war anwesend, alle traditionellen Last-Minute-Kampagnen waren abgesagt worden. Henry Spallone, der Nick in der Bürgermeisterwahl 1989 besiegt hatte, war anwesend, wie auch Angelo Martinelli, der 1987 von Nick besiegt worden war. Vinni Restiano weinte. Nicholas Longo weinte. Neil DeLuca weinte.

Von ihrer Kirchenbank inmitten der Menge aus sah Mary Dorman mit Erstaunen Oscar Newman auf eine naheliegende Bank schlüpfen, wo er seinen Kopf mit einem Ausdruck senkte, der wie echte Trauer wirkte. Er saß dort, den ganzen Gottesdienst lang, ganz allein, ging nicht nach vorn, wo die Honoratioren in Grüppchen standen, und sagte nichts zu irgendjemandem. »Er ist hier, weil er hier sein möchte«, sagte Mary, beeindruckt von einem Mann, von dem sie nicht gedacht hätte, dass er sie beeindrucken könnte, »und nicht, weil er wollte, dass die Leute ihn hier sehen.«

Nay saß in der vordersten Bank, fassungslos, wie betäubt und in einem Nebel von Trauer. Seit der Leiter der Polizeibehörde persönlich vor ihrer Tür gestanden und sie zum Friedhof gebracht hatte, um Nicks Leiche zu identifizieren, hatte sie die Zeit nur überstanden, weil sie sich weigerte zu denken. Sie brauchte ihre ganze Energie, um zu gehen und zu reden. Sie war so überfordert, fühlte sich so leer und bleischwer, dass es Augenblicke gab, in denen sie für einen flüchtigen, beängstigenden Moment das Gefühl hatte, sie könne auch sterben, wenn sie sich nicht dazu ermahnte zu atmen. Zu denken überstieg ihre Kräfte. Sie wagte nicht zu denken, sie funktionierte einfach nur.

In dieser Schutzhülle blieb Nay eingehüllt, während Reporter sie anriefen, Polizeibeamte sie befragten und die Details entschieden werden mussten, die ein Tod mit sich bringt. Nicks Totenwache war ein verschwommener Fleck. Nachdem ein Kandidat für das Amt des Richters zu ihr kam und sein Beileid aussprach, dankte sie ihm und wünschte ihm alles Gute für den Wahltag. »Viel Glück am Dienstag«, sagte sie, neben dem glänzenden Sarg ihres Mannes stehend. Michael hörte sie und war entsetzt. »Was tust du da?«, fragte er. Und sie antwortete offen: »Ich weiß es nicht.«

Auch Bürgermeister Zaleski kam zur Totenwache. Zuerst weigerten Nicks Mutter und Nicks Bruder sich, ihm die Hand zu schütteln. Doch Nay ging hin und dankte ihm für sein Kommen. »Hör auf, eine Politikerin zu sein«, sagte Michael. Doch Nay wusste nicht, wie. »Ich verliere vermutlich den Verstand«, sagte sie. »Nick hat ihn gehasst, aber er ist hier, und er ist der Bürgermeister …«

Jetzt, auf der Beerdigung, zwang sie sich immer noch, nicht nachzudenken. Es hatte den größten Teil des Morgens funktioniert – sie war nicht in Tränen aufgelöst, schrie nicht und fiel nicht in Ohnmacht. Doch dann, am Ende des Gottesdienstes, als Reverend John Duffell die Kanzel bestieg und seine Eulogie hielt, brach sie unter der Last des Augenblicks zusammen.

Es war Father Duffell gewesen, der Nay ihren ersten Job im Rathaus vermittelt und darauf bestanden hatte, sie zu ihrem Vorstellungsgespräch zu fahren, damit sie sich nicht umdrehte und flüchtete. Während ihrer Anfangsjahre mit Nick begegneten sie Duffell in der Stadt hier und da auf Veranstaltungen, und jedes Mal warnte er Nick, auf sie gut aufzupassen, weil sie »sein Lieblingsmädchen« sei. Von dieser selben Kanzel herunter hatte Duffell sie vermählt. Und an diesem neuesten, zentralen Augenblick in ihrem Leben stand er wieder vor ihr und sagte Dinge, die sie gedacht hätte, wenn sie nicht solche Angst davor hätte, sich das Denken zu gestatten.

Nick war »ein Mann voller Verheißungen, ein Mann voller Leiden«, sagte Duffell, und sein Tod »macht uns klar, was wichtig ist: nicht die Politik, sondern der Mensch. Wenn wir ihm nur all die Dinge, die wir in den letzten Tagen über ihn gesagt haben, immer und immer und immer wieder gesagt hätten.«

Doch er machte nicht bei beschwichtigenden Allgemeinheiten halt. Er sprach weiter und wies Schuld zu. Er sprach von der »McCarthysierung von Yonkers« und beschrieb die Stadt als einen Ort voller Politik, Hass, Gerüchten, Ermittlungen und Angst. Die Art von Ort, wo ein Mann, der das Richtige getan hatte, so wie Nick hinsichtlich der Sozialbauten, zerstört werden konnte, weil er recht hatte. Und wo ein Mann, der nichts Unrechtes getan hatte, so wie Nick bei der IDA, in seiner Schuldlosigkeit keinen Trost und keine Sicherheit fand.

»Warum tat er, was er getan hat? Wir werden es nie erfahren«, sagte Duffell. »Aber möglicherweise hatte ein Teil der Angst und Dunkelheit, die die Stadt zu überschatten scheint, daran seinen Anteil; wo der Ruf eines Menschen auf der Titelseite der Lokalzeitung zerstört wird, von Ermittlungen, eventuell berechtigten Ermittlungen, die verfrüht, vor ihrem Abschluss, und noch bevor Anklage erhoben wird, enthüllt werden.«

Nay begann, sich nicht mehr betäubt zu fühlen, sondern wurde wütend. Sie war wütend auf Yonkers und auf die trauernden Politiker, von denen sie umgeben war. Als sie dem Sarg ihres Mannes durch das Hauptportal der St. Casimir's Church folgte, war sie zornig auf sich selbst, weil sie selbst eine dieser Politiker gewesen war, nach den Regeln mitgespielt hatte, die Nick ihr beigebracht hatte, weil sie all diesen Leuten viel Glück für die Wahl gewünscht und sich dafür bedankt hatte, dass sie gekommen waren.

Als der vier Blocks lange Trauerzug am Rathaus vorbei kroch, war sie auch zornig auf die brüllende Menge, die ihren Mann 1988 gehetzt hatte. Sie wusste, dass viele dieser Menschen jetzt zusahen, als die Autokolonne vorüberzog. Menschen, die verstummt waren, aber die ihren Hass nie abgelegt hatten, und die mit ihrer Wahlstimme klargemacht hatten, dass sie ihm nicht verzeihen konnten. Sie hätten nie zugelassen, dass er Stadtratspräsident würde, und schon gar nicht Bürgermeister oder Senator, Gouverneur oder Richter oder eines der anderen Ämter, die im Bereich des Möglichen erschienen waren, als er der jüngste Bürgermeister des Landes gewesen war.

Dann, als Nicholas Wasicsko auf demselben Hügel beerdigt wurde, auf dem er gestorben war, war sie am meisten auf ihren Ehemann wütend, auf seine Sorge, nie eines dieser Ämter zu bekommen. Sie zurückzulassen, die jetzt mit ihren Träumen von vorne beginnen musste, weil er es nicht hatte ertragen können, die Scherben seiner eigenen aufzuheben.

Epilog, 1998

Ein Jahrzehnt ist seit dem Sommer der Missachtung des Anerkenntnisurteils in Yonkers vergangen. Es ist sechs Jahre her, seit die ersten Mieter in die Reihenhäuser einzogen, und fünf Jahre seit Nicholas Wasicskos Tod. Zeit genug, um die Frage anzupacken: Hat es funktioniert? Die Antwort ist immer noch die gleiche wie von Anfang an – es kommt ganz darauf an, wie man Erfolg definiert. Mein Maßstab ist, damals wie heute, zweilagig: Hat es die Leben der Mieter verändert, ohne die Träume derjenigen zu demontieren, die vorher da waren?

—

Für Alma Febles waren die Reihenhäuser alles, was sie sich je erhofft hatte, ein Geschenk, das nur noch kostbarer wurde, weil es so lange gedauert hatte. Mehr als zwei Jahre nach der Lotterie wartete Alma noch immer. Selbst der zweite Bauabschnitt würde ihr nicht helfen, fürchtete sie, weil ihre Losnummer so hoch war. Ich brachte sie in Kontakt mit Mary Dorman, die sie daraufhin zu ihrem persönlichen Anliegen machte. Es gibt erheblich mehr Reihenhäuser mit zwei Schlafzimmern als solche mit dreien, sagte Mary, und sie schlug vor, Alma solle Peter Smith anschreiben und anbieten, sie nehme auch eines der kleineren Häuser.

Am 28. Oktober 1994 zogen Alma und ihre Kinder in ihr neues Zuhause ein. Sie gaben eine Party. Da ich wusste, dass die Familie bereits sämtliche Küchengeräte besaß, die sie je benötigen könnte, war mein Einzugsgeschenk eine Schneeschaufel, an die ich eine große rote Schleife gebunden hatte. Das Recht, ihren eigenen

Weg freizuschaufeln, hatte Alma mal zu mir gesagt, wäre für sie ein Faktor ihrer Definition von Zuhause geworden.

Sie ist jetzt in den Vierzigern und hat immer noch kein eigenes Schlafzimmer als Rückzugsort. Sie sagt, es mache ihr nichts aus. Virgilio ist bereits ausgezogen; er ist zu den Marines gegangen. Ein weiterer Wimpernschlag und Leyda wird fort sein. Sie will aufs College und Modedesignerin werden. Alma weiß, dass es einsam werden wird in ihrem neuen Zuhause, wenn die beiden Kinder fort sind.

Die Reihenhäuser waren auch Norma O'Neals Rettung. Ihr Gesundheitszustand hat sich kontinuierlich verschlechtert, seit sie auf die Ostseite der Stadt gezogen war – sie hatte einen Schlaganfall, hat aufgrund ihrer Diabetes einen Teil eines Fußes verloren und muss heute zweimal wöchentlich zur Dialyse. Als sie den Schlaganfall erlitt, war es ein Nachbar aus den Reihenhäusern, der auf Tashas verzweifeltes Rufen mitten in der Nacht reagierte und dafür sorgte, dass Norma weiter atmete. Ein häuslicher Pflegedienst kommt jetzt – pünktlich jeden Morgen – und hilft bei den andernfalls nicht mehr zu beherrschenden Aufgaben ihres Tages. »Wenn ich noch in Schlobohm wohnen würde«, sagt sie mit einem erleichterten Lachen, noch am Leben zu sein, »wäre ich jetzt tot.«

Erheblich länger dauerte es bei Doreen James, bis auch sie durch ihr Reihenhaus ihren inneren Frieden fand. Obwohl ihr Name auf der Warteliste für Dunbar bleibt, ist sie heute nicht mehr so entschlossen, diesen Schritt zu gehen. In den Jahren, seit Joe gestorben war, ist sie von einem vermeintlichen Rettungsweg zum anderen getaumelt – zu Schlobohm, zu Crack, zu ihren Eltern, zu den Reihenhäusern. In den Jahren nach Barbaras Tod erkannte sie das Muster.

Sie ist immer noch bei READY engagiert, und sie ist stolz auf die Veränderungen in der Westseite der Stadt, die mit Hilfe der Gruppe auf den Weg gebracht wurden (in den Reihenhäusern sind sie nicht aktiv). Unter Aufsicht von READY sind über 30 Millionen Dollar an Bundes-, Bundesstaats- und städtischen Mitteln verwendet worden, um die Sicherheit in den Hochhaus-Komplexen zu verbessern. Nach jahrelanger Lobbyarbeit lautet Sadies Plan heute offiziell, bestehenden Mietern zu erlauben, potentielle neue Mieter selbst gründlich unter die Lupe zu nehmen.

Aber obwohl Doreen die Macht von selbstorganisierter Bürgerbeteiligung erkennt, zieht sie sich langsam davon zurück. »Sadie sagt, man kann die Probleme anderer Leute nicht lösen, solange man seine eigenen nicht im Griff hat«, sagt sie. Ein Teil ihres neuen Lebensentwurfs umfasst eine Vollzeitstelle bei einem großen Baumarkt-Filialisten auf der Ostseite sowie die Abendschule, wo sie hofft, die Kurse belegen zu können, die es ihr möglich machen, Sozialarbeiterin in Schlobohm zu werden.

Und Billie Rowan? Für sie sind die Reihenhäuser ein grausamer schlechter Witz der Gemeinde, wie ein Schmuckstück, das man ihr kurz gegeben hat, um es ihr sodann unfreundlich wieder zu entreißen. Der fünf Wochen andauernde Prozess gegen John Mateo Santos machte in Yonkers Schlagzeilen. Er machte keine Aussage, aber sein Pflichtverteidiger argumentierte, John habe eine Unterhaltung mit Helen Sarno in einem hiesigen Imbissrestaurant begonnen, und sie habe ihn daraufhin auf eine Tasse Kaffee zu sich nach Hause eingeladen. Zunächst habe er abgelehnt, und beide seien ihrer Wege gegangen. Dann hätte John es sich aber anders überlegt und sei zur Wohnung der älteren Frau gegangen, wo er sie blutüberströmt und fast tot vorfand. Vielleicht habe er sich mit Blut beschmiert, als er versuchte, sie vom Boden aufzuheben, sagte der Anwalt.

Billie glaubte ihm. Die Geschworenen nicht. Sie glaubten der Staatsanwaltschaft, die Anklage erhob, dass »dieser Kerl, dieser John Santos, Helen Sarno mit einem Eispickel erstochen habe, und als ihre Nachbarn auf ihre Hilferufe reagierten, habe er versucht sich herauszureden, und als das nicht funktionierte, habe er gewaltsam versucht, den Tatort zu verlassen, und als auch das nicht funktionierte, habe er versucht zu fliehen«.

Er wurde für schuldig befunden. Judge John R. LaCava verhängte die Höchststrafe von fünfundzwanzig Jahren bis lebenslänglich für, wie er es umschrieb, einen »feigen, sinnlosen und unentschuldbaren Mord«.

Es würde noch einige weitere Jahre dauern, bis ein anderes Gericht über Billies eigenes Schicksal entschied. Sie war überzeugt, dass das Wohnungsamt sich nicht so sehr ins Zeug gelegt hätte, sie aus einer Wohnung in Schlobohm zwangszuräumen, hätten nicht die Reihenhäuser im Rampenlicht der Öffentlichkeit gestanden. Sie mussten »an mir ein Exempel statuieren«, sagt sie. Mit der Zeit verlor Billie auch noch den letzten ihrer Einsprüche und wurde daraufhin im Oktober 1995 zwangsgeräumt, fast drei Jahre nach dem Mord. Kurz bevor sie auszog, sagte sie zu mir: »Ich hoffe, meine Kids erinnern sich an diesen Ort, damit sie hierher zurückfinden können.« Sie floh aus Yonkers und hinterließ keine Nachsendeanschrift. Wo immer sie ist, ich wünsche ihr alles Gute.

—

Trotz der Befürchtungen, dass die Missstände auf der Westseite der Stadt die Mieter begleiten würden, ist das Leben auf der Ostseite relativ friedlich. Es hat einige Probleme gegeben, wegen der die Polizei zu den Reihenhäusern gerufen wurde – einige Beschwerden wegen zu lauter Musik, Familienstreitereien, Prügeleien unter den Kindern. Im April 1995 setzte der Freund einer Trenchard-Bewohnerin ihr Haus in Brand, während unten Polizeibeamte warteten, um ihn wegen eines anderen Deliktes festzunehmen.

Aber im Allgemeinen, so die Polizei, werden sie nicht häufiger zu den neuen öffentlich geförderten Objekten gerufen als zu jeder anderen Gruppe von Häusern. Bob Olsen, Polizeipräsident in Yonkers während der Jahre unmittelbar nach Bezug der ersten Reihenhäuser: »Das Schreckensszenario hat sich nie verwirklicht.«

Kurz, die Reihenhäuser tun genau das, was Oscar Newman von ihnen erhofft hatte – sie verschmelzen mit ihrer Nachbarschaft.

Ihre Bauweise ist nicht perfekt. Die Türklingeln funktionieren immer noch nicht, die Fensterrahmen verziehen sich, und die Fliegengitter lösen sich aus nahezu allen Türen – Türen, für deren Anschaffung Doreen so hart gearbeitet hatte. Die Instandhaltung der Anlagen könnte auch besser sein. Ohne Zugang zu Rasenmähern haben die meisten Mieter es praktisch aufgegeben, ihre Gärten zu pflegen, und die nicht ausreichenden Wandschränke in den Häusern haben viele Familien veranlasst, Dinge im Freien zu lagern. In der Folge sehen manche Gärten ungepflegt und schäbig aus, allerdings auch nicht schlimmer als die Gärten mancher Privathäuser in der Umgebung.

Diese Bagatellen beiseitegelassen, scheint Newmans Philosophie zu funktionieren. Die Mieter sehen ihre Wohnungen als Eigentum an und achten darauf, so gut sie eben können. In letzter Zeit wird auch davon gesprochen, dass sie schließlich die Wohneinheiten kaufen könnten.

Selbst Peter Smith, der Newman bisweilen für schwierig und selbstherrlich hielt, zollt ihm inzwischen Anerkennung. In einem zusammenfassenden Bericht an Newman schrieb Smith: »Für mich war die beste Belastungsprobe für die Defensible-Space-Theorie, also Schutz bietende Räume, nicht die Art und Weise, wie die Bewohner ihre eigenen Grundstücke übernahmen und dann anfingen, das gesamte Projekt zu verteidigen. Das hatte ich irgendwie auch nicht anders erwartet. Vielmehr überzeugte mich, wie sie sich um ihre Mülltonnen neben den Hauszugängen kümmerten.

Ich habe ganz offen gesagt nicht geglaubt, dass das funktioniert. Die Müllentsorgung zu einer individuellen Sache zu machen und damit gegenüber der ganzen Welt klarzustellen, wenn du eine Schweinerei in deinem Vorgarten hast, dann ist dafür allein der jeweilige Mieter verantwortlich, und das holte etwas aus den Mietern hervor, das der ganzen Welt zeigte, wie falsch sie beurteilt worden waren.«

—

Die Leben der Mieter haben sich also zum Besseren verändert, und die schlimmsten Befürchtungen der East-Side-Hausbesitzer sind nicht Realität geworden. Aber kann man das schon einen Erfolg nennen? Ist das denn schon ausreichend?

Norma O'Neal wird sich von Zeit zu Zeit ein Sandwich im Imbiss an der Ecke holen, aber in den meisten anderen Restaurants ihres Viertels nicht essen gehen. Doreen James wird ihre Rezepte nicht auf der Ostseite der Stadt einlösen, da die Apotheker dort sich mit den Besonderheiten der Medicaid nicht auskennen. Stattdessen fährt sie quer durch die Stadt zu einer Apotheke auf der Westseite. Pam Johnsons Kinderarzt hat zwei Praxen, eine im Westen, eine im Osten. Aber nur die Praxis auf der Westseite nimmt Medicaid an, wenn also ihre Kinder krank sind, bringt sie sie in das alte Viertel zurück.

Kurz, die Mieter der Reihenhäuser leben in einer Blase in einer Blase. Sie sind immer noch Besucher in ihren neuen Nachbarschaften, und sie haben praktisch nichts mit den weißen Hausbesitzern zu tun, deren Welt zu verändern sie in den Osten geschickt worden waren. War es das, was Judge Sand sich vorgestellt hat, als er seine 657 Seiten umfassende Stellungnahme schrieb? Waren es zehn Jahre und 260 Millionen Dollar wert, damit zweihundert Familien in netteren Wohnungen leben und von ihren Nachbarn ignoriert werden konnten?

Ich stellte Sand eine Variante dieser Frage, als ich ihn für dieses Buch interviewte, und es war der einzige Moment während unserer mehrere Stunden dauernden Unterhaltung, dass seine Stimme scharf wurde. Die Anzahl der Reihenhäuser – zweihundert in einer Stadt mit fast 200.000 Einwohnern – wurde von der NAACP und dem Justizministerium festgesetzt, sagte er. Er akzeptierte die Zahl, aber er wählte sie nicht, und er würde sich nicht dazu äußern, ob sie ausreichend war, um das erkannte Unrecht abzustellen. Was er jedoch sagte war, dass es bei alledem niemals um Integration gegangen sei. Es ging um Desegregation, um die Aufhebung von Trennung, und die Unterschiede sind nicht bloß semantischer Natur. Yonkers ist eigentlich desegregiert. Eine

Gruppe von Menschen, eine Klasse, wenn man so will, darf nun herein, wo sie zuvor bewusst draußen gehalten wurde. Aber Yonkers ist auch nicht integriert. Schwarz und Weiß sind nicht Teil desselben Stoffes, derselben Gemeinde. Die Zeit mag das vollbringen. Ein Richter sicher nicht.

—

Es herrscht immer noch Zorn auf der Ostseite der Stadt. Ein Spaziergang durch die Gegend, Anklopfen an zufällig ausgewählte Türen, bringt zutage, dass der Zorn stiller ist als zuvor, aber verschwunden ist er nicht.

»Bislang ist es nicht so schlimm«, sagt ein Hausbesitzer, der gerade seine Einfahrt mit dem Gartenschlauch abspritzt. Er wohnt zwei Häuser von den Reihenhäusern entfernt. »Aber sie zeigen sich immer noch von ihrer besten Seite. Ich fühle mich, als wären wir beschissen worden. Wir sind beschissen worden. Ich hab nur einfach keine Lust mehr, mich darüber zu streiten.«

Einen Block weiter zeigt eine Nachbarin auf ein Schild mit der Aufschrift »Verkauf durch Eigentümer«, das auf dem Rasen in ihrem Vorgarten steht. Es steht bereits seit einigen Monaten dort, und sie geht davon aus, dass es auch noch einige weitere Monate dort stehen wird.

»Ich verkaufe nicht, weil ich von denen weg will«, sagt sie über die Reihenhäuser. »Aber wegen denen kann ich es nicht verkaufen. Würden Sie hier in der Gegend ein Haus kaufen?«

Es ist tatsächlich immer noch schwierig, in Yonkers ein Haus zu verkaufen – gleichgültig wo in Yonkers. Aber liegt das allein am öffentlichen Wohnungsbau? Ist allein die Anwesenheit der Reihenhäuser Grund für den gesunkenen Immobilienwert? Manche, wie Nicholas Longo, Peter Chema und Hank Spallone, sind zweifelsfrei davon überzeugt, dass dem so ist. Andere behaupten, und ich gebe ihnen recht, dass die eigentliche Schuld woanders liegt. Ja, Yonkers hat ein blaues Auge. Aber wer hat zugeschlagen? Die dauerhaftesten Schrammen wurden nicht durch den Bau der

Reihenhäuser zugefügt. Sie wurden durch den Kampf selbst verursacht.

»Der ganze Öffentlichkeitsrummel hat bei den Leuten einen üblen Nachgeschmack hinterlassen«, sagt Neil DeLuca, der am Ende den Staatsdienst verlassen hat und in die Privatwirtschaft gegangen ist. »Selbst die Leute, die sich gar nicht mehr an die Einzelheiten erinnern, haben dieses Gefühl im Bauch, dass sie hier nicht wirklich sein wollen.«

John Spencer, der gegenwärtige Bürgermeister: »Der Schaden, der angerichtet wurde, den haben die Einwohner von Yonkers sich selbst zugefügt.«

—

John Spencer wurde im Zuge einer Gegenreaktion gegen Terry Zaleski Bürgermeister. Nach Nicks Tod rückte Zaleskis »Politik der Ermittlungen« in den öffentlichen Fokus. Nay und Michael erzählten Nicks Geschichte leidenschaftlich und in aller Öffentlichkeit, unterstrichen seine Befürchtungen, dass die Zaleski-Behörde gegen ihn ermittle. Jim Surdoval bestritt vehement (und meines Erachtens glaubhaft), dass Nick Teil der IDA-Ermittlung gewesen war, aber allein schon die Andeutung, dass der frühere Bürgermeister womöglich durch politische Trickereien in den Selbstmord getrieben worden sein könnte, genügte, um die Gerüchteküche in Gang zu setzen. Es war einer von mehreren Gründen, warum Zaleski seine versuchte Wiederwahl 1996 verlor.

Spencer ist ein ehemaliger Bankdirektor, der zwei Legislaturperioden im Stadtrat gesessen hatte und republikanischer Mehrheitsführer gewesen war, als Nick Minderheitenführer der Demokraten war. Trotz ihrer unterschiedlichen politischen Zugehörigkeit waren die beiden Männer befreundet gewesen, und es war John Spencer, der Nay den Job als stellvertretende City Clerk verschafft hatte.

Es herrscht allgemein Einverständnis, dass Spencer ein herausragender Bürgermeister ist, und seine größte Errungenschaft besteht darin, dass er Yonkers mit allen ihm zur Verfügung stehenden Mitteln zu einer reifen Stadt gemacht hat. Es ist an der Zeit, hat er gesagt, endlich aufzuhören, immer nur Judge Sand für alles verantwortlich zu machen, was in dieser Stadt schiefgegangen ist, und dafür zu sorgen, dass es ab jetzt richtig läuft. Sein gesamtes politisches Kapital darauf setzend, dass seine Stadt sich gewandelt hatte, bestand eine seiner ersten Amtshandlungen als Bürgermeister darin, um ein Vier-Augen-Gespräch mit dem Richter zu bitten.

»Euer Ehren, es ist ein neuer Tag«, erinnert er sich an seine Worte. »Es muss ein neuer Tag sein. Wir haben so viel durchgemacht. Ich bin eben erst in Yonkers mit überwältigender Mehrheit gewählt worden, um diese Stadt zu führen. Führung bedeutet, Menschen zur Zusammenarbeit zu bewegen. Philosophisch betrachtet«, sagte er, »glaube ich nicht, dass die Regierung von oben herab dem Volk alles Mögliche in den Schlund schieben sollte. Das funktioniert nicht.«

Sands Antwort: »Ich teile Ihre Philosophie, aber wie würden Sie das anpacken?«

Spencer brachte vor, es sei unvernünftig, darauf zu bestehen, dass die Stadt den zweiten Abschnitt von Sands Plan – die achthundert zusätzlichen erschwinglichen Wohnungen – umsetzte. Der neue Bauabschnitt, sagte er, würde eine weitere Suche nach Baugrundstücken zur Folge haben, durch die alte Wunden erneut aufgerissen würden. Warum nicht einfach bereits vorhandene und leerstehende Genossenschaftswohnungen, Eigentumswohnungen und Häuser nutzen?, fragte er. Und warum nicht der Stadt bei minimalem Eingriff des Gerichts erlauben, diese Einheiten auszuwählen?

Es war nicht das erste Mal, dass diese Idee vorgeschlagen wurde, aber es war das erste Mal, dass der Richter vom Überbringer des Vorschlags dermaßen beeindruckt war.

»Behalten Sie den Burschen im Auge«, sagte er mir einige Tage nach der Begegnung. »Das ist jemand, mit dem ich arbeiten kann.«

Die daraus resultierende Planung, 1998 abgeschlossen, verlangt vom Staat, eine Gesamtzahl von 740 Einheiten bezahlbaren Wohnraums zu benennen. Einige der Einheiten gibt es bereits, andere werden neu gebaut, wie von der Stadt beschlossen. Der Staat New York übernimmt die Hälfte der für den Plan veranschlagten Kosten in Höhe von 32 Millionen Dollar, wie von Judge Sand angeordnet. Im Februar 1998, nach seiner Unterhaltung mit John Spencer, entschied Sand, dass die Stadtentwicklungsgesellschaft des Bundesstaates zum Teil für die Rassentrennung in der Planung des sozialen Wohnungsbaus verantwortlich war.

In der Verhandlung zur finalen Ausarbeitung des Plans war Sand sowohl nachdenklich als auch optimistisch. »Seit Beginn dieses Rechtsstreits im Jahr 1980 kam es mehr als nur ein Mal vor, dass ich auf dieser Richterbank gesessen habe und frustriert war. Es gelang mir einfach nicht nachzuvollziehen, warum es so schwer war, zu einem Konsens zu finden, wenn die Parteien die gleichen Ziele hatten«, sagte er.

»Ich bin sehr zufrieden«, fuhr er fort. »Das Ziel, die Zahl der Wohngelegenheiten in Yonkers zu erhöhen, wird in einem wesentlichen Umfang umgesetzt. Diese Phase einer fortdauernden Geschichte wird zu guter Letzt ein Ende finden.«

Judge Sand ist nicht der Einzige, der von den Veränderungen in Yonkers beeindruckt ist. Im Frühjahr 1998 stimmte das *Emergency Financial Control Board* einstimmig für seine Selbstauflösung und gab Yonkers zum ersten Mal in dreiundzwanzig Jahren die volle Kontrolle über seine Finanzen zurück. Unmittelbar nach dieser Abstimmung meinte Spencer: »Das ist das beste Verwaltungstreffen, an dem ich je teilgenommen habe.«

Die Nachricht von diesem Fortschritt erfreute Nay und stimmte sie gleichzeitig traurig. Von ihrer Warte aus ist John Spencer, ihr Verbündeter und Freund, da erfolgreich, wo ihr Mann es nicht hatte sein können. Nay ist immer noch stellvertretender City Clerk von Yonkers. An die Wand ihres Büros im Rathaus hat sie eine gerahmte Tageszeitung aus dem Sommer der Missachtung und ein Poster mit dem Titel »Love's First Kiss« hängen, das sie von Nick bekam. Seit seinem Selbstmord hat sie ihre emotionalen

Zäune mit Hilfe von Vinni Restiano repariert, und sie bezeichnen sich gegenseitig als enge Freundinnen. Ein Stipendium ist zum Gedenken an Nick eingerichtet worden, und ein Park auf der Ostseite ist nach ihm benannt worden.

Da sie das unvollendete Haus auf dem Berg nicht verkaufen konnte, überließ sie es der Bank. Heute lebt sie in einer kleinen 2-Zimmer-Wohnung, nur wenige Zentimeter von der Nordgrenze der Stadt entfernt.

Sie nahm das Schild Wasicsko Lane bei ihrem Umzug mit, ließ aber einen Stapel Poster zurück, auf denen stand: »Nick Wasicsko zum Stadtratsvorsitzenden«, um in der feuchten Garage zu verrotten. Eines davon habe ich gerettet, und es hängt an der Wand in meinem Büro, neben meinem Fenster, eine stete Mahnung, dass Helden nur selten perfekt sind.

—

Das *Department of Housing and Urban Development* sieht die Reihenhäuser von Yonkers als Erfolg und Blaupause für die Zukunft. Einkommensschwache Familien über Mittelschicht-Wohngegenden zu verteilen, ist heute fester Bestandteil der Politik dieser Behörde. Überall in den Vereinigten Staaten, in Newark, in Cincinnati, in Boston, Chicago und Houston werden kistenartige Backsteintürme, in denen sich früher jeweils Hunderte von Sozialwohnungen befanden, zu Misserfolgen erklärt und in die Luft gesprengt. Es wird keine monolithischen Sozialsiedlungen mehr geben, und das nicht, weil ein Richter es so angeordnet hat, sondern weil diese Siedlungen einfach nicht funktionieren. Von nun an wird es nur noch Reihenhäuser geben, wie diejenigen, die nach all den Jahren des Protestes in Yonkers gebaut wurden.

»Die Lektion von Yonkers lautet«, sagt Oscar Newman, der im Ruhestand im Norden des Staates New York riesige Skulpturen erschafft, die an Totempfähle erinnern, »dass es schon bald in einer Stadt in deiner Nähe passiert.«

Mit diesem Ziel riss die Behörde im Jahre 1996 überall im Land

30.000 Hochhauseinheiten ab, und bis zum Jahr 2000 werden insgesamt 100.000 abgerissen worden sein. Für den gleichen Zeitraum hat das HUD einen Etat von 46 Milliarden Dollar für die Errichtung von locker verteiltem öffentlichem Wohnungsbau in den Gemeinden, die um diese Hochhäuser herumlagen.

Auch die Privatwirtschaft schließt sich diesem Ansatz an. Im Verlauf der letzten vier Jahre haben Gruppen wie *Habitat for Humanity International*, die *Enterprise Foundation* und das *National Neighborworks Network* 8,9 Milliarden Dollar in den Neubau von 136.300 Wohneinheiten in 1.940 Gemeinden investiert, viele davon Mittelschicht. Im März 1997 kündigten sie eine Kampagne an, die 14 Milliarden bereitstellte, um landesweit 193.800 Wohneinheiten in 2.400 Gemeinden zu bauen.

Jede dieser Gemeinden wäre gut beraten, die Lektionen von Yonkers zu lernen, sich diese Geschichte eines Experiments anzuhören, das letztendlich funktionierte, das aber auf dem Weg dorthin die Stadt beinahe vernichtet hätte. Es ist eine Geschichte von zwei verschiedenen Weltansichten, von dem logischsten und intellektuellsten Richter und der emotionalsten und selbstschützendsten Stadt. Von einem Mann mit einem Wochenendhaus auf einem 13,5 Hektar großen Grundstück, und einer Stadt, die neiderfüllt nach Norden zu ihren grüneren und wohlhabenderen Nachbarn schaute. Von einem Mann, der kämpfte und es bis an die Spitze schaffte und glaubte, dass man anderen helfen müsse, um das Gleiche zu erreichen. Und von Leuten, deren Kämpfe ihnen nicht sonderlich viel einbrachten; die kämpften, um andere nicht hereinzulassen, die noch weniger hatten.

Yonkers demonstriert, was passiert, wenn diese Sichtweisen kollidieren. Wenn ein Richter einem Viertel sagt, es müsse sich von Grund auf neu erfinden. Wenn er metaphorisch eine Explosion auslöst und dann denen, die in den Trümmern hausen, den Wiederaufbau befiehlt. Yonkers zeigt, was den Menschen dieses Viertels widerfährt, sowohl denjenigen, die bereits dort lebten, als auch denen, die auserwählt wurden, im Rampenlicht der Öffentlichkeit dort einzuziehen.

Manche der Lektionen von Yonkers sind zweckmäßig: verlangt Reihenhäuser statt Hochhäuser, gebt Geld für Architekten aus, nicht für Anwälte, akzeptiert, was nicht geändert werden kann, und macht weiter. Aber andere Lektionen sind weniger konkret und schwieriger zu beherrschen. Erfolg zu haben, wo Yonkers versagte, bedeutet zu akzeptieren, dass kein Wohnviertel für immer bleibt, wie es war, und dass wir womöglich unsere Kinder besser schützen, indem wir Fremde hereinlassen, statt sie auszusperren.

Yonkers ist – und dies gilt beispielhaft für alle Städte – das Resultat nicht eines Gerichtsverfahrens, sondern einer Abrissbirne. Mit der Zeit werden die Reihenhäuser ihren Weg in praktisch jede Gemeinde und jedes Viertel finden. In manchen Orten wird es ruhig verlaufen, in anderen wird das Gebrüll ohrenbetäubend sein. Aber es wird überall passieren. Und eines nach dem andern wird jedes dieser Viertel lernen, was es für eine Nation bedeutet, deren Menschen Vielfalt predigen, sich aber am wohlsten fühlen, wenn sie von ihresgleichen umgeben sind.

—

Hat Yonkers seine Lektion gelernt? Es gibt Momente, da glaube ich das. Kurz nach seiner Wahl zum Bürgermeister besuchte John Spencer Tony DiPopolo, der durch eine Krankheit, die ihn schon bald umbringen würde, ans Haus gefesselt war. DiPopolo war so schwach, das er kaum lauter als mit einem Flüstern sprechen konnte, und Spencer setzte sich so dicht neben ihn, dass DiPopolo direkt ins Ohr des Bürgermeisters reden konnte. »Diese Leute«, sagte DiPopolo über die Mieter in den Reihenhäusern, »sie sind nett. Sie tun niemandem etwas zuleide.«

Mary Dorman arbeitet heute im Sozialamt der Stadt, und ihr Name steht in Gold auf der Tür ihres Büros im Rathaus. Eines Morgens, sie befand sich gerade in ihrem Vorgarten, wurde sie von der Fahrerin eines vorbeifahrenden Autos angesprochen, die in Marys Nachbarschaft ein Haus kaufen wollte. Gab es etwas in der Gegend? Mary wusste von einem Haus, einem ansprechenden Gebäude im Kolonialstil mit großem Garten und, wie es von außen aussah, drei oder vier Schlafzimmern. Sie erzählte der Frau solche Dinge und überraschte sich dann selbst mit dem Zusatz, das Haus befinde sich »direkt gegenüber den Sozialwohnungen«. Sie wusste, das sollte keine Rolle spielen. Aber sie wusste ebenfalls, dass es sehr wohl eine spielte.

Alma Febles weiß das auch. Kurz nach ihrem Einzug in ihr hart erkämpftes Zuhause machte sie sich laut Sorgen über ein Gerücht, dass noch mehr dieser Art gebaut werden sollten – an ihrer neuen Straße. »Man sollte schon mehr bauen, aber ich hoffe, nicht direkt hier«, sagte sie ohne einen Hauch von Ironie. »Das hier ist so ein ruhiger, netter Block.«

Epilog, 2015

Als HBO anrief, hörte ich nur mit halbem Ohr zu.

Man könnte so einen Satz dezente Aufschneiderei nennen, oder man könnte sagen, ich sei abgebrüht, aber ich drücke es lieber so aus: »gewappnet gegen die Realität ständiger Enttäuschungen«. Sie müssen wissen, dass ich während meiner vielen Jahre bei der *New York Times* auch zuvor schon von Hollywood angesprochen worden war.

Da war zum Beispiel dieses eine Mal, in einer Zeit vor E-Mail und Mobiltelefonen, als ein Mann vom Sicherheitsdienst der *Times* mich an einem frühen Sonntagmorgen zu Hause anrief, weil der Präsident einer Indiefilm-Produktion in der Lobby stünde und darauf bestand, mich zu sprechen. Er hatte an diesem Morgen meine Titelgeschichte über irgendwas im *NYT Magazine* gelesen und musste jetzt einfach die Filmrechte kaufen. Ob ich am nächsten Tag Zeit für ein Frühstück hätte?

Nachdem alles so weit verabredet war, wurde ich am nächsten Morgen noch vor Tagesanbruch von seiner Sekretärin geweckt, die mitteilte, (andere) dringende Geschäfte hätten ihn zurück nach LA gerufen und er werde sich kurzfristig mit mir in Verbindung setzen, weil mein Artikel das Wichtigste sei, das jemals veröffentlicht worden sei, und unbedingt verfilmt werden müsse.

Ich warte heute noch auf seine Nachricht.

Und dann war da mein erstes Buch, *First Do No Harm*, in dem es über die drei Jahre geht, die ich damit verbrachte, die Arbeit einer medizinischen Ethikkommission an einem Krankenhaus in Houston zu beobachten. Diesmal kam das Projekt bis zu einer Vereinbarung über eine Option mit einem angesehenen Produzenten, der einen mittelgroßen Drehbuchautor engagierte, der mein Buch nahm – in dem es nur so vor sterbenden Kindern, trauernden Eltern und hin- und hergerissenen Ärzten wimmelte – und es in ein Drehbuch verwandelte, das mit einer nackten Frau begann, die bei Regen durch einen texanischen Garten lief. (Das dürfte dann die Vorsitzende meiner Ethikkommission sein, die, das versichere ich Ihnen, in jeder Szene meines Buches vollständig bekleidet blieb …)

Es wird Sie überraschen zu hören, dass dieses Projekt nie über den ersten Entwurf hinauskam.

Mir ist schon klar, dass absolut gar nichts an dieser Sache persönlich war. Ich beschäftige mich mit harten Themen; mich reizen Geschichten ohne saubere Enden, Geschichten ohne eindeutig Gute und Böse, ohne absolute Wahrheiten. Mit anderen Worten, alles Dinge, die Hollywood so gar nicht mag. Das Interesse war nett – manchmal auch ein wenig einträglich, häufig eine gute Geschichte, die man Freunden beim Abendessen erzählen kann –, aber doch nie etwas, was ich wirklich ernst nahm. Gelegentlich ertappte ich mich dabei, wie ich durch die Fernsehkanäle zappte und mich wunderte, dass überhaupt etwas gesendet wurde, denn von meiner Warte aus gesehen wurde absolut nichts jemals realisiert.

Als mich daher gegen Ende 2001 Sylvie Rabineau, meine für Filmrechte zuständige Agentin, wegen eines Interesses an *Show Me A Hero* anrief, entspricht es absolut der Wahrheit, wenn ich sage, ich schenkte dem keine große Beachtung. Zu dem Zeitpunkt war das Buch bereits seit drei Jahren auf dem Markt. Wie vieles, was ich schrieb, war es eine komplexe, unordentliche und mehr als nur ein wenig deprimierende Geschichte. Also redete Sylvie, und ich hörte nur mit einem Ohr zu. »Gail Soundso«, sagte sie. »HBO oder hastdunichgesehen. Will das Projekt für einen David Schlagmichtot erwerben.«

»Möchtest du, dass ich mit denen im Gespräch bleibe?«, wollte sie wissen.

Ich glaube, ich hatte ein klein wenig ein schlechtes Gewissen, dass Sylvie ihre Zeit wieder nur mit einem weiteren Projekt verplempern musste, aus dem dann am Ende doch nichts werden würde. Ich erinnere mich auch, dass ich mich damals gefragt habe, wie Agenten für Filmrechte es eigentlich schaffen, halbwegs so was wie ein Einkommen zusammenzubekommen, wo doch nie irgendwas tatsächlich in die Produktion geht.

»Okay, warum nicht«, antwortete ich.

Die nächsten paar Monate rief Sylvie regelmäßig an, sie plauderte mit David und Gail und HBO. Natürlich wusste ich, was HBO war – obwohl es damals noch nicht *das* führende Unternehmen für Originalproduktionen war, zu dem es noch werden sollte –, aber wir hatten den Punkt deutlich hinter uns gelassen, an dem ich mir vormachen konnte, ich hätte nicht den geringsten Schimmer, wen sie mit Gail und David meinte. Dann, an einem Tag im Frühjahr, verkündete sie schließlich, sie habe ein Angebot vorliegen, von dem sie meinte, ich solle es wahrscheinlich annehmen, und kurz darauf kam ein Vertrag, von dem sie glaubte, ich solle ihn wahrscheinlich am besten unterschreiben.

Und dann … rief jemand anderer an.

»Hi, Lisa«, sagte er, als ich den Hörer abnahm. »Hier spricht David Simon.«

Ich reagierte mit absoluter Nonchalance.

»DAVID SIMON!!!!! **DER** DAVID SIMON?????«, schrie ich förmlich ins Telefon. »David Simon, der *The Corner* geschrieben hat????? David Simon von *Homicide*??? DER David Simon????«

»Lisa«, sagte er, weniger eingeschüchtert, als ich es von einem solchen Geplapper am anderen Ende der Leitung gewesen wäre. »Hat Ihre Agentin denn nicht mit Ihnen GESPROCHEN?«

»Doch«, sagte ich. »Aber ich hab nicht zugehört.«

2002 hatte David Simon zwei Bücher geschrieben, die er selbst ins Fernsehen gebracht hatte, indem er sich vom Autor zum Produzenten neu erfand. Er war der große Held aller Journalisten, weil es ihm gelungen war, über diese große Kluft zu steuern, unschöne, komplizierte, wahre Geschichten auf flachen, einfachen Bildschirmen zu erzählen. Und Gail Mutrux war eine Produzentin – von *Rainman, Quiz Show, Donnie Brasco* und, was für diese Geschichte das Wichtigste ist, von *Homicide: Life in the Street*, Davids erster Serie. Gail war es, die *Show Me A Hero* gelesen hatte, wie ich später erfuhr, und das Buch dann an David weitergereicht hatte. Zusammen hatten sie dann ein Konzept für eine sechsteilige Miniserie für HBO daraus erarbeitet.

Ich wurde erheblich aufmerksamer.

Im Verlauf des Sommers 2002 kam David mit seinem Co-Autor Bill Zorzi nach Yonkers, der seinen Job bei der *Baltimore Sun* aufgegeben hatte, um ganztägig an diesem Projekt zu arbeiten. Gemeinsam und einzeln, mit mir und allein machten sie die Runde durch Yonkers, um sich anzusehen, wie die einzelnen Leben sich verändert hatten oder eben auch nicht.

Wir besuchten Mary Dorman in ihrem gepflegten Backsteinhaus an der St. John's Avenue. Sie hatte zu dem Zeitpunkt drei Jahre bei der *Yonkers Human Rights Commission* gearbeitet (eingesetzt von Bürgermeister Spallone im Jahr 1990) und vier weitere bei der *Yonkers Civil Service Commission* (eingesetzt von Bürgermeister Spencer im Jahr 1995). Als sie diese Position verließ, um einen Job als Assistentin im Archiv des *Yonkers Seminary* anzunehmen, erhielt sie einen goldenen Stadtschlüssel.

Wir gingen ins Rathaus, um uns mit Nay Wasicsko zu treffen, die ihren Magister in Betriebswirtschaft gemacht hatte und aus dem Standesamt zum Director of Professional Development and Education bei der City of Yonkers aufgestiegen war, wo sie die nächsten 16 Jahre bleiben würde. Da Yonkers nun mal Yonkers war, versuchte irgendwer immer wieder mal politische Tricks und Winkelzüge, um sie – ohne Erfolg – aus ihrem Job zu drängen.

Wir trafen Hank Spallone an seinem Lieblingstisch im *The Raceway Diner*, wo er uns überaus bereitwillig und gern Geschichten über den Wohnungsbau-Kampf erzählte und dabei keinen Zweifel daran aufkommen ließ, wie sehr er diese Zeit genossen hatte. »Das war die beste Zeit meines Lebens«, sagte er. »Es war eine sagenhafte Zeit, diese gottverdammte Zeit.« Kurz danach ging er nach Florida in den Ruhestand.

Und wir besuchten Alma Febles und ihre Kinder in ihrem mühsam erworbenen Reihenhaus, wo sie immer noch nach ihrem persönlichen Happyend suchten. Im ursprünglichen Epilog des Buches hatte ich mich optimistisch geäußert, dass der Umzug ihr Leben verändern würde, aber bei dem Gespräch mit David, Bill und mir acht Jahre später beschrieb Alma die Reihenhäuser als »meinen Alptraum«. Damals in Schlobohm, sagte sie, waren die Gefahren offensichtlich gewesen und sie konnte die Türen dagegen verbarrikadieren, die Kids außer zur Schule nicht rauslassen. Im »guten« Teil der Stadt jedoch konnte Frankie sich frei bewegen und geriet in die Gesellschaft einer Gruppe »weißer reicher Jungs, die dem Latino-Jungen Geld gaben und ihn dann losschickten, Drogen zu kaufen«, sagte Alma. Das erste Mal wurde er mit 14 festgenommen, und in den folgenden Jahren verursachte er ein solches Chaos in der Familie, dass »Virgilio uns sitzengelassen hat«, sagte Leyda, um zu den Marines zu gehen. Das hieß für Leyda, während ihrer College-Zeit zu Hause wohnen zu bleiben, damit ihre Mutter nicht ganz allein mit Frankie zurechtkommen musste.

Mit Norma O'Neal konnten wir uns nicht treffen. Sie war inzwischen runter nach Richmond gezogen, mit Tochter Tasha und Enkel Shaq, um Dwayne und seiner Familie zu folgen. Kurz darauf folgte ihnen Isaiah Spruill, der »nette Mann«, den sie bei der *Guild for the Blind* kennengelernt hatte. Norma und Isaiah heirateten im Frühsommer 1998, und er starb vier Wochen nach der Hochzeit. (Als sie anrief, um mir die traurige Nachricht mitzuteilen, sagte sie, das wären die besten Wochen ihres Lebens gewesen.) Dann, an Silvester, erlag Dwayne einem Herzanfall, als er für sein Milch-Unternehmen Waren auslieferte. Er war 36. Bei seiner Frau Libby wurde wenig später ALS diagnostiziert, das Lou-Gehrig-Syndrom. Bill Zorzi freundete sich mit ihr aus der Entfernung an, und sie kommunizierten über einen Dolmetscher und einen besonders ausgestatteten Computer.

Während der nächsten zwölf Jahre schrieb ich selbst Bücher, Artikel für Magazine, Kolumnen und Blogposts, während ich verfolgte, wie David und Bill die Drehbuchversion dieser Menschen und ihrer Geschichten entwickelten. Das Schreiben kam nur langsam voran, weil das eine oder andere dazwischenkam: Davids nächste Serie, ein kleines Meisterwerk mit dem Titel *The Wire*, das kurz nach unserem ersten Telefonat 2002 Premiere hatte und über fünf Staffeln lief. *Generation Kill*. Während sechs Monaten in Afrika gedreht. *Treme*, eine Ode an New Orleans nach Katrina, das von 2010 bis 2013 auf HBO lief. Ich behielt meinen Hauptberuf, erfuhr aber den Großteil dieser Entwicklungen in Form von Google Alerts und durch die Zwischenberichte, die ich etwa in Jahresintervallen von David und Bill erhielt. Eine Frage hier, ein »Wir-arbeiten-noch-dran« da.

Oscar Newman starb 2004 im Alter von 68 Jahren in einem Hospiz außerhalb von Albany, NY. Er verbachte seine letzten Lebensjahre in den Catskills, wo er gewaltige Skulpturen im Stil der Stämme amerikanischer Ureinwohner des Nordwestens machte. Etwa eine Woche nach ihrem sechsundsechzigsten Geburtstag starb Norma O'Neal 2007 an den Folgeschäden ihrer Diabetes. Libby starb 2013 an Komplikationen der ALS; sie wurde 50. Hank Spallone starb 2009 im Ruhestand. Mary Dorman starb am Neujahrstag 2011. Sie wurde 78. Auf ihre Gedenkseite des Bestattungsinstituts hatte ihre Tochter Maureen geschrieben: »Sie war eine leidenschaftliche Streiterin für die Bürgerrechte in der Stadt, leistete anfänglich Widerstand gegen gerichtlich angeordneten sozialen Wohnungsbau, arbeitete dann aber aktiv mit, um den Erfolg des Projektes zu ermöglichen, indem sie neuen Mitbewohnern in der Gemeinde unterstützend zur Seite stand. Ihr ganzes Leben kannte man Mary als Fürsprecherin der Hilfsbedürftigen, und Familie, Freunde und viele andere in ihrer Gemeinde werden sie sehr vermissen.«

Mich inbegriffen.

Ansonsten ging das Leben weiter.

Nay heiratete 2005 Andrew McLaughlin, einen Polizeibeamten aus Yonkers, der für die Gegend um das Rathaus zuständig war. Sie lernten sich kennen, weil er auf Streife immer hereinkam und den Wasserspender in der Nähe ihres Büros benutzte. »Ich bin felsenfest davon überzeugt, dass Nick ihn mir geschickt hat«, sagte sie. »Ich weiß, das klingt verrückt, aber ich weiß einfach, dass er es getan hat.« Sie bekamen zwei Kinder und zogen aus Yonkers fort, wenn auch nur eine Stadt weiter in den Norden. Das Rathaus jedoch verließ sie nicht mehr. Heute ist Nay Wasicsko-McLaughlin als Programmieranalytikerin in der IT-Abteilung mit der Zeit zum Gedächtnis des Gebäudes geworden – sie ist die einzige Mitarbeiterin, die seit dem Sommer 1988 ununterbrochen dort gearbeitet hat.

Im Jahr 2007 wurde das Verfahren mit dem Aktenzeichen *80 CIV 6761, US vs. Yonkers* vor einem U.S. Bundesgericht offiziell entschieden und beendet, genau 27 Jahre nach Beginn des Verfahrens, als die letzten von sechshundert bezahlbaren Wohneinheiten fertiggestellt wurden, manche davon Neubauten, andere in kernsanierten Bestandsobjekten. Zu diesem Zeitpunkt war Judge Sand ein Senior Judge, was für manche Richter eine verringerte Fallbelastung und Altersteilzeit bedeutet – seine Prozessliste jedoch blieb prall gefüllt, und häufig mit Fällen von großem öffentlichen Interesse. Als er bereits acht Jahre im Genuss des Senior-Status war, übernahm er zum Beispiel das Verfahren gegen die vier angeklagten Terroristen, die am Ende wegen der Bombenanschläge auf die amerikanischen Botschaften in Kenia und Tansania verurteilt wurden (während des Prozesses sprang einer der Angeklagten über ein Geländer, schaffte es bis zur Richterbank und konnte sich sogar auf den Richter stürzen). Und vierzehn Jahre nachdem andere Richter wahrscheinlich längst in Pension gegangen wären, leitete er die letzte – wie bereits die erste – Verhandlung im Fall Yonkers, wieder mit Michael Sussman, der immer noch die NAACP vertrat, und Bürgermeister Philip Amicone, Nachfolger von John Spencer, der für die Stadt zeichnungsberechtigt war.

Als er schließlich seine 80er weit überschritten hatte, schaltete er doch ein wenig zurück, und im Jahr 2014 erhielt er die *Association Medal* der New Yorker Anwaltsvereinigung, eine seltene

Ehre, die in sechzig Jahren nur dreiundzwanzig Mal verliehen wurde. Bei der feierlichen Verleihung dieser Auszeichnung charakterisierte man ihn als »ein bleibendes Symbol körperlicher und intellektueller Tapferkeit«.

Derweil war eine der ersten Bewohnerinnen einer der letzten Tranchen der von Sand gerichtlich angeordneten bezahlbaren Reihenhäuser … Alma Febles. Sie hatte inzwischen ihren Job in der yonkerschen Anwaltskanzlei aufgegeben und arbeitete als Fallmanagerin für das *Department of Social Services*, wo sie Bewohnern half, sich im Labyrinth des Systems zurechtzufinden, das sie selbst nur zu gut kannte. Virgilio hatte die Marines verlassen, war zur Polizei von Yonkers gegangen und lebte allein. Frankie war immer wieder mal im Gefängnis und offiziell nicht mehr Teil von Almas Haushalt. Leyda war Absolventin des *Fashion Institute of Technology* und arbeitete bei einer Werbeagentur in Manhattan. Gemeinsam hatten sie Anspruch auf die bezuschusste Monatsmiete von 2.000 Dollar für eine »bezahlbare« Wohnung an der Yonkers Avenue mit zwei Schlafzimmern und zwei Bädern. Groß, hell und gleich weit entfernt von den Hochhäusern Schlobohms und den Reihenhäusern von Helena, war es das erste Zuhause, das Alma wirklich liebte, seit sie im Alter von fünfzehn Jahren in die Vereinigten Staaten gekommen war. Und endlich hatte sie ein eigenes Zimmer.

Im Juli 2009 wurde Doreen James meine »Freundin« auf Facebook. Im September 2010 erhielt David einen Genie-Preis, ein Stipendium der MacArthur-Stiftung. In der gleichen Woche war er Redner bei einer Benefizveranstaltung zugunsten von Nays Schwager Roy McLaughlin, einem Polizeibeamten aus Yonkers, bei dem ein Gehirntumor festgestellt worden war. Im Sommer 2013 kündigte HBO die letzte Staffel von *Treme* an, was bedeutete, so hoffte ich, dass David etwas Neues zu tun haben musste.

Praktisch all diese Momente führten zu einem kurzen Gedankenaustausch mit David und Bill, und bei den meisten dieser Gelegenheiten erklärte David, wie er es von Anfang an gemacht hatte, dass *Show Me A Hero*, die Miniserie, am Ende gesendet werden würde. Nicht weil der soziale Wohnungsbau ein selbstverständliches Thema für das Fernsehen war – er konstatierte ziemlich unverblümt, dass dies genau NICHT der Fall war, was wiederum, so glaube ich, mit Grund war, warum er sich des Themas annahm –, sondern weil ich klug genug gewesen war, ein Buch zu schreiben ohne Unmengen kostspieliger Kampfszenen oder historischer Kostüme. (Natürlich wurde 1988 mit jedem verstreichenden Jahr immer mehr zu einem Historiendrama.) Wann immer er das sagte, dachte ich sorgfältig über seine Vorhersage nach und beschloss, dass er sich am Ende doch irrte, denn es tat sich nie irgendwas. Trotzdem war es nett, das Projekt und die Möglichkeit, es in die Gesäßtasche meines Lebens zu stecken.

Und dann, ab Frühjahr 2014, erfuhr ich mehrfach vertraulich, dass HBO *Show Me A Hero* grünes Licht gegeben hatte. Eine Andeutung von Sylvie, dass es »ziemlich gut« aussah. Eine E-Mail von David, Betreff »Glückwunsch«, gefolgt von dem Einzeiler: »Behalt's noch für dich«, bis es schließlich amtlich wäre. Also hielt ich schön den Mund, zum Teil, weil ich es versprochen hatte, aber hauptsächlich, weil ich nichts beschreien wollte. Und es bestand immer noch die Möglichkeit, dass, wenn ich die letzte Drehbuchfassung sah, es mit einer nackten Frau in einem regnerischen Garten beginnen würde, die sich darüber ausließ, dass in ihrer Gegend neue Reihenhäuser errichtet werden sollten.

Während der nächsten ein, zwei Monate wurde ich nur indirekt und dann elektronisch auf dem Laufenden gehalten. Eine Broadway-Schauspielerin, deren Arbeit ich kannte und bewunderte, schickte mir auf Facebook eine Nachricht, in der sie schrieb, sie spreche in zwei Tagen für die Rolle der Doreen vor und hätte ziemlich Probleme, ein Exemplar des Buches aufzutreiben, da es praktisch vergriffen sei. Ob ich wohl mal auf einen Sprung vorbeischauen könnte, um ihr diese Figur näher zu beschreiben? Ich sprang. Sie bekam die Rolle nicht. (Die wirklich erstaunliche Ilfanesh Hadera erhielt sie.)

Als Nächstes eine Chatnachricht, ebenfalls auf Facebook, von Jenny Murphy, Mary Dormans Nichte. »Sind Sie *die* Lisa Belkin, die *Show Me A Hero* geschrieben hat?«, wollte sie wissen. Marys Mann, Buddy, sei kürzlich verstorben, und »ich habe meiner Cousine geholfen, ihr Haus aufzuräumen, und das brachte mich dazu, Ihr Buch noch mal in die Hand zu nehmen«, schrieb sie. »Ich kann's nicht beiseitelegen.«

Ich erinnerte mich an die Mahnung, mich nicht zu verplappern, aber ich wollte wirklich, dass Marys Familie die Neuigkeit erfuhr. »Ich lese derzeit ebenfalls mein eigenes Buch wieder«, antwortete ich vorsichtig, »denn HBO wird höchstwahrscheinlich eine Miniserie daraus machen, und da dachte ich mir, wäre es nicht schlecht zu wissen, was drinsteht.« Da dieser Satz zu jedem beliebigen Zeitpunkt der letzten zehn Jahre hätte wahr sein können, zählte es, fand ich, nicht wirklich als Ausplaudern.

»HBO arbeitet *definitiv* an einer Miniserie«, schrieb sie Sekunden später zurück. »Der Aufnahmeleiter kam zum Haus, als ich meiner Cousine gerade half, und er hat gesagt, die Dreharbeiten würden im Herbst beginnen. Kann gut sein, dass sie unser Haus benutzen möchten.«

Offensichtlich war ich der einzige Mensch in der Stadt, der Neuigkeiten für sich behielt.

Eine weitere Mail von David teilte mit, dass Paul Haggis (*Crash!*, *Million-Dollar-Baby!*) Regie führen und Oscar Isaac (*Inside Llewyn Davis!*, *Drive!* Eben erst eine Hauptrolle in *Star Wars* übernommen!) den Nick spielen würde. Ein paar Wochen später, als ich mir gerade die Haare schneiden ließ und meinen Anrufbeantworter abfragte, war da eine Nachricht von Bill, der mitteilte: »Es ist jetzt amtlich!«, mit den Links zu den Ankündigungen auf den Websites von Deadline und Variety. Die nächsten paar Wochen wurde ich dank meiner *Show Me A Hero*-Alerts über weitere geniale Rollenbesetzungen informiert: Catherine Keener als Mary Dorman, Winona Ryder als Vinni Restiano, Jim Belushi als Angelo Martinelli, Jon Bernthal als Michael Sussman, Bob Balaban als Judge Sand, Alfred Molina als Hank Spallone, Peter Riegart als Oscar Newman und LaTanya Richardson als Norma O'Neal.

Inzwischen passte ich auf jedes einzelne Wort auf.

Am 1. Oktober 2014, zwölfeinhalb Jahre nach meinem ersten Telefonat mit David, begannen die Dreharbeiten an der HBO Miniserie *Show Me A Hero* in der realen Sozialsiedlung Schlobohm in Yonkers. Ich war an diesem ersten Tag nicht in der Stadt, erschien aber am zweiten Tag, und danach ließ ich mich ungefähr einmal wöchentlich während des dreiundsiebzig Tage dauernden Drehs blicken.

Irgendwann während der meisten meiner Besuche wurde ich von irgendwem aus der Crew gefragt, ob ich »schon gelangweilt« sei. Ich weiß, was sie meinten – das Drehen einer Szene enthält viel Langeweile und Wiederholung. Wenn die Schauspieler immer wieder und wieder dieselben Worte sprechen, während die Kameras aus unterschiedlichen Perspektiven drehen. Aber wie könnte mich das alles je langweilen? In jeder einzelnen Einstellung sah ich Vergangenheit, Gegenwart und Zukunft. Ich wusste, wie viele Stunden/Monate in jeden Absatz/jede Seite meines Buchs geflossen waren, und auf dieser Grundlage sah ich, wie David, Bill und Paul diese Monate und diese Seiten in einen schnellen visuellen Pinselstrich der Kamera oder des Drehbuchs verwandelten. Ich beobachtete die Schauspieler vor mir, und zugleich sah ich wie eine Erscheinung den echten Menschen, der genau diesen Augenblick erlebt hatte. Dann projizierte ich vorwärts zu dem Tag, an dem ihre Geschichten, die mir vor so langer Zeit anvertraut worden waren, von einer breiteren Welt gesehen werden würden. Genau darum war es ja im Grunde genommen immer gegangen – diese Geschichten jemandem zu erzählen, der sie womöglich hören wollte.

Ganz sicher nicht langweilig.

Und worin bestand meine Rolle bei alledem? Rein formal trug ich den Titel *Berater*, aber ich gewöhnte mir an zu sagen: »Mein Job besteht darin, in der Ecke zu stehen und vor lauter Glück leise innerlich zu vibrieren.« Leise ist nicht gerade etwas, was mir leichtfällt, und ich vermute, dass manche der Produzenten überrascht wären zu hören, dass ich mir während der fünfmonatigen Dreharbeiten die größte Mühe gab, nicht im Weg zu stehen und meine Meinung für mich zu behalten. Aber ich hab's wirklich versucht. Und im Grunde war es ganz leicht. Ich weiß, dass manche Autoren die reinsten Horrorgeschichten zu erzählen haben, wenn sie erlebten, wie ihr Buch sich in ein anderes Medium verwandelte (es war John Le Carré, der sagte: »Mitzuerleben, wie aus deinem Buch ein Film wird, ist genau wie mitanzusehen, wie ein Ochse in Bouillonwürfel verwandelt wird«), und diese Erfahrung hätte auch völlig anders ausfallen können, wenn es in der Drehfassung nackte Frauen und Gärten im Regen gegeben hätte. Aber die Götter bei HBO beglückten mich mit einem Team, das überzeugt war, ihr Auftrag bestünde darin, aus nüchternen Fakten ein fesselndes Drama zu machen. Das Ergebnis waren Dreharbeiten, die von großem Respekt für die Vergangenheit und dem ständigen Bewusstsein durchdrungen waren, dass es sich hier nicht einfach nur um Geschichten handelte, sondern um echte Leben.

An jenem ersten Tag war ich zum Beispiel kaum mal fünf Minuten auf dem Set gewesen, als Davids Assistent mich fragte: »Hat man den Rathausturm 1988 nachts in verschiedenen Farben angestrahlt? Denn falls nicht, müssen wir sie bitten, die Beleuchtung auszuschalten …« (Er war beleuchtet gewesen, aber nicht farbig. Wir bestätigten das anhand alter Archivfotos, nicht durch meine Erinnerung …)

Die Graffiti an den Wänden bei den Szenen in Schlobohm waren von einem Künstler erstellt worden, der über Graffiti-Styles der 1980er promoviert hatte. (Mehr als nur ein paar der heutigen Bewohner waren unglücklich, als die Schmierereien und Gang-Tags auftauchten, denn 2014 gab es keine Graffiti mehr auf den Wänden. Die Leute von der Requisite entfernten nach Drehende wieder alles sorgfältig.)

Während der Szenen im Sitzungssaal des Rathauses (alles im echten Sitzungssaal im echten Rathaus von Yonkers gedreht) fragte Paul Haggis mich: »Diese Sitzung fand ja zu einem frühen Zeitpunkt statt, hat die Menge da schon gestanden und gebrüllt, oder waren sie immer noch relativ höflich?«

In einer Szene, in der Nick Maalox gegen sein wachsendes Magengeschwür nahm, fanden Rechercheure heraus, dass das Etikett des Medikaments 1993 anders ausgesehen hatte, also bildeten sie es nach. (In der Pillenflasche, die Oscar Isaac Einstellung für Einstellung wegknallte, war natürlich nur Wasser. Realismus bedeutet nicht, dass man seinen Hauptdarsteller wirklich krank macht …)

Die Handtasche, die Catherine Keener trug, und die Wundertätige Medaille an ihrem Hals waren Nachbildungen der Originale, die Mary Dorman gehörten und der Kostümbildnerin Abigail Murray von Marys Tochter Maureen Dorman-Lutz ausgeliehen worden waren. (»Schauspieler nehmen Dinge mit nach Hause und verlieren sie«, erklärte Abigail, also »ist es sehr gefährlich, sie die ›echten Sachen‹ benutzen zu lassen.« Daher die Duplikate.)

Der Krawattenhalter und die Reversnadel, die Oscar in nahezu jeder Szene trug, waren Nachbildungen derjenigen, die Nick nahezu jeden Tag trug. Nay nahm sie aus seinem Schmuckkästchen und gab sie Oscar, als sie sich kennenlernten, in dem Sommer vor Beginn der Dreharbeiten. Die goldene Movado-Armbanduhr ist ebenfalls eine Kopie von Nicks Uhr, genau wie der grüne Pullover in seiner letzten Szene.

Carla Quevado, die Nay in den 20ern spielt, trug Nays dazu passende Movado und eine Kopie ihrer Stadtratsnadel sowie eine Neugestaltung ihres Hochzeitskleides. (Nay brachte ihr in einer Schachtel aufbewahrtes Kleid herüber, so dass die Kostümabteilung es fotografieren konnte.) Carla trug den gleichen Duft, *Angel* von Thierry Mugler for Women, den Nay in den späten 80ern und frühen 90ern favorisierte. Winona Ryder trug eine Kopie von Vinni Restianos Rats-Nadel. Alfred Molina hielt in seinen Szenen als Hank Spallone einen Zahnstocher in der Hand, der an den erinnern sollte, mit dem er vor David und Bill und im *Raceway Diner* herumgefuchtelt hatte.

Nicht jede Szene wurde am Originalschauplatz gefilmt (so wird das *Raceway* zum Beispiel von einem anderen Diner »gespielt«, wenn Spallone eine Reporterin der *New York Times* schulmeisterlich belehrt …), aber die meisten wichtigen Szenen benutzten die echten Schauplätze. Die wirklichen Straßen von Schlobohm, allerdings mit Müllsäcken, die von der Requisite rangeschafft wurden, um den Spielplatz zu »verbessern«, der von der Crew gebaut worden war, weil der eigentlich nicht mehr vorhanden war. Mary Dormans echtes Haus, mit demselben Küchentisch, an dem sie und ich so viele Stunden gesessen hatten, dieselbe Keksdose in der Form eines altertümlichen Telefons in der Ecke, dieselben Kaffeebecher in der Nähe desselben Herds. Derselbe überladene Sitzungssaal im Rathaus von Yonkers, wo es an einem Tag so heiß wurde und das Gebrüll der Hunderte Statisten so laut, dass Oscar, der Schauspieler, praktisch in die Welt von Nick, dem Bürgermeister, versetzt wurde, als er sich seinen Text einfach nicht mehr sprechen hören konnte. Später erfuhr ich, dass viele dieser brüllenden Statisten langjährige Einwohner waren, die auch bei den ursprünglichen Sitzungen dabei gewesen waren und dieselben Worte gebrüllt hatten.

Dieser Umstand – dass echte Menschen aus der Vergangenheit vortraten, um der Gegenwart etwas zu berichten – ist es, glaube ich, was dieser Miniserie letzten Endes ihre Ausstrahlung und Kraft verleiht. Außerdem war es das, was das Zusehen mir als Autor zu einer großen Freude und einem Privileg machte. Mehr noch als die Schauplätze und die Krawattenklammern und die der Zeit entsprechenden Graffiti war es die Anwesenheit derjenigen, die diese Geschichte gelebt haben – und der Respekt, der ihnen von denen entgegengebracht wurde, die filmten –, die jeden einzelnen Frame dieses Drehs so großartig machte.

Viele der Schauspieler sagten mir, ihnen gehe es weniger darum, die von ihnen dargestellte Person zu imitieren, als vielmehr um eine Heraufbeschwörung – was Oscar »einen Menschen spielen, der gelebt hat« nennt, im Unterschied zu »einen echten Menschen spielen«.

»Zuerst ist da das Leben dieses Menschen«, sagte er, als er mir nach Beendigung der Dreharbeiten seine Herangehensweise erläuterte. »Dann bist du gekommen und hast ein Buch geschrieben, und du hast versucht, objektiv zu sein, weil du ja Journalistin bist, aber trotzdem ist es durch deine Erfahrung gefiltert. Dann schreibt David ein Drehbuch, und die Geschichte wird durch ihn erneut gefiltert, und dann bekommt es Paul als Regisseur, und wir haben eine weitere Schicht. Und dann komme ich ins Spiel. Also denken wir alle praktisch über das Leben dieses Burschen nach und versuchen zu empfinden, wie dieses Leben war, was er empfunden hat, was er gedacht hat. Wenn es bei mir ankommt, ist es unabhängig geworden. Das gibt mir dann die Freiheit, die Figur zu spielen.«

Da die besten Heraufbeschwörungen auf der Wahrheit basieren und von ihr verbessert werden, verbrachten die Schauspieler, die das konnten, Zeit mit ihren »Menschen, die gelebt haben«.

»Als Schauspieler kommt es nur äußerst selten vor, dass man eine reale Person spielt, ganz zu schweigen jemanden, dem man tatsächlich begegnen und mit dem man reden kann«, sagte mir Jimmy Bracchitta, der Nick Longo spielt. »Es ist wie sechs Richtige im Lotto.« Er und sein Pendant kamen so gut miteinander aus, dass sie sich am Ende zu einem Abendessen verabredeten, bei dem auch der echte Neil DeLuca sowie Saverio Guerra anwesend waren, der Neil DeLuca spielt. Alle brachten ihre Frauen mit, und man aß eine Menge italienisches Essen.

Auch gab es am Set regelmäßig Besuch von den »echten« Menschen. John Spencer, der heute als Berater bei der Yonkers VA arbeitet, kam kurz vorbei, um Bill das Infanterie-Kampfabzeichen zu geben, das er getragen hatte, als er im Amt war, damit es auch von dem Schauspieler getragen werden konnte, der ihn spielte. Peter Smith, heute nicht mehr bei der Wohnungsbaubehörde, sondern Leiter der von den Eiscreme-Moguln Thomas und Agnes Carvel ins Leben gerufenen wohltätigen Stiftung, kam mit seiner Frau und gab Schauspieler Terry Kinney ein paar Tipps, wie man die Lotterietrommel dreht. Maureen Dorman-Lutz stand umgeben von Monitoren im ehemaligen Gästezimmer ihrer Eltern und sah zu, wie Catherine Mary nach Hause brachte. Einmal musste Maureen nach draußen gehen, weil der Anblick, wie Catherine als Mary auf Marys Couch Tee trank, einfach überwältigend war.

Jim Surdoval war da. Charlie Colas Tochter. Ed Tagliaferi und

Bill Dentzer, 1988 Reporter des *Yonkers Herald Statesman*, die Unmengen an Rohmaterial für dieses Buch und damit auch für diese Miniserie beigetragen hatten.

Michael Sussman, der immer noch Zivilkläger in Fällen vertritt, bei denen es um Vorurteile geht, kam mit seiner Frau und fünf seiner sieben Kinder, um bei der Szene zuzusehen, in der er am letzten Abend des Wohnungsbau-Kampfes ein Tischfußball-Match gegen Paul Pickelle spielt. In Wirklichkeit hatten die Männer im August 1988 Basketball gespielt, aber an dem Tag im Januar 2015, als wir drehten, war der Boden mit dreißig Zentimeter Schnee bedeckt, daher der Kicker. (Detail am Rande: Die Hände, die man in dieser Szene in Großaufnahme sieht, gehören David Simon, da er der beste Spieler im Raum war.) Seiner Rolle treu redete Jon Bernthal so einen Müll mit Sussman, den er darstellte, dass sie zum Körbewerfen durchaus raus in den Garten hätten gehen können, wäre das Wetter nicht gewesen (und, wahrscheinlich, die Auflagen der Versicherung von HBO).

Alma, Leyda und Virgilio kamen, als die Lotterieszene gedreht wurde, kehrten in dieselbe Turnhalle in der School Street zurück, in der wir alle dreiundzwanzig Jahre zuvor gewesen waren. Virgilio, immer noch Polizist in Yonkers, beäugte die kostümierten Versionen entlang der Wand neben ihm. Leyda, heute verheiratet und Mutter eines kleinen Sohns, arbeitete immer noch im Marketing in Manhattan. Alma arbeitete immer noch beim Sozialamt in Yonkers, wohnte aber in einer anderen Wohnung. Nachdem Leyda geheiratet hatte und aus ihrer Wohnung ausgezogen war, nahm Alma sich ein kleineres Apartment, das nicht gefördert wurde, in einem Privathaus etwa einen Block von ihrem alten Reihenhaus entfernt.

Zur Mittagszeit teilte die Familie einen Tisch mit denjenigen, die sie spielten – Ilfanesh und die Kinderschauspieler Camilla Harden und David Iacono (die im gleichen Alter waren wie Leyda und Virgilio, als wir uns das erste Mal begegneten). Es wurden Unmengen Fotos gezeigt und noch mehr Umarmungen ausgetauscht.

Doreen James kam später am gleichen Nachmittag vorbei, und

Natalie Paul kam aus der mobilen Maske angeflitzt, als sie hörte, dass die Frau, deren Leben sie nachgespielt hatte, tatsächlich am Set war. Sie umarmten sich sehr lange. »Der Titel heißt *Show Me A Hero*«, sagte Natalie zu Doreen. »Für mich sind SIE die Heldin dieser Geschichte.«

Es war toll, Doreen wiederzusehen, von ihrer Arbeit bei einer gemeinnützigen Organisation für Frauen in Yonkers zu hören, von ihrem Sohn, der inzwischen 27 war und im Einzelhandel arbeitete, von ihren Plänen, wieder zur Schule zu gehen und eine Ausbildung im Sozialwesen zu beginnen, »sobald ich das Geld dafür zusammenhabe, ohne ein Studiendarlehen in Anspruch nehmen zu müssen«. Sie erzählte mir, sie habe das Buch im Vorgriff auf die Miniserie noch einmal gelesen und dabei noch einmal die Reise erlebt, die sie weg von den Drogen und raus aus der Siedlung gebracht hatte. Es war Teil ihrer Motivation, ihre Ausbildung richtig abschließen zu wollen.

Die »echte« Person, die am häufigsten am Set war, und für die das Zusehen am schwersten war, war Nay Wasicsko. Während des Sommers der Vorproduktion war sie äußerst großzügig mit ihrer Zeit und ihrem Besitz gewesen, traf sich häufig mit den Produzenten, den Kostümausstattern und mit Oscar Isaac, der ihren Ehemann spielen würde. Aber damals hatte er noch ausgesehen wie Oscar, ohne den Schnurrbart und die Kleidung, die ihn in Nick verwandeln würden.

Ihre erste Begegnung mit ihm in seiner Rolle war rein zufällig. Sie verließ eines Mittags das Rathaus, um sich ein Sandwich zu besorgen, und sah auf der Straße alles Mögliche, was zu einem Filmset gehörte: Lastwagen, Scheinwerfer, Kameras, Leute, die wie in den 1980ern gekleidet waren. Als sie an der Theke des Imbiss stand, lief ihr Nina Noble, die Produktionsleiterin, über den Weg, die sie umarmte und hinüber zum Bürgersteig brachte, wo Oscar, kostümiert, Wahlkampfflugblätter verteilte. »Hi, ich bin Nick Wasicsko«, sagte er – und sie brach in Tränen aus.

Danach kam sie oft zu Besuch. Sie freundete sich sehr mit Carla Quevado an, die die stählerne Härte und Unschuld von Nays jüngerem Selbst einfing. Nays Verhältnis zu Oscar war komplizierter.

»Manchmal war es echt unheimlich, ihn zu sehen«, sagt sie. »Es hat Opfer gefordert.«

»Manchmal hat sie mich ein bisschen wie ein Gespenst angesehen«, sagt er.

Während der Szene im Rathaus, als er sich gegen den Lärm der Statisten selbst nicht hören konnte, wandte er sich hilfesuchend an Nay. »Was würden Sie für Nick tun, wie würden Sie ihm in einer solchen Situation helfen?«, erinnert sie sich an seine Frage. Sie antwortete, wahrscheinlich würde sie Nick die Schultern massieren und ihm aufmunternd zureden, etwas sagen wie: »Du stehst hier auf der richtigen Seite, du schaffst das, geh da raus und werde ebenfalls wütend.«

»War er sauer?«

»Ja, er wurde wütend.«

Also ging er wieder hinaus und zog die Szene volle Power durch. »Sie erinnerte mich daran, wie wütend der Bursche war«, sagt Oscar. »Ich habe diese Wut in mir gefunden, und ich habe sie zugelassen, und es hat funktioniert.«

Wenn die Frage, die man mir am häufigsten stellte, lautete: »Langweilt Sie das?«, und diejenige, die den »echten« Leuten am häufigsten gestellt wurde: »Ist das nicht sehr surreal?«, dann waren die Worte, die Nay bei jedem Besuch hörte: »Mit Ihnen alles in Ordnung?«

Sie antwortete immer mit ja, und nach ihrem Weinkrampf an der Straßenecke ganz zu Anfang gab sie sich die größte Mühe, ihre Tränen für sich zu behalten. Erst als die Dreharbeiten zu Ende waren, räumte sie ein, wie schwer es gewesen war. »Ich musste meiner Tochter erzählen, dass ich mit Nick verheiratet gewesen war«, sagte sie über ihre Achtjährige. »Ich hatte es ihr eigentlich nicht so früh erzählen wollen.«

»Wir sind zusammen zu seinem Grab gegangen«, erzählte sie mir. Sie waren auch schon früher dort gewesen, aber das kleine Mädchen hatte immer gedacht, dieser Mann wäre ein Freund ihrer Mutter gewesen. »Sie hat mich angesehen und gesagt: ›Ich glaube, jetzt verstehe ich.‹«

Als ich Nay bei der Arbeit an diesem Nachwort anrief, sagte sie, sie habe beschlossen, eine Zeitlang nicht mehr über ihre Vergangenheit zu reden, denn es kam ihr zu sehr vor, als lebe sie sie immer noch. Sie bat mich allerdings, an dieser Stelle das Nicholas C. Wasicsko Förderstipendium zu erwähnen, was ich hiermit sehr gern tue. Sie können online spenden.

Es gibt in Yonkers noch andere, die ebenfalls über diesen Teil ihrer Geschichte gern nicht mehr reden möchten. Während die Dreharbeiten für manche eine Zeit nostalgischer Erinnerungen war, bereitete es anderen großes Unbehagen, denjenigen nämlich, die glaubten, dies sei keine Geschichte, die unbedingt wiedererzählt werden müsse.

»Was wir durchgemacht haben, ist lange vorbei«, sagte Peter Smith Jorge Fitz-Gibbon, einem Journalisten von *Gannett*, der 1988 über die Krise und auch dreißig Jahre später über die Produktion der Fernsehversion berichtet hatte. »Yonkers hat es nicht verdient, dass sein guter Ruf wieder und wieder angeschlagen wird.«

Auch John Spencer fand es nicht gut. »Das war eine beschämende Zeit«, sagte er mir. »Ich liebe meine Stadt. Wir haben schon viel überstanden. Warum sollten wir diese negative Scheiße wieder hochwürgen?«

Aber der derzeitige Bürgermeister Mike Spano hat die Produktion in der Stadt willkommen geheißen und glaubt, es werde zeigen, wie sehr Yonkers gewachsen und gereift sei. »Wir sind heute eine bessere Stadt«, sagt er. »Es gibt die Vergangenheit, und es gibt das Postskriptum. Wir können die Vergangenheit nicht umschreiben, aber wir werden das Postskriptum umarmen. Heute feiern wir unsere Vielfalt.«

Es entging niemandem, dass all dieses Pro und Contra, der Blick nach vorn und der Blick zurück sich vor dem Hintergrund einer Nation abspielte, die immer noch mit all den Fragen kämpft, die Jahre zuvor in Yonkers aufgeworfen worden waren. Fragen nach Rasse und Gemeinschaft. Ob man sich umdrehen und sich den Fehlern der Vergangenheit stellen muss, bevor man vorwärtsgehen und sie überwinden kann.

Während wir drehten, kam es in Ferguson, Missouri, wo eine überwiegend afroamerikanische Bevölkerung von einem überwiegend weißen Stadtrat regiert wird, zu gewalttätigen Demonstrationen. Und während ich diese Worte schreibe, brennt David Simons geliebtes Baltimore.

Was die Lektionen von Yonkers nicht zu Geschichte macht, sondern zu einem Prolog, nicht zu einem eigenständigen Kapitel, sondern zum Teil eines zusammenhängenden Ganzen, mit Lektionen, die über Jahrzehnte nachhallen. Wie Jim Surdoval in der Lokalzeitung zitiert wurde, als die Dreharbeiten begannen: »Ganz offensichtlich war das zugrundeliegende Thema die Rasse, und wir sehen, wie genau das sich heute in Missouri abspielt. Es ist eine Diskussion, die das Land immer noch zu führen hat, und es bleibt zu wünschen, dass diese Miniserie genau diese Unterhaltung weiter hervorrufen wird.«

Dieses Mal sollten wir alle sehr genau achtgeben.

David Simon über *Show Me a Hero*

Habgier und Angst sind nicht die charakteristischen Merkmale, die unser großes nationales Abenteuer auszeichnen. Zumindest sagen wir uns das immer, wenn wir mal wieder einen prüfenden Blick auf die Geschichte oder die Mythologie Amerikas – oder eine Kombination von beidem – werfen. Wir verplempern unsere vermeintliche Einzigartigkeit doch nicht mit solch niederen menschlichen Werten!

Stattdessen sind wir überzeugt von unserer eigenen Größe als Volk als die letzte und beste Näherung an eine Selbstverwaltung auf diesem fehlerhaften und verzweifelten Planeten. Wir glauben, den Markt für die Freiheit des Individuums, die Freiheit des Menschen, für Moralismus, ja sogar für Ruhm und Herrlichkeit zu beherrschen.

Wir alle bauen hier etwas auf. Und wir glauben, dass wir es als alleinige Inhaber eines maximierten freien Willens bauen – jeder einzelne von uns, für sich allein und ohne Rücksicht auf unseren Nächsten. Und natürlich wird, wenn wir uns nur selbst überlassen werden, am Ende das, was wir gemeinsam gebaut haben – obwohl ohne jeden Sinn für Gemeinschaft –, ganz bestimmt großartig und von Dauer sein.

Überall auf der Welt reichen Geld und Angst, um die Menschen dumm zu machen, aber wir sind verdammt noch mal Amerikaner. Wir sind bestens vertraut mit der Chemie solcher grundlegenden Elemente, und es gibt wenig, worum wir uns Sorgen machen müssen, während wir unseren schweren, verbleiten Sprit mischen und verbrennen. Unsere gesamte politische Dynamik wird mit diesem Zeug angetrieben, Tag für Tag, kein Problem ist zu groß oder ein Hemmnis für das nationale Interesse, als dass seine Lösung nicht durch Habgier und Egoismus verleugnet oder vermieden werden könnte.

Das Gesundheitswesen, Gewalt durch Schusswaffen, der Tod unserer Arbeiterklasse, drakonische Vollstreckung von Gesetzen, eine Unzahl von Inhaftierungen, die globale Erwärmung – gibt es ein langfristiges Problem in diesem Land, dem wir uns heute offen stellen, geschweige denn, es anpacken? Nicht, wenn die richtigen Leute bezahlt und Andersdenkende eingeschüchtert werden können. Dafür hat unsere Politik gesorgt.

In Yonkers, im Bundesstaat New York, herrschte im Jahr 1987 Angst. Schlimmer noch, man hatte große Sorge um sein Geld, um sein Eigentum, um alles, was man angesammelt und wofür man gearbeitet hatte, was, wie man glaubte, andere eben nicht getan hätten. Diese Angst – und das Geld, um das es für die weißen Hausbesitzer ging – bot mehr als genug Zündstoff, um eine Stadt von zweihunderttausend Seelen zu lähmen – nicht jedoch seine Politik.

Es waren damals nur ein paar wenige richtige Dreckskerle im Spiel. Die meisten Schurken in dieser Geschichte sind eigentlich ganz normale Menschen, die ernsthaft glaubten, sie würden Widerstand gegen einen sozialistischen Angriff auf die fundamentalen amerikanischen Ideale leisten. Sie meinten, von desinteressierten Eliten aufgefordert worden zu sein, ihre eigenen, schwer erkämpften Leben auf dem Altar für irgendeine verarmte und abgestumpfte Schicht von Amerikanern zu opfern – Verlierer, die einfach versagt hatten, wo andere, verdienstvollere Menschen, erfolgreich waren.

Und Helden? Niemand war vollkommen oder ein Heiliger. Noch mal: Sie alle waren ganz normale, durchschnittliche Leute, die sich durch einen erbarmungslosen politischen Sumpf quälten. Sie alle lebten einzig und allein, um dieselbe Doppelwährung aus Geld und Angst zu sparen und wieder auszugeben.

Yonkers im Jahr 1987 war ein Mikrokosmos, ein perfektes Vorwort. Wir, wir alle, waren *sie*, und hier und heute sind wir es noch immer. Es waren wir, die ein Schicksal teilten – seit ein amerikanischer Präsident sein Amt angetreten und zynisch verkündet hat, dass wir, die größte und reichste Nation auf diesem Planeten, einen kurzen Krieg gegen die Armut geführt hätten, und, hey, die Armut hätte gewonnen. Von diesem hässlichen Augenblick an existierten zwei Amerikas, und jeder war sich selbst der Nächste. Dies, da sollte man sich nicht täuschen, ist das Beste, was wir als Volk zustande bringen.

Als Lisa Belkin, eine erfahrene Journalistin der *New York Times*, im Anschluss an die große politische Folter, welche die Stadt durchgemacht hatte, nach Yonkers kam, nahm sie sich die Zeit, das Scheitern einer amerikanischen Stadt sorgfältig zu analysieren, die versuchte, mit der einfachen und unvermeidbaren Tatsache klarzukommen, dass große Gesellschaften entweder lernen zu teilen oder aufhören, große Gesellschaften zu sein.

Das zu sagen, beschwört nicht Marx oder Engels herauf, genauso wenig wie der Wunsch nach reiner oder schrankenlos individueller Freiheit einen Jefferson heraufbeschwört. In der Mitte, wo die Menschen tatsächlich leben, sind Ideologen unbrauchbar. Man hörte in Yonkers – oder sonst irgendwo im Kontinuum der amerikanischen Politik – weder Menschen, die für eine Diktatur des Proletariats plädierten, noch dafür, dass jeder machen könne, was er wollte. Niemand ist so verrückt, so zu tun, als würden die Amerikaner nach wirtschaftlicher Gleichheit schreien – nicht einmal die Arbeiterklasse oder die in Armut Lebenden.

Stattdessen stand vor einem Vierteljahrhundert in Yonkers etwas auf dem Spiel, was auch für uns heute auf dem Spiel steht – in einer Zeit, in der die ökonomische Ungleichheit nicht bloß sicherstellt, dass manche Amerikaner mehr, sogar viel mehr besitzen als andere. Die Frage, die durch die geplante Wiedereinbindung der Bedürftigen in bestimmte geografische Regionen und die mangelnde Bereitschaft, auch nur eine bescheidene Zahl einkommensschwacher Menschen in Sichtweite anderer Bürger wohnen zu lassen, aufgeworfen wurde, war und ist genau diese:

Haben alle Amerikaner die gleiche, gemeinsame Zukunft? Haben alle ein Recht auf zumindest ein Stück – wenn schon nicht ein gleich großes, dann doch zumindest einen nennenswerten Teil – vom Kuchen der gemeinsamen Zukunft? Befinden wir uns immer noch im selben nationalen Experiment? Oder nicht?

Sozialer Wohnungsbau war sinnvoll für Amerikaner, als Weiße in diesen Siedlungen lebten, als die ersten Siedlungen tatsächlich zu einem großen Teil für weiße Familien gebaut wurden, die in den letzten Jahren der Weltwirtschaftskrise an den Rändern der Gesellschaft kämpften, oder für aus Übersee zurückkehrende Veteranen, die sich an den langen Aufstieg zurück zu einer Friedenswirtschaft machten. An diesem Punkt war der öffentliche Wohnungsbau eine willkommene, fortschrittliche Idee für alle Schichten.

Aber noch einmal: Angst und Geld – und, ja, immer noch Rasse – wirken zersetzend auf den amerikanischen Geist. So sehr, dass es nicht lange dauerte, bis zivile Führungspersonen sich Bundesmittel unter den Nagel rissen, um Sozialbauten zu unterstützen, während sie gleichzeitig offen darüber sprachen, die Armen zu marginalisieren, damit sie isoliert in den kleinsten, unattraktivsten Quadranten ihrer Städte verblieben, in einem zunehmend abgetrennten und unsichtbaren Amerika.

Yonkers war hier keine Ausnahme. Seine Beamten hatten über Jahrzehnte, ohne die geringste Reue zu zeigen, kein Problem damit, öffentliche Gelder zu verwenden, um eine effektive Rassentrennung der neuen urbanen und farbigen Bevölkerungsteile zu betreiben. Und dies in einem Ausmaß, dass nicht nur ein US-Bundesrichter, sondern am Ende ein Berufungsgericht, dominiert von einem durch Reagan ernannten Richter, das öffentliche Handeln überprüfte und eine Abhilfe anordnete, zu der eine bescheidene und nachweisbare Integrationshandlung gehörte.

Einige Weiße würden in der Nähe von einigen Schwarzen leben müssen. Und einige Menschen aus der Mittelschicht und sogar der oberen Mittelschicht würden ein paar Splitter ihrer Welt mit Leuten teilen müssen, die über weniger Mittel verfügten.

Und genau an diesem Punkt bricht die Hölle los – immer dann, wenn die strengen geografischen Grenzen zwischen Besitzenden und Habenichtsen auch nur eine Idee durchlässiger gemacht werden. In Baltimore, in Chicago, in Dallas – überall, wo versucht wird, bewährte und durchführbare Methoden für aufgelockerten, erschwinglichen Sozialwohnungsbau in die Praxis umzusetzen, um die Trennung der sozialen Schichten aufzuheben, regt sich sofort Widerstand, und der Kurs der Doppelwährung aus Geld und Angst schießt in die Höhe: Unsere Zukunft ist nicht eure Zukunft. Überhaupt nicht. Wir können nicht einmal riskieren, dass uns eine kleine Gruppe mittelloser Menschen zu nahe kommt.

Und das gilt immer noch, ungeachtet der Revolution im öffentlichen Wohnungsbau, die in vielerlei Hinsicht in Yonkers begann. Mitarbeiter der Wohnungsämter und Stadtplaner stopfen die Mittellosen zwar nicht länger in Hochhaussiedlungen und destabilisieren damit allein schon zahlenmäßig ganze Stadtteile, aber die Angst, die wir Amerikaner vor unseren eigenen Hilfsbedürftigen haben, wurde durch die nachgewiesenen Erfolge von kleinräumigen Siedlungen und sozial durchmischten Planungen keineswegs gebrochen. Hier geht es nicht um *Cabrini Green* oder *Lexington Terrace*, die einen Häuserblock weiter hochgezogen werden sollen. Hier geht es darum, in Vierteln mit mehreren Hundert Familien sein Leben mit fünf, sechs, zehn oder zwanzig Familien *der Anderen* zu teilen. Trotz allem ist das immer noch zu viel für das, was von unserem Nationalgefühl übrig ist.

Es kann keine zwei Zukünfte für unser Land geben, keine zwei Amerikas. Keine Stadt, die in sich gespalten ist, wird Bestand haben. Wir mochten in den letzten Jahrzehnten die Vorstellung belächelt haben, dass etwas anderes als die Kräfte des Marktes erforderlich sein könnte, um die wachsende wirtschaftliche Kluft zwischen dem funktionsfähigen und dem zurückgelassenen Amerika zu überbrücken – und doch steht hinter unseren Programmen zur Armutsbekämpfung ein Ziel und eine Absicht. Ebenso wichtig ist die verfassungsmäßige Bestätigung, inzwischen ein halbes Jahrhundert alt, welche die Formel *Getrennt-aber-gleich* für unhaltbar erklärt, als unmoralisch und als leicht abgemilderte, ursprüngliche, kollektive und fortgeführte Sünde.

Persönliche Freiheit und souveräne Freiheit sind elementar, das stimmt. Genau wie kollektive Pflicht und Bürgerrecht elementar sind.

Aber: Ideologen und ihre Parolen bieten überhaupt keine Lösung an. Nur der Mittelweg, so unbefriedigend er politischen Puristen auch erscheinen mag, bietet eine plausible und greifbare Hoffnung. Ja, Pflicht ohne Freiheit ist sicherlich Tyrannei. Und Bürgerrecht in einem Staat, der keine Freiheit garantieren kann, ist Sklaverei. Und wir können es nicht den Demagogen des Libertarismus und Konservatismus überlassen, die solche Dinge nur mit schönen Worten zukleistern, anstatt sich für Ausgewogenheit und gesunden Menschenverstand einzusetzen.

Gleichzeitig muss aber festgehalten werden, dass individuelle Freiheit ohne kollektive Verpflichtung am Ende nichts anderes darstellt als schlicht und einfach Egoismus. Und der Lohn einer persönlichen Freiheit, die ohne den grundsätzlichen Respekt vor den Kosten und Risiken des Bürgerrechts erlangt wurde, ist das beste Rezept für eine entmenschte Zweiklassengesellschaft.

In Yonkers ging es vor einem Vierteljahrhundert um ein paar Hundert Wohneinheiten im sozialen Wohnungsbau, versteckt in einigen verstreuten, sorgfältig ausgewählten und präzise geplanten Standorten in einem Teil der Stadt, in dem bis dahin Weiße lebten. Die Bewohner dieser Reihenhäuser – gekenterte Flüchtlinge des Zweiklassen-Systems, das die amerikanische Unterschicht jeden Tag begrüßt – waren genau jene Leute, die für gewöhnlich in die Rettungsboote gelassen werden: Frauen und Kinder. Ein wenig Ausgewogenheit, ein bisschen Augenmaß, zumindest ansatzweise der Glaube an die Idee einer gemeinsamen, amerikanischen Zukunft hätte ausreichen müssen.

Ein junger Bürgermeister namens Nick Wasicsko wurde eines Besseren belehrt. Seine Geschichte, genaugenommen alle Geschichten in *Show Me a Hero*, von denen der Politiker über die der Bewohner der Siedlungen und Eigenheimbesitzer zu denen der

Anwälte und Stadtplaner, sind auf diesen Seiten von Lisa Belkin zu finden und immer noch bereit, unmittelbar zu uns zu sprechen – nicht bloß als abschreckendes Beispiel, sondern als Paradigma für die Heilung.

Die Häuser gibt es immer noch. Menschen wohnen in ihnen, ruhig, zusammen mit anderen, die genauso ruhig in der Nachbarschaft leben. Aber wir sind nicht bereit zu lernen. In einem klar umrissenen Bogen, der sich vom damaligen Yonkers zum Hier und Jetzt erstreckt, haben wir zu wenig über Ausgewogenheit gelernt, über den Mittelweg, über Kompromiss und über Toleranz, die für eine lebensfähige Demokratie unabdingbar sind. Im Verlauf dieser vergeudeten Jahrzehnte sind wir zu einem Volk geworden, das sich in Sachen Politik immer weiter entwickelt hat, aber immer weniger in der Lage ist, sich selbst zu regieren. Bis zum heutigen Tag glauben wir immer noch, es müsse immerzu nur um uns gehen und nie um sie, als ob solche Unterscheidungen nicht die grundlegenden Risse im Staatskörper wären. Unglaublicherweise ist die Schlacht um Yonkers im Jahre 1987 heute immer noch derselbe Streit, und er dauert an.

David Simon, Baltimore, 1. Juni 2015

Danksagungen

Dieses Buch ist das Ergebnis von mehr als sechs Jahren, die ich in den Vierteln, Bibliotheken und Archiven von Yonkers verbracht habe. Es ist keine erfundene Geschichte, sondern ein Sachbuch, und alles darin entspricht nach meinem besten Wissen der Wahrheit. Die historischen Ereignisse wurden Zeitungsberichten, Videobändern, Verhandlungsprotokollen und den Schilderungen von Beteiligten und Augenzeugen entnommen. Ereignisse und Unterhaltungen der jüngeren Vergangenheit habe ich entweder selbst mitbekommen, oder man hat sie mir kurz darauf in allen Einzelheiten berichtet. Um sicherzugehen, dass meine Worte ihren Erinnerungen gerecht wurden, habe ich praktisch alle Hauptfiguren gebeten, die Seiten zu lesen, die ihre Geschichten erzählten, bevor das Buch in Druck ging.

Jede Person in diesem Buch ist real. Es gibt keine aus anderen zusammengesetzten Figuren. Nahezu jeder Name ist echt, mit zwei Ausnahmen: Doreen James und ihre Familie; Billie Rowan und ihre Familie. In beiden Fällen wurden die Namen zum Schutz der Kinder geändert. Dieses Buch handelt von dem Recht auf einen Neuanfang und einem neuen Anfang. Jaron, Johnny und Shanda müssen nicht durch mich von den längst vergangenen Geheimnissen und Fehlern ihrer Eltern erfahren.

Mit meinem Dank möchte ich dort anfangen, wo ich die meiste Dankbarkeit schuldig bin – bei den Menschen in diesem Buch. Sie haben mich in ihre Leben eingeladen, haben mir Stunden ihrer kostbaren Zeit geschenkt, haben mich an ihren Gedanken und Erinnerungen teilhaben lassen – einschließlich solcher, auf die sie nicht stolz sind und die sie lieber vergessen hätten.

Ebenfalls bin ich meinen Journalistenkollegen zu Dank verpflichtet, die den ersten Entwurf der Geschichte geschrieben haben. Da ich praktisch jedes Wort gelesen habe, das sie über dieses Thema geschrieben haben, kann ich sagen, dass die Reporter des *Herald Statesman*, ganz besonders Dave Sheingold, Ed Tagliaferri, Bill Dentzer, Laurel Babcock und Leitartikler Maury Allen überaus gründlich und präzise sind. Auch Dank an meine Kollegen, die für die *New York Times* über die Missachtungs-Krise berichtet haben, unter ihnen James Feron, Lisa Foderaro, Alan Finder, Sara Rimer, James Barron, Wayne King und Robert D. McFadden. Ich bin froh, dass ihr zuerst dort wart, damit ich später weitermachen konnte.

Eine unermessliche Zahl an Büchern, zu viele, um sie alle in einem informellen Dankeschön aufzulisten, waren lehrreich und inspirierend, wovon als Erstes zu nennen ist *Common Ground* von J. Anthony Lukas, die Arbeit, mit der alles anfing. Es stand sechs Jahre lang auf meinem Schreibtisch, ziemlich zerlesen und abgegriffen. Ich merke, dass ich einen Menschen vermisse, den kennenzulernen ich nie das Glück hatte.

Ebenfalls unverzichtbar waren die folgenden: *The Promised Land* von Nicholas Lemann, *There Are No Children Here* von Alex Kotlowitz, *Race* von Studs Terkel, *The Death and Life of Great American Cities* von Jane Jacobs, *Two Nations* von Andrew Hacker sowie etliche Bücher von Oscar Newman, darunter auch *Defensible Space*.

Unzählige Menschen in den folgenden Büros haben sich Stunden Zeit genommen, mir Feinheiten zu erklären und Dokumente für mich zu finden: das *Department of Housing and Urban Development*, das *Yonkers Office of Municipal Housing*, das *Yonkers Housing Court*, das *Westchester County Court*, das Büro von Bürgermeister Spencer. Judge Sands Büro. Judge LaCavas Büro. Gleichzeitig führten mich Jeffrey Toobin und Jan Hoffman durch das mir fremde Land der Juristerei.

Mehrere Leute haben die vielen Versionen des Manuskripts gelesen – Todd Kessler, Sharon Hall, Mimi Swartz, Chuck Lesnick und Esther Fein. Sie waren so freundlich, nicht zu freundlich zu sein, und das Buch ist besser geworden durch sie.

Meine andere Welt ist die des *New York Times Magazine*, wo ich leichten Zugang zu den Talenten von Doreen Weisenhaus, Katherine Bouton, Adam Moss, Jack Rosenthal, Gerry Marzorati, Kathy Ryn, Sarah Harbutt und Linda Magyar hatte. Die Großzügigkeit und Intelligenz von Joe Lelyveld, Soma Golden, Dean Baquet und Bill Keller ein paar Etagen weiter unten haben mich häufig fragen lassen, warum ich nur gegangen war.

Gloria Glickman, jeder bei *Good Yarns* in Hastings, Jeff Porter bei *MailBoxes Etc.*, die Bibliothekare in der *Grinton I. Will Library* in Yonkers und der *Ardsley Library* – sie alle haben einen erheblichen Anteil an allgemeinen Dingen des Buchs. Debbie Cronin und Noreen Mulholland – sie haben sich um die Einzelheiten meines Alltags gekümmert, damit ich überhaupt ein Buch schreiben konnte. Al und Cathy Cattabiani, Bob und Amy Sommer, Wendy Handler, Doreen Weisenhaus, Esther Fein, Sam Verhovek, Mimi Swartz, Todd Kessler, Debra Karl, Barbara Laing, Susan Chira, Lisa Wolfe – sie alle haben sich ganz allgemein um mich gekümmert, eine Mordsarbeit, besonders an den Tagen, an denen ich überzeugt war, keinen Schimmer zu haben, wie man schreibt. Ein verspäteter Dank gebührt auch Diane Asadorian – weil ich's versprochen hab.

Und dann waren da noch diejenigen, die es irgendwie geschafft haben, sich um mich und das Buch zu kümmern. Jim Silberman, dessen Verständnis und messerscharfe Intelligenz mich während der ersten fünf Jahre dieses Marathons auf Kurs gehalten haben. Sarah Burnes, deren Energie, Freundschaft und Talent beim Lektorat mich durch den abschließenden Sprint brachten. Mike Mattil, der zu gleichen Teilen Korrektor, Fakten-Checker und Dichter ist, und der die Worte glättete, während er mir den Weg ebnete. Und Kathy Robbins und ihre dynamische, engagierte Mannschaft, die an jedem Punkt des langen Weges da waren zum Anfeuern und Ratgeben.

Ein sechs Jahre dauerndes Projekt belastet jeden, der einem

nahesteht, und ich schicke hiermit eine Entschuldigung, ein Dankeschön und sehr viel Liebe an Mike und Janet Belkin, Noemi und Allen Gelb, Gary und Masha Belkin, Kira Belkin und Saul Fishman, und an Dana und Alan Safran, die sich alle an mein plötzliches Verschwinden bei Familienbesuchen und Urlauben gewöhnt haben.

Am meisten jedoch schulde ich mehr als ich sagen kann den drei Menschen, denen dieses Buch gewidmet ist. Mein Ehemann Bruce und meine Söhne Evan und Alex sind der Grund für alles. Sie sind meine Helden. Sie sind mein Zuhause.

Glossar

AFSCME (American Federation of State, County and Municipal Employees) Amerikanischer Verband der Angestellten im öffentlichen Dienst. Größte US-Gewerkschaft für den öffentlichen Dienst mit rund anderthalb Millionen Mitgliedern. Wie alle amerikanischen Gewerkschaften auf der untersten Ebene in Ortsgruppen (*locals*) organisiert.

Board of Education Schulbehörde, Schulamt, Schulausschuss

Boston School Committee Schulausschuss der Stadt Boston

Bureau of Alcohol, Tobacco and Firearms (seit 2003 *Bureau of Alcohol, Tobacco, Firearms and Explosvies*), kurz ATF, dem Justizministerium der USA unterstellte Bundespolizeibehörde.

Cabrini–Green (auch: C-G Homes; vollständig *Frances Cabrini Row-houses* und *William Green Homes*) Berühmt-berüchtigter sozialer Brennpunkt im Norden Chicagos, erbaut ab Anfang der 1940er bis in die frühen 1960er Jahre und bis 2011 weitgehend abgerissen.

(National) Center for Neighborhood Enterprises Das *Center for Neighborhood Enterprise* wurde 1981 von Robert L. Woodson, Sr. gegründet, um Bewohner von einkommensschwachen Stadtteilen zu unterstützen, die Probleme ihrer Gemeinwesen anzupacken. Zentrale Leitlinie des Centers ist die (radikale) Umgestaltung von Lebensverhältnissen, Schulen und in Schieflage geratener Stadtteile.

Charter Revisions Committee Ausschuss der kommunalen Verwaltung, der für Ergänzungen, Erweiterungen und Modifikationen der Stadtsatzung zuständig ist.

City Court Stadtgericht, Gemeindegericht

City Manager Stadtdirektor, Oberstadtdirektor

Community Center Stadtteilzentrum, Bürgerhaus

Community Development Agency Wirtschaftsförderungsgesellschaft, Gemeindeenwicklungsträger

Concerned Citizens Bürgervereinigung

Desegregation Aufhebung vor allem der Rassentrennung. Das Gegenteil ist die Segregation, der Vorgang der Entmischung von unterschiedlichen sozialen Gruppen in einem Gebiet.

Federal Judge Bundesrichter; Richter an einem Bundesgericht (z.B. *United States District Judge*). Werden vom Präsidenten ernannt und vom Senat bestätigt.

Federal Marshal's Office Die Aufgaben des U.S. Marshals Service umfassen heute den Vollzug von Bundesrecht auf dem Justizsektor, z. B. Festnahmen, Schutz von Zeugen, Personenschutz von Ministern und bedrohten Organisationen (früher z. B. Bürgerrechtler, heute z. B. Abtreibungskliniken) und die Verwaltung von sichergestellten Vermögenswerten von Unternehmen. Die durch den Präsidenten ernannten U.S. Marshals leiten die Aktivitäten von 94 *Marshals Service district offices* – jeweils ein Marshal für jeden der 94 Justizzuständigkeitsbereiche (*jurisdictions*) der Vereinigten Staaten. 3067 *Deputy Marshals* bilden das Rückgrat der Institution. Sie sind die ausführenden Stellvertreter. Die 94 *Chief Deputy Marshals* sind die leitenden Beamten und unterstehen direkt dem politisch berufenen *Marshal*.

Freebase Freebase oder Kokainbase ist die Basenform von Kokain im Gegensatz zu Kokainhydrochlorid. Während letzteres sehr gut wasserlöslich ist, ist Kokainbase unlöslich in Wasser und somit nicht zum Schnupfen, Essen oder zur Injektion geeignet.

Governor Gouverneur; Staats- bzw. Regierungschef eines U.S. Bundesstaates

Housing and Urban Development (United States Department of …; HUD) Das US-amerikanische Bauministerium (in Deutschland fallen auf Bundesebene die entsprechenden Aufgaben in die Zuständigkeit des Bundesministeriums für Umwelt, Naturschutz, Bau und Reaktorsicherheit) ist vor allem für Wohnungsbau sowie Stadtplanung und Stadtentwicklung zuständig.

(Fair) Housing Assistance Plan (HAP bzw. FHAP) Das Recht auf Chancengleichheit bezüglich einem freien und gleichen Zugang zu Wohnungen und Häusern wird nicht nur durch den *Fair Housing Act* (die 1968 verabschiedete Erweiterung zum *Civil Rights Act* von 1964) gewährleistet, sondern auch durch entsprechende einzel- und bundesstaatliche Gesetzgebung. Das Bauministerium der Vereinigten Staaten (kurz *HUD* für *United States Department of Housing and Urban Development*) stellt auf einer nicht wettbewerblich orientierten Grundlage den Behörden von Bundesstaaten und Kommunen jährlich Mittel für einen *FHAP* zur Verfügung.

Industrial Development Agency (IDA) Deutsch etwa *Amt für Wirtschaftsentwicklung* oder *Wirtschaftsförderung*. Diese Behörden sollen die Rahmenbedingungen für Unternehmen in ihren jeweiligen Zuständigkeitsgebieten verbessern. In der Regel geschieht dies durch Bereitstellung finanzieller Anreize an Privatunternehmen. *IDAs* sind befugt, zu diesem Zweck Liegenschaften und Immobilien zu erwerben, zu verkaufen oder zu verpachten sowie über den Weg von Steuererleichterungen oder Steuerbefreiungen zuvor bewilligte Projekte zu fördern.

Lexington Terrace war ein sozialer Brennpunkt in Baltimore, bestehend aus fünf 1959 erbauten 11-stöckigen Hochhäusern, die 1996 abgerissen und durch eine Reihenhaussiedlung im Rahmen neuer sozialer Wohnungsbauprojekte ersetzt wurden. Es galt als Symbol einer verfehlten Politik des öffentlichen Wohnungsbaus aus der Zeit unmittelbar nach dem zweiten Weltkrieg. In der amerikanischen Serie *The Wire* taucht *Lexington Terrace* als *Franklin Terrace* auf.

(Municipal) Housing Authority (Städtisches) Wohnbauamt / Wohnungsamt

National Association for the Advancement of Colored People

(NAACP) (dt. etwa *Bundesverband für die Förderung farbiger Menschen*) ist eine der ältesten (gegr. 1909) und einflussreichsten Bürgerrechtsvereinigungen der Vereinigten Staaten, die vor allem für die Interessen und Belange der afroamerikanischen Bevölkerung eintritt.

Neighborhood Watch Nachbarschaftswache, Bürgerwehr

Parking Authority Amt für Parkraumbewirtschaftung

School Superintendent Schulinspektor, Leiter einer (kommunalen) Schulbehörde , Schulaufsicht

Second Circuit Zweiter Bundesgerichtsbezirk (auch: Zweiter *Bundesgerichtskreis*), zuständig für Connecticut, New York und Vermont.

Second Circuit Courts Ein Bundesgericht im Zweiten Bundesgerichtsbezirk. *U.S. District Courts* sind Gerichte des Bundes mit allgemeiner Gerichtsbarkeit in erster Instanz; diese Gerichte hören sowohl Zivil- als auch Strafsachen. Die nächstinstanzliche Ebene der *U.S. Courts of Appeals* fällt ebenfalls unter diese Bezeichnung.

Senate Assembly Health Committee Ständiger Gesundheitsausschuss des Senats

Senate Mental Hygiene Committee Ständiger Ausschuss des Senats für psychische Gesundheit und Entwicklungsstörungen

Supreme Court Oberste Gerichtshof der Vereinigten Staaten als höchstes Bundesgericht (dann *U.S. Supreme Court*); es gibt ebenfalls *State Supreme Courts* in den einzelnen Bundesstaaten.

U.S. Departement of Housing and Urban Development Das Bauministerium der Vereinigten Staaten ist ein Ministerium der amerikanischen Bundesregierung. Es wurde gegründet, um staatliche Initiativen zum Wohnungsbau und zur städtebaulichen Entwicklung zu entwerfen und auszuführen. Der Minister heißt *United States Secretary of Housing and Urban Development.*

U.S. District Judge Richter an einem Bundesbezirksgericht oder an State Courts, wenn der Bundesstaat in Gerichtsbezirke aufgeteilt ist.

United States Court of Appeals Ein Berufungsgericht ist ein übergeordnetes Gericht, das über Rechtsbehelfe gegen Entscheidungen nachgeordneter Gerichte entscheidet (die zusammenfassend als *Appellation* bezeichnet werden).

United States District Courts Erstinstanzliche Bundesgerichte; strukturiert ähnlich den Berufungsgerichten nach insgesamt 94 Regionen, wobei jeder Bundesstaat mindestens ein *Bundesbezirksgericht* (*district court*) besitzt. Die Richter heißen *United States District Judge*. Um eine Klage in einem Bundesbezirksgericht einzuleiten, muss es einen gewichtigen Grund geben, warum die Bundesgerichte statt der Gerichte der Bundesstaaten (*state* courts) den Fall verhandeln sollten.

Westchester County County im Südosten des Bundesstaates New York, Verwaltungssitz White Plains. Liegt zwischen dem Hudson River im Westen und Connecticut im Süden des US-Bundesstaates New York. Im Süden des Countys, im Bereich der Großstadt Yonkers, wird durch den Long Island Sound im Südosten und den Hudson River im Westen eine Halbinsel gebildet, die sich nach Süden hin fortsetzt. Im Süden wird das County durch New York begrenzt.

Inhaltsverzeichnis